大展好書　好書大展

品嘗好書　冠群可期

道家養生與生命科學 ⑤

《周易參同契》與道家養生

周文王　魏伯陽　張伯端　原著

張高澄　蘇華仁　王正忠　周敏敏　柏　林　編著

大展出版社有限公司

中國道家內丹養生之道祖師中華民族神聖祖先　黃帝　聖像

中國道家養生祖師老子坐像

中國《周易》祖師周文王像

《周易參同契》作者魏伯陽像一

魏伯陽煉丹圖

《周易參同契》作者魏伯陽像二

世界著名《周易參同契》丹道壽星吳雲青煉內丹圖

弘揚丹道
造福人天
贈天下善士
吴云青书
丙子年秋

世界著名丹道養生壽星吳雲青墨寶

苏華仁道長

丹道回春

丙戌秋
唐明邦

當代易道研究名家唐明邦墨寶

謹將本叢書敬獻給

中國道家養生之道集大成者
中華民族神聖祖先黄帝，老子

獻給渴望康壽事業成功，天人合一者。

中華聖祖黃帝、老子養生之道禮贊：

浩浩茫茫銀河悠，
浮動蔚藍地球，
造化生人世間稠；
生老病亡去，
轉眼百春秋。

黃帝、老子創養生，
度人超凡康壽，
道法自然合宇宙；
復歸於嬰兒，
含笑逍遙遊。

——蘇華仁於
《中國道家養生全書與現代生命科學叢書》總主編
道易養生院2008年春於廣東羅浮山沖虛觀東坡亭

142歲的吳雲靑增補爲延安市政協委員

陝西省延安市青化砭村142歲的老人吳雲青，增補為延安市五屆政協委員。

吳雲青出生於清朝道光18（戊戌）年臘月（即1839年）。原為青化寺長老，現為人民公社社員。他雖然經歷了142個春秋，但仍精神矍鑠，步履穩健。

張純本攝（新華社稿）

1980年9月10日《人民日報》第四版

世界著名生物學家牛滿江博士1982年專程來中國北京向邊智中道長學練中國道家養生時合影

唐明邦序

現代科學發展日新月異。無論宏觀世界或微觀世界研究都有長足進展。唯人體生命科學研究，相對滯後。人類養生之道和生命科學研究成為當今熱門課題，實非偶然。《中國道家養生與現代生命科學系列》叢書，正好為人們提供一套中國先賢留下的寶貴養生經典文獻與養生之道，閱後令人高興頗感實用。其中主要包括：

① 中國道家養生學說；

② 中國道家養生精華內丹養生之道；

③ 中國道家內丹養生之道與現代生命科學結合對當代人類身心健康的啟示。

我今真誠向讀者推介本叢書，同時簡要試論其內容如下：

一、關於中國道家養生學說

早在2500多年前，中國道家已提出深刻的養生學說，建立了完整思想體系，成為中華傳統文化中的瑰寶。中華聖祖道家始祖黃帝、道家祖師老子，首先闡揚天人統一宇宙觀。《黃帝陰符經》精闢指出：「宇宙在乎手，萬化生乎身。」《老子道德經》第二十五章曰：「人法地，地法天，天法道，道法自然。」強調人同自然和諧統一。《老子道德經》第四十二章，同時闡發「萬物負陰而抱陽，沖

氣以為和」的生命哲學，肯定人體保持陰陽和諧和維護生命的基本要求。莊子《齊物論》強調「天地與我並生，萬物與我為一」，人體小宇宙與天地大宇宙是息息相通的統一體。這也同《黃帝內經・素問・上古天真論》堅持的「法於陰陽，和於術數」哲學思想與養生原理完全一致。

道家養生學說既指導又吸取中國傳統中醫學中的臟腑、經絡、氣血理論，認為人體生理機能的正常發揮，全靠陰陽與五行（五臟的代表符號）的相生相剋機制，調和陰陽、血氣，促使氣血流暢，任、督二脈暢通。後來道教繼承這一思想傳統，實現醫道結合，高道多成名醫，名醫亦多高道。宗教與科學聯盟，成為中國道家與道教文化的重大特徵。

中國道家養生學說、博大精深包容宇宙，但其養生之道卻至簡至易。其養生三原則如下：

① 道家養生思想與養生之道首先重心性修養，《老子道德經》第十九章強調「少私寡慾，見素抱樸」淡泊名利，貴柔居下，不慕榮華，超脫塵世紛擾。

② 道家養生、養性同時重視性格與生活習慣的修養，其核心機制尤貴守和。心平氣和，血氣平和，心性和諧。

③ 在修練完成心性和諧，道家則進一步提出性、命雙修，即心性與肌體雙修，最終達到天人合一，心理與肌體都復歸於嬰兒，長生久視。

道家養生三原則是道家養生最根本、最偉大之處，實乃人類養生至寶。具有深遠科學價值與應用價值，這是歷史經驗與結論。

二、關於中國道家養生精華內丹養生之道

中華民族神聖祖先、中國道家祖師黃帝，中國道家大宗師老子創立的道家養生學說和道家內丹養生之道，為後來的中國道教繼承並發展，並以之為指導原則，繼承、創立了多種養生方術，如服食、導引、胎息、存神、坐忘、房中術等；再經過歷代丹家長期實踐修練，不斷總結提升，形成完整的內丹學體系，成為中國道教養生學說與實踐的中心內容。故載於中國《道藏》的《黃帝陰符經》、《老子道德經》《太上老君內丹經》，是有史以來中國道家內丹養生之道最早的經典，因此，中國宋代道家內丹養生之道名家、中國道教南宗祖師張伯端在《悟真篇》曰：

陰符寶字逾三百，
道德靈文止五千，
今古上仙無限數，
盡從此處達眞詮。

道家內丹養生之道的操作規程，多由師徒口傳心授，不立文字，立為文字者多用金烏、玉兔、赤龍、白虎、嬰兒、姹女、黃婆、黃芽等隱喻，若無得道名師點傳，外人實難領悟。

修練內丹，最上乘的修法是九轉還丹，其目的是讓人類由內練生命本源精、氣、神，達到「還精補腦」，再進一步達到天人合一；達到《老子道德經》第五十九章中講的：「是謂深根固蒂、長生久視之道。」其具體修練法如下：首先要安爐立鼎。外丹的鼎，指藥物熔化器，爐，指

生火加熱器。內丹養生之道謂鼎爐均在身內。一般指上丹田為鼎，下丹田為爐。前者在印堂後三寸處，後者在臍下三寸處。還有中丹田在膻中穴，煉丹過程即「藥物」在三丹田之間循環。

煉丹的藥物，亦在人身內。指人體的精、氣、神，丹家謂之三寶。乃人體內生命的三大要素。精為基礎，在下丹田；氣為動力，在中丹田；神為主宰，在上丹田，實指人的心神與意念力。煉丹過程就是用自己的心神意念主導人體精水與內氣在三丹田線上回還，以心神的功力調協呼吸，吐故納新，調理、優化人體生理機能。

煉丹過程中「火候」極為重要。心神主導精、氣、神三寶在三田中循環往復，必須嚴格掌控其節奏快慢，深淺層次，是為「火候」。練丹成功與否，關鍵在於火候的調控，若無得道、同時修練成功的內丹學名師點傳，實難知其訣竅。

內丹修練，分三個階段，火候不同，成就各異，三個階段，當循序漸進，前階段為後階段打基礎，不可超越。

小成階段，練精化氣。以心神主導精與氣合一，即三化為二。此時內氣循行路線為河車，旨在打通任、督二脈，促使百脈暢通，有健體祛病功效。河車，喻人體內精氣神運行時，恍恍惚惚的軌跡。中成階段，練氣化神。達到神氣合一，即二化為一。是為中河車，功可延壽。大成階段，練神還虛，也稱練神合道，天人合一，即自身精氣神歸於太虛，太虛以零為代表，即一化為零。太虛與《周易》太極相似，指天地未分之先，元氣混而為一的狀態。此謂大河車或紫河車，乃達到長生久視的最高成就。

總的來看，練丹過程同宇宙衍化過程正好相反。宇宙

衍化是《老子道德經》第四章所講的那樣：道生一，一生二，二生三，三生萬物。由簡而繁，稱為「順則生人。」丹法演化是由三而二，由二而一，由一而零，由精氣神的生命體、返歸太虛，稱為「逆則成仙。」《老子道德經》第十六章曰：「歸根曰靜，靜曰復命。」實現此一法則，端賴火候掌控得法。

丹家指出：內氣在丹田中運轉，火候的調控，須透過「內觀」或「內照」。內觀指的是人的意念集中冥想體內某一臟腑或某個神靈，做到排除一切思慮，保持絕對寧靜。意念猶如心猿意馬，極易逃逸；內觀要求拴住心猿意馬，使心神完全入靜，其功用是自主調控生理系統。入靜在養生中的重要性，為儒佛道所共識。儒家經典《禮記·大學》載孔子主張「定而後能靜，靜而後能安，安而後能慮。」其足以開發智慧。佛教主禪定，亦以靜慮為宗旨。《老子道德經》第十六章強調「致虛極，守靜篤」，為修道根本。

凝神靜慮以修道，必須首先排除外界的九大阻難，如衣食逼迫，尊長勸阻，恩愛牽纏，名利牽掛等。丹道要求「免此九難，方可奉道。」內觀過程，更大的障礙是「十魔」，即種種美妙幻象引誘，或兇惡幻象恫嚇，均能破壞修練者的意志，使其以為修練成功而中止修練。

美妙幻象有：金玉滿堂（富魔），封侯拜相（貴魔），笙歌嘹亮（樂魔），金娥玉女（情魔），三清玉皇（聖賢魔）等；兇惡幻象有：路逢凶黨（患難魔），兒女疾病（恩愛魔），弓箭齊張（刀兵魔）等，丹家要求見此十魔幻象應「心不退而志不移」，「神不迷而觀不散」。必須「免此十魔，方可成道」。

其詳情請參閱《鍾呂傳道集·論魔難第十七》。

道家內丹養生之道、也稱作內丹學或內丹術，是在道家養生理論指導下制定的一套修練程式。理論離開方術，容易流於空談；方術失去理論指導，將失去方向與依歸。中國道家道教的內丹養生學，理論與實踐結合，故能保持其永久魅力，造福人類，享譽古今中外。

故世界著名科學家李約瑟在《中國科技史》一書中，高度評價中國道家內丹養生之道，他寫道：中國的內丹，成為世界早期生物化學史上的一個里程碑。

三、關於道家內丹學與現代生命科學結合對人類康壽的啓示

自然科學的發展，到20世紀下半頁，興起系統科學與複雜科學，宏觀研究與微觀研究同時深化，迎來了「科學革命」。大力開展天地生人的綜合研究，建立了天地生人網路觀，從而將整個自然科學特別是人體生命科學研究推向發展新階段。人們開始發現，人體生命科學研究的目標任務，同中國道家與道教內丹學的目標任務，十分相近，其主要內容有四：

① 優化生命。由優生、優育到生命的優化，使免疫力提高，排除疾病困擾；保持血氣平和，生理機能旺盛，耳聰目明，精神奮發。

② 促進生命延續。做到健康長壽，童顏鶴髮，返老還童，黛發重生，長生久視。

③ 開發智慧。增強認知力、記憶力；超強的隨機應變力、獨創力；直覺頓悟，捕捉可遇而不可求的奇思妙悟；打開思想新境界，發現新的科學規律或物質結構。

④ 開發人體潛能，具備超常的能量，抗強力打擊，不畏嚴寒、酷暑，耐饑渴、能深眠與久眠；具有透視功能、預測神通；誘發常人所不具備的特異功能。

人體潛能的開發，關鍵在人的大腦，人腦的功能，目前只用到百分之幾；許多人體功能的奧秘尚待破解。超越人的生命界線，早已成為道家道教內丹術奮鬥的目標。這實際上已為人體生命科學提出新任務和新課題。

四川教育出版社1989年出版的《錢學森等論人體科學》一書載：舉世聞名的中國科學家錢學森早有科學預見：「中醫理論，氣功科學，人體特異功能，是打開生命科學新發展之門的一把鑰匙。」錢學森同時指出：「結合科學的觀點，練功、練內丹。」道家內丹學將為生命科學提供新的課題，新的研究方法，引起生命科學的新突破；現代生命科學將以其現代化的科學手段，幫助道家內丹術進行測試、實驗、總結，使之上升到理論高度，構建更完備的理論思想體系，制定更加切實可行、利於普及的修練程式。兩者結合，相互促進，相得益彰。必將對現代人類身心健康長壽、事業成功做出巨大貢獻。

《中國道家養生與現代生命科學系列叢書》的出版，正好為二者架上橋樑。道家養生著作甚多，講服食、導引、胎息、存神、守一、坐忘、房中術均有專著。內丹學著作，由理論與方術結合緊密，成為道家道教養生文化的核心，其由行家編著的尚不多見。現經世界著名丹道老壽星吳雲青入室弟子，內丹名師、全書總主編蘇華仁道長，約集海內外部分丹道行家擇其精要，精心校點，詳加注釋、評析，或加今譯，分輯分期出版，洋洋大觀，先賢古仙宏論盡收眼底，內丹養生學與生命科學研究經典文獻，

熔於一爐。生命科學激發內丹學煥發新的活力；內丹學為生命科學研究提供新的參照系統，打開新思路，開拓新領域，兩大學科攜手並進，定能為研究中華傳統文化打開新局面，綻繁花，結碩果，造福全人類。

總主編蘇華仁道長徵序於愚，卻之不恭，聊陳淺見以就正於方家。同時附上近作「道家道教內丹學與中國傳統文化」一文，本文為2008年四月在華中師大舉行的「全真道與老莊學國際學術研討會論文。」

唐明邦簡介：

唐明邦：男，號雲鶴。重慶忠縣人。1925年生。武漢大學哲學學院教授，博士生導師，中國當代著名易學家。畢業於北京大學哲學系，歷任中國哲學史學會理事，中國周易研究會會長，國際易學聯合會顧問，東方國際易學研究院學術委員，中國周易學會顧問，湖北省道教學術研究會會長等職。

主講中國哲學史，中國辯證法史，中國哲學文獻，易學源流舉要，道教文化研究等課程。

著作有《邵雍評傳》附《陳摶評傳》、《當代易學與時代精神》、《易學與長江文化》、《論道崇眞集》、《李時珍評傳》、《本草綱目導讀》。主編《周易評注》、《周易縱橫錄》、《中國古代哲學名著選讀》、《中國近代啓蒙思潮》；合編《中國哲學史》、《易學基礎教程》、《易學與管理》。多次應邀參加國際易學、道學、儒學、佛學、學術會議。應邀赴香港、臺灣講學。發表學術論文多篇。

董應周序

中華道家內丹養生　人類和諧發展福星

史載由中華聖祖黃帝、老子創立的中華傳統絕學、道家內丹養生大道，自古迄今，修練者眾多。得真傳修練成功者，當代海內外有數。

世界著名道家內丹養生壽星吳雲青弟子、蘇華仁道長數十載寒暑，轉益多師，洗心修練，易筋髓化神氣，還精入虛，丹道洞明，遂通老子養生學真諦，庶幾徹悟人生妙境。但不願意自有、欲天下共用之。故而與諸同道共編《中國道家養生與現代生命科學系列叢書》，將丹道精華、公諸於世，使天下士人，能聞見此寶，持而養身，養人養家，利民利國利天下，誠謂不朽之盛事業。

何緣歟？蓋為21世紀人類文明，雖已可分裂原子，利用核能，控制基因，進行宇宙探索，然而，對自身卻知之甚少，人們能登上月球，卻不肯穿過街道去拜訪新鄰居；我們征服了高遠太空，卻征服不了近身內心，我們對生命真相的理解，至今還停留在蛋白質，基因、神經元等純物質層面。而在精神層面，知之更少：僅及於潛意識，稍深者，亦不過榮格的「集體潛意識，」當今世界、物質主義大行其道，人類精神幾近泯滅，有識之士，大聲疾呼，人類文明若不調整自己物質至上的發展方向，將會走向自我毀滅。

二次大戰後，1984年11月，美國參謀長聯席會議主席

布魯德利說：「我們有無數科學家卻沒有什麼宗教家。我們掌握了原子的秘密，卻摒棄了耶穌的訓喻。人類一邊在精神的黑暗中盲目地蹣跚而行，一邊卻在玩弄著生命和死亡的秘密。這個世界有光輝而無智慧，有強權而無良知。我們的世界是核子的巨人，道德侏儒的世界。我們精通戰爭遠甚於和平，熟諳殺戮遠甚於生存。」

現在，我們又看到了全球氣候變暖，發展中國家空氣，水、土壤生物圈的大規模污染和破壞，各種致命疾病的傳播等等。美國前副總統高爾四處奔波，呼籲拯救地球。英國著名物理學家霍金，於去年兩次提出人類應該向外太空移民以防止自身毀滅。

他在2006年6月的一次記者招待會上預言：「為了人類的生存和延續，我們應該分散到宇宙空間居住，這是非常重要的。地球上的生命被次大災難滅絕的危險性越來越大，比如突然的溫度上升的災難、核戰爭，基因變異的病毒，或者其他我們還沒有想到的災難。」

以上諸位道出了目前人類病因，也開出了藥方。能行否？可操作嗎？且不說眼下走不掉，即使能移民外太空，若不改變人類本性中貪婪的一面，還不是照樣污染破壞宇宙。

地球真的無法拯救了？難道這個世界真的是「有光輝而無智慧，有強權無良知？」是「核子的巨人，道德的侏儒」嗎？是也，非也，有是，有不是。問題存在但有就地解決辦法，不需要逃離地球，移民外太空目前只是異想天開！

這打開智慧之門，拯救人類良知的金鑰匙在哪裏？就在中華傳統道家內丹大道中，中華內丹大道，功能可導引

人類重新認識自己，發現人類自身良知良能，改變自身觀念，使人類昇華再造，進而改觀地球村，使之成為真正的桃花源伊甸園。中華內丹大道智慧，能教人人從知我化我開始，進而知人知物知天地，化人化物化天地；其智能之高能量之大，古往今來蓋莫過焉！

史載距今八千多年前，中華聖祖伏羲「仰觀天文，俯察地理，遠取諸物，近取諸身。」畫成伏羲先天八卦，首開人類天人合一世界觀和天人合一，性、命雙修大道。故中國唐代道家內丹名家呂洞賓祖師，禮贊伏羲詩曰：「伏羲創道到如今，窮理盡性致於命。」

距今約五千年前，《莊子・在宥》記載：中華聖祖黃帝之師廣成子，開示中華道家內丹養生大道秘訣曰：「勿勞汝形，勿搖汝精，乃可以長生。」

中華聖祖黃帝《陰符經》，開示宇宙天人合一生命要訣曰：「宇宙在乎手，萬化生乎身。」「知之修練，謂之聖人。」「聖人知自然之道不可違，因而制之。」

「東方聖經」老子《道德經》開示生命之道要訣曰：「道法自然」「修之於身。」「歸根曰靜，靜曰復命。」「聖人之道，為而不爭。」

整個人類若能忠行中華聖祖伏羲、廣成子、黃帝、老子取得人生成功的極其寶貴的經驗，修練中國道家內丹養生之道，身心自然會強健，身心自然會安靜下來，清淨起來，內觀返照。五蘊洞開，自會頓悟出原來人類的內心世界是如此廣闊無限，清淨無垢，透徹寬容，澄明神朗。這時候，自然的就都能收斂起外部的物慾競爭，停止巧取豪奪。人人和諧相處，家家和諧相處，區域和諧相處，天下和諧相處；自然的，地球村也就和諧和安清了，適合人居

了。

天地人和諧安清，還用得著移民外太空嗎？人類如要去太空，那只是去遊玩、去逍遙遊罷了！

華仁道長內丹全冊已就，開券有益，人人自我修練，庶幾自救救人。莫失良機。是為序。

董應周簡介：

董應周：男，1942年生於中國河南省禹州市，當代著名中華傳統文化研究專家與行家。1965年加入中國共產黨，1966年畢業於鄭州大學中文系。著名作家、詩人。本人任中國中州古籍出版社原總編輯兼社長期間，曾主持整理、出版了大量的中華傳統文化典籍。此舉在海內外各界影響深遠。目前任中國河南省易經學會會長，擔任香港中國港臺圖書社總編。

蘇華仁序

《中國道家養生與現代生命科學系列》叢書，由中國、美國、馬來西亞、澳洲和香港、臺灣，對中國道家養生學與現代生命科學結合研究和實修的部分專家與行家精心編著。其中，海內外著名、當代《周易》研究與道家學術研究泰斗、武漢大學教授唐明邦擔任重要編著者之一，並為該叢書作序、題字，同時擔任該叢書道家學術與周易學術顧問；中國社會科學院博士生導師、海內外著名的中國道家養生學術與內丹學專家、老子道學文化研究會會長胡孚琛教授，擔任該叢書道家養生學術與內丹學顧問；當代中國傳統養生文化研究專家、中國·中州古籍出版社原總編輯兼社長董應周，擔任該叢書技術編輯與出版藝術顧問，同時為該叢書作序。

《中國道家養生全書與現代生命科學系列》叢書編委，緣於本人為世界著名內丹養生壽星吳雲青弟子、中國廣東羅浮山軒轅庵紫雲洞道長、中山大學兼職教授，故推舉我擔任該叢書總主編；山西科學技術出版社副總編趙志春擔任該叢書總策劃。

為了確保《中國道家養生全書與現代生命科學叢書》的高品質、高水準，該叢書特別在世界範圍內諸如中國、美國、馬來西亞、澳洲和香港、臺灣，聘請有關專家與行家擔任該叢書編著者和編委。

經過該叢書編委和有關工作人員、歷時近兩年的緊張

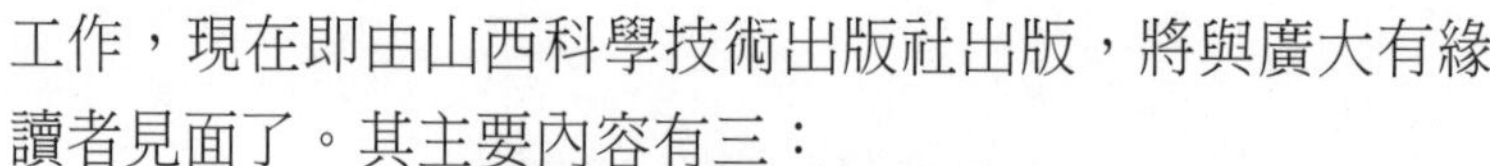

工作，現在即由山西科學技術出版社出版，將與廣大有緣讀者見面了。其主要內容有三：

一、中國道家養生學與現代生命科學簡介

中國道家養生學，是一門凝聚著中國傳統養生科學與人天科學和生命科學精華的綜合學科。被古今中外大哲學家、大科學家和各界養生人士公認為：世界傳統養生文化寶庫中的精華和瑰寶。根據記載中華五千年文明史的中國《二十四史》和有關史書記載：中國道家養生學，主要由中華民族神聖祖先、中國道家始祖黃帝，中國道家祖師老子，依據「道法自然」規律，又「因而制之」自然規律的中國道家哲學思想和道家養生之道綜合確立。

古今中外無數事實啟迪人類：修學中國道家養生學，可促進全人類身心健康長壽、事業成功、天人合一。故其在中華大地和世界各地已享譽大約有五千多年歷史。

中國道家養生學歷史悠久、博大精深，其核心是中國道家內丹養生之道，其理論基礎主要為中國傳統的生命科學理論：其主旨是讓人們的生活方式「道法自然」規律生活，進而因而制之自然規律，達到「樂天知命，掌握人類自身生命密碼，同時掌握宇宙天地人大自然萬物生命變化的規律」，最終讓全人類達到健康長壽、平生事業獲得成功。

用黃帝《陰符經》中的話講：「宇宙在乎手，萬化生乎身。」中國道家養生學及其核心中國道家內丹養生之道主要經典有：《黃帝陰符經》、《黃帝內經》、《黃帝外經》、《黃帝歸藏易》、老子《道德經》、《太上老君內丹經》、《老子常清靜經》等。

中國道家養生學核心中國道家內丹養生之道的科學機制為「天人合一」、由修練中國道家內丹養生之道達到「返樸歸真」，其主要經典有：老子親傳弟子：尹喜真人《尹真人東華正脈皇極闔辟證道仙經》，鬼谷子《黃帝陰符經注》，魏伯陽《周易參同契》，葛洪《抱朴子》，孫思邈《養生銘》、《四言內丹詩》《千金要方》，漢鍾離、呂洞賓《鍾、呂傳道集》《呂祖百字碑》，張伯端《悟真篇》，張三豐太極拳和張三豐《丹經秘訣》等道家養生著作。中國道家養生學核心是中國道家內丹養生之道，修練方法要訣為「內練生命本源精、氣、神，返還精、氣、神於人體之內」。從而確保修學者能常保自身生命本源精、氣、神圓滿。經現代生命科學家用現代高科技儀器實驗表明：中國道家養生學核心的中國道家內丹養生之道所講的「精」、即現代生命科學中所講的去氧核糖核酸，「氣」、即臆肽，「一神」、即丘腦。此三者是人類生命賴以生存的本源，同時是人類健康長壽，開智回春、天人合一的根本保障和法寶。

中國道家養生學的核心是中國道家內丹養生學養生之道，其功理完全合乎宇宙天地人大自然萬物變化規律，故立論極其科學而高妙。其養生之道具體的操作方法卻步步緊扣生命密碼，故簡便易學、易練、易記。其效果真實而神奇、既立竿見影，又顯著鞏固。因此，古今中外無數修學中國道家養生學者的實踐表明：學習中國道家養生學的核心中國道家內丹養生學養生之道，可確保學習者在短時間內學得一套上乘養生方法，從而掌握生命密碼基本規律，為身心健康長壽、事業成功鋪平道路，並能確定一個正確而科學的人生目標而樂天知命地為之奮鬥、精進。

因此，靜觀記載中華五千年文明史的中國《二十四史》一目了然：大凡在中國歷史上大有作為的各界泰斗人物，大多首選了中國道家養生學的核心中國道家內丹養生之道，作為平生養生與改善命運規律的法寶。並因平生修學中國道家內丹養生之道，而獲得身心康壽、開啟大智，建成造福人類的萬世事業，成為各界泰斗。

諸如：中華民族神聖祖先、中華文明始祖黃帝，「東方聖經」《道德經》的作者、中國道家祖師老子，中國儒家聖人、中國教育界祖師孔子，中國兵家祖師、《孫子兵法》的作者孫子，中國商業祖師范蠡，中國智慧聖人鬼谷子，中國道學高師黃石公（即黃大仙），中國帝王之師張良，中國道教創始人張道陵，中國「萬古丹經王」《周易參同契》的作者魏伯陽，中國大科學家張衡、中國大書法家、書聖王羲之；中國晉代道家養生名家葛洪，中國藥王孫思邈，中國詩仙李白，中國唐、宋時代道家養生名家鍾離權、呂洞賓，張果老，陳摶，張伯端；中國元明之際，主要有中國太極拳與中國武當派武術創始人張三豐，中國清代道學名家黃元吉，中國近代道學名家陳攖寧，當代世界著名老壽星吳雲青，中國華山道功名家邊智中道長，中國終南山百歲道醫李理祥，中國安陽三教寺李嵐峰高師，中國武當山百歲高道唐道成，中國四川青城山百歲高道趙百川……

由於中國道家養生學核心的中國道家內丹養生之道，確有回春益智，促進人類事業成功，使人類天人合一，改善人類生命密碼之效，故從中國道家內丹養生之道祖師廣成子傳黃帝內丹始，為嚴防世間小人學得、幹出傷天害理之事。故數千年來其核心養生機制一直以「不立文字、口

口相傳」的方式，秘傳於中國道家高文化素質階層之內，世人難學真訣；當今之世，諸因所致：真正掌握中國道家養生學的核心與中國道家內丹養生之道真諦，並且自身修學而獲得年逾百歲猶童顏大成就的傳師甚少，主要有：世界著名百歲老壽星、道家內丹養生高師吳雲青，李理祥、唐道成、趙百川：中國道家養生學華山道功名家邊治中（道號邊智中），中國古都安陽三教寺李嵐峰等……

眾所周知：當今世界、進入西方現代實驗科學加東方古代經驗科學、進行綜合研究促進現代科學新發展的新時代，作為中國傳統養生科學精華的中國道家養生學核心的道家內丹養生之道，日益受到當今世界中、西方有緣的大科學家的學習與推薦，諸如舉世聞名的英國劍橋大學李約瑟博士，在其科學巨著《中國科技史》一書中精闢地指出：「中國的內丹成為人類早期生物化學史上的一個里程碑。」同時指出：「道家思想一開始就有長生不死概念，而世界上其他國家沒有這方面例子，這種不死思想對科學具有難以估計的重要性。」

世界著名生物遺傳科學家牛滿江博士，因科學研究工作日繁導致身心狀況日衰，又因求中、西醫而苦無良策，效果不佳。故於1979年，他來中國北京，向中國道家華山道功名家邊智中道長、（俗名邊治中）修學了屬於中國道家養生學核心的道家內丹養生之道動功的中國道家秘傳養生長壽術後、身心短時間回春。故他以大科學家的嚴謹態度，經過現代科學研究後，確認本功是：「細胞長壽術，返老還童術，係生命科學。」四年之後的1982年，牛滿江博士深有感觸地向全人類推薦道：「我學練這種功法已經四年，受益匪淺，真誠地希望此術能在世界開花，使全人

類受益。」（本文修訂之際，適逢世界著名生物遺傳科學家牛滿江博士於2007年11月8日以95歲高齡辭世，此足見道家內丹養生之道養生長壽效果真實不虛。）

中國當代著名大科學家錢學森，站在歷史的高度、站在高文化素養的基礎之上：深知中國道家養生學核心的道家內丹養生之道、為中國傳統生命科學和中國傳統人天科學精華，因此，對中國道家養生學核心的道家內丹養生之道又十分推崇，他在《論人體科學》講話中精闢地指出：「結合科學的觀點，練功、練內丹」。錢學森同時支援、中國社會科學院博士生導師、中國當代道學名家胡孚琛確立完善：「中國道家內丹學。」

經過胡孚琛博士長年千辛萬苦、千方百計地努力，中國道家養生學核心的道家內丹養生之道得以完成。走進了本應早走進的現代科學殿堂。成為一門古老而嶄新的生命科學學科。此舉，對弘揚中國傳統生命科學，對於全人類身心健康、事業成功，無疑是千古一大幸事。

為使天下有緣善士學習到中國道家養生學核心的道家內丹養生之道，世界著名老壽星、當代內丹傳師吳雲青、邊治中二位高師，曾經親自在中國西安、北京和新加坡等地對海內外有緣善士辦班推廣，同時委託其入室弟子，世界傳統養生文化學會的主要創辦人之一的蘇華仁等人，隨緣將中國道家養生學核心的道家內丹養生之道，傳授給了中國、美國、英國、法國、日本、新加坡、馬來西亞等國家和中國香港、澳門地區的有緣學員。

二、中國道家養生學核心道家內丹養生之道效果簡介

根據當代世界各地有緣修學、習練中國道家養生學核

心的道家內丹養生之道課程的學員，自己填寫的大量效果登記表，同時根據中國山東省中國醫藥研究所，所作的大量醫學臨床報告表明：學習中國道家養生學核心中的道家內丹養生之道課程，短時間內可有效地，大幅度地提高人類的智商和思想水準與思維觀念，並能確立一個樂天知命的科學目標而精進。同時，短時間內可有效地增加生命本源精、氣、神，提高人體內分泌水準和改善人體各系統功能，從而可使人們顯著地達到身心健康，軀體健美，智慧提高，身心整體水準回春。同時，還可以讓人類克服亞健康，康復人類所患的各類疑難雜症，諸如：神經系統失眠、憂鬱、焦慮等症。腎臟與泌尿系統各類腎病，精力不足、性功能減退等症。內分泌功能失調造成的肥胖與過瘦等症。循環系統糖尿病、心腦血管病，高、低血壓等症。呼吸系統各類肺病、哮喘病、鼻炎、過敏等症。消化系統各類胃病、肝病、便秘與腹瀉等症。免疫系統、衰老過快和容易疲勞的亞健康等症。

綜上所述：修學與忠行中國道家養生學核心的道家內丹養生之道，短時間內確保您身心能整體水準改善和提升與回春。為您一生取得身心健康、事業成功奠定一個堅實可靠的基礎，同時為您修學中國道家養生學核心道家內丹上乘大道，達到天人合一奠定基礎。這是古今中外大量修學中國道家養生學核心的道家內丹養生之道者的成功經驗。供您借鑒，您不妨一試。

（蘇華仁撰稿）

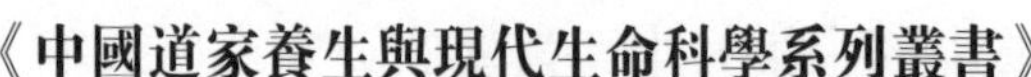

《中國道家養生與現代生命科學系列叢書》

編委會名單

本叢書所載中國道家養生秘傳師承

1.吳雲青（1838～1998）

中華聖祖黃帝、老子創立道家內丹養生當代160歲傳師，世界著名壽星。

2.邊智中（1910～1989）

中國道家華山派內丹道功當代傳師，世界著名生物學家牛滿江道功師父。

3.李理祥（1893～1996）

中國道家龍門派內丹道功當代百歲傳師，中國當代著名道家醫學傳師。

4.李嵐峰（1905～1977）

中國道家金山派內丹道功當代傳師，張三豐太極拳與內丹養生當代傳師。

5.唐道成（1868～1985）

中國道家武當派內丹道功當代117歲傳師，中國當代著名道家醫學傳師。

6.趙百川（1876～2003）

中國道家青城山內丹道功當代127歲傳師，中國當代著名長壽老人。

本叢書專業學術顧問

中國道家養生與周易養生學術顧問：

——唐明邦（中國當代易學學術泰斗、中國武漢大學教授）

中國道家養生學術與內丹學術顧問：

——胡孚琛（中國社會科學院博士生導師、著名道家學術學者）

總主編 蘇華仁

總策劃 趙志春

副主編 辛　平（馬來西亞）

編　委 丁成仙　毛飛天　馬　源　王正忠　王麗萍
王炳堯　王　強　王學忠　鄭衛東　田合祿
田雅瑞　玉真子　葉欣榮　葉掌國　葉崇霖
古陽子　占米占　劉永明　劉小平　劉俊發
劉繼洪　劉裕明　劉偉霞　劉　功　明賜東
任芝華　孫光明　孫愛民　朱瑞華　朱瑞生
朱文啟　牟國志　辛　平　辛立洲　蘇華仁
蘇小文　巫懷征　蘇華禮　李宗旭　李武勛
李太平　李靜甫　李志杰　李　興　吳祥相
吳吉平　何山欣　嚴　輝　趙志春　趙　珀
趙樹同　趙振記　張海良　張德礱　張若根
張高澄　張良澤　陳　維　陳成才　陳全林
陳志剛　陳安濤　陳紹聰　陳紹球　陳春生
金世明　林遠嬌　周一謀　周彥文　周敏敏
楊　波　楊建國　楊懷玉　楊東來　楊曜華

	駢運來	賀曦瑞	聞玄真	鄭德光	柏　林
	胡建平	柯　可	高　峰	高志良	徐曉雪
	鄒通玄	秦光中	唐明邦	唐福柱	黃紹昌
	黃易文	黃子龍	梁偉明	梁淑范	郭棣輝
	郭中隆	曾本才	梅全喜	董應周	韓百廣
	釋印得	釋心月	黎平華	黎　力	魏秀婷
秘　書	吳朝霞	吳鳴泉	嵇道明	蘇　明	蘇小黎
	宋烽華	張　莉	潘海聰	米　鐸	劉文清

目錄

上卷

《周易參同契》分章通真義

東漢　魏伯陽撰　五代　彭曉注

《周易參同契》作者漢魏伯陽，道號雲牙子，會稽上虞人。他生活的時代為中國東漢桓帝之前。大約與中國道教創始人張道陵為同時代人。關於他的簡況請看《周易參同契》中自序一文。

《周易參同契》作者魏伯陽，以中國道家思想為指導、以中國道家內丹與外丹養生之道為綱、以中國《周易》揭示闡述宇宙天地人萬物變化規律為理論基礎，將以上三者參同為一，科學地、系統地揭示闡述了中國道家內丹和中國道家外丹養生修真之道奧妙。因此對中國乃至世界生命科學、醫學、化學、物理、數學、及他科學技術產生了深遠而有益巨大影響。古今公認《周易參同契》為「萬古丹經王」。

中國東晉道學名家葛洪《抱朴子》精闢指出：《周易參同契》「其說如解釋《周易》，其實假借爻象，以論作丹之意。」《周易參同契》所言之丹，指中國道家內丹與外丹。致使後來研習中國道家內丹與外丹養生者，多以《周易參同契》為本。故歷代注釋者蜂起。中國唐代道學名家劉知古《日月玄樞論》深入研究《周易參同契》之

後，而首推之為內丹經典。本書所選後蜀丹道名家彭曉《周易參同契分章通真義》是其中佼佼者。

需要補充說明：《周易參同契》內含中國道家內丹養生之道，乃人類養生至寶，而欲得其真旨，需在修煉中國道家內丹養生之道成功年逾百歲而童顏內丹道功高師指導下方可成功，故本書特據當代世界著名內丹高師吳雲青秘傳《周易參同契》真旨指導之下而編著。

第一章　序

按葛洪著《神仙傳》，真人魏伯陽者，會稽上虞人也。世襲簪據，唯公不仕，修真潛默，養志虛無，博贍文詞，通諸緯候，恬淡守素，唯道是從。每視軒裳如糠粃焉。不知師授誰氏，得《古文龍虎經》，盡獲妙旨，乃約《周易》撰《參同契》三篇。

又云未盡纖微，復作補塞遺脫一篇，繼演丹經之玄奧，所述多以寓言借事，隱顯異文。密示青州徐從事，徐乃隱名而注之。至後漢孝桓帝時，公復傳授與同郡淳於叔通，遂行於世。

公撰《周易參同契》者，謂修丹與天地造化同途，故托易象而論之。莫不假借君臣以彰內外，敘其離坎直指汞鉛，列以乾坤奠量鼎器，明之父母系以始終，合以夫婦拘其交媾，譬諸男女顯以滋生，析以陰陽導之反覆，示之晦朔通以降騰，配以卦爻形於變化，隨之斗柄取以周星，分以晨昏昭諸刻漏；故以乾坤為鼎器，以陰陽為堤防，以水火為化機，以五行為輔助，以真鉛為藥祖，以玄精為丹

基，以離坎為夫妻，以天地為父母。互施八卦，驅役四時，分三百八十四爻，循行火候；運五星、二十八宿，環列鼎中。乃得水虎潛形，寄庚辛而西轉，火龍伏體，逐甲乙以東旋。《易》曰：聖人有以見天下之賾而擬諸其形容。象其物宜，公因取象焉。非天下之至通，其孰能與於此哉？乃見鑿開混沌，擘裂鴻濛。徑指天地之靈根將為藥祖。明視陰陽之聖母用作丹基，泄一氣變化之元，漏大冶生成之本。非天下之至達。其孰能與於此哉？

其或定刻漏，分晷時，簇陰陽，走神鬼，蹙三千六百之正氣，回七十二候之要津，運六十四卦之陰符，天關在掌；鼓二十四氣之陽火，地軸由心。天地不能匿造化之機，陰陽不能藏亭育之本，致使神變無方，化生純粹，非天下之至明，其孰能與於此哉？

《契》云：「混沌金鼎，白黑相符，龍馬降精，牝牡襲氣，如霜馬齒，似玉犬牙。」水銀與姹女同名，朱汞共嬰兒合體。明分藥質，細露丹形，盡周已化之潛功，大顯未萌之朕兆。非天下之至神，其孰能與於此哉？

其有假借爻象寓此事端，不敢漏泄天機，未忍秘藏玄理，是以鋪舒不已，羅縷再三，欲罷不能，遂成篇軸，蓋欲指陳要道，汲引將來，痛彼有生之身，竟作全陰之鬼，非天下之至仁，其孰能與於此哉？

復有通德三光，遊精八極，服金砂而化形質，餌火汞以練精魂，故得體變純陽，神生真宅，落三屍而超三界，朝上清而登上仙，非天下之至真，其孰能與於此哉？

曉所分真契為章義者，蓋以假借為宗，上下無准，文泛而道正，事顯而言微。後世議之，各取所見，或則分字而義，或則合句而箋，不無畎澮殊流，因有妍媸互起。未

學尋究，難便洞明，既首尾之議論不同，在取捨而是非無的。今乃分章定句，所貴道理相粘，合議正文，及冀藥門附就。故以四篇統分三卷為九十章，以應陽九之數，名曰分章通真義。復以朱書正文，墨書旁義，而顯然可覽也。上卷分四十章，中卷分三十八章，下卷分十二章。內有《鼎器歌》一篇，謂其詞理勾連，字句零碎，分章不得，故獨存焉，以應水一之數❶，喻丹道陰陽之數備矣。復自依約真契，撰《明鏡圖訣》一篇，附於下卷之末，將以重啟真契之戶牖也。

曉因師傳授，歲久留心，不敢隱蔽。玄文是用，課成真義，庶希萬一，貽及後人也。昌利化飛鶴山真一子彭曉序。

第二章 上 卷

「乾坤易之門戶」章第一

乾坤者易之門戶，衆卦之父母。坎離匡廓，運轂正軸。

太易、太初之前雖含虛至妙，則未見兆萌。太始、太素、太極之際，因有混成，乃混沌也。中有真一之精，為天地之始，為萬物之母。一氣既形，二儀斯析；然後有乾坤焉，有陰陽焉，有三才、五行焉，有萬物眾名焉。故配乾坤為天地之紀綱，運陰陽為造化之橐籥，是以乾坤立而陰陽行乎其中矣。

魏公謂，修金液還丹與造化同途，因托易象而論之，莫不首採天地真一混沌之氣而為根基，繼取乾坤精粹潛運之蹤而為法象，循坎離否泰之數而立刑德，盜陰陽變化之機而成冬夏。陰生午後，陽發子初；動則起於陽九，靜則循於陰六；乃修丹之大旨也。故以乾坤為鼎器，以坎離為匡廓，以水火為夫妻，以陰陽為龍虎，以五行為緯而含真精，以三才為經而聚純粹。

寒來暑往，運行於三百八十四爻，兔起烏沉，升降於三百八十四日。此皆始於乾坤二卦之體而成變化者也。故云：乾坤者易之門戶，眾卦之父母也。

「牝牡四卦」章第二

牝牡四卦，以爲橐籥，覆冒陰陽之道，猶工、禦者，繩繩墨，執銜轡，正規矩，隨軌轍❷，處中以制外，數在

律曆紀。月節有五六，經緯奉日使，兼併為六十，剛柔有表裏。

凡修金液還丹，鼎中有金母、華池，亦謂之金胎、神室，乃用乾坤坎離四卦為藥。橐籥者樞轄也，覆冒者包裹也，則有陰鼎陽爐，剛火柔符，皆依約六十四卦，週而復始，循環互用。又於其間運春夏秋冬，分二十四氣，擘七十二候，以一年十二月氣候蹙於一月內，以一月氣候陷於一晝夜十二辰中，定刻漏，分二弦，隔子午，按陰陽，通晦朔，合龍虎，依天地之大數，協陰陽之化機。其或控御不差，運移不失，則外交陰陽之符，內生龍虎之體。故云善工者准繩墨以無差，能御者執銜轡而不撓，合其規矩、軌轍也。蓋喻修丹之士運火候也。月節有五六，乃三十日也。晝夜各一卦，乃六十卦也。乾坤坎離四卦為藥之父母，樞轄鼎器，則非晝夜之數。《契》乃統而言之，兼併為六十四卦也。「經緯奉日使」者，卦爻為日用之經，而緯者律曆數也。「剛柔有表裏」者，陽剛陰柔，水火金木，互為表裏也。

「朔旦屯直事」章第三

朔旦屯直事，至暮蒙當受，晝夜各一卦，用之依❸次序。

凡運晝夜陰陽、升降火數，皆依約卦爻。晝夜各一卦直事，始以屯蒙二卦為首，朝屯暮蒙，從此為次序也。

「既未至晦爽」章第四

既未至晦爽，終則復更始，日辰為期度，動靜有早晚。

既未者，既濟未濟二卦也。晦爽者，晦朔、陰陽、明

暗往復也。「日辰為期度，動靜有早晚」者，謂陽屬動，陰屬靜，於十二辰中，早晚分隔，陰陽升降，火數週而復始，更互用之也。

「春夏據內體」章第五

春夏據內體，從子到辰巳。秋冬當外用，自午訖戌亥。

陽火，自子進符，至巳純陽用事，乃內陰求外陽也。陰符，自午退火，至亥純陰用事，乃外陽附內陰也。此內外之體，盛衰之理，始復而終坤，皆以爻象則之也。

「賞罰應春秋」章第六

賞罰應春秋，昏明順寒暑。爻辭有仁義，隨時發喜怒。如是應四時，五行得其理❹。

春氣發生謂之賞，秋氣肅殺謂之罰。自子丑寅為春，卯辰巳為夏，陽火候也；午未申為秋，酉戌亥為冬，陰符候也。乃於十二辰中運其火符，應此四時五行，昏明、寒暑、仁義、喜怒，爻象不得纖毫參差，故謂之不失。鼎內四時，不虧象中寒暑，則其丹必成矣。

古歌曰：「聖人奪得造化意，手摶日月安爐裏，微微騰倒天地精，攢簇陰陽走神鬼。日魂月魄若個識，識者便是真仙子。綀之餌之千日期，身既無陰那得死。」是故修金液還丹，若非取法象天地造化以自然之情，則無所成也。

「天地設位」章第七

天地設位，而易行乎其中矣。天地者，乾坤之象也。設位者，列陰陽配合之位也。易謂坎離，坎離者，乾坤二用。二用無爻位，周流行六虛，往來既不定，上下亦無

常。幽潛淪匿，變化❺於中，包囊萬物，爲道紀綱。

天地設位者，以其既濟鼎器，法象乾坤也。易行乎其中者，乃陰陽、坎離、符火運行其中也。既鼎器法乾坤，復於其中安金母，以備天地人三才也。坎離二用無爻位者，謂外施水火運轉動靜無常，故周流六虛、往來上下無常位也。或隱或顯、或用或潛、更為變化之宗，互作生成之母，故云為道紀綱也。

「以無制有」章第八

以無制有，器用者空。故推消息，坎離沒亡。

無者龍也，有者虎也；無者汞陽之氣也，有者鉛陰之質也。鉛汞處容器之中，而未能自生變化，因坎離升降，推運四時，遂見生成。蓋用容器，而以無制有也。

《古文龍虎經》曰：「有無相制，朱雀炎空」。故陰生陽退，陽起陰潛，一消一息，則坎離隨時而沒亡也。

「言不苟造」章第九

言不苟造，論不虛生。引驗見效，校度神明。推類結字，原理爲證。坎戊月精，離己日光，日月爲易，剛柔相當。土旺四季，羅絡始終。青赤白黑，各居一方。皆稟中宮，戊己之功。

聖人不苟造虛言而惑後世，故引驗日月。推校神明，分擘剛柔，指陳金水，喻龍虎而取象，運陰陽而採精，以五土而終功，以四季而結裹，遂得青赤白黑，循環而皆稟戊己也。坎戊月精者，月陰也，戊陽也。乃陰中有陽，象水中生金虎也。離己日光者，日陽也，己陰也。乃陽中有陰，象火中生汞龍也。故修丹採日月之精華，合陰陽之靈

氣，周星數滿，陰陽運終，盡歸功於土德而神精備矣。推類結字者，蓋易字像日月也。

「易者象也」章第十

易者，象也。懸象著明，莫大乎日月。窮神以知化，陽往則陰來，輻湊而輪轉，出入更卷舒。易有三百八十四爻，據多摘符，符謂六十四卦。晦至朔旦，震來受符。當期之際，天地媾其精，日月相撣持，雄陽播玄施，雌陰化黃包。混沌相交接，權輿樹根基。經營養鄞鄂，凝神以成軀。衆夫蹈以出，蠕動莫不由。

易者，象也，蓋以日月相合而成也。金液還丹，莫不合日月、陰陽、精氣而成也。故陰陽精氣出入卷舒，晝夜循環，週而復始，約六十四卦，依三百八十四爻，據爻摘符，火隨進退，陰來陽往，陽伏陰施，東西之氣相交，夫婦之情相契。當期之際，震來受符，天地媾其精神，日月合其魂魄。混沌者，神室象雞子，兩弦相合，如混沌也。陽龍陰虎在混沌中相承，交感之氣，樹立根基，長養鄞鄂，以至凝神成軀，終為精物也。胡鼎室中，乃自是一天地也。凡關蠕動之物，莫不由之也。雄陽屬天，乃玄也；雌陰屬地，乃黃也，此乃老陽老陰、乾父坤母互用火符極數也。則知一鼎中造化，一一明象，天地運動，發生萬類也。若火候失時，抽添過度，寒暑不應，進退差殊，則令天地之間憑何節候而生物象哉？憑何陰陽而生龍虎哉？

「於是仲尼」章第十一

於是仲尼贊鴻濛，乾坤德洞虛。稽古當❻元皇，關雎建始初，昏冠❼氣相紐，元年乃牙❽滋。

仲尼贊易道，分乾坤為萬物之首，立咸恒為夫婦之宗，辟之鴻濛，鑿之混沌，顯鬼神之狀，通天地之情，則君臣、父子、夫婦、男女，五行相生相剋，萬物變化之機盡矣。乃乾坤昭其洞虛也。故魏公喻易創立鼎器，運動天地，媾龍虎之形，合夫婦之體。初則全無形質，一如鴻濛混沌之中。既經起火運符，則男女精氣相紐。故關睢兩慕，昏冠相求。自此起火之初，便應元年滋產，日居月諸，龍虎之體就矣。

「聖人不虛生」章第十二

聖人不虛生，上觀顯天符；天符有進退，詘伸❾以應時，故易統天心。

伏羲，聖人。仰察俯觀，定易象之數，知萬物之情，留示後人。俾未達者，既得窺天地之竅，盜陰陽之精，識造化之根，辨符應之體，相生相剋，進退詘伸，皆在乎掌握。故云易統天心也。是以設法象，採至精，具鼎爐，運符火，循刻漏，行卦爻，定時辰，分節候，以盡天地之大數也。

「復卦建始萌」章第十三

復卦建始萌，長子繼父體，因母立兆基。消息應鍾律。升降據斗樞，三日出爲爽，震庚受西方，八日兌受丁，上弦平如繩，十五乾體就，盛滿甲東方。蟾蜍與兔魄，日月氣❿雙明，蟾蜍視卦節，兔者吐生光。七八道已訖，屈折低下降。

復卦始建萌，長子繼父體，因母立兆基者，六陰爻下初變一陽多為復卦，故云建始萌也。謂因坤卦下變一乾

爻，內體成震，坤是震之孕母，故云立兆基也。震是乾之長子，從此隨時漸變，至十五日，變成純乾。乾父也。故云繼父體也。亦如月自三日生形，至於八成上弦。陽數得半，喻鼎中金水各半也。至十五日，圓滿出於東方，蟾蜍與兔魄雙明，喻鼎中金水圓滿，得火候也。

魏公托此卦象喻月生者，蓋將半月三候陷於半日六辰內，進陽火抽添於鼎中，內受火符有此變化兆萌也。七八道已訖者，謂十五日乾體成就也。屈折低下降者，謂下文十六日以後退陽火用陰符也。

「十六轉受統」章第十四

十六轉受統，巽辛見平明。艮直於丙南，下弦二十三。坤乙三十日，東北喪其朋。節盡相禪與，繼體復生龍。

十六轉受統者，謂十六日以後，陽火初退，陰符始生也。巽辛見平明者，亦如陽火初進之時與月生三日同也。下弦二十三日者，復如上弦同義，金水各半也。坤乙三十日，東北喪其朋者，陰符到此消盡陽火也。緣一月內陰陽各半，陰陽相禪，水火相須。一月既終，復又如初，再用復卦起首，故云繼體復生龍也。

「壬癸配甲乙」章第十五

壬癸配甲乙，乾坤括始終。七八數十五，九六亦相應，四者合三十，陽氣索滅藏。八卦布列曜，運移不失中。

壬癸，陰也。甲乙，陽也。陰陽相配，謂丹母。在乾坤鼎中受陽龍陰虎相合之氣，故云乾坤括始終也。七八九

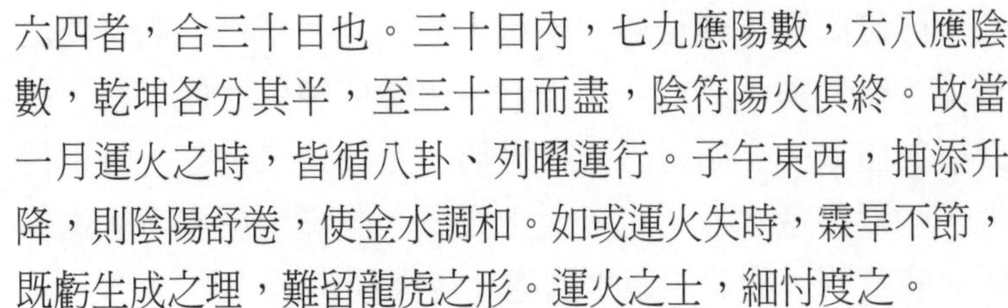

六四者，合三十日也。三十日內，七九應陽數，六八應陰數，乾坤各分其半，至三十日而盡，陰符陽火俱終。故當一月運火之時，皆循八卦、列曜運行。子午東西，抽添升降，則陰陽舒卷，使金水調和。如或運火失時，霖旱不節，既虧生成之理，難留龍虎之形。運火之士，細忖度之。

「元精眇難睹」章第十六

元精眇難睹，推度效符證，居則觀其象，准擬其形容。立表以爲範，占候定吉凶。發號順時令，勿失爻動時。上察河圖文，下序地形流。中稽於人心，參合考三才。動則循卦節，靜則因彖辭。乾坤用施行，天地然後治，可得不愼乎？

元精者，是鼎中神靈；真精，天地之元氣也。摶之不得，視之不見，而能潛隨化機，生成萬物。既窈冥難睹，當推效符證，立表為範，發號施令，以應天符。故仰觀象天文，俯察循地理，乃得合天地之魂魄，會陰陽之慘舒，樹立三才，勘定休王，依卦象，順爻辭，分旦暮，敘升降，故得乾坤泰而夫婦和，龍虎交而天地理。

以上並論循刻漏，運符火，明抽添，分進退，一一不失日月星辰行度之數。則鼎內依四時生產萬物神精也，運符火之士，得不慎乎？

「御政之首」章第十七

御政之首，管括微密。開舒布寶，要道魁柄。統化綱紐。爻象內動，吉凶外起。五緯錯順，應時感動。四七乖戾，誃⑫離俯仰。

御政之首者，運符火之士起首次第也。既鑄金成鼎

器，則管括固濟令微密也。開舒布寶者，內金舒暢，滋液、金水相依也。復隨斗柄，經歷十二辰，上順五星於四七之間（四七乃二十八宿也）。

如或緯候參差，節符不應，則吉凶生於爻象，符火失於晨昏。致使外五星錯亂，則內五氣不和。四七乖戾，則周星誃離而鼎內不生成也。外火雖動而行，內符閒靜不應，則天魂地魄不相交接。是以星辰錯亂，日月差殊，四季不調，萬物不產。良由運火夏秋失節，致鼎中霖旱不常也。

「文昌統錄」章第十八

文昌統錄，詰責台輔，百官有司，各典所部。

文昌統錄者，斗魁戴筐。六星曰文昌官，一曰上將，二曰次將，三曰貴相，四曰司命，五曰司錄，六曰司災。台輔者，魁下六星，兩兩相比者曰三台。主宰天下者，上佐天子，理陰陽順四時，下遂萬物之宜，使卿大夫各得任其職，則像鼎內乎天地萬物之氣而生成變化也。陰陽既乖，四時失度，猶運符火之士，調燮過差，故云詰責也。金液還丹，秘在鉛火二字，為之終始。既得真鉛，又難得真火也。其可輕議也哉？是以魏公廣而喻之，猶慮後人之迷惑也。

「日合五行精」章第十九

日合⑬五行精，月受六律紀。五六三十度，度竟復更始。原始要終，存亡之緒；或君驕溢，亢滿違道，或臣邪佞，行不順軌。弦望盈縮，乖變凶咎，執法刺譏，詰過貽主。

日合五行精者，每一月一度與月交媾也。月受六律紀者，謂金水於鼎內逐月分受得半月律氣也（律呂各六而日

月共分之）。日月、五星，經緯共生萬物，喻鼎內受外來陰陽之氣，升降子午之符，排運五星之精，交媾日月之粹，否泰相繼，存亡相緒，週而更始，始復而終坤也。其神室陰精處中宮，居土德而象群，若鼎內應外不專，良由國君驕溢，則四方貢輸不入，臣下邪佞，致使時刻有差，弦望虧盈，晦朔吝咎，皆歸過於主。主即金精、土德、神室也。臣即五行、六律、精氣也。得失即運符火之士也。因茲姹女逃亡，赤龍奔逸，神精既走，金液何求？

「辰極受正」章第二十

辰極受正，優游任下。明堂布政，國元害道。內以養己，安靜虛無。原本隱明，內照形軀。閉塞其兌，築固靈株。三光陸沉，溫養子珠。視之不見，近而易求。

辰極受正，優游任下者，謂神胎居中宮，喻君處明堂如北辰也。陰陽五行之氣，臣下也。但君臣理內，如北辰正天之中。則陰陽五行之氣順和，鼎室金水之液滋生，君得以養己安靜，任運虛無，自然變化也。原本隱明，內照形軀者，謂金能隱明，又能自照，得火而同益光明也。閉塞其兌者，兌，口也。既安金虎靈根於中宮，則須固濟築塞其鼎口，運役三光真精而入其內，哺養子珠靈汞，故云三光陸沉也。三光者，即陽火、陰符、金胎，以象日月星也。外運亦有三光，分在動靜爻刻之內，陰陽符火之中，變化而成也。緣內外各有陰陽變易之體，不可備論。到此微妙非口訣難以書傳也。金汞在鼎變化難測，莫可得而窺視。或以天機運制，法象樞轄，則金汞不敢逃亡，龍虎得以交媾，故云近而易求。黃帝《陰符經》曰：「宇宙在乎手，萬化生乎身」也。

「黃中漸通理」章第二十一

黃中漸通理，潤澤達肌膚。初正則終修，幹立末可持。一者以掩蔽，世人莫知之。

《易》曰：君子黃中通理，正位居體，美在其中，而暢於四肢，發於事業，美之至也。謂金虎在鼎中，初受外來陰陽精氣，漸漸潤澤肌膚。既初受氣，始生萌芽，正其枝幹，而終成果實也。蓋喻金砂、真汞初吐牙櫱也。一者水也。緣水根真金，在器內固濟蒙蔽，常人莫能知之也。

「上德無爲」章第二十二

上德無爲，不以察求；下德爲之，其用不休。上閉則稱有，下閉則稱無；無者以奉上，上有神德居。此兩孔穴法，金氣亦相須。

上德者，水在上也。下德者，火在下也。水火既濟，乾坤之謂也。水在上常靜，無為而處陰，不以察求也；火在下常動，運轉經歷十二辰內，其用不休也。上閉稱有，內水也。下閉稱無，外火也。無者以奉上，謂火運四時五行之氣以資奉神胎，故云上有神德居，即神胎金汞也。此兩孔穴法，金氣亦相須者，謂水火陰陽二氣雙閉相須而成神藥，餘無別徑也。

魏公述此一章，深明法象大綱、神藥指歸也。

「知白守黑」章第二十三

知白守黑，神明自來。白者金精，黑者水基。水者道樞，其數名一⑭。陰陽之始，玄含黃芽。五金之主，北方河車。故鉛外黑，內懷金華，被褐懷玉，外爲狂夫。

白者金也，黑者水也。知金水之根用為藥基，則神精自生於器中，故云神明自來也。白金自水而產，及為神器，水體不絕，乃金水兩情為道樞紐也。水數一，為天地、陰陽、五行、萬物之始也。水一、火二、木三、金四、土五是也。玄含黃芽者，謂金水生黃芽也。五金之主，北方河車，河車者水火也。謂水火二氣運生五行也。故鉛外黑，內懷金華者，謂鉛未化白金之前，混於礦內，外貌黑而內藏金華，猶被褐懷玉之狂夫也。

「金爲水母」章第二十四

金爲水母，母隱子胎；水者金子，子藏母胞。眞人至妙，若有若無；彷彿大淵，乍沉乍浮。退而分佈，各守境隅。

水生於金，金為水母，謂金生水而反隱形於水，乃隱子胎也。水者金子，子藏母胞，謂黑鉛變質而寄位西方為白虎金胎，水含金而復藏質於金胞中，真水銀是也。真人至妙之各守境隅者，謂真汞被外符火逼逐，在母胞中乍沉乍浮，飛伏不定，若有若無；繼以符應進退，又各守其界分，則不敢動越也。

魏公述此一章，深明內象視聽，不及真精希夷出沒之狀也。玄妙哉！神聖哉！

「採之類白」章第二十五

採之類白，造之則朱。煉之表衛，白裏貞居。方圓徑寸，混而相拘。先天地生，巍巍尊高。

採之類白者，謂初運動之時，先以白金為首也。造之則朱者，謂陶冶之際，次以赫火成朱也。煉為表衛，白裏

貞居者，蓋以白金為神室也。方圓徑寸，混而相符者，謂金胎象混沌，而製造分上下兩弦，中宮方圓徑寸，以安真汞。既兩弦相合，固濟綿密，使陰陽相符，纖微不漏，以養龍虎。古歌曰「固濟胎不泄，變化在須臾」是也。先天地生，巍巍尊高者，謂真鉛未有天地混沌之前，鉛得一而相形，次則漸生天地、陰陽、五行、萬物眾類，故鉛是天地之父母，陰陽之本元。

蓋聖人採天地父母之根而為大藥之基，聚陰陽純粹之精而為還丹之質，殆非常物之造化也。則修丹之始，須以天地根為藥根，以陰陽母為丹母，如不能於其間生天地陰陽者，即非金液還丹之道。

若以有天地陰陽之後所產者，五金八石、草汁木灰、晨霜夜露、雪漿冰水、青鹽白鹵諸物雜類而為之者，不亦難乎？同志思之，久而自悟。故後篇云「萬遍將可睹，神明或告人。」（下卷八十章內云。）

「旁有垣闕」章第二十六

旁有垣闕，狀似蓬壺，環匝關閉，四通踟躕。守禦密固，閼絕奸邪，曲閣相通，以戒不虞。可以無思，難以愁勞。神氣滿室，莫之能留。守之者昌，失之者亡。動靜休息，常與人俱。

凡修還丹，有壇、爐、鼎、灶，上下相接，如蓬壺之狀，周旋四通。鼎內復有神室金胎，委曲相連；鼎外復有樞轄固濟，閼絕奸邪，以防真氣走失，方免別生思慮，仍無愁勞也。雖固密堤防，得神氣滿於室內，又須調運陰陽，交互施功，將以流連真精而成變化。如運火符差忒，縱有真精在內，亦復飛走不住。全在燮調水火，守而勿

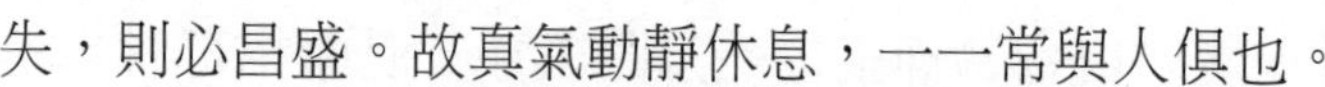

失，則必昌盛。故真氣動靜休息，一一常與人俱也。

「是非歷藏法」章第二十七

是非歷藏法，內視有所思，履行步斗宿，六甲以日辰。陰道厭九一，濁亂弄元胞，食氣鳴腸胃，吐正吸外⑮邪，晝夜不臥寐，晦朔未嘗休。身體日疲倦，恍惚狀若癡，百脈鼎沸馳，不得清澄居。累土立壇宇，朝暮敬祭祠，鬼物見形象，夢寐感慨之。心歡意悅喜，自謂必延期。遽以夭命死，腐露其形骸。舉措輒有違，悖逆失樞機。諸述甚衆多，千條有萬餘。前卻違黃老，曲折戾九都。

「是非歷藏法」之「曲折戾九都」者，魏公謂世人不達大道之宗元，而趨旁門曲徑，故有內思小伎，履步魁綱，六甲日辰，乃童蒙之漸階也。復有對境接氣房中之術；屈伸握固，閉氣咽津。因茲氣亂神疲，魂傷魄瘁，以致陽神逃於宮宅，陰賊盜於肺肝。良由內外相侵，寅申相逼，七魄遊於死戶，三屍戰於眼睛，百脈沸騰，三田潰亂，本期永壽，反爾傷生，豈得見於清澄乎？復有外立壇墠，祭祀淫鬼，欲希遇道，乞遂延齡；致使鬼氣傳於精魂，邪風起於心室；或交夢寐，或見形聲。自謂長生可期，不知我命在我，乃至促限，棄腐形骸。此屬多般，皆為左道。欲行轉住，欲速更遲，悖亂至真，乖訛天理。妄稱高道，明違黃帝之文，蔽隱真詮，全失老君之旨。故魏公不欲人習旁門，便令徑入正道。而歷藏諸法，縱有小成，終亦不免其死壞。唯金液還丹，得服之後，反老為嬰，位證真人，與天位同其長久也。故下文云：金砂入五內，霧散若風雨，薰蒸達四肢，顏色悅澤好，鬢髮白變黑，更生稚牙齒，老翁復丁壯，耆嫗成姹女，改形免世

厄，號之曰真人（本卷三十二章內云）。

又《黃庭經》曰：「百二十年猶可還，遇此修道誠甚難。須待九轉八瓊丹，日月之華救老殘。」則知此法是白日沖天長生之上道明矣！

「明者省厥旨」章第二十八

明者省厥旨，曠然知所由。勤而行之，夙夜不休。服食三載，輕舉遠遊。跨火不焦。入水不濡，能存能亡，長樂無憂，道成德就，潛伏俟時。太一乃召，移居中洲，功滿上升，膺籙受圖。

魏公警好道之人，省究其旨，當自豁然。既得之後，夙夜勤修，終始勿怠。藥成之後，服食三年，輕舉遠遊，水火無礙，坐存立亡，暗施陰德，潛伏俟時，太乙見召，移居中洲，計日上升，膺厨受圖也。

太乙乃修丹之主司也，中洲乃神州也。世人初得道，鏤名金簡，於此，膺受圖籙，始獲上升也。

「火記不虛作」章第二十九

火記不虛作，演易以明之。偃月⑯法鼎爐，白虎爲熬樞，汞日爲流珠，青龍與之俱。舉東以合西，魂魄自相拘，上弦兌數八，下弦艮亦八，兩玄合其精，乾坤體乃成。二八應一斤，易道正不傾。

銖有三百八十四，亦應卦爻之數。火雖有記，須約易道而行之，循諸卦爻，運諸否泰。鼎器偃月，即仰月也。金虎在內，為藥樞機。朱汞青龍，被丙丁朱雀隨時趁逐，俱入金胎，故謂之「舉東合西」也。魂魄者，東龍魂、西虎魄也。上下兩弦合一斤之數，分三百八十四銖，應一月

二八之候，則乾坤形體俱就，與一周天之數同也。

「金入於猛火」章第三十

金入於猛火，色不奪精光。自開闢以來，日月不虧明。金不失其重，日月形如常。金本從月生，朔旦受日符；金返歸其母，月晦日相包。隱藏其匡郭，沉淪於洞虛。金復其故性，威光鼎乃熹。

五行相剋，火乃剋金，金得火復能成器，兩不傷損，故金胎在鼎中而不耗散，金色益自光明。自立乾坤鼎器以來，日月運精入內，兩相有益，俱得精明。金體重如初，日月常環照也。金本從月生者，金是陰精，寄位西方，故云金從月生。月自朔旦受日辰之符，因生金也。金返歸其母者，月轉受統，金歸於水，至月晦陽氣消盡，則金水兩物，情自相包裹，隱藏匡郭，沉淪洞虛也。月晦象年終，月朔象年首也。金水成形，鼎室長含和氣，乃見成功，故云鼎喜。喜則和怡，和恰則金水凝結，自然之道備矣。

「子午數合三」章第三十一

子午數合三，戊己號稱五，三五既和諧，八石正綱紀。呼吸相貪欲，佇思⑰爲夫婦。黃土金爲父，流珠水之母，水以土爲鬼，土鎮水不起。朱雀爲火精，執平調勝負，水盛火消滅，俱死歸厚土。三性既合會，本性共宗祖。

子水數一，午火數二，共合成三也。戊己土數五也，三五合成八，此乃三五既和諧，八石正綱紀也。故得青龍呼白虎，白虎吸龍精，呼吸相貪育，佇思為夫婦也。黃土金之父，流珠水之母者，土能堨水銀，乃得不飛走，則四

季尾火行土候是也。金全自朱雀火神調勻勝負，水盛火滅，晦朔俱終，歸功土德也。三性既合會，本性共宗祖，謂金火自一數水氣中產出，蓋是先天地生元始氣中，而能生五行，非只以金火二味而已。

「巨勝尚延年」章第三十二

巨勝尚延年，還丹可入口。金性不敗朽，故爲萬物寶。術士服食之，壽命得長久。土遊於四季，守界定規矩。金砂入五內，霧散若風雨，薰蒸達四肢，顏色悅澤好，髮白皆變黑，齒落生舊所，老翁復丁壯，耆嫗成姹女，改形免世厄，號之曰眞人。

巨勝，胡麻，人食之尚得延年，況金液還丹，入口豈不長生乎？還丹始生於真金，金體故無敗朽。然真金是天地元氣之祖，以為萬物之母。《道德經》曰「無名天地之始，有名萬物之母」是也。天地之先，一氣為初，而生萬象。金是水根。取為藥基，是故真金母能產金砂而成還丹也。土遊四季，為丹道始終也。魏公喻後人修煉服之，神妙不同凡藥。此砂入口，如雲霧風雨，徑入五臟四肢，還童卻老，變髮生牙，長生久視矣。

「胡粉投火中」章第三十三

胡粉投火中，色壞還爲鉛。冰雪得溫湯，解釋成太玄。金以砂爲主，稟和於水銀，變化由其眞，終始自相因。欲作服食仙，宜以同類者。植禾當以黍，覆雞用其子，以類輔自然，物成易陶冶。魚目豈爲珠，蓬蒿不成檟；類同者相從，事乖不成寶。是以，燕雀不生鳳，狐兔不乳馬，水流不炎上，火動不潤下。

胡粉製黑鉛而成，若投火中卻歸鉛體；冰雪自水氣而結，若以湯沃還化為水。金砂水銀，皆一體之物。以金為母，還產砂汞，故云植禾以其黍，覆雞以其卵，一旦受氣足，乃成雞與黍。蓋種類相生，終始相因，自然之道也。若以金石、草木、霜露、冰雪、鹽鹵之類，皆為誤用，上文注中已詳說矣（本卷二十五章內注）。是將天地根為藥根，真金母為藥母，令產陰陽成精。金砂靈汞以為長生之藥不其然乎？故云燕雀不生鳳，狐兔不乳馬，火性本炎上，不可使潤下。水性本潤下，不可使炎上。既以自然本性根類而推之，則金母產金砂明矣。

「世間多學士」章第三十四

世間多學士，高妙負良才，邂逅不遭遇，耗火亡貨財。據案依文說，妄以意爲之，端緒無因緣，度量失操持。擣治羌石膽，雲母及礬磁，硫磺燒豫章，泥澒⑱相煉飛，鼓下五石銅，以之爲輔樞，雜性不同類，安有合體居？千舉必萬敗，欲黠反成癡。僥倖訖不遇，聖人獨知之。稚年至白首，中道生狐疑。背道守迷路，出正人邪蹊。管窺不廣見，難以揆方來。

魏公謂世間多有博學通儒之士，留心道域，好火求玄，邂逅不遇明師。但只看文據訣，妄自出意，虛損貨財，擣治雜藥，擢望長生度世，歷年白首，執而不回，迷守管窺，自入邪徑。千舉萬敗，難揆將來。雜性不同類，上文注中已釋之矣。

「若夫至聖」章第三十五

若夫至聖，不過伏羲，始畫八卦，效法天地；文王帝

之宗，結體演爻辭；夫子庶聖雄，十翼以輔之。三君天所挺，迭興更禦時，優劣有步驟，功德不相殊。製作有所踵，推度審分銖，有形易忖量，無兆難慮謀，作事令可法，爲世定詩書⑲。素無前識資，因師各悟之。皓若褰惟帳，瞋目登高台。

魏公贊伏羲、文王、孔子三聖人，天縱英靈，互有明德，演易道，則通天地萬物之情；刪詩書，則敘君臣眾名之訓，復有定爻象，析分珠算，轄周星，數窮大衍。天地雖大，難緘否泰之機；陰陽至虛，無藏動靜之數。是以聖人因之取謀大道，以乾坤象鼎室，使抱一氣而宗萬靈，陰陽貫晷時，俾歷六虛而生庶類。然有形易忖者，天地也。無兆難謀者，陰陽也。若不因三聖演易，將水火何路施張？若不賴萬世垂文，驅龍虎何門鈐鍵？故云素無前識，因此悟之，若褰帷帳，則明有所睹，如登高台，復莫知其極，蓋喻聖人之道仰之彌高，鑽之彌堅也。因《易》而復明《火記》。下文當略釋之。

「《火記》六百篇」章第三十六

《火記》六百篇，所趣等不殊，文字鄭重說，世人不熟思。尋度其源流，幽明本共居，竊爲⑳賢者談，曷敢輕爲書。若道結舌瘖㉑。絕道獲罪誅，寫情著竹帛，又符泄天符㉒。猶豫增歎息，俯仰綴斯愚㉓。陶冶有法度，未忍悉陳敷，略述其綱紀，枝條見扶疏。

《火記》六百篇，蓋是周星運火之大數，朝暮各係一卦直事，云六百篇，篇次一一皆同，故年與月同，月與日同，日與時同也。魏公既不敢結舌而蔽大道，復不敢顯書竹帛而泄天機；猶豫增歎，深慮不及將來，故略述綱紀，

少露枝條。其餘細微，備於口訣云耳。

「以金爲堤防」章第三十七

以金爲堤防，水入乃優游，金計有十五，水數亦如之。臨爐定銖兩，五分水有餘，二者以爲眞，金重如本初，其三遂不入，火二與之俱㉔，三物相合受，變化狀若神。下有太陽氣，伏蒸須臾間，先液而後凝，號曰黃輿焉。歲月將欲訖，毀性傷壽年，形體爲灰土，狀若明窗塵。

金母在中宮，為水銀堤防。則金水優游，情性相戀，金水逐辰受氣，合得其半，其合一斤之數。既沙金、砂母亦不損，故云金重如本初也。其三不入者，真土也。金火木為三物，被水火二者逐辰與之俱入器中，乃得三性合會，二味相拘，變化若神也。金母始因太陽精氣伏蒸，遂能滋液而後凝結，是名黃輿焉。以至周星、陰陽、五行功考互漏，退位藏形，盡歸功於中宮黃帝土德也。故云毀性傷壽年，歸土德而化土，則神精狀若明窗塵也。

「擣治併合之」章第三十八

擣治併合之，持入赤色門，固塞其際會，務令致完堅。炎火張於下，晝夜㉕聲正勤，始文使可修，終竟武乃陳。候視加謹愼，審察調寒溫，周旋十二節，節盡更須親。氣索命將絕，休死亡魄魂，色轉更爲紫，赫然成還丹。粉提以一丸，刀圭最爲神。

擣治丹基，堅完固濟，然後安鼎內，號曰赤色門。上水流下，下火炎上，晦朔進退，晝夜升降，文發子初，武隨巳止，午起陰符，以至於亥，運之否泰，調以寒溫，十

二節終，終則更始。一周火足，魂魄改形，轉為紫金，赫然成丹。服之一粒，刀圭更神，神妙之功，述無盡已。

「推演五行數」章第三十九

推演五行數，較約而不繁。舉水以激火，奄然滅光明。日月相激薄，常在晦朔間。水盛坎侵陽，火衰離晝昏，陰陽相飲食，交感道自然。

五行是虛無之氣，窺視難名。若以天地總數則之，則無逃其運用。致感鼎內五行自拘，陰陽交媾，火興水退，水激火衰，日魂起於朔晨，月魄終於晦暮，雄雌相禪，砂汞互生，天地自然，丹道昭矣。

「名者以定情」章第四十

名者以定情，字者緣性言，金來歸性初，乃得稱還丹。吾不敢虛說，仿效聖人文，古記題《龍虎》，黃帝美金華，淮南煉秋石，王陽加黃芽，賢者能持行，不肖毋與俱。古今道猶一，對談吐所謀，學者加勉力，流連深思惟，至要言甚露，昭昭不我欺。

金者情也，水者性也。金既生水銀，是情歸性也。且金生於水，水為金母；水復生於金，金返為水母。故有還丹之號。上文云「母隱子胎，子藏母胞」是也（本卷二十四章內云）。

然魏公所述，殆無虛詐，乃托《易》象及《古文龍虎經》而論之，仍贊黃帝、淮南王，王陽先真聖人皆能持而行之。古今共一門徑，非不肖者所可及也。故喻後來，留意思之，要言甚露明，明明不我欺也。

第二章 中 卷

「乾坤剛柔」章第四十一

乾坤剛柔，配合相包。陽稟陰受，雄雌相須。須以造化，精氣乃舒。坎離冠首，光耀垂敷，玄冥難測，不可畫圖。聖人揆度，參序元基，四者混沌，徑入虛無。六十卦周㉖，張布爲輿，龍馬就駕，明君禦時，和則隨從，路平不邪，邪道險阻，傾危國家。

乾坤剛柔，配合相包。凡修金液還丹，先立乾坤，既濟鼎器，然後使陰陽合精氣於其中；次運水火坎離，繼合日月龍虎，故得鼎中光耀，玄冥罔窺。良由參度聖人，究尋藥母，俾乾坤坎離混而相符。遊降六虛，敷舒五氣，循六十卦，歷十二辰，布為車輿，以迎龍馬。內有中宮金母。如君治國禦時，運和氣以相從，任無為而大順，是故路平不陂，無往不復。若或運火參差，取時無準，則路生險阻，家國見傾，致使神室金妃，無憑滋產。

然金丹之要，全在鉛火二字。鉛火則水火也，為還返之宗祖。其餘五行氣候皆輔助而成功。金妃則母也。

「君子居室」章第四十二

君子居其室，出其言養，則千里之外應之，謂萬乘之主，處九重之室，發號施令，順陰陽節，藏器待時，勿違卦月。屯以子申，蒙用寅戌，餘六十卦㉗，一各自有日。

《易》曰：「君子居其室，出其言善，則千里之外應

之」，喻金翁處於神室，如君居九重之上。丹運旦夕水火，如發施號令。欲令眾氣得所，又須安靜無為，藏器俟時，順爻辭，循刻漏，一一領覽。屯蒙旦夕之符，謂六十卦應一月候，晝夜各受一卦，週而復始。寅申是陰陽終始之位也。

「聊陳兩象」章第四十三

聊陳兩象，未能究悉。立義設刑，當仁施德，逆之者凶，順之者吉。按曆法令，至誠專密，謹候日辰，審察消息，纖芥不正，悔吝爲賊。

聊陳兩象，謂水火陰陽也。從子至巳，屬春夏火行發生之候，合於器內而溫養神精，乃象施仁德也。自午至亥，屬秋冬符運肅殺之候，降於胎中而凝合靈汞，乃象立刑儀也。魏公使後人則日月之行度，分陰陽之廢興，循以卦爻，順之寒暑，垂誡專謹，消息往來；俾鼎內悔吝不生，象中盜賊不起，則赤精降氣，白汞成形，金液還丹不日而就矣。

「二至改度」章第四十四

二至改度，乖錯委曲，隆冬大暑，盛夏霜雪，二分縱橫，不應漏刻，風雨不節，水旰相伐，蝗蟲湧沸，群異旁出，天見其怪，山崩地裂。孝子用心，感動皇極，近出己口，遠流殊域，或以招禍，或以致福，或興太平，或造兵革，四者之來，由乎胸臆。

夏至、冬至、春分、秋分，此四者，謂子午卯酉於十二辰間分擘四季疆界；復有土德巡遊四季之末，生成龍虎金木之形。非只以四季為文，更於十二辰間又分二十四

氣，七十二候，象一年之氣數也。如纖毫刻漏，參差咫尺，日月失度，晦朔偏頗，晝夜不等；或陽火過刻，水旱不調，則隆冬變為大暑；或陰符失節，寒暖相侵，則盛夏返作濃霜。金宮既砂汞不萌，一鼎乃蟲螟互起，大則山崩地圮，金虎與木龍沸騰；小則雨暴風飄，坎男共離女奔逸。金虎木龍乃東西之魂魄，坎男離女是南北之夫妻。孝子迸散者，則胎中真汞被火候過差飛走不住，以至皇極鼎口，因而迸出殊域也。或吉或凶、或興或起，四者及以上變證，皆由運火之士胸臆也。

若能軌範天機，衡量日月，細意調燮，至誠運圖，召和氣於鼎內而產乾精，俾真宰於胎中而生坤粹，號曰真水銀是也。

「動靜有常」章第四十五

動靜有常，奉其繩墨。四時順宜，與氣相得。剛柔斷矣，不相涉入，五行守界，不妄盈縮，易行周流，屈伸反覆。

凡運水火，動靜依時，使龍虎二氣相須，子母重胞慕戀，五行守界，四季周流，盈縮不虧，反覆無失，即日見其功成矣。

「晦朔之間」章第四十六

晦朔之間，合符行中，混沌鴻濛，牝牡相從。滋液潤澤，施化流通，天地神明，不可度量。利用安身，隱形而藏，始於東北，箕斗之鄉，旋而右轉，嘔輪吐萌，潛潭見象，發散精光。

晦朔之間，金水符合之際，艮後寅前是也。陽符既

退，金水同宗；故混沌相符，牝牡相得，流氣滋潤，施液母胞，化生神靈，不可度量。又能安身利用，藏質隱形，伏體潛潭，精光漸發。既於東北右轉，乃是遇朔復興，起自箕斗，擬轉西位，嘔輪吐萌，漸思明耀，尚在伏陰之際，將議復圓舊形；故於東北艮鄉以循發生終始之位，再動潛龍也。此喻運符至戌亥之間，鼎中金水如經晦朔將近子符發生，謂艮位去寅不遠，故曰嘔輪吐萌。同金母於晦朔之間，金水滋暢，至月旦，遇子符一陽之火，金遇火重明復耀，則左旋吐萌，漸生龍體也。故下文云「盛衰漸革，終還其初」也。

「昴畢之上」章第四十七

昴畢之上，震出爲徵，陽氣造端，初九潛龍；陽以三立，陰以八通，故三日震動，八日兌行，九二見龍，和平有明；三五德就，乾體乃成，九三夕惕，虧折辰符，盛衰漸革，終還其初；巽繼其統，固濟操持，九四或躍，進退道危；艮主止進，不得逾時，二十三日，典守玄期，九五飛龍，天位加喜；六五坤承，結括終始，韞養衆子，世爲類母。上九亢龍，戰德於野，用九翩翩，爲道規矩。陽數已訖，訖則復起，推情合性，轉而相與。

昴畢之上，震出為徵者，月初生於西方昴畢之上，以行陽火，至子丑將運五日一周之氣。自此而始，再生一陽爻。震氣動發生之端於鼎內，因此漸生陽氣，至三五十五日方成純乾，而龍體成就也。陽以三立者，火行三日，鼎內陽氣初布，故云三日震動也。陰以八通者，已得二候，生二陽爻，至於八日，兌金得用，金水氣停，屬上弦，金水相通，故云八日兌行也。九二見龍。和平有明者，謂月

當上弦成形方半，喻鼎內金水受寅卯之符，陰陽各半也。三五德就者，謂九三乾乾，行至辰巳，正得三候，計十五日，三爻盡、為純陽，三乾體成就也。此後陰陽界分，故謂之盛衰漸革，終還其初，乃週而復始也。巽繼陰統，九四或躍，進退道危者，陽爻退而變一陰爻，巽故得承領陰符。行五日在午未之上，柔爻漸進，陰氣旋生，包固陽精，無敢動逸。四候既滿，生二陰爻，艮行五候，符至申酉，遇下弦二十三日，金水復均也。九五飛龍，天位加喜者，謂六候三十日，坤行陰符至戌亥，是乾坤之氣俱足，龍虎陰陽萬物之數周旋，故云九五加喜也。六五坤承，結括終始，韞養眾子，世為類母者，謂坤始變一爻為陽成震，作乾家長男，以至三爻俱變為純陽成乾，陽極陰生，復於乾體變一爻為陰成巽，作坤家長女，以至三爻俱變為純陰成坤，始終出沒，皆由坤體長養萬物，世為類母。眾子即眾卦，是故六五坤承，結括還丹終始，為道之規矩也。用九翩翩者，謂亢極見命以退位，乃陽數已訖，則轉而相與也。

「循據璇璣」章第四十八

循據璇璣，升降上下，周流六爻，難可察睹，故無常位，爲易宗祖。

謂上文云：乾坤為道之規矩，欲順陰陽之則，須循魁斗之行，變化補於六爻，周流故無常位，乃為易道宗祖。蓋喻坎離運氣於鼎中，周流六虛於象內，莫能窺睹，玄妙潛生，是為藥之宗祖也。

「朔旦爲復」章第四十九

朔旦爲復，陽氣始通，出入無疾，立表微剛，黃鍾建

子，兆乃茲彰，播施柔暖，黎蒸得常。

朔旦為復者，五陰一陽，陰氣已極，陽氣復生，謂六柔爻下體初變一剛爻，是一陽發生之兆，故從子初起陽火也。陽氣始通，律應黃鍾，鼎內受微陽之氣，始造砂汞之基，五陰一陽以陽為主，則布氣通流，無所不至，是謂出入無疾也。《易》曰：復，反覆其道。復其見天地之心乎？喻天地鼎中，將生萬物，自茲而始，應十一月子進陽火候也。

「臨爐施條」章第五十

臨爐施條，開路正光㉘，光耀漸進，日以益長，丑之大呂，結正低昂。

臨卦四陰二陽，喻行丑火，陽德漸進，光耀鼎中。冬至之後，日以益長，陽氣浸布，生成神、氣、精也。符應大呂。結正低昂者，金水感氣，漸結流珠於上下，應十二月丑進陽火候也。

「仰以成泰」章第五十一

仰以成泰，剛柔並隆，陰陽交接，小往大來，輻輳於寅，運而趨時。

泰卦三陰三陽，陰陽氣停，夫婦交接，漸兆龍虎之精，敷榮金汞，故云小往大來。《易》曰：「無平不陂，無往不復。」陰陽相承之道，應正月寅進陽火候也。

「漸歷大壯」章第五十二

漸歷大壯，俠列卯門，榆莢墮落，還歸本根。刑德相負，晝夜始分。

大壯卦二陰四陽，謂仲春陽氣雖盛，陽中猶含陰氣。陰道將離，故榆莢隨陰而落也。刑德相負者，謂二月、八月陰陽分位之時，陽為德，德則為萬物生；陰為刑，刑則萬物死，故二月陽中含陰，陰氣犯物，乃於仲春而榆莢墮落；象金砂隨餘陰氣動靜，落於胞中，故云歸根也。八月陰中含陽，陽氣發生，乃於仲秋而蕎麥復生；象金水隨餘陽氣滋液，滿於室內，故云復榮也（下文觀卦內云）。刑德相負之際，陰陽兩停之時，應二月卯息符候也。

「夬陰以退」章第五十三

夬陰以退，陽升而前，洗濯羽翮，振索宿塵。

夬卦一陰五陽，陽升陰退，陽氣已盛而鼎內尚餘些些陰氣，被辰火蕩滌，金砂得以洗濯，羽翮振其宿塵，應三月辰進陽火候也。

「乾健盛明」章第五十四

乾健盛明，廣被四鄰，陽終於巳，中而相干。

《易》曰：「大哉乾元，剛健中正，純粹精也。」乾元，萬物資始。自冬至一陽生，至於純陽，雲行雨施，品物流形，喻鼎內自十一月受符，至四月六爻盡，變為純乾，資成品類；故金胎遇正陽之火，金得火而成器，同益光明，廣被四鄰，充滿鼎室。應四月巳進陽火候也。中而相干也，陽極陰生，謂下文陰乾陽德也。

「姤始紀序」章第五十五

姤始紀序，履霜最先，井底寒泉，午爲蕤賓，賓服於陰，陰爲主人。

《易》曰：「姤，遇也。」五陽一陰，陰生陽退，陰陽分界，龍虎交媾，故相遇也。又曰：「係於金柅；貞吉。」謂一陰首唱，係於後變，以至極陰也。履霜最先者，一陰初生，必至極陰，既有微霜，必至堅冰也。「井底寒泉」者，謂五陽下有一陰，陰氣未得敷舒，五陽雖多，陰方受事。

丹卦之六爻，五陰一陽，以陽為主；五陽一陰，以陰為主。多以少為主，故云陰為主人也。喻鼎內金母本是太陰水精，初得陰氣微信，金水少得舒情，必知堅冰極陰之至也。應五月午退陰符候也。

「遯世去位」章第五十六

遯世去位，收斂其精。懷德俟時，棲遲昧冥。

遯卦四陽二陰，陰氣漸盛。陽氣漸衰，謂陽遯其位，收斂真精，以待將來殘陽居陰，漸欲闕絕，乃棲遲於昧冥也。《易》曰：「物不可以終遯。」故俟時也。喻鼎內赤龍之精，被陰用事，漸合金水欲萌，姹女則收斂真精，任陰陽之變化也。應六月未退陰符候也。

「否塞不通」章第五十七

否塞不通，萌者不生。陰伸陽屈，沒陽 姓名。

否卦三陽三陰，天地俱息，陰陽不交，萬物不萌，中宮金母舒卷自安。應七月申，退陰符候也。

「觀其權量」章第五十八

觀其權量，察仲秋情，任畜微稚，老枯復榮，薺麥芽蘖，因冒以生。

觀卦二陽四陰，陰氣已盛。察仲秋情，謂鼎內金得陰氣，隨水相合，變化滋生姹女、水銀也。然陰氣得用，而鼎內猶餘陽和，反於仲秋復生薺麥，故云老枯復榮也。冒生者，遍地生也。喻金水承陰符於仲秋，生養靈汞，滿胞胎中也。八月、二月陰陽刑德相負，已於上文「大壯」卦中注之。應八月酉息符候也。

「剝爛肢體」章第五十九

剝爛肢體，消滅其形，化氣既竭，亡失至神。

《易》曰：「剝、剝也。」一陽五陰，陰盛陽衰，柔侵剛盡，金水俱息，肢體消化，歸功土德，應九月戌退陰符候也。亡失至神者，謂下文六爻純陰也。

「道窮則反」章第六十

道窮則反，歸乎坤元。恆順地理，承天布宣。

乾始於坤六陰柔爻，九地之下變一剛爻，謂之一陽生。陽氣從茲而始，以至六變純陽，乾體成就。純陽氣促，陽極陰生，復於乾六陽剛爻之下，變一柔爻，謂之一陰生。以至六變純陰，復歸坤體，故云道窮則反，歸乎坤元也。坤，地也，母也，陰也；乾，天也，父也，陽也。陰得陽而生，陽得陰而成，一陰一陽之謂道，曲成萬物而不遺，故云恒順地理，承天布宣也。

此喻一年十二月、一日十二辰，運陰陽進退之火符，合乾坤坎離之精氣，週而復始，妙用無窮。因使聖女、靈男交陰陽於神室，飛龍、伏虎媾魂魄於母胞。是以神變無方，化生純粹者也。

「玄幽遠渺」章第六十一

玄幽遠渺，隔閡相連，應度育種，陰陽之元，寥廓恍惚，莫知其端，先迷失軌，後爲主君。無平不陂，道之自然，變易更盛，消息相因。終坤始復，如循連環，帝王承禦，千載長存。

天地雖則玄遠，謂日月交氣，應其行度則又相連，育種萬物，為陰陽祖也。陰陽媾精於天地寥廓恍惚之間，則莫知其出沒也。喻鼎器設象乾坤父母，運軸坎離男女，於鼎內寥廓恍惚之間，則莫睹其變化蹤由也。金為藥宗於器內，初則玄黃未分，迷失軌轍；次則陰陽剖判；終則人君五行互用，無往不復，否泰相濟，消息相因，始復終坤，起朔止晦，入符出火，益水安金，行火止水，理似循環。內象金主養育，亦同人主。如四時符火，加減不失，即千秋龍虎長存也。

「將欲養性」章第六十二

將欲養性，延命卻期，審思後末，當慮其先。人所稟軀，體本一無、元精雲布，因氣托初。

魏公謂，世人欲延生命卻死期者，須知得身之始末。始末者，元氣也。喻修還丹全因元氣而成。是將無涯之元氣，續有限之形軀。無涯之元氣者，天地陰陽、長生真精、聖父靈母之氣也。有限之形軀者，陰陽短促濁亂，凡父母之氣也。故以真父母之氣，變化凡父母之身，為純陽真精之形，則與天地同壽也。陶真人云：元氣者人之根本也。古歌曰：「煉之餌之，千日期身。」既無陰，那得死，故純陽之精氣無死壞也。

「陰陽爲度」章第六十三

陰陽爲度，魂魄所居，陽神日魂，陰神月魄，魂之與魄，互爲室宅。性主處內，立置鄞鄂，情主營外，築垣城郭；城郭完全，人物乃安。爰斯之時，情合乾坤；乾動而直，氣布精流；坤靜而翕，爲道舍廬。剛施而退，柔化以滋，九還七返，八歸六居。男白女赤，金火相拘，則水定火，五行之初。上善若水，清而無瑕，道之形象，眞一難圖，變而分佈，各自獨居。

陰陽為度者，凡修金液還丹，先定陰陽行度，次立乾坤鼎爐也。魂魄所居，互為室宅者，謂日魂月魄，相拘於金室，為丹根基也，性主處內，立置鄞鄂者，性屬金也，金主理內，承領外符而養靈汞。鄞鄂，即形貌也。情主營外，築固城郭者，情，火符也。火行六虛而為砂汞，城郭人民即砂汞也。當此之際，亦由乾坤動靜，流氣布精；土居中宮，為道舍廬；陽伏陰施，泰來否去；陰陽刑德，是為藥之本途也。九還七返，八歸六居者，謂金生數四成數九，火生數二成數七，木生數三成數八，水生數一成數六，土生數五成數十，是也。

男白女赤者，謂金始因水生而屬陰，係北方坎卦，是乾家中男，乃曰坎男、金白，故云男白也。火屬陽，係南方離卦，是坤家中女，乃曰離女，火赤，故云女赤也。且金在鼎內則為男，是離女之夫；及在鼎外反為女，是坎男之妻；故金母受太陽之氣而產神汞也。拘則水定者，謂金火相拘，使真水不流蕩也。水五行初者，水生數一也。上善若水者，水為萬物之母，清而無瑕，不可相見也。道之形象者，潛運於鼎中，變化不一，不可圖畫也。變而分佈

者，謂五行各守疆界，而火符四時不差忒也。

「類如雞子」章第六十四

類如雞子，白黑相符，縱廣一寸，以爲始初。四肢五臟，筋骨乃俱，彌歷十月，脫出其胞，骨弱可卷，肉滑若鉛㉚。

凡修金液還丹，有壇，壇上有灶，灶中有鼎，鼎中有神室，神室中有金水也。神室像雞子，金水亦如之。言類如雞子者，重疊相裹也。「白黑相符」者，金水相包也。縱廣一寸者，安靈汞也。若以乾坤樞轄，坎離生成，十月具形，與人無異，四肢五臟，骨肉俱全，此數聯者，蓋魏公顯露內外法象、砂汞形儀也。陰君《神室歌》曰：「後土金鼎，生死長亡，神室明三，圓五陰一，混沌徘徊。天地五星，陰陽兩合，象如雞子，形象無差，黃白表裏，厚薄均勻，六一固濟，好守午門，參同自契。」又曰：以水飛土母制之也。肉滑若鉛者，丹砂因鉛而生以象母。曹真人歌曰：「百刻達離氣，丹砂從此出，體似珍珠狀，丹砂本非赤。」是明形似珍珠，而肉類鉛滑。

「陽燧取火」章第六十五

陽燧以取火，非日不生光，方諸非星月，安能得水漿？二氣玄且㉛遠，感化尚相通，何況近存身，切在於心胸。陰陽配日月，水火爲象徵。

陽燧方諸感氣而猶生，水火、乾坤、日月設象而甯不生成。況近取諸身，遠取諸物，始採天地之母將為丹基，終合日月之精，用為藥祖，種類相關，水火相拘，豈無效證乎？

「耳目口三寶」章第六十六

耳目口三寶，固塞勿發揚。眞人潛深淵，浮游守規中，施曲以視聽，開闔皆合同。爲己之樞轄，動靜不竭窮。離氣內營衛，坎乃不用聰，兌合不以談，希言順鴻濛。三者旣關鍵，緩體處空房，委志歸虛無，無念以爲常。證難以推移，心專不縱橫，寢寐神相抱，覺悟候存亡。顏容浸以潤，骨節益堅強，排卻衆陰邪，然後立正陽。修之不輟休，庶氣雲雨行，淫淫若春澤，液液象解冰，從頭流達足，究竟復上升，往來洞無極，怫怫被容中。反者道之驗，弱者德之柄，耘鋤宿污穢，細微得調暢，濁者淸之路，昏久則昭明。

《易》曰：「坎為耳，離為目，兌為口。」坎、離、兌，乃水、火、金也。鈐鍵水火，封固金母，謂嬰兒姹女為真人浮游於胎中，使金母緩體，安於容器內，無念動之間，以證自然男女滋生也。既鼎內陰陽升降調和，則胎中龍虎起伏相抱，固住真精，顏色浸潤，骨節堅強，修之不休，久而可驗。抽除陰火謂排卻陰邪，添入陽符，乃正興陽運，週而復始，神室安和，雲行雨施，汞流金液，如冰解釋，自足至頭，遍匝真人之身，往來金母之體，火氣怫鬱於鼎內，陰精守弱於規中，昏久則明，是陰極陽生之際。清中顯濁，乃火往水復之時，四季迭興，五行互用，反者為證道之驗，坎去離來。弱者乃樹德之基，陽施陰伏。坎耳不聽者，令陰魄合和真水，使不流蕩也；離目不視者，令陽魂溫養真汞，使不逃逾也；兌口不談者，緘閉金胎，使不開闔漏失赤龍精氣也。魏公所述真契四篇，立辭指喻，皆是遠取近用，事顯言微，其意不欲明泄天機，

復不欲蔽藏至道，故於此盡明內象與外用同焉者也。

「世人好小術」章第六十七

世人好小術，不審道淺深，棄正從邪徑，欲速閼不通。猶盲不任杖，聾者聽宮商，沒水捕雉兔，登山索魚龍，植麥欲獲黍，運規以求方，竭力勞精神，終年無見功。欲知服食法，事㉜約而不繁。

魏公謂世人好學小術，要趨疾徑。不知小術疾徑，有始無終，用功至多，獲成者寡。如盲聾者，苟於視聽，漁獵者，誤於山河。既取捨之有乖，在是非之寧別。勸求至道，約而不繁。況金液還丹，是白日沖天之上道；若遇明師，或逢神授，遵其妙訣而修之，則易簡之理得矣。

「太陽流珠」章第六十八

太陽流珠，常欲去人，卒得金華，轉而相因，化爲白液，凝而至堅。金華先唱，有頃之間，解化爲水，馬齒闌干，陽乃往和，情性自然。迫促時陰，拘畜禁門，慈母育養，孝子報恩，嚴父施令，教敕子孫。五行錯王，相據以生，火性銷金，金伐木榮。三五與一㉞，天地至精。可以口訣，難以書傳。

太陽流珠者，地氣感天氣而化珠露，是純陽之精。氣能發生萬物，有氣而無形，故號曰赤龍也。陽火化氣為硃砂，故火生土，土生金。金是太陰之玄精，能長養萬物，有氣而有質，故號曰金華也。赤龍者，本生於甲乙，亦名曰青龍，陽也，父也，夫也，火也。金華者，寄生於庚辛，亦名曰白虎，陰也，母也，妻也，水也。蓋取青龍白虎之義也如此。或以陰陽顛倒，五行互用，更為男女，遞

做夫妻，則其義也如彼。太白真人歌曰：「五行顛倒術，龍從火裏出。五行不順行，虎向水中生。」還丹之宗，龍虎之祖，龍從火生，虎向水產，其言不易也。金妻先唱，木婿播施。神母妊娠而生姹女，姹女漸長變化多端，或解化為水，或馬齒闌干。其金母始自水生，而變化之中終不絕水體也。陽乃往和，情性自然者，金汞相生也。迫促時陰，拘畜禁門者，陰氣繼運，資護內宮也。慈母育養，孝子報恩者，慈母內胎者，孝子真水銀也。陰君歌曰「陽真砂，陰真汞」也。是水銀生於金母，故謂之報恩也。相銜相吞者，乃龍虎交氣也。嚴父施令，教勑子孫者，乾卦，父也，謂勑眾卦，使輪助離女、坎男及五行共生砂汞子孫也。還丹以鉛火二字為宗祖。終始運用者也。其餘氣候節符，裨佐共成神基也。過此以往，則皆非金液還丹之道也。火能銷金，火又生於木，金復剋木，是以火金木反制為榮。古歌曰：「丹砂木精，得金乃並。」又曰：「三性既合會，二味自相拘。固濟胎不泄，變化在須臾。」三性者火金木也，二味者鉛汞、龍虎也。故云三五與一，天地至精也。可以口訣，難以書傳者，豈可輕議於非人也。注云：更為男女者，神水剋火，及至在神室中，火卻剋金，故汞為砂中水，金為水中砂，砂生汞，金生水也。

「子當右轉」章第六十九

子當右轉，午乃東旋，卯酉界隔，主定二名。龍呼於虎，虎吸龍精，兩相飲食，俱相貪便㉟，遂相銜咽，咀嚼相吞。熒惑守西，太平經天㊱，殺氣所臨，何有不傾？狸犬守鼠，鳥雀畏鸇，各得其功，何敢有聲？

子右轉至酉也，午東旋至卯也（此十二辰陰陽往復符

火候也。）卯酉二界，金木氣停也。主客二名，金木之號也。青龍既能吐氣，白虎因得吸精，精氣相含，共生純粹。熒惑者，極陽火數也，守西者，火氣逼金胎也。金得火盛，明光耀遍於器內，金氣承火經天，故云殺氣所臨，何有不傾？則姹女真汞不敢逃逾，如貓捕鼠，似雀畏鸇也。太白者金精也，經天者甲乙也。金火木遞互制伏，俱無所傷，各得成功，則無不順之聲也。

「不得其理」章第七十

不得其理，難以妄言，竭殫家產，妻子饑貧。自古及今，好者億人，訖不諧遇，稀有能成，廣求名藥，與道乖殊。如審遭逢，睹其端緒，以類相況，揆物終始。

魏公謂修金液還丹，不得其理，不可妄動，虛費財產，復累妻兒。自古及今，好自道者，計有億人。不遇明師，不逢真訣，竟致無成。若得傳授，見其端倪，取類而修之，則終始成功矣。

「五行相剋」章第七十一

五行相剋，更爲父母，母含滋液，父主稟與，凝精流形，金石不朽。審專不泄，得爲成道，立竿見影，呼谷傳響，豈不靈哉，天地至象。若以野葛一寸，巴豆一兩，入喉輒僵，不得俯仰。當此之時，雖周文揲蓍，孔子占象，扁鵲操針，巫咸扣鼓，安能令蘇，復起馳走？

五行相生相剋，更為父母，互做夫妻。父母相稟而生，陰陽相須而立，共成不朽之丹。人或得之，宜乎縝密，以成其道也；其有立竿見影，空谷應聲。野葛入口，尚能立有效驗，況金液還丹者哉？

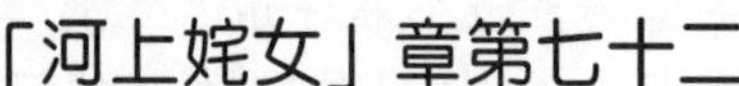

「河上姹女」章第七十二

河上姹女，靈而最神，得火則飛，不見埃塵，鬼隱龍匿，莫知所存，將欲制之，黃芽爲根。

河上姹女者，真汞也。見火則飛騰，如鬼隱龍潛，莫知所往。或擬制之，須得黃芽為母，養育而存也。黃芽即真鉛也。

「物無陰陽」章第七十三

物無陰陽，違天背無，牝雞自卵，其雛不全。夫何故乎？配合未運，三五不交，剛柔離分。施化之精㊲，天地自然，猶火動而炎上，水流而潤下，非有師道使其然也。資始統政，不可復改。觀夫雌雄交媾之時，剛柔相結而不可解，得其節符，非工巧以制御之。若男生而伏，女偃其軀，稟乎胞胎，受氣元初；非徒生時，著而見之；及其死也，亦復效之。此非父母，教令其然，本在交媾，定置始先。

《易》曰：「一陰一陽之謂道。」天地之間，若離陰陽，即無萬物也。孤陰寡陽不能自生成；故喻神藥之用，或三五未運，與金木不交，其何以成丹乎？火炎上，水潤下，皆自然之性，配合而修之，則自產其神精。蓋各受元始之氣而情性定矣。且如男生則伏，死亦如之。女生則仰，死亦如之。故自雌雄交媾而胤其真精也。

「坎男爲月」章第七十四

坎男爲月，離女爲日，日以施德，月以舒光，月受日化㊳，體不虧傷。陽失其契，陰侵其明，晦朔薄蝕，掩冒

相傾，陽消其形，陰凌災生。男女相須，含吐以滋，雌雄錯雜，以類相求。

月魄金砂也，日魂火汞也，若遇日退則月便承權。金火遞互施功，更相制伏，俱無所傷也。晦朔之間，是陰陽相禪之際，日月盈縮之時，故日月薄蝕，掩冒相傾而消其形也。喻鼎內陰符陽火逐刻漏而相交。晦去旦來，分時晷而易換，既有相掩，故云災也。其中復有坎男離女，雄情雌性，相須含吐，類聚生成，變化真精，以為神藥也。

「金化爲水」章第七十五

金化爲水，水性周章；火化爲土，水不得行。故男動外施，女靜內藏，溢度過節，爲女所拘。魄以鈐魂㊴，不得淫奢，不寒不暑，進退合時。各得其和，俱吐證符。

火至二月、八月金水舒暢，或水液生於金，或金砂化為水，故和融周章也。火數既極，復歸功於土，土守四季，堨水不飛，故水不得行也。男動外施，則水行於外；女靜內藏，則金守中宮。火氣雖過，金被水拘，陰魄既拘，陽魂亦伏，寒溫相戀，各得其宜，俱吐證符，滋生靈汞也。

「丹砂木精」章第七十六

丹砂木精，得金乃並，金水合處，木火爲侶。四者混沌，列爲龍虎。龍陽數奇，虎陰數偶。肝青爲父，肺白爲母，腎黑爲子，心赤爲女㊵，脾黃爲祖。子五行始，三物一家，都歸戊己。

丹砂木精，得金乃並者，丹砂本於金胎而結就，金又是水根，金因火擊發而產丹砂，故丹砂因得與金兼併也，

金木自變化，水火互經營，四者相混雜，其內龍虎形，陰陽奇偶數，晝夜升降分。肝青為父者，甲乙為火宗而與金母合，故得名為父。肺白為母者，金母鎮內胎，常以火為夫，故得名為母。腎黑為子者，金母本於水中生，及乎在鼎中，水卻反生於金，故水為子也。子水數一，為五行始，金、水、木，三物同功，首尾造化，俱歸戊己者，是故脾黃為藥之祖也。

「剛柔迭興」章第七十七

剛柔迭興，更歷分部，龍西虎東，建緯卯酉。刑德並會，相見歡喜，刑主伏殺，德主生起。二月榆落，魁臨於卯，八月麥生，天綱㊶據酉。子南午北，互爲綱紀，一九之數，終而復始。含元虛危，播精於子。

水火迭興，遍歷經行，分佈十二辰中。龍虎卯酉分界，陰刑伏殺，陽德生起，刑德相逢，兩相制伏，俱成和合，故云歡喜也。二月榆落者，緣自子進陽火，至卯雖陽氣得用，而未至純陽，尚餘陰氣，乃陽中有陰，故被刑殺，陰盜陽氣，反於仲春發生之月，而落榆莢也。八月麥生者，緣自午退陰符，至酉雖陰氣得用，而未至純陰，尚餘陽氣，乃陰中有陽，故被德生，陽盜陰氣，反於仲秋肅殺之月，而生麥苗也。

此喻鼎中金母因陰陽盛衰相盜之際，或則舒卷真精，或則摧落砂汞。子南者，亦陰中含陽，坎男之象也。「午北」者，亦陽中含陰，離女之象也。一數陰也，九數陽也，陰陽終始為藥之用，元氣生於虛危，陽氣復播精於子而生真靈也。

「關關雎鳩」章第七十八

「關關雎鳩，在河之洲，窈窕淑女，君子好逑」。雄不獨處，雌不孤居。玄武龜蛇，蟠糾㊷相扶。以明牝牡，竟當相須。假使二女共室，顏色甚姝，令蘇秦通言，張儀結媒，發辨利舌，奮舒美辭，推心調諧，合爲夫妻，弊發腐齒，終不相知。若藥物非種，名類不同，分刻參差，失其紀綱。雖黃帝臨爐，太一執火，八公擣煉，淮南調和，立宇崇壇，玉爲階陛，麟脯鳳臘，把籍長跪，禱祝神祇，請哀諸鬼，沐浴齋戒，冀有所望，亦猶和膠補釜，以硇塗瘡，去冷加冰，除熱用湯，飛龜舞蛇，愈見乖張。

凡修金液還丹者，先明鉛火之根，次認陰陽之理。孤陰不自產，寡陽不自成。須候陰陽相交，牝牡襲氣，龍呼虎吸，男成女產。故云牝雞自卵，其雛不全；二女同車，其情不契。且天地之間，若離陰陽，即無萬物；故採天地之真精，取陰陽之根本，而為藥基。若以金石草木冰雪霜露鹽鹵之物，非種異類，孤陰寡陽，縱使黃帝臨爐，太一執火，八公擣煉，淮南合和，以致廣置壇台，豐備酒餚，敬跪祝辭，告諸神鬼，而望還丹成者，有如和膠補釜，以硇塗瘡，飛龜舞蛇，終不可得矣！

第三章　下卷

「惟昔聖賢」章第七十九

惟昔聖賢，懷玄抱眞，服煉九鼎，化跡隱淪，含精養神，通德三光，津液㊸腠理，筋骨致堅，衆邪辟除，正氣長存，累積長久，變形而仙。憂憫後生，好道之倫，隨傍風采，指畫古文，著爲圖籍，開示後昆，露見枝條，隱藏本根，托號諸石，覆謬衆文。學者得之，韞櫝終身，子繼父業，孫踵祖先，傳世迷惑，竟無見聞。遂使宦者不仕，農夫失耘，商人棄貨，志士家貧。吾甚傷之，定錄此文。字約易思，事省不繁，披列其條，核實可觀，分兩有數，因而相循，故爲亂辭，孔竅其門，智者審思，用意參焉。

魏公謂三皇修九鼎丹而服食，致含精養神，通德三光，化淪無形，以為神仙，賓於上帝。傷惘後來好道之士，或依約古文，或旁採經謬，開示淺近，啟發枝條，隱匿本根，假托金石，謬亂宗祖，不顯真規。後人得之，不究蹤跡，據文率意，將假作真，韞櫝藏諸，迷迷相指，遂有隳財廢業，虛損道心；故特定錄此篇，所貴字約而易思，事省而不撓，露其核實。非示亂辭，庶幾開發未萌，直論砂汞。智者熟究，必獲真詮也。

「法象天地」章第八十

法象莫大乎天地兮玄溝數萬里，河鼓臨星紀兮人民皆

驚駭，晷影妄前卻兮九年被凶咎，皇上覽視之兮王者退自改，關鍵有低昂兮害氣㊹遂奔走，江淮之枯竭兮水流注於海。天地之雌雄兮徘徊子與午，寅申陰陽祖兮出入復終始，循斗而招搖兮執衡定元紀。

既濟鼎器，法象天地於器間，玄溝便同數萬里也。河鼓三星或臨星紀，以近北斗，主有兵威，是故人民驚駭。且兵主金，蓋喻鼎內金被火候猛烈迫煉，使金融鑠，鼎室亢旱，凶咎是生。良由晷漏參差，致陽九作沴，尚賴皇上土德止謁，金水爍火自消，改過歸巳。其或關鍵未固，鼎器泄符，則周運元氣，奔騰江淮，水符流蕩。陰生於午，陽起於子，動靜徘徊，不離二位，寅陽申陰，水火終始，皆循斗建以定衡紀也。

「升熬於甑山」章第八十一

升熬於甑山兮炎火張設下，白虎倡導前兮蒼液和於後，朱雀翱翔戲兮㊺飛揚色五彩，遭遇羅網施兮壓之不得舉，嗷嗷聲甚悲兮如㊻嬰兒之慕母，顛倒就湯鑊兮摧折傷毛羽，漏刻未過半兮魚鱗狎鬣起，五色象炫耀兮變化無常主。譎譎鼎沸馳兮暴勇不休止，接連重疊累兮犬牙相錯距，形如仲冬冰兮闌干吐鐘乳，崔嵬而雜廁兮交積相支柱。

鼎居灶上，爐壇接連，故以喻甑山也。鼎爐上水下火也。白虎前唱，金母得火成形，或吐白砂，或生蒼液。丙丁朱雀運氣往來，驅趁五行，因成五彩，五氣聚乾坤之鼎，四時逐水火之門，天地關防，陰陽羅網，姹女被扼，真汞難逃，時有嗷嗷悲聲，終乃依依戀母，以至摧折毛羽，胎內則或汞或砂，及經刻漏，火符胞中，則或鱗或

鬣，變化無常主，動靜有常程，或暴湧不休，或湧溢無止，實甕則犬牙錯矩，虛懸則鐘乳闌干，偎倚相支，崔嵬雜廁，皆明金水之變化，盡顯砂汞之形儀。妙用無窮，神精是產。希微哉？此魏公指示丹砂、水銀之成象也。

「陰陽得其配」章第八十二

陰陽得其配兮淡泊而相守，青龍處房六兮春華震東卯，白虎在昴七兮秋芒兌西酉，朱雀在張二兮正陽離南午，三者俱來朝兮家屬爲親侶，本之但二物兮末而爲三五，三五產與一兮都集歸一㊼所，治之如上科兮日數亦取甫。

陰陽得配，則金水淡泊相守也。青龍、白虎、朱雀，乃木、金、火三氣也。運入鼎中而為親侶，且藥基元只有金火二物。末成三五與一者，木土水合，內金火二物共成變化也。所有修運日數，前篇已備釋矣。

「先白兵黃」章第八十三

先白而後黃兮赤黑達表裏，名曰第一鼎兮食如大黍米。自然之所爲兮非有邪僞道，若山澤氣相蒸兮興雲而爲雨，泥竭遂成塵兮火滅化爲土，若蘗染爲黃兮似藍成綠組，皮革煮成膠兮曲蘖化爲酒，同類易施功兮非種難爲巧。惟斯之妙術兮審諦不誑語，傳於億世後兮昭然自可考。煥若星經漢兮昺如水宗海，思之務令熟兮反覆視上下。千周燦彬彬兮萬遍將可睹，神明或告人兮心靈乍自悟，探端索其緒兮必得其門戶，天道無適莫兮常傳與賢者。

內胎金水變化之狀。先白者，乃金吐液也；後黃者，

乃液變黃芽也。赤黑達表裏者，水火、陰陽、精氣通達胎氣也。金液還丹為第一鼎者，號曰金砂黃芽也。

《古文龍虎經》曰：「殼為金精，水環黃液」是也。日食一粒如黍米大，三年限滿，白日沖天。又曰「眾丹之靈跡，長生莫不由。」蓋道門有二十四大丹，皆由第一鼎一金砂黃芽而始。若不由此而始者，乃旁門有質之藥，非金液還丹之列也。

昔李筌注《陰符》云：「還丹之術百數，要在神水華池。」百數者，火候也。抽添鍛鍊九十日丹成，又十日補完火數，總之百日也。要在神水華池者，蓋金砂黃芽由是而出，則曰自非鑿開混沌，見天地之根，擘裂鴻蒙視陰陽之母，無以議金還丹之正道也。然神母在鼎中，被陰陽之氣相蒸，如雲行雨施而水火運用各歸於土，則藥在胎內顏色形狀隨時變易而無定貌，似藍蘖之染綠黃，如皮麴之為膠酒，逐其本類變化而成也。

故聖人採天地之根基為還丹之父母，運五行而化生靈，藥殆非五金八石諸物雜類而為之也。所述斯文，昭然可考，如星在漢，似水朝宗，事理周旋，法象圓備，魏公豈欺我哉？但須熟讀萬遍，其義自彰，或神助心靈，因而自悟，乃得見其門戶也。老子《道德經》曰：「天地無親，常與善人」也。

曉按：諸道書或以真契三篇，是魏公與徐從事、淳於叔通三人，各述一篇。斯言甚誤。且公於此再述《五相類》一篇云，今更撰錄補塞遺脫，則公一人所撰明矣。況唐蜀有真人劉知古者，因述《日月玄樞論》，進於玄宗，亦備言之。則從事箋注，淳於傳授之說更復奚疑。今以四篇統分三卷為九十章，以應陽九之數也。

「補塞遺脫」㊽章第八十四

參同契者，敷陳梗概，不能純一，氾濫而說，纖微未備，闊略彷彿。今更撰錄，補塞遺脫，潤色幽深，鉤援相逮，旨意等齊，所趣不悖，故復作此，命五相類，則大易之情性盡矣。

魏公先述《參同契》三篇，鋪舒寥廓，未備纖微，且復撰此《五相類》一篇，補塞遺脫，則乾坤陰陽五行終始之情性盡矣，還丹首尾法象之文旨備矣。

「大易情性」章第八十五

大易情性，各如其度，黃老用究，較而可禦。爐火之事，眞有所據，三道由一，俱出徑路。

乃知煉丹之儀，一一各有節度。黃帝、老君用究其道，垂文至斯，較量爐火之事，真有所據。五行同宗，金木火三道，俱出一徑也。

「枝莖華葉」章第八十六

枝莖華葉，果實垂布，正在根株，不失其素。誠心所言，審而不誤。

凡修金液還丹，當須先認根株，方得繁生華葉而果實垂布也。不失其素，謂不失真水銀也。但認得真鉛為藥根株，則自然繁生真汞果實，信斯言之不誤後人也。

「象彼仲冬節」章第八十七

象彼仲冬節，竹木皆摧傷，佐陽潔賈旅，人君深自藏。象時順節令，閉口不用談，天道甚浩廣，太玄無形

容，虛寂不可睹，匡郭以消亡。謬誤失事緒，言還自敗傷，別序斯四象，以曉後生盲。

修丹火候或枝莖繁舒，或果實熟茂，或草木零落，應彼仲冬啟塞順時，皆由其運火節符也。佐陽詰賈者，閉頭禁旅，象固塞鼎器，不令漏泄真精氣也。人君深自藏者，乃中宮金母也。閉口不談者，兌金室也。天道甚浩廣，則鼎內變化無涯。太玄無形容，則金水滋液罔測，潛運無極，神化無方，四序推移，匡郭消滅而金水之形變化矣。魏公謂大道運育，真宰無形，若不以法象調和，陰陽拘束，契之潛化，令以天機，爭得牽引日月之精魂，留連咫尺之鼎室，而成其妙化哉？如謬誤事緒，則必敗傷，故序此文，以悟後來未見者。

「會稽鄙夫」章第八十八

會稽鄙夫，幽谷朽生，挾懷樸素，不樂權㊾榮。棲遲僻陋，忽略利名，執守恬淡，希時安平，宴然閑居，乃撰斯文。歌敘大易，三聖遺言，察其旨趣，一統共倫。

此乃魏公自述，不徇世名，至親道域，安閑燕處，乃撰斯文。約三聖之遺言會一端而共論，將乾坤鼎而同大冶，運坎離氣而比化權，則而象之，取而行之，謂天且弗違而況於人乎？況於鬼神乎？是故，神無方而易無體，得不協其動靜，循彼陰陽，而成變化於有無之中乎？神哉！

「務在順理」章第八十九

務在順理，宜耀精神。神化流通，四海和平。表以為歷，萬世可循序以御政，行之不繁，引內養性，黃老自然，含德之厚，歸根返元；近在我心，不離己身，抱一毋

舍，可以長存；配以服食，雄雌設陳，挺除武都，八石棄捐。

火候須順陰陽之理。然而起發神精，遍滿金宮，一室和暢，依法御政，事不至繁，萬世可循也。使金水養性於中宮，俾黃老含德於內象。金生砂汞，則歸愚返元。抱一胞胎，則水生母舍；姹女戀母，則終始長存。若非雄雌設陳，類其真母，而無成功也。如以武都雄黃及五金八石之類為之者，盡可棄捐也。

「審用成物」章第九十

審用成物，世俗所珍，羅列三條，枝莖相連。同出異名，皆由一門，非徒累句，諧偶斯文。殆有其眞，礫礫可觀，使予敷僞，卻被贅愆，命《參同契》，微覽其端，辭寡意大，後嗣宜遵。委時去害，依托丘山，循遊寥廓，與鬼爲鄰，化形而仙，淪寂無聲，百世一下，遨遊人間，陳敷羽翮，東西南傾，湯遭厄際，水旱隔並，柯葉萎黃，失其華榮，吉人相乘負，安穩可長生㊿。

魏公令至誠修煉此藥，是世上珍寶之物也。羅列三條則青龍、白虎、朱雀，木、金、火是也。還丹不出此三物而成，且三物本只金、火二味，末成木、金、火三物也（此乃內象三物，非外木金火也）。雖多異名，蓋以寓言窮理，其實一門無已。緣屬辭比事，諧偶斯文；所貴分擘玄黃，去除瘤贅，故命真契，以覽其端。後人遵而修之，便於名山仙隱，擇地安居。積行累功，去世離俗，與天地合其德，與曰月合其明，與四時合其序，與鬼神合其吉凶。專密無差，高尚其事。

故陰君歌曰：「不得地，莫妄為，須隱秘，審護持。」

保守莫失天地機，以至道成之後，身入無形，坐存立亡，遨遊東西，水火無礙，堯洪湯旱之沴，陽九陰六之沴，俱無患矣。

鼎器歌

曉所分《參同契》並《補塞遺脫》四篇為九十章，以應陽九之。外餘《鼎器歌》一篇，本在補遺之前，謂其辭理勾連，字句零碎，獨存於此，以應水一之數。歌曰：

圓三五，

鼎周圓一尺五寸，中虛五寸。又張隨注云：此名太一爐法，圓象天，方象地，狀若蓬壺，亦如人之身形。三層象三丹田也，故三光五行，四象八卦，盡在其中矣。

寸一分，

厚一寸一分。

口四八，

口偃開，如金之鍋釜，臥脣，仰折，周圍約三尺二寸，明心橫有一尺。

兩寸脣，

立脣環匝高二寸。

長尺二，

鼎通身長一尺二寸，上水入鼎八寸。

厚薄勻，

通身厚一寸一分，令均勻也。

腹齊三，51

鼎身腹底通直，令上中下等。

坐垂溫。

鼎懸於灶中，不著地。懸胎鼎是也。

陰在上，

上水鼎以潤下。

陽下奔，

下運火以炎上。

首尾武，

巳午是陰陽界分，巳為陽子尾，午為陰亥首，故火武也。

中間文。

巳午兩向，中間陰陽進退各得其中，故火文也。

始七十，終三旬，二百六，善調勻[52]。

七十，三十，二百六十，都合三百六十日，應周天大數也。於其間，細意調勻符火，不令失天地之大數。魏公欲諧偶成文，故分而言之也。

陰火白，

火數偶，陰云太白是也。金水得用，故多白少赤。

黃芽鉛，

黃芽生於鉛，鉛是芽母也。

兩七聚，輔翼人。

兩七者，後篇云：青龍處房六兮，白虎在昴七兮（下卷八十二章內云）。喻青龍七宿之氣與白虎七宿之氣合聚，神胎輔翼而生靈汞真人也。緣鼎器立三才中宮為人，故中篇云：「真人潛深淵，浮游守規中」是也（中卷六十六章內云）。

瞻理腦，定升玄，子處中，得安存。

神室金母養育水銀真子也。前篇云：「溫養子珠」是也（上卷二十章內云）。

來去游，不出門，漸成大，性情純。

姹女、嬰兒，得母安養，又為關鍵。鼎器堅牢，無路逃逸，只在器內上下游泳，日月數周，漸成純質。

卻㉝歸一，還本原。

始以水母為丹基，水母復生其水銀，故謂之歸一還原也。

善愛敬，如君臣氣㉞，至一周，甚辛勤。密防護，莫迷昏。

周年辛勤，細意防護，無致懈怠也。

途路遠，復幽玄，若達此，會乾坤。

丹道幽微，旨趣深遠，若能了達，可謂乾坤人掌，日月在心，無所不至也。

刀圭霑，靜魄魂，

金液還丹，刀圭霑五內，即神煉氣清，魂安魄靜，更凡骨變為真人。

得長生，居仙村。樂道者，尋其根。

令好生之子，尋究神藥根源而修之，勿致誤用雜類也。

審五行，定銖分，

凡修還丹，先究陰陽之情性，次明水火之根源，審察五行，區分晝夜，循環刻漏，析別會銖，得陰陽相須，五行互用，方有所獲也。故曹真人曰：「金液通神仙，須向五行覓。五行處處有，素非仙人惜。要識真鉛汞，一水與一石。中宮先為主，水火系為物，二物為夫婦，夫婦相配匹。百刻達離氣，丹砂從此出。」則知金液還丹非陰陽、五行、真鉛、真汞合和成藥，則餘無別徑也。

諦思之，不須論。深藏守，莫傳文。

使研精覃思，勿輕易論之。緘藏於心，若妄以書傳，必遭天譴。

御白鶴兮駕龍鱗，游遊太虛兮謁仙君，錄天圖兮號眞人。

丹成之後，功滿德充，膺籙受圖，位居真人。證諸道驗，不其然乎？

【注釋】

❶朱熹在〈離易參同契考異〉前言「附說」中曰：曉注本「分三卷為九十章，以應陽九之數；《鼎器歌》一篇，以應水火之數」為「附會」之說。朱本在彭本之後，有許多優長，但錯訛亦不少，本書選彭本，並參照他本以訂正之。

❷朱子《考異》本「猶工御」句為「猶工御者執銜轡，準繩墨，隨軌轍」。

❸朱本「依」為「如」，元全陽子俞琰《周易參同契釋疑》為「依」。

❹朱本「理」為「序」。

❺朱本「變化」作「升降」。

❻朱本「當」作「稱」。

❼「昏冠」，朱本作「冠婚」。意為年以及冠而復婚娶。

❽一本「牙」作「芽」。

❾「伸」，朱本為「信」。

❿朱本「氣」為「炁」。按《釋疑》「氣」當為「無」，「日出則月沒，月出則日沒」，故「日月無雙明」，言之成理。又「炁」，本古「氣」字。

⓫「朋」為「明」之誤。《釋疑》又言「東北」當為「東方」，有較詳細的考釋，可參閱。

⓬朱本「誃」作「侈」《釋疑》認為。侈離，即別離也。

⓭朱本亦為「合」，《釋疑》認為非是，當為「舍」。

⓮「其數名一」，朱本為「其散各一」。

⑮「外」，朱本作「新」。

⑯《釋疑》曰：按下文「汞日」則「偃」疑為「鉛」之誤。此說不確。

⑰《釋疑》曰「思」當為「息」。「佇息」謂「凝佇呼吸之息，二聲合而為一，如夫婦之交合也」。

⑱「澒」，通汞，水銀。

⑲《釋疑》言「詩書」當為「此書」，指《參同契》。

⑳他本「為」作「待」。

㉑「若遂結舌瘖」，朱本作「結舌欲不語」。

㉒「又符泄天符」，似不通，朱本作「恐泄天之符」。

㉓《釋疑》認為「愚」當為「慮」。

㉔「其三遂不入，火二與之俱」，《釋疑》認為該句應以「其土遂不入，二者與之俱」為是。

㉕《釋敏》曰：「炎火張于下，龍虎聲正勤」與下篇「升熬于甑山兮炎火張設下，白虎倡導前兮蒼龍和於後」實同一義，舊本「龍虎」作「晝夜」，非是。

㉖《釋疑》曰：「周」當為「用」。

㉗《釋疑》曰：「六十卦用」作「餘六十卦」，非是。

㉘「正光」，《釋疑》曰：「非是」，應為「生光」。

㉙《釋疑》曰：「陰伸陽屈，毀傷姓名」，謂七月屬申，律應夷則也。「伸」即「申」也，「傷」即「夷」也。舊本「毀傷」作「沒陽」，非是。

㉚「類如雞子」至「肉滑若鉛」數句中，朱子本，「符」作「扶」，「廣」作「橫」，「俱」作「具」，「鉛」作「飴」。《釋疑》認為「鉛」作「飴」為改正。

㉛《釋疑》認為「玄且」應作「至懸」。

㉜「容中」，《釋疑》以「谷中」為是。

㉝《釋疑》以「事」作「至」。

㉞《釋疑》曰：「三五為一」即上篇「子午數合三，戊

己數稱五」是也。「為」作「與」，非是。

㉟《釋疑》言，將「貪并」作「貪便」，非是。聯繫下文，此說有理。

㊱「太平經天」，與朱本「太白經天」對照，後者較切當。

㊲《釋疑》曰:「施化之道」，以「道」作「精」非是。

㊳「月受日化」非是。《釋疑》曰：此蓋用《莊子》語：「日改月化」。

㊴他本為「檢魂」。

㊵此句原脫，依他本增添。

㊶朱本及他本「天綱」作「天罡」。

㊷朱本作「盤虬」。

㊸「三光」、「津液」，《釋疑》之為「三元」、「精液」。

㊹《釋疑》，以為「害字與周字蓋相似，炁字與天字頗相近」，「害氣」應為「周天」。

㊺「朱雀翱翔虧兮」之「虧」。為「戲」之誤。按朱本改正。

㊻「如嬰兒之慕母」原無「如」字，按朱本改正。

㊼原為「二」，當為「一」。《釋疑》詳考論之，今改。

㊽「補塞遺脫章」至「審用成物章」，即「五相類」。

㊾《釋疑》認為「歡」應作「權」。

㊿「吉人相乘負，安穩可長生」，《釋疑》以為應作「各相乘負，安穩長生」。

51「腹齊三」，朱本作「腹三齊」。《釋疑》曰：朱子云「齊」即古「臍」字，故應為「腹齊正」。

52他本無「始七十」至「善調勻」句。

53朱本「卻」作「欲」。

54朱本無「善愛敬，如君臣」句。

《周易參同契》集注

《參同契》集注

清　仇兆鰲

仇兆鰲，字滄注，鄞（今浙江寧波）人。少從黃宗羲遊。康熙進士，累官吏部右侍郎，引疾歸。講求性命之學，恬淡自安。著有《杜少陵集詳注》等。他集朱熹等十七家之言撰成《參同契集注》，並以杜一誠本為據，四言作經，五言作傳，稱為古本，可與彭曉本對讀。

第一章　古本《參同契》目錄

參同悟真論　彭真一原序
參同集注序　凡例二十條

上卷四言經文

魏眞人自序

乾坤坎離章　君臣御政章　發號施令章
坎離戊己章　晦朔合符章　卦律終始章
性命根宗章　養己守母章　日月含吐章
流珠金華章　三五至精章　四象歸土章
陽陰反覆章　以類相況章　父母滋稟章
姹女黃芽章　牝牡相須章　後序孔竅章

下卷五言傳文

徐從事傳文序

牝牡四卦章　乾坤二用章　日月神化章
發號順時章　朔受震符章　藥火象月章
八卦列曜章　上下有無章　二八弦氣章
金火含受章　三性會合章　金水銖兩章
水火情性章　二氣感化章　關鍵三寶章
同類伏食章　背道迷真章　三聖製作章

補遺

淳於氏三相類序　大丹賦　鼎器歌

附錄

張真人讀參同文　蕭元瑞讀參同作　參同集注後跋

圖像

周身關脈之圖　雷門測候之圖　河圖三五之數
洛書四象之圖　先天對待卦圖　後天流行卦圖
一月六候圖　六候納甲圖　十二月卦律圖
六十卦火符圖　太極順生圖　丹道逆生圖
淳于氏三相類圖　經星玄溝圖　天罡將指圖

集注姓氏

彭曉：真一子，後五代孟蜀永康人。作《通真義》三卷。

朱文公：宋儒名熹，托名鄒欣，著《參同契考異》，約略作注。

陳顯微：抱一子，南宋人，作《參同契考》三卷。

俞琰：字玉吾，全陽子，元林屋山人。一作《參同契發揮》三卷。

陳致虛：上陽子，元廬陵道士。作《參同契分章注》三卷。

杜一誠：字能復，蘇州人。明正德間，編四言為經，五言為傳，此書復古本之始。

徐渭：號天池，山陰人。明隆慶間著《參同契分

釋》，以陳抱一本為據。

陸西星：字長庚，潛虛子，揚州興化人。隆、萬間作《參同契》測疏、口義二種。

李文燭：字晦卿，別號夢覺道人，鎮江人。萬曆時作《參同契句解》三卷。

王九靈：永嘉人。萬曆時依楊氏古本分傳以附經，有注三卷。

蔣一彪：餘姚人。萬曆間輯《參同契集解》，依楊氏古本，附真一、抱一、上陽、全陽四注於下。

彭好古：一壑居士，西陵人。萬曆間注《古本參同勢〉三卷。

甄淑：九映道人，湖廣人。崇禎間，著《參同契譯注》、《悟真篇翼注》。

陶素耜：存存子，近時越中人。作《參同契脈望》二卷。

姜中眞：得一子，會稽人。作《參同契注解》三卷。

尹太鉉：高陽子，東魯人。有《參同契補天石》。

補注：知幾子增輯自記云：十治數陽老仙，千年實摘樹邊，龍伯國人把釣竿，海不揚波注斯篇。

第二章　陸長庚參同、悟真總論

陸長庚参同、悟眞總論（出就正篇）

金丹之道，煉己為先。己煉則神定，神定則氣住，氣住則精凝，民安國富，一戰而天下定矣。昔師示我曰：人能清修百日，皆可作胎仙。夫百日清修，片晌得藥。十月行火，脫胎神化，改形而仙，顧不易易哉！而世卒難其人，何也？根淺者聞道不信，學疏者證道不真；盲師妄引，莫辨越燕，焉分蒼素？音或質以《參同》、《悟真》，輒云陳言易得，口訣難逢，別有開關展竅之秘，離形交氣之方。初學之士，一聆其言，意在速成，焚香誓天，深藏肺腑，而《參同》、《悟真》，束之高閣矣。夫陰陽同類，感應相與之道，順之則人，逆之則仙。是皆自然而然，非有巧偽。《參同契》云：自然之所為兮，非有邪偽道。《悟真篇》云：藥逢氣類方成象，道在希夷合自然。古仙垂語示人，曷嘗隱秘？然皆色口不言開關展竅，離形交氣之術。而今乃有之，是大道之厄，斯人為之也！嗟乎！世人好小術，不審道淺深，獨奈何哉？

昔師示我云：《參同》、《悟真》，乃入道之階梯。顧言微旨遠，未易剖析。況潛❶廿載，始覺豁然。且僕非能心領神悟也，賴玩索之功深，而師言之可證耳。予既微有所見，不敢自私，輒成是編，以就正於有道。然此其大略耳。若夫入室細微之旨，內外火候之詳，自有二書者在，安敢贅哉？潛虛生述。

第三章　周易參同契通真義序

彭氏《周易參同契通眞義序》

按《神仙傳》，真人魏伯陽者，會稽上虞人也。世襲簪裾，惟公不仕，修真潛默，養志虛無，博贍文辭，通諸緯候，恬淡守素，惟道是從。每視軒裳，如糠秕焉。不知師授誰氏，得《古文龍虎經》，盡獲妙旨，乃約《周易》，撰《參同契》三篇。演丹經之元奧，多以寓言借事，隱顯異文，密示青州徐從事。徐乃隱名而注之。至後漢孝桓帝時，公復傳授與同郡淳于叔通，遂行於世。

公撰《參同勢》者，謂修丹與天地造化同途，故托易象而論之。莫不假借君臣，以彰內外，敘其坎離，直指汞鉛；以乾坤為鼎器，以陰陽為提防，以水火為化機，以五行為輔助，以真鉛為藥祖，以元精為丹基，以天地為父母，以坎離為夫妻；互施八卦，驅役四時，分三百八十四爻，循行火候，運周天二十八宿，環列鼎中；秘得水虎潛形，寄庚辛而西轉，火龍伏體，逐甲乙而東旋。從此天關在手，地軸由心，天地不能匿造化之機，陰陽不能藏亭毒之本。故能體變純陽，神生真宅。非天下之至精，其孰能與於此哉？第文泛而旨奧，事顯而言微。後世各取所見，或則分字而釋，或則合句而箋。既首尾之議論不同在，取捨而是非無的。

今乃分章定句，合義正文，故以四篇，統分三卷，名曰《分章通真義》。內有《鼎器歌》一篇，為其辭理勾

連，字句零碎，分章不得，故獨存焉。丹道陰陽之理備矣。曉因師傳授，歲久留心，不敢隱蔽玄文，課成真義。庶希萬一，貽及後人也。昌利化飛鶴山，真一子彭曉序。（此序有關經傳原委，故摘錄於前。）

考彭氏後序，係孟蜀廣政十年丁未歲九月八日作。其為前序，亦應在此時。按廣政十年乃五代劉漢即位之初年。昌利山在成都府金堂縣東北士里。又據楊慎《參同契序》，彭曉蜀永康人也。又廬陵黃瑞節曰：《參同契》注本，凡一十九部，三十一卷，其目載夾漈鄭氏《藝文略》。彭曉本最傳。然分三卷為九十章，以應陽九之數。《鼎器歌》一篇，以應水一之數。其傅會類如此。蓋效河上公分老子為上經、下經，八十一章，而其實非也。

鮑氏云：彭本為近世淺學妄更，秘館所藏，民間所錄，差誤衍說，莫知適從。朱子考辨正文，引證依據，其本始定。今不敢贅附諸說云。又謹按：此書經朱子參定，黃氏推為善本。後來抱一、上陽，皆據斯作注。但錯簡紛紜，文氣斷續，先後顛倒，段落蒙混，讀之猶未慊心。再經俞、陸兩家更移歸併，脈理差見清楚。然經、傳莫辨，章、句難分，終非本來面目。抽鑰啟關，拭塵開鑒，茲幸古文之復見云。知幾子附記。

《周易參同契集注》序

《參同契》一書，魏真人為養性延命而作也。書名《參同契》者何？言與《大易》、《黃》、《老》三者，同符而合契也。後之注家謂：參者參天地造化之體，同者資同類生成之用，契者合造化生成之功，失其旨矣。或據原序，以大易、黃老、伏食三者，為相合相契，亦非也。

伏食與養性相配，不與黃老相對。黃老之道，包舉內外，養性伏❷食，皆在其中。

觀《陰符》、《道德》兩經，俱言性命之理，與大易之盡性致命，有以異乎？此則三者之所以同而契也。序言養性，即內以養己。其以伏食為延命何也？伏者，伏此先天真一之氣。氣自外至，杳冥恍惚，非養性於虛無，不能致也。《內經》有云：根於中者，命曰神機；根於外者，命曰氣立。古之真人，知神由中主，而氣自外來，故必以神馭氣，而保厥長生。

夫人之一身，常以元神為主宰，而取坎填離，氣始復焉。坎離者，一水一火，迭用柔剛。坎中之水，乘其爻動，而以意招之；離中之火，靜極能應，而以意運之。坎中之鉛，即陽氣也；離中之汞，即陰精也。精氣會合，皆以真意攝之。意不專一，則神散而不凝。神不凝聚，則大用現前，而俄頃失之。是故安靜虛無，以養其神也；閉塞三寶，以斂其神也。神無為而無不為，故曰一故神，兩故化。河圖之四象，各寓變化生成，而五獨居中以默運。丹法之九還七返，八歸六居，皆以真土主造化。五居中而制四方，憂心居中而應萬事。契言辰極處正，執衡定紀，皆借神以統之矣。

黃帝之無搖精，無勞形；老聖之致虛極，守靜篤，皆所以凝神而候氣。神凝則氣應，始可從事伏食，而行還返之道。《易》曰：神也者，妙萬物而為言者也。神御六子，變化行焉。山澤通氣者，其柔上而剛下乎。坎離對射者，其水火之既濟乎。雷風相薄者，其乘震符而彭橐籥乎。準諸抱神以靜，而盜機莫見。谷神若存，而虛心實腹，孰非善用其神者乎？爰據古文，厘定經傳，又集諸家

注疏，於採藥、還丹、煉己溫養，亦既詳言無隱矣。

惟神為丹君，而氣為丹母，尚需陳述簡端，以推用功之綱要。茲者，沉潛討論，無間暑寒。所幸生際升平，聖人首出，得優游化日光天之下，以講求盡性致命之書。尚冀衰邁餘年，良緣可俟，從此咸登仁壽，而不徒托之空言，則素心庶幾其一遂也夫。

康熙四十三年三月朔旦，甬江後學仇兆鰲薰沐拜手撰。

《周易參同契集》例言二十一條

一、《參同》卷次

葛稚川著《神仙傳》謂魏伯陽作參同契》三卷，彭真一又謂約《周易》撰《參同契》三篇。考世本流布，經傳混淆，其所謂三篇者，皆長短句法，參錯成文，非復當時原本。今定為經一卷，傳一卷，三相類一卷，與仙傳舊目相符。此據姑蘇杜一誠本，而酌定其章次耳。杜本經文三篇，各冠標題，謂乾坤剛柔以下，乃三聖乘龍禦天，大易之道。將欲養性以下，乃黃老延命養性長生之道。惟聖賢以下，乃聖賢伏食飛升金丹之道。此皆強分條例，未合經旨。其所分傳文三篇，卻無標題，亦未見條理矣。須知傳乃會經意而成篇，逐章各有照應，絕不蒙混也。

二、古本源流

元時王屋山人俞玉吾，用十年苦心，偶一夕於靜定之中，忽若有附耳語云：魏伯陽作《參同契》，徐從事箋注，簡編散亂，故有四言、五言、散文之不同。既而驚悟，尋省其說，欲各從其類，分而為三。因注解已成，不能復改。前代正德間，杜一誠始定四言作經，五言作傳，與《三相類》共為三冊，每冊各附以原序。杜自謂得之精

思豁悟者。嘉靖間，楊用修所刻《參同》古本，與杜本相同。又謂出於石函中，乃樵夫掘地而得之。豈有埋地之書，經千五百年而簡編尚不朽壞者？大抵杜氏，則因玉吾之說，而匡❸其錯簡；楊氏則據杜氏所編，而托名石函耳。然古本復見，實借二公啟之。而俞氏之神相告語，乃契中所云千周萬遍，神明來告者。精誠所感，信可通古今於一息矣。（杜序在正德丁丑仲秋，楊序在嘉靖丙午仲冬，先後相去凡三十年。明是楊襲杜書，非杜竊楊本。山陰徐渭亦嘗辨之。）

三、古本易讀

彭一壑謂：經傳淆亂，始於真一子。考通真兩序，皆洞明丹理，不應移竄篇編。大抵俗本沿訛，其來已久。致後之讀《契》者，如亂絲無緒，徒然目眩心煩。自杜氏追復古本，有功《契》文。此後王、彭兩家，亦知崇古。但於章法之起結，段落之接連，尚未分明。今重定章句。加以疏箋，逐章還其次第，逐節尋其條理，逐句明其意義，令文從字順，舉目了然。從此《參同》易讀矣。然只依文貫穿，不敢增減隻字片言，開罪作者。若遇字句互異，則附見本句之下，多據朱子《考異》，及俞氏釋疑，間有酌以鄙見者，注云當作某字。或上下文句顛倒，須互調諧韻者，亦注明於下，以質所疑。

四、章數異同

此書傳世已久。南宋以前，注家凡十九種，惟五代彭曉本最先。但分為九十一章，頗嫌割裂支離。宋儒朱子，分為上中下三卷，又各編章次，間附注釋。嗣後抱一、全陽，皆依朱本，微加更定。上陽則分為三十三章，潛虛則分為四十九章，陶素耜又分為四十四章。然而經傳混淆，

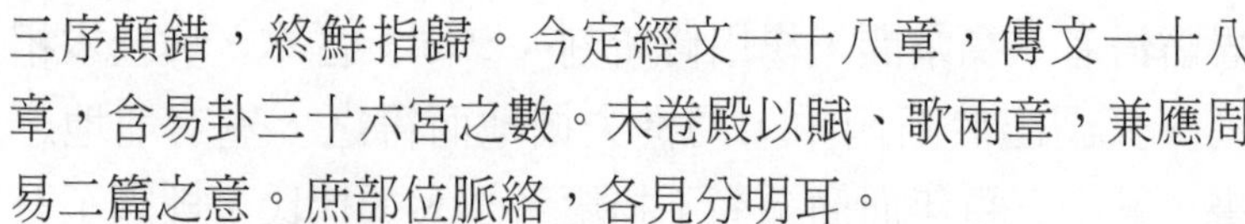

三序顛錯，終鮮指歸。今定經文一十八章，傳文一十八章，含易卦三十六宮之數。末卷殿以賦、歌兩章，兼應周易二篇之意。庶部位脈絡，各見分明耳。

五、古本諧韻

古人文字，多用韻語。《易》、《詩》二經，其最著者。外如《道德》、《南華》，荀、列、淮南，莫不有韻存焉。第古韻通協，不若沈約之拘。宋時鄭庠作《古音辯》，分古韻六部。東、冬、江、陽、庚、青、蒸七韻，皆葉陽音；支、微、齊、侍、灰五韻，畢葉支音；真、文、元、寒、刪、先六韻，皆葉先音；魚、虞、歌、麻四韻，皆葉虞音；蕭、爻、豪、尤四韻，皆葉尤音，侵、覃、鹽、咸四韻，皆葉覃音；契中經傳，各葉古韻。有全篇一韻者，有一篇數韻者，有兩句葉韻者，有數句疊韻者，有隔二句三句用韻者，變化錯綜，並非率意偶拈。今特參考。知古人韻學之詳核也。（契文，支、魚通葉，鄭氏尚未詳。）

六、參同體制

朱子晚年喜讀此書，嘗云文章極好，蓋後漢之能文者為之。其用字皆根據古書。今玩《契》文，本《周易》以立言，則道尊；托風人之比義，則辭婉。故語特雅馴，能垂世而行遠。且三人各為一體，四言信毛詩，五言仿蘇李，丹賦仿楚騷，鼎歌信古銘。意本貫通，而語無沿襲。此歷代道家著述之淵源也。如許真君《石函記》，崔氏《入藥鏡》，呂祖《敲爻歌》、《三字訣》，張公《悟真篇》、《金丹四百字》，三豐《節要篇》、《證道歌》，皆從此出。

七、注家採錄

注解行世者，如真一、抱一，互有發明，但多所脫略耳。全陽子解作清淨，偏於專內。惟上陽子證明丹法，獨露真詮，但徵引氾濫，未見剪裁。陸潛虛發揮丹訣，疏暢條理，得之呂祖親傳。今引用各注，惟陸說最多。彭一壑間雜以外丹，李晦卿言兩副乾坤，皆未純一。但李指晦前朔後，每月之首尾，為鉛汞二藥，其法傳自南岳魏夫人，實丹家秘法。但與他注，言龍汞虎鉛，兩家分屬者不同。

八、三五精義

《契》言：三五與一，天地至精。此乃金丹之綱領。何謂三五？火二木三為一五，此在我之汞，水一金四為一五，此在彼之鉛；戊己又合為一五，此則兩家交會之處；三家合為一家，所謂三家相見結嬰兒也。《契》又稱為龍虎者，蓋離中有火，所謂龍從火裏出；坎中有金，所謂虎向水中生。契文或言金火，或言水火，要而言之，只是兩家之精氣耳。

九、《契》中金水

丹家言金水者，約有兩種。先天之金水，五千四百八日，金氣足而水潮生，所謂天應星，地應潮是也。後天之金水，一月六候。前三候為金，後三候為水，從日光之明晦，分出陰陽是也。先天之金水，取為丹母，所謂白者金精，黑者水基也。後天之金水，資為爐藥，所謂金計十有五，水數亦如之也。晦朔合符，專論六候之象。他注猶以兩弦兌艮，為男女相當。太上《火候歌》云：日月本是乾坤精，卦象周回自著明。前三五兮後三五，五六三十復還生。讀此可曉然無疑矣。

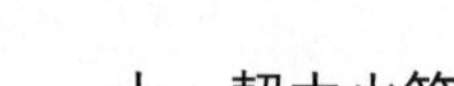

十、契中火符

經文言火符者，三章疊見。發號施令章，言逐日之火符；晦朔合符章，言一月之火符；卦律終始章，言一歲之火符。其法歲疏而月密，月疏而日密。於一日中，推測十二時；於一時中，又分三符六候，使之神氣相投，而出入有度。其攢簇火候之功，在時尤加精密矣。

十一、契中藥火

丹書所言火候，亦有數種。有鉛中之火，虎之初弦氣是也。有汞中之火，龍之初弦氣是也。有二七之火，白虎首經是也。有周天之火，十月抽添是也。有首尾之武火，煉己溫養用之，後天陰火是也。有中間之文火，一符得丹用之，先天陽火是也。有丁壬妙合之火，運汞迎鉛，前二候煉藥用之。有舉水滅火之火，鉛來製汞，餘四候得藥用之。有未濟卦之火，火上而水下，常道順行之法。有既濟卦之火，水上而火下，丹道逆行之法。所謂二候四候，乃臨時採藥之六候，與每月藥生之六候，卻又不同。

十二、抽添沐浴

子午抽添，卯酉沐浴。此丹家之成法。丹賦取子午寅申，蓋水生於申，旺於子；火生於寅，旺於午。生旺之時，宜抽鉛添汞。經文兼言戌而不及午者，子可該午，戌可推辰，六時俱可行功矣。傳文言內體外用，並舉十二時辰，誠恐藥候不齊。須參求二六時中，覓得金水兩度，以當屯蒙二卦，不必剖析十二爻，分值十二時也。所謂沐浴者，卯月又逢卯時，恐木火旺而傷金；酉月又逢酉時，恐金氣盛而傷木。故時上各宜沐浴，非謂卯酉兩月，及餘月卯酉時，概須停火也。

十三、有、無要訣

《契》言：以無制有，器用者空。《傳》言：上閉稱有，下閉稱無。有無兩字，出《道德經》，乃丹經心訣。無則靜定之功，修性於離宮；有乃動爻之候，延命於水府。《契》言推情合性，全在存無守有也。《契》又言：內以養己，安靜虛無。三寶固塞，為己樞轄。正見煉已工夫，為臨爐基本矣。

十四、丹學津梁

古今丹書萬卷，必推《陰符》、《道德》為丹經鼻祖。《參同》約兩經而著書，詞簡義賅❹，又後世丹學之津梁。《參》文往往散漫鋪陳，不欲會歸一處，誠恐泄天機而受冥譴也。然詳者不歸於約，如滿屋散錢，無索貫串，終難下手。淳于氏作《大丹賦》，將全部經髓，括在一篇之中。於採藥行火，還丹結胎，朗然披示。真足輔翼《契》文，堪熟誦而潛思者。

十五、《契》修金丹

《仙傳》謂魏公丹法，傳自陰、徐二真人。考陰君長生，在東漢之季，與魏公先後同時；徐真人則不可考。彭氏謂魏公授予青州徐從事，則徐乃魏徒，非魏師也。兩書必有一誤。據《仙傳》云：陰真人煉上清金液神丹，大作黃金數萬斤，以濟貧乏。前後各服半劑，白日升天。陰公蓋以神丹成道者。

《仙傳》並謂魏公作神丹，丹成入口，絕而復起，遂得仙去。又謂其書假借爻象，以論神丹之事。世儒不知，而以陰陽注之，殊失其旨。今據本序，蓋言養性為主，而配以伏食。所謂伏食，不出雌雄同類。此係人元金丹，非天元神丹也。《仙傳》恐未足憑矣。

十六、鑄鼎佩劍

魏公後序，言黃帝伏煉九鼎，諸家以鼎湖煉丹證之。不知煉鼎乃取同類，非用外丹。鼎必須九者，虛無大藥，必求先天之鼎，而築基溫養，皆資後天之鼎，故以九為率耳。其云伏食三載者，包首尾工夫在內也。但築基之初，須神劍一口，仙家用以降魔伏妖，《契》言要道魁柄，又言循斗招搖，非佩身之利器而何？蕭廷芝云：一剛一柔，一文一武。進寸而退尺，前短而後長。分賓主，立君臣，惟使斤兩調勻，法度準確，皆與《參同》《悟真》要訣相符。

十七、內外橐籥

《契》言牝牡四卦，以為橐籥，本於《道德經》天地之間，其猶橐籥乎？蓋天氣下降，地氣上升，一闔一闢，以為生生化化之機。造化之大橐籥也。人身中橐籥，有內有外。呼吸往來，此在內者；陰陽交感，此在外者。下云：谷神不死，是謂玄牝。此橐籥之本也。又云：玄牝之門，為天地根。此橐籥之用也。又云：綿綿若存，用之不勤。此言橐籥之功，兼乎內外也。內則調息歸根，外則輕運默舉。凡平時養氣，按候求鉛，皆用綿綿不勤。此二句乃千秋丹訣，言簡而意盡矣。

十八、修眞功德

《契》言道成德就，功滿上升。道德與功，如何分別？曰性命雙修，此玄門之大道。盡性立命，實得於己者，德也。三年九載，工夫完足者，功也。但功、德二字，又須推廣言之。從來修真成道，非上等根器人，積德累功者，不足以與此。《太上感應篇》云：欲求天仙者，須行一千三百善。所謂善者，兼內外，包物我而為言也。

學者必體忠以行恕，庶德功可以兩全。夫忠以盡己、恕以及人，此即聖門所謂仁也。仁者以天地萬物為一體，主宰流行，初無間斷。西銘云：不愧屋漏為無忝，存心養性為匪懈。言主宰也。又云：尊高所以長其長，字孤弱以幼其幼。常懷民胞物與之意。即流行也。果能時時省察擴充，畏天而憫人，則德自我修，功自我立，而善亦自我積矣。和氣所感，造化可通，將有助以世緣，遂其初願者。倘或靈台不淨，自欺比獨，利己而防人，恐造化至靈，必有物焉以敗之。欲望引年輕舉，豈可得乎？

十九、黃氏附錄

廬陵黃端節云：朱子解《易》，言邵子得於希夷，希夷源流，出自《參同契》。又曰：眼中見得了了，但無下手處。又曰：今始識頭緒，未得其作料孔穴。寧宗慶元丁巳，蔡季通編制道州，留別寒泉精舍，相與訂正《參同契》，竟夕不寐。明年季通卒，又得策數之法，恨不得與之辨證。越二年而朱子亦逝世矣。今按朱夫子博極群書，獨於此卷尚多未徹。蓋真詮必須口訣也。幸生諸賢之後，得以參互考證，集成茲編。豈敢自矜管見為得哉！

二十、圖末發明《契》言，著爲圖籍。

開示後昆。知上真列仙，必有圖書簡籍，以啟悟後人。今歷考諸家，自《河圖》《洛書》先天後天《易卦》而外，及日月星宿，干支火候諸圖，皆採附卷末，好學者當觀象而會意，不在泥文而索象。

二十一、《契集》始於癸未季冬，成於甲申仲春

是年入京，遂攜作長途涵泳。抵京後，復考定章句，增刪注解，及至庚寅冬月，酌定以圖授梓。首尾凡九易星霜始就。嘆大藥之難逢，惜流光之易度，聊贅筆於此。

第四章　《周易參同契》上卷

四言經文

（杜一誠分經文為三篇，段落未清。今參酌諸家，冠以序文，定為一十八章。）

分四言以定經，則無長短句語之混淆；按古韻以分章，則無前後錯簡之倒置。古本所以可貴也。

○經文古奧，耐人深思；傳文疏爽，讀之醒目。判然兩人手筆，安得比而同之？具眼者自知耳。

第一節　魏眞人自序

（《神仙傳》：魏伯陽，號雲牙子，上虞人。師事陰、徐二真人。約《周易》作《參同契》篇。）

鄶國鄙夫，幽古朽生，挾懷樸素，不樂權榮。棲遲僻陋，忽略利名，執守恬淡，希明安寧。宴然閑居，乃撰斯文。

補注：此總敘著書大意也。

○宋儒朱子曰：《周易參同契》，後漢魏伯陽所作，篇題蓋仿緯書之目，辭韻皆古，奧雅難通。

○按：鄶國在河南，會稽在浙東。借鄶國以寓會稽，隱身匿跡，不求人知也。世人皆羡權榮，逐利名。公獨甘樸陋，守恬淡，內重而外輕。所以能超凡入聖。生當東漢之季，故願世運太平，得以修道而著書。

歌敘大易，三聖遺言。察其旨趣，一統其倫。務在順

理，宣耀精神。施化流通，四海和平。表以爲曆，萬世可循；敘以御政，行之不繁。

此言大易之道，可以入世出世。乃作《契》之本原。

○三聖謂伏羲、文王、孔子，旨趣一統。先、後天易，總一陰陽之道。順理以修己，施化以治人。此《易》之本義。推諸丹道，則按曆行功，循周天以運符火；乘時御政，握斗柄而採還丹。此易道所以廣大悉備也。《易傳》云：昔者聖人之作易也，將以順性命之理。又云聖人感人心而天下和平，又云君子以治曆明時。

○《契》：按曆法令。又云：御政之首。皆言丹法也。

引內養性，黃老自然。含德之厚，歸根返元。近在我心，不離己身。抱一毋舍。可以長存。

此言養性之學，本於黃老也。○黃帝著《陰符》，老聖傳《道德》，皆以自然為宗。故曰：自然之道靜。又曰：道法自然。以自然者養性。虛靜之中，含德深厚，使本來神氣，常歸根而返元。何謂含德？以心攝身者是。時時內顧丹田，抱一不離，此即久視長生之道也。

○虛靈有覺之謂心，天理渾全之謂性。惟性在心中，故存心所以養性。靈台湛寂，純任天真，則性體呈露，而無人欲之憧擾矣。故以此為修道之根基。

○《道德經》云：含德之厚，比於赤子。又云：歸根曰靜，靜曰復命。又云：載魂魄抱一，能無離乎？

配以伏食，雌雄設陳，四物念護，五行旋循。挺除武都，八石棄捐。審用成物，世俗所珍。

此言伏食延命，亦本黃老也。

○欲行伏食之法，先修定於離宮，方求鉛於水府，須內外相配焉。伏食者，食其時而食其母也。雌雄設陳。即

一陰一陽之道。《陰符》之盜機逆用。《道德》之觀妙觀竅，皆其事也。四物謂木火金水，加以戊己二土，謂之五行。念護者，知己知彼。旋循者，週而復始。除武都，捐八石，見先天妙藥，不待爐火外丹也。審用成物，謂用陰陽以配成藥物，便是金丹異珍。如辨庚甲，而知水源之清濁；察屯蒙以定火候之消息。此須審而用之。

○煉藥封品，用武都山紫泥。三砂（砂、硼、硇）、三黃雌、雄、硫）、砒霜、膽礬，謂八石。（注中食時本《陰符經》，食母本《道德經》。）

羅列三條，支莖相連，同出異名，皆由一門。非徒累句。諧偶斯文。殆有其眞，礫硌可觀。使予敷僞，卻被贅愆。命《參同契》，微覽其端。辭寡道大，後嗣宜遵。

此總承上文，言道不二門，後世宜知取法也。

○三條之中，舉《大易》以準黃老，猶根本之貫枝莖。蓋所著之書，稱名雖異，究其入道之門則一耳。一者何？乾坤其易之門，即所謂爰有奇器，是生萬象；玄牝之門，為天地根也。得其一以撰契文，與《大易》、黃、老三者同符而合契，此《參同契》所由名也。《契》中有真理。而無贅辭。故自誓以勉人焉。

○同出而異名，本《道德經》。礫硌，明白貌。（注中奇器二句，本《陰符》。玄牝二句，本《道德經》。）

委時去害，依托丘山，循遊寥廓，與鬼爲鄰。淪寂無聲，化形而仙。百世一下，遨遊人間。敷陳羽翮，東西南傾，湯遭厄際，水旱隔並。柯葉萎黃，失其華榮。各相乘負，安穩長生。

此應前幽谷棲遲之意，以隱喻姓名。

○俞琰注：委時四句，藏魏字；化形四句，藏伯字；

敷陳四句，藏陽字。委鄰於鬼，魏也；百去其一，下乃白字，白合於人，伯也。湯與厄遭，隔去其水，而並以厄傍，陽也。❺

○陶注：湯、厄、陽柯葉四句藏歌字，柯失其榮，去木成可，乘者加也，兩可相乘為哥，負者欠也。哥傍附欠為歌。有韻之文謂之歌。即所謂歌敘《大易》也。

○補注：末段文義，亦可順解。委棄時俗，以避物害，身居寥廓之意，幾與山鬼為鄰矣。意在韜聲學仙。百世重遊，如丁令威之化鶴歸來也。敷陳羽翮者，羽化之後，四方任其翱翔矣。東西南傾者，缺北方之水，則火木旺而銷金，故喻湯年大旱。柯葉萎黃，水枯不能生木也。神仙則身外有身，乘鸞跨鶴，不受侵陵生滅矣。故曰各相乘負，安穩長生。（漢人喜作離合隱語，如蔡邕《題曹娥廟碑》，寓絕妙好辭四字。魏公存姓名於末節，以自留蹤跡，亦此意也。昔朱子注《參同契》，托名空同道人。鄒欣，蓋鄒本春秋邾子國，《樂記》天地欣合，鄭注，欣當作熹。空同乃黃帝訪道之處。朱子本新安人，亦托諸空同者，謂未知其孔穴，而空慕參同也。）

第二節　乾坤坎離章

（舊標為陰陽精氣，意未該舉，今更定標題。又朱子曰：先天卦位。乾坤定上下之位，坎離列左右之門。《參同契》首四卦鋪排，理只一般。補注：此借卦象，以明鼎器、藥物、火候也。藥物生於鼎中，各有天然火候，故採藥必須按候。六十卦火符，丹法始終用之，不專指十月溫養。）

乾剛坤柔，配合相包。陽稟陰受，雌雄相須。偕以造

化，精氣乃舒。

補注：乾坤二卦，為易道之門戶，即丹家之鼎器。

○乾坤剛柔，援《易傳》以發端。乾坤相配，天地一夫婦也。陰陽相須，男女一夫婦也。人身各具造化，精氣合而成胎，夫婦又遞生男女也。開章直從大化源頭，發明順以生人者如此。

○《易》曰：天地絪緼，萬物化醇。男女媾精，萬物化生。又曰：乾知大始，坤作成物。又曰：一陰一陽之謂道。又曰：精氣為物。精氣即陰陽也，陰陽即乾坤也，乾坤即天地也。魏公本《凋易》而作《參同》，這條已約舉大意矣。

○乾剛坤柔，兩相配合，上覆下載，而萬物包括於其中。此陰陽精氣之根也。

○李文燭晦卿注：雌雄相須，乃物性之自然。但坤中造化未到，雖合不成胎，必待先天造化將至，然後元精流布，因氣托初，而胎始凝焉。

○補注：癸水到後，六十時辰，坎宮機動，即其造化也。布種結胎在此時，採藥成丹亦在此時。

○陸西星長庚曰：朱子謂陰精陽氣，聚而成物。蓋精者，陽中之陰；氣者，陰中之陽。精氣至而氣後來，則陽包陰而成女，氣先倡而精後隨，則陰裹陽而成男。

○易林配合成就又云：雌雄相從。

坎離冠首，光耀垂敷，玄冥難測，不可畫圖。聖人揆度，參序立基。

補注：坎離二卦，得乾坤之中畫，即丹家之藥物。

○陸長庚《疏測》云：以精氣之互藏者而言，則不外於坎離。坎象為月，離象為日。日月冠萬物之首，而光耀

垂敷於其下，形形色色，從此化生，即造化之丹法也。修丹者，於其互藏之宅，而求所謂坎離精氣者，以為藥物，亦與造物者無以異矣。

〇又曰：坎外陰而內陽，中有真氣；離外陽而內陰，中有至精，所謂互藏之宅也。聖人洞曉陰陽，深達造化，故能揆度其配合交光之理，參序其往來消息之次，以立為丹基。

〇陳顯微抱一子注：陰陽相交而成造化，自當以乾坤為始。何云坎離冠首？蓋乾坤為天地，坎離為日月。天地定位，不能合一。其合而為一者日月也。乾坤為生藥之體，坎離為煉藥之用，故特言冠首，以明大藥之用，全在坎離也。

〇補注：水火為天地大用，故先天卦位，以離東坎西，見陰陽相濟之功。丹家取坎填離逆行之法，實借於此。

〇玄冥屬坎宮水位。此指先天真一之氣。李注：玄冥內藏，有氣無質。恍惚杳冥，烏從摹寫其形似哉？

〇朱子曰：坎離、水火、龍虎、鉛汞之屬，皆是互換其名，實則精氣二者而已。其法以神運精氣，結而為丹也。

四者混沌，徑入虛無。餘六十卦，張布爲輿，龍馬就駕，明君御時。

補注：鼎器具，藥物生，而火候行於其間矣。

〇陸注：四者即乾坤坎離。丹法以此陰陽精氣，交媾於混沌之初，運入於虛無之室，常依六十卦火行之。《易》以乾為龍馬，坤為大輿。乾就坤馭，正欲取坎以填離也。

○李注：六十卦火符，張布於丹房之內，一日用兩卦，一月六十卦，如輿輪旋轉，逐月循環。煉士入室，心君泰然。一點汞水，調養馴熟，如萬乘之主，御龍馬以駕車，其進火退符，各典所部而不亂矣。

○補注：混沌者，杳冥恍惚，會合於片時，所謂混沌相交接也。虛無谷者，乃藏藥之所。六十卦乃採藥之候，當兼築基、溫養言。

○李云：龍馬指汞水，明君即心君也。

和則隨從，路平不陂。邪道險阻，傾危國家。可不慎乎？

補注：此言臨爐得失之防。

○李注：御鼎以和為貴，和則上下之情得以相通。上隨下之所好，下從上之所命，斯得心而應手矣。

○補注：和有二義，一是情意協和，一是水火調和。協情意，須養鼎有恩；調水火，須煉己純熟。此平易中正之大道也。捨正道而涉旁門，佳兵輕敵，小人得之傾命矣。毫髮之差，可不慎乎？

○彭曉真一子注：路平不陂，無往不復。若或運火參差，取時無準，則路生險阻，而立見頃危矣。

○陸注：國家喻身。

謹按：此章舉乾坤坎離，以當鼎器藥物。又拈六十卦，以當屯蒙火符。作《契》綱領，朗然提清。諸家未見古本，以致經傳混淆，前後顛錯。自前代杜、楊二氏，參究古文，厘定四言為經，五言為傳，而以此章冠全經，如升皎日於中天，陰霾為之頓豁矣。

第三節　君臣御政章

（題用陸氏。補注：前以御政始，後以布政終。政者正也。見修丹之事，實為性命正宗。而其間選鼎，得伴，於煉丹入室這事，最為完密，故宜列在上章之次。）

鼎新革故，御政之首。管括微密，開舒布寶。要道魁柄，統化綱紐。

補注：此言調鼎採藥之方。

○丹房藥火出自鼎中，故以革故鼎新，為御政先務。既得新鼎，仍須管括微密，防其破真，而察其隱疾。又須開舒布寶，待以誠心，而施以恩惠。如是則藥真意投，可以有求必獲。而臨爐交接，又有要道，全在握斗魁之柄，以統攝化機。煉士亦有柄焉，飛靈一劍，追過崑崙。其為彼此鈐轄，猶網之有綱，衣之有紐也。

○鼎用二七、三五、二八者，方為聖靈。一過四七，則鼎舊而藥虧矣。陸注以固持三寶，為管括微密。混涉養己之事，今從李氏。李注以開舒布種為開舒布寶，未見調鼎之功。今從陸氏舊解。魁柄作辰極。按斗柄乃外指者，辰極乃居中者，有上下表裏之辨。

○《易傳》：革，去故也；鼎，取新也。

爻象內動，吉凶外起。五緯錯順，感動應時。四七乘戾，誃離仰俯。

補注：爻象二句，乃通章筋脈。此一條乃丹道逆用，知爻動而吉者。第三條乃常道妄作，不知爻動而凶者。

○陸注：爻動之時，盜機逆用，能使五緯錯順，感動於應時之頃。四七乖戾，誃離於仰俯之度。所謂人發殺機，陰陽反覆，豈細故哉？五緯，五行緯星也。四七，二

十八宿經星也。五緯錯順者，丹法舉水以滅火，以金而伐木，皆用逆道，故曰錯順。四七乖戾者，子南午北，龍西虎東，一時璇璣，皆為逆轉，故曰乖戾。誃，改移也。誃離仰俯者，陰陽易位。柔上而剛下，是皆丹法逆用也。

〇李注：爻象指鼎氣言。真氣內動，一與交接，即分吉凶。《藥鏡》云：受氣吉，防氣凶。《悟真》云：受氣之初容易得，抽添運用卻防危。

〇《易傳》：爻象動乎內，吉凶動乎外。

〇補注：五星時有遷移，而經星亙古不易，故有經緯之分。經星環列周天，四方各系以七宿，故有四七之名。五緯錯順，猶《破迷歌》：五行不順行。四七乖戾，即《石函記》：四七運神功也。（按王九靈云：五行不守界，鉛汞奔騰，則五緯錯矣。四七金火數，彼此間隔，則四七乖矣。此主凶咎言，與下文驕佞犯重。或云：經水失調，爽五日之候，五緯錯順也；年逾廿八，虧真一之氣，四七乖戾也。此承上文鼎新革故言，另是一說。總不如陸注之精確也。

文昌統錄，詰責台輔。百官有司，各典所部。原始要終，存亡之緒。

補注：此言同事貴乎得人。

〇丹室之內，既有鼎器，又須群力護持，方能成事。文昌指煉士，台輔指道侶，百官、有司指供應任使之人。統錄者，但總持大綱，意在得藥也。詰責者，以糾察之權，屬之輔佐也。其餘官司執事，皆須同心效力。蓋入室用功，動經三年五載，自始至終，實性命存亡之緒。故修己用人，皆宜詳慎。

〇五緯魁柄，文昌台輔，執法辰極，取天星為喻。帝

王君臣，百官有司，明堂各部，借朝爵為喻。

○彭好古注：斗魁戴筐六星，是曰文昌宮。一上將，二次將，三貴相，四司命，五司錄，六司災，號南宮統星，錄人長生之籍。其下六星，兩兩相比者，曰三台。統錄之星，為三台之領袖。輔弼即尊、帝二星，左輔右弼也。

○《易傳》：原始要終。故知死生之說。

或君驕溢，充滿違道。或臣邪佞，行不順軌。弦望盈縮。乖變凶咎。

補注：此戒其妄作招凶也。

○《易》以乾象為君，坤象為臣。驕溢者，不能富國安民，而恣行野戰也。邪佞者，不能悠閑貞靜，而攪動丹心也。

○陸注：弦望盈縮，謂二八不相當。乖變凶咎，則鉛飛而汞走。

○補注：自上弦而望謂之盈，自下弦而晦謂之縮。鼎中一月六候，全在弦望盈縮之間。其前三度為金，乾屯用之；後三度為水，暮蒙用之。而金氣首度在朔後，水氣末度在晦前，此尤其緊要者。若金水先後之期，或致乖舛，則凶咎立見矣。陸注：指虎鉛為君，龍汞為臣。引《悟真》「他主我賓」作證。但據前後文昌辰極，明將煉士當主君，如何忽指為臣？故依九靈為當。

執法譏刺，詰過貽主。辰極處正，優游任下。明堂布政，國無害道。

補注：此以主輔交勉，定臨爐要訣。

○陸注：凶咎之生，由於持心不定，煉己無功，故須執法譏刺，詰過於其主。

○補注：執法指輔弼之人，貽主即統發之士。極正則君不驕，優游則臣不佞，無害道則不失之乖變凶咎矣。

○以丹法證之，辰極處正，即所謂應物要不迷也（《百字碑》）。優游任下，即所謂陰在上陽下奔也（《鼎器聽》）。明堂布政，即所謂補助河車，運入明堂也（《石函記》）。國無害道，即所謂大小無傷，兩國全也（《悟真篇》）。辰極比心，國比一身，明堂指眉心穴，蓋外藥入身，先從尾閭透夾脊而上升泥丸，又自玉常降重樓而下歸土釜。任下則由下鵲橋而渡，明堂則由上鵲橋而轉也。❻

○晉《天文志》：左執法，廷尉之象；右執法，御史大夫之象。

○朱子曰：北辰北極，天之樞也。顧夢麟曰：北辰有五星，其第五星為極，即天樞也。言北極者，兼上五星；言北辰者，專主天樞一星。天樞左右，別有四星，謂之四輔。後狹前長，略似箕斗。而樞在其內。自第一星至四輔，旋轉不同，而天樞昏旦如一。其不動者，惟此一星也。

第四節　發號施令章

（據陸注：此章備言入室休咎。）

發號施令，順陰陽節。藏器待時，勿違卦月。

補注：此言入室行火之事。

○前章以革故鼎新，為御政之首。故此章以發號施令，為臨爐之始。陸云：以起火比號令，欲其慎重謹密，而不敢輕忽也。

○起火煉藥，要順陰陽節度。如前半月為陽金，後半

月為陰水是也。而金、水氣動，各有其時，故必蓄藏鼎器，待其爻動而取之，以為築基溫養。

○陶素耜注：待時者，不先不後之謂也。

○真一子注：卦月者，朝暮各受一卦，以六十卦數，按一月之候也。

○《易傳》：君子藏器於身，待時而動。（每鼎，月凡六候，欲行火六十卦恐軒轅九鼎，猶未為敷。況有潮汐同期者，朝暮兩度，未必金水適均，則藏器非大有力者不能也。）

屯以子申，蒙用寅戌。六十卦用，各自有日。聊陳兩象，未能究悉。

李注：此言逐月澆培之事。

○補注：卦月之法，始屯蒙而終既未。六十卦火符，皆取兩卦反對。以屯蒙兩象為例，餘可類推矣。

○丹家火符，朝屯暮蒙。屯用子申，子在朝而申卻涉暮。蒙用寅戌，戌在暮而寅卻涉朝，界限未清。傳：以自子至辰巳，為進火之時，從午訖亥戌，為退符之候。當作屯以子寅，蒙用申戌，脈理方明。且屯言子，蒙用午可知；蒙言戌，屯用辰可知。互文見意也。考堪輿三合法，水生於申旺於子，歸庫於辰；火生於寅旺於午，歸庫於戌。陸注云：屯用子申，水有生而有旺也。蒙用寅戌，火有生而有庫也。其說雖亦可通，究於屯蒙之界。未盡相合耳。

○屯蒙之外，尚餘五十八卦。其進火退符，卦名雖異，而子午寅申辰戌六時，皆不易者，兩卦顛倒，日日如此。故不必逐一究悉。《悟真》云：屯蒙二卦稟生成。又云：若究群爻漫役情。能善會此意矣。（朱子釋朝屯暮

蒙，從八卦納甲上，推出內體外用，以當一日之火候，為重卦之法。乾下三爻，納甲子寅辰，上三爻，納壬午申戌；坤下三爻，納乙未巳卯，上三爻，納辛丑亥酉。震下三爻，納庚子寅辰，上三爻，納庚午申戌；坤下三爻，納辛丑癸酉，上三爻，納辛未巳卯；坎下三爻，納戊寅辰午，上三爻，納戊申戌子；離下三爻，納己卯丑亥，上三爻，納己酉未巳；艮下三爻，納丙辰午申，上三爻，納丙戌子寅；兌下三爻，納丁巳卯丑，上三爻，納丁亥酉未，而內體從子至辰巳，外用從午訖戌亥。故朝屯，則初九庚子之爻，當子時，六四戊申之爻，當卯時；暮蒙則初六戊寅之爻，當午時，六四戊戌之爻，當酉時。餘六十卦，各以此法推之。按此說繁瑣，未合丹法。俞氏依此，列為屯蒙二圖，以十二爻，輪流十二時，俱屬支離牽合。

在義設刑，當仁施德。逆之者凶，順之者吉。按曆法令，至誠專密。謹候日辰，審察消息。

補注：此以仁義配火符，推屯蒙妙用也。

○六時退符，此在義也；六時進火，此當仁也。進火用陽金，以發生為德；退符用陰水，以收斂為刑。金水得宜，則順而成吉；金水誤用，則逆而成凶。故當按曆法令，至誠專密。以候爻動之日辰，以察火符之消息。

○按曆者，按曆數以排火候。法令者，法時令以運抽添。曆中以五日當一候，一月凡六候，鼎中晦朔弦望，亦準五日為度。

○至誠者，不以情慾動念；專密者，不以雜務營心。其精神全在得藥也。《黃庭經》云：積功成煉非自然，是由精誠亦由專。亦即此意。

○陸注：至誠專密四字，最為肯綮。《藥鏡》云：但

至誠，法自然。《契》云：心專不縱橫。

纖芥不正，悔吝爲賊。二至改度，乖錯爲曲。隆冬大暑，盛夏霰雪。二分縱橫，不應漏刻，風雨不節，水旱相伐，蝗蟲湧沸，山崩地裂，天見其怪，群異傍出。

補注：此不能至誠專密，以致咎徵疊見也。

○陶注：心不誠專，則煉已不熟，調鼎無功，爽日辰而差消息。種種悔吝，在所難免。

○補注：纖芥不正，即指分至之差殊。不必如李氏，說到道侶生心，鼎爐異志。蓋二至為陰陽始氣，剛柔誤用，如夏雪冬暑之錯行；二分為陰陽中氣。刑德失調，如水旱風雨之過度。蝗蟲二句，象地變忽生；天見二句，象天災乍起。甚言人事乖而沴氣應也。

○李注：金水錯投，即二至改度；情性不合，即二分縱橫，火盛則傷於旱，如蝗蟲湧沸；水盛則傷於濫，如山崩地裂。水火不調，則災害交作，如日星雷雹之怪異。

○補注：二至二分，乃丹家火候。有一年之分至，亦有一日之分至。蕭廷芝曰：子時象冬至，陰極而陽生；午時象夏至，陽極而陰生，卯時像春風，陽中含陰也；酉時含❻秋分，陰中含陽也。人身之中，各有分至。朝暮所需，正宜分別。（絲之一纖，菜之芥子，喻其細微。）

孝子用心，感動皇極。近出己口，遠流殊域。或以招禍，或以致福，或興太平，或造兵革。四者之來。由乎胸臆。

補注：此言吉凶轉移，在於丹士持心。不能得藥延年，即非孝子愛身之道。果如孝子用心，必誠必敬，上足感動天心。何況同類之人？心發為言，近出己口，外能遠流殊域。何況居室之中？見丹房行火，貴乎心和而言契

也。

○陸注：喪寶為禍，得寶為福。為而不為，曰興太平。輕敵強戰，曰造兵革。四者由於心之誠不誠而已。

○補注：孝子二句，猶云孝弟之至，通於神明。本是借言。或以金水喻子母，大鑿。

○陸注：感動謂感格天心。皇極指天之中黃八極。

○陳致虛上陽子注：泥丸云：言語不通非眷屬。心言語相通，方能採藥之真。

動靜有常，奉其繩墨；四時順宜，與氣相得。剛柔斷矣，不相涉入。五行守界，不妄盈縮。易行周流，屈伸反覆。

補注：此申言陰陽順節，以詳卦月之功。

○鼎中氣機，各有動靜。丹家依其常度，當如匠者之奉繩墨。方靜而翕也，先調鼎以養其氣。及動而辟也，則按候以採其真。按候須乘四時。子寅在朝，宜進陽火，得其金氣，以固內體；申戌在暮，宜退陰符，得其水氣，以培外用。此四時順宜之法也。剛柔斷矣，指六候火符。朝以剛為裏，取諸震兌乾。用剛而不涉於柔；暮以柔為表，取諸巽艮坤，用柔而不涉於剛也。又須五行守界，使兩相配當，金水戊土，為坎之界，守之於坎，不使彼盈此縮，而水至於乾；木火己土，為離之界，守在於離，不使彼盈此縮，而火至於寒也。易行周流，謂准易卦以行火，欲其按月周流，循環而不已也。屈伸者，陰陽消長之機。反覆者，屯蒙顛倒之象。此條專論火符。晦朔合符章，復詳明此義。

○動靜剛柔專在彼，四時五行兼兩家。

○《易傳》：動靜有常，剛柔斷矣。

第五節　坎離戊己章

（舊作乾坤二用章。蓋誤雜天地設位九句耳。今應削去，另定標題。彭好古曰：此章明坎離之用，合日月而成易也。彭補注：此承首章坎離而並及戊己。坎離入水火之交，戊己乃真土之會。所謂三物一家，此作丹要領。後面經傳，多是推明此義。）

言不苟造，論不虛生。引驗見效，校度神明。推類結字，原理爲徵。日月爲易；剛柔相當。

補注：此申前坎離冠首之意。

○魏公道成作《參同》，皆親詣實得之語。身經效驗，而又神明其意，則論不虛生矣。推類字義，而又原本易理，則言不苟造矣。嘗觀古人制字，合日月而成易。其剛柔相當。為二體之交光者，即交易變易之理也。

○神明，如易所謂神而明之。推類者，如日月並列為明。月中含日為丹，推之則上日下月為易矣。日月不同度，以對照而成含吐。其一剛一柔，往來上下，乃兩體互根之妙。

○按朱子云：此以坎離為鼎器，餘六卦為火候。

坎戊月精，離己日光。土王四季，羅絡始終。青赤白黑，各居一方。皆稟中宮，戊己之功。

補注：此言造化之坎離。

○日月為易，坎離是也。易中卦象，坎為月，離為日。且納甲之法，坎納六戊為陽土，離納六己為陰土。此何以故？蓋日月兩象，發散精光，晝夜運行而不息。從此四時序，五氣布，造化遂成真土焉。是故，有流行之土，分旺四季，合辰戌丑未，以羅絡一歲之始終。又有主宰之

土，青赤白黑，居東南西北，而皆稟中宮之戊己，土之功用大矣。丹家流戊就己，而和合四象，攢族五行，孰非此二土之運用哉？

○朱子曰：坎戊離己，皆虛中宮土位。而四方四行，皆稟其氣。

○陸注：土無定位，分旺於四季之中，故木得之以榮，火得之以藏，金得之以生，水得之以止。所謂四象五行全藉土也。《悟真篇》云：離坎若還無戊己，雖含四象不成丹。只緣彼此懷真土，遂使金丹有返還。意蓋本此。然真土更是何物？古仙固已言之精矣。

○補注：戊己二土，有內有外，真意相投，內戊己也；龍虎吞啖，外戊己也。李注云：戊土司坎之門，己土掌離之戶。

幽潛淪匿，變化於中。包裹萬物，為道紀綱。以無制有，器用者空。故推消息，坎離沒亡。

補注：此言丹法之坎離。

○坎宮真一之氣，藏伏無形，本幽潛而難見，淪匿而難尋。及其時至而氣動，六候變化，皆出其中。丹法得藥行符，俱借乎此。真氣包含萬物，為大道之紀綱。若離家盜機逆用，在以無制有。譬之於器，實有不能為用，而空者可用，同一理也。故推月候之消息，雖大用現前，而臨時交接，必須對景忘情，一空坎離色相，方能以我真無，而制彼妙有。朱子《解艮彖》云：內不見己，外不見人，此坎離沒亡之謂也。

○坎中變化，戊土可推，離體虛無，己土何在？不知常靜常應，非含德之厚者，不能如此大定，斯乃己土之妙用。

○此條有無二字，直綰通章。離中，虛無也；坎中，實有也。坎之戊土，外無而中有也；離之己土，外有而中無也。潛匿無也，變化有也。在彼為無而中生有。消息有也，沒亡無也。在此則視有如無，平時煉己，臨時採藥，皆在無中得力。

○《心印經》曰：存無守有，頃刻而成。所謂以無制有也。《道德經》曰：埏埴❼以為器，當其無，有器之用。所謂器用者空也。《清淨經》曰：內觀其心，心無其心；外觀其形，形無其形。所謂坎離沒亡也。此皆臨爐心訣。

○或問坎中何以有萬物？曰：得其一，萬事畢，非萬物乎？又問變化紀綱，其概言乎？曰：三候屬金，即是陽變；三候屬水，即是陰化。先天大藥，為道之綱。逐月火符，為道之紀。彭好古注：息者進火之候，消者退火之候。朔旦震卦用事，歷艮至乾而成望，皆陽火也。望巽卦用事，歷巽至坤而成晦。皆陰符也。

○一說震兌六卦，分值六候之消息，獨離坎不在其內。有似沒亡者，然兩卦雖無定體，而陰陽進退，皆由坎離之中畫，往來升降於其間。是無者卻能制有，猶器之適用在空處也。按此說，本於朱子。謂震兌六卦，各有所納之方位。而坎納戊，離納己，獨無定位。此指無位為沒亡，蓋兼舉下章納甲之說耳。

謹按：《古參同契》，經文皆四言成句，體裁莊雅，而結構謹嚴。自世本沿訛，各章參入長短句，而經傳遂不分明矣。如上章之首，舊有「君子居其室」三句；此章之首，亦有「天地設位」九句，俱非經文語氣。今截去引端數語，歸於傳文，方為簡淨。且諸本於此章次序，亦頗顛

錯，特重加更定，庶幾語脈連貫耳。

第六節　晦朔合符章

（題用陸氏。據朱子曰：此以納甲，言一月之火候也。又以乾六爻納於其間，以明陽氣之消息。彭好古注：此以先天八卦，及乾卦六爻，合月之晦朔弦望，又雜以二十八宿，月所臨之位，明煉丹之火符。彭補注：乾爻本為純陽；從消息中分，乃有陽火陰符之別。故配諸震兌六卦。）

晦朔之間，合符行中。混沌鴻蒙，牝牡相比。滋液潤澤，施化流通。天地神明，不可度量。可用安身，隱形而藏。

陸注：此章以天象卦爻，雙明藥火。

○補注：此論鼎上火符，先從晦朔序起者。合璧之後，方有震兌諸候也。蓋晦朔之間，日月並行於天中，是謂合符行中。合符即合璧也。此時月為日掩，不露其光。自朔以後，方得生明。鼎中癸盡鉛生，而藥苗新茁。候亦如之。混沌鴻蒙，乃先天真一之氣。乘此牝牡交接，其氣之滋液潤澤者，能施化於吾身，而遍體為之流通矣。

○混沌鴻蒙，應指首經元氣。下文始於東北，方指每月初鉛。若以此一條，就當六候之震庚，在下文為重複。且後天鉛生，焉能混混濛濛，常如先天氣之淳厚哉？

○陸注：混沌鴻蒙，鼎中氤氳之氣也。其時天機已動，陰陽有相求之情，故牝牡相從，而雄陽播施，雌陰統化，滋液潤澤，自相流通，即所謂混沌相交接，權輿樹根基者。夫混沌鴻蒙之氣，乃人身活子時，難以窺測。雖天地鬼神，亦不能度量。故丹士只宜靜密以俟之。安身者，

安靜虛無，煉己待時也。隱藏者，閉塞三寶，韜光養晦也。如是則可以得夫至靜之原，而不失乎爻動之機矣。

○上陽子注：晦朔弦望，一年十二度。天上太陰，與太陽合璧，常在晦朔之間。人間少陰，亦有十二度。以隱形看經，故混沌鴻蒙之時，經罷而符至。

○補注：陸氏解晦朔之間，為貞元之會，亥子之交。意亦未嘗不是。又謂合晦朔之符，而行火於其中。晦朔豈行火之時乎？據陸注：滋液潤澤，乃陰陽交會之真景象。一氣流通，無所不屆，如煙如霧，如露如電也。

始於東北，箕斗之鄉。旋而右轉，嘔輪吐萌。潛潭見象，發散精光。昂畢之上，震出爲徵。陽氣造端，初九潛龍。

姜中真注：右旋昴畢，象第一候。

○補注：自晦朔以後，新月初出於東北，正值箕斗之鄉。但月升在曰間，故人不見其景色耳。及旋而右轉，至黃昏之候，則見吐萌散光，移在西方昴畢之上矣。所謂初三月出庚也。

○陸注：卦象震雷出地，一陽起於重陰之下也。爻應乾之初九，如龍之潛伏於淵下也。此時陽火起緒，藥則可用，而火宜微調者也。

○又曰：嘔輪吐萌四字，要有分曉。嘔者盡出，吐者微出，輪者全月之水輪，萌者輪下之微光，如草之萌櫱然。

○補注：潛潭見象於水輪中，微見金光也。

陽以三立，陰以八通。三日震動，八日兌行。九二見龍，和平有明。

姜注：八日兌行，象第二候。

○陸注：陽以三立，初三月出庚也；陰以八通，初八月出丁，上弦如繩也。三乃陽數，八乃陰數。至此則陽與陰相和通矣。八日於卦象兌，二陽漸長也。爻應乾之九二，龍德正中也。喻人身陽火用功之半也。和平有明，言火力均調之意。

○《易傳》：見龍在田，天下文明。

三五德就，乾體乃成。九三夕惕，虧折神符。

姜注：三五成乾，象第三候。

○陸注：三五十五之夕，月在甲上，與日相望，其卦象乾，乃三陽全盛。爻應乾之九十三，為乾乾惕。若此時陽升已極，屈指當降，喻人身陽火已滿，倏忽將變為陰符也。

○上陽子注：太陰映月而生精魄，人身象月而生金丹，正在望滿之候。

○補注：神火有符信，故曰神符。亦見銅符鐵劵中。

盛衰漸革，終還其初，巽繼其統，固際（一作濟）操持，九四或躍，進退道危。

姜注：巽繼乾統，象第四候。

○陸注：十六以後，則盛極必衰，以漸而革，終當返晦，故曰還初。於時陽退而陰進，其卦象巽，一陰始生於下也。爻應乾之九四，或躍在淵，可以進而不遽進也。喻人身陰符繼統之始，鼎內有丹，法當固濟操持，徐用陰符，包裹陽氣也。

○又曰：或問陰符何物？答曰：凡人一身之中，皆後天陰氣。陽退一分，則陰自進一分。正如月廓之虧，陽自虧耳。白者，豈別有物？即其本體也。可類推矣。

○《易傳》：或躍在淵，乾道乃革。又進退無恒，非

離群也。

艮主進止，不得逾時。二十三日，典守玄期，九五飛龍，天位加喜。

姜注：艮守弦期，象第五候。

○參陸注：二十三日。又當下弦之期。二陰一陽，於卦象艮。艮者進而上之之義。於時陰陽各半，金水又平，正宜守此下弦之期。曰不得逾時者，候不可過也。爻應乾之九五，乃飛龍在天之象，位乎天位，以正中也。丹藥至此，陰符得中矣。

○補注：於卦為二五相應，於候為兩弦相當。故云加喜。

○此章但言六候火符，初無卯酉沐浴之說。觀九二見龍，和平有明，九五飛龍，天位加喜，知上下二弦，各得金水之平。即《悟真》所云「藥物平平氣象全，正好用功修二八」也。此時豈宜停爐熄火乎？

○陸注：將兌艮作沐浴，非是，且丹法火符，始終皆須用之。豈一月之廿三，遂能圓成乎？陸注下弦之艮，而曰懷胎於內，可慶圓成。亦屬可疑。

六五坤承，結括終始。韞養衆子，世爲類母。上九亢龍，戰德于野。

姜注：六五坤承，象第六侯。前侯之終，即下侯之始，仍還合璧矣。

○陸注：六五三十日也。陽盡陰純，於卦象坤。承者坤承艮後也。此時火功已罷，神氣歸根，寂然不動。少焉則晦去朔來，復生庚月。又為藥火更始之端，故曰結括終始。積陰之下，能韞養諸陽，為眾子之母。蓋陽不生於陽，而生於陰。古人稱十月為陽月，亦取此義。眾子指震

兌諸卦。類母者，同類眾子之母也。爻應乾之上九。乾為龍亢，坤為龍戰，陰陽相敵，有占象焉。太陰太陽，於斯合璧。其諸均敵者乎。

○補注：太上《火候歌》云：前三五兮後三五。即一月六侯之說也。李晦卿謂「朔後晦前二候，尤為要緊」，故知三十之前，仍有作用存焉。

○坤致養萬物，故曰韞養眾子。又坤象為母，故云世為類母。戰德者，龍德與陰陽相戰也。

○坤卦上爻，龍戰於野。

用九翩翩，爲道規矩。陽數已訖，訖則復起。推情合性，轉而相與。循據璇璣，升降上下。周流六爻，難以察睹。故無常位，爲易宗祖。

補注：此總結上文，以乾卦六爻，准六候之消息也。

○陸注：丹家法象，皆用乾九之爻者，以其翩翩而升，翩翩而降，足為丹道之規矩。故觀陽數已訖，訖而復起，則丹道之推情合性，轉而相與者，亦若是而已。

○補注：木性金情，本相契合。自陽訖復起，其推情合性者，又輾轉而相與矣。就其輾轉循環，擬之璇璣，性則有升降上下；准諸易卦，則為周流六爻。六爻比鼎中六候，其周流默運者，難以目睹焉。無常位，承升降周流言，蓋卦中自初至上，六位本虛，以陽爻乘之，方有潛、見、惕、躍諸象。從此九六迭乘，升降周流，乾坤定焉，六子生焉，六十四卦成焉。其變易無常者，實易道之宗祖也。丹法據爻測候於金水六度，升降周流者，藉以築基，資為溫養，三年十月之功出焉。丹道之與易道適相符合耳。

○陶注：此章言火符。乃陰陽升降，自然之理。喻以

月魄，象以易卦，配以乾爻，咸相吻合。修丹之士，能於不刻時中分子午，無爻卦裏別乾坤，始為精於用《易》也。

〇補注：用九見乾爻，翩翩見泰爻。相與謂坎能與離。璇璣指渾天儀器。

謹按：此論一月六候之火，從先天小圓數圖取義。除坎離二卦，為陰陽對待之象，其餘六卦，乃陰陽消長之機。自震至乾，左旋而上，陽長之卦，進火用之，自巽至坤，右旋而下，陰長之卦，退符用之。其實六卦周流，皆坎離妙用。蓋藥生於坎，取之在離。坎離即戊己，宜位於中宮矣。且細推丹火，本五日一候，而上下二弦，去望夕各八日，長短不同。欲採真火真符，須考雷門測候圖。右旋逆推，以六十時辰定為一候。

〇納甲之說，起自京房，演於虞翻。此藉以明逐月火符，特其大概耳。蓋月中之晦朔弦望，可憑曆法推排。鼎中之晦朔弦望，須從潮信起算。若泥於月象，幾乎刻舟求劍矣。

第七節　卦律終始章

（另定標題。據陳抱一注：上章言一月晦朔弦望，採煉成丹之象。此章比一年十二個月，按時行功之象。據陶注：此章以易之十二卦，天之十二辰，樂之十二律，配丹道一年之火候，築基溫養之功俱在此。）

朔旦爲復，陽氣始通。出入無疾，立表微剛。黃鍾建子，兆乃滋彰。播施柔暖，黎蒸得常。

彭好古注：此以卦律紀一歲火候也。一陽五陰，於卦為復。斗杓建子，律應黃鍾。

○抱一子注：復之為卦，一陽初生。火候方動，能為萬物發生之主。修煉之士，乘此以起火候。出入往來，取其微剛。以立為標法，從茲漸漸增修。以俟卦氣完滿，其在初九，尤宜加謹。

○陸注：十一月建子，律始於黃鍾。鍾者踵也，又種也。言中黃之氣，踵踵而生，以種萬物。天地生物之朕兆，至此乃復可見，故曰兆乃滋彰。丹家認此朕兆，藉微剛入身，而柔暖之氣，播施於營衛，遍體得以常溫矣。黎蒸猶言眾庶。丹法以身為國，以精氣為民。

○補注：朔旦二句，陽起復卦也。出入二句，乃運火之始。黃鍾二句，陽生子月也。播施二句，乃得藥之效，卦律雙提，於月令中寓言丹法，最見分明。

○陽氣始通，卦辭言復享也。

○李注：一陽始生之頃，乾坤一合，乾宮一點陰火精光，射入坤復，即是朔旦為復，陽氣始通。煉士下手追攝，不疾不徐，自然出坎無滯，入離無礙，何疾之有？此時陽氣始生，藥苗正新，有氣無質，有象無形，故謂之微。

○上陽子注：復者一陽伏於五陰之下，先復而後能伏也。卦辭曰；出入無疾，言陽之始氣，出入往來，大小無傷也。曰朋來無咎，言得同類之朋，有益無損也。曰反覆其道，丹道用逆，顛倒而行也。

曰七日來復，得藥大醉，七日復甦也（舊本云：經動七日，陽氣生。按丹家以經淨後兩日半為期，故舊說可疑）。曰利有攸往，逐月陽生，皆可往取也。傳曰：復其見天地之心。心在何處？老聖號此心為元牝之門是也（邵子指一陽初動，為天地之心，不必引元牝之門）。傳又

曰：先主以至日閉關，牢閉三門，專心致志，以待藥生也。

臨爐施條，開路生光。光耀漸進，日以益長。丑之大呂，結正低昂。

彭注：二陽四陰，於卦為臨。斗杓建丑，律應大呂。

〇陸注：此卦為臨，借作臨爐之意。如《易》於履卦，直言履虎尾。

〇補注：北方爐用煤火，以鐵為通條，插入爐口，下穿灰土，火氣方得上升。此臨爐施條，開路生光之象也。若煉士臨爐，其施條而開路者，可以意會矣。光進日長，就二陽浸長言。結正低昂，此卦剛居柔下也。

〇陸注：十二月建丑，於律為大呂。呂者侶也，大者陽也。陽得陰助，是真侶，得此真侶，方可臨爐施條。而結正低昂，又臨爐施條之要訣。

〇補注：結正低昂，為兩相交結，須正低昂之位。陸云：子南午北，柔上而剛下是也。（陸又云：結者，關鍵三寶，閉塞勿通。正者，辰極處正，至誠專密。其解結正二字，於丹法雖可通，於句義卻難合矣。）

仰以成泰，剛柔並隆。陰陽交接，小往大來。輻輳於寅，運而趨時。

彭注：三陽三陰，於卦為泰。斗杓建寅，律應大簇。

〇陸注：仰以成泰，承上低昂之義。法用顛倒坎離，乾下坤上，而成泰卦（煉己時，順逆皆可為，採藥則用地天之泰）。泰者交泰之義，言陰陽相交接也。於時龍虎相當，正如此卦之剛柔並隆。汞迎鉛入，正如此卦之小往大來。大概來矣，則如一身之神氣，自翕然歸之，如輻之湊轂者然。正月律逢太簇，簇者湊也。言萬物至此，輻輳而

生也。乘此輻輳之時，是宜進火，與時偕行。運而趨時者，河車不敢暫停留，運入崑崙峰頂。（此指下峰）

〇陶注：陰陽之氣，兩相交接。小往則前行須短，大來則後行正長，乃汞迎鉛入之意。

〇補注：前行須短，是二候採藥；後行須長，是四候合丹。二候臨爐，運火求鉛也。四候臨爐，調和己汞也。就四候之中，還有分別。吳思萊云：逆轉河車，後升前降，運歸土釜，此中二候作法。閉塞三寶，凝神定息，內視丹田，此末二候作法。

〇上陽注：學者究心丹訣，須曉三關三候。出入無疾，柔暖布施，此為初關第一候。臨馭丹爐，施條接意，是為中關第二候，仰以成泰，地上於天，是為下關第三候。按陳氏三關之說，蓋取三陽之月，為百日立基耳。在經文，只概論一年氣候，逐月均排，以見陰陽消息之機，非專重子丑寅月。其云出入無疾，播施柔暖，臨爐施條，仰以成泰，各指陳丹法。乃入室採藥時所兼用者，並無初中下之可分也。

漸歷大壯，俠列卯門。榆莢隨落，還歸本根。刑德相負，晝夜始分。

彭注：四陽二陰，卦為大壯。斗杓建卯。律應夾鍾。〇陸注：夾者俠也。俠列卯門，則生門之中，已含殺氣。故二月榆落，葉歸本根。夫春主生物，而榆莢反落者，德中有刑故也。於時陰陽氣平，故刑德之氣，互相勝負。晝夜始分者，陰陽氣平之驗也。氣平加火則有偏重之虞。故作丹者，立為卯酉沐浴之法。

〇補注：卯酉沐浴，《參同契》所未言，其說始於《悟真篇》。自後諸家，紛紜異同，約有三說：有以灌溉

為沐浴者，卯酉皆可行功。仙家指迷詩曰：沐浴之功不在他，全憑乳母養無差。此說全與《悟真》相左。有以休息為沐浴者，卯酉徑宜住火。龍眉子詩云：兔遇上元時便止，雞逢七月半為終。此說與《悟真》亦不甚相符。據《悟真》詩云：兔雞之月及其時，到此金丹宜沐浴。蓋謂卯月木氣太旺，故卯時暫宜停火。酉月金氣太盛，故酉時亦宜罷功。若非兔雞之月，則十二時中，一遇爻動，便可抽添，何必拘於沐浴乎？故《金丹四百字》云：火候不用時，冬至不在子。及其沐浴法，卯酉亦虛比。此說正須善修。

○或疑《契》言丹法，始終具陳，何獨脫遺沐浴，以待後人之補綴耶？曰《契》中握定樞要，全在審金水之的期，以定火符之進退。看時至機動，而按度求鉛。其推詳六候丹訣工夫，初無闕略也。《悟真》既舉淋浴之條，而又存虛比之語，即其一操一縱，固已會通《契》文之意矣。

○春秋元命苞，三月楡莢落。（陳注：以楡莢墮落為丹落。黃庭之象尚非本文正旨。）

○夬陰以退，陽升而前，洗濯羽翮，振索宿塵。

彭注：五陽一陰，於卦為夬。斗杓建辰，律應姑洗。

○陸注：夬以五陽決一陰，是陰將退避，陽升而前矣。三月姑洗司律，洗者洗也，有洗濯之義焉。斗杓建辰，辰者振也，有振索宿塵之義焉。洗濯謂沐浴，振索則前升。蓋丹經沐浴，更宜加火。宿塵指一陰而言。振索盡，則為純陽矣。

○李注：餘陰被陽燒退，如大鵬之在天河，洗濯去塵，又欲飛舉而上。

○振索猶云擺落。

乾健盛明，廣被四鄰。陽終於巳，中而相干。

彭注：全體六陽，於卦為乾。斗杓建巳，律應仲呂。

○陸注：六陽成乾，陽火盛明。一身之中，圓滿周匝。故曰廣被四鄰。日中則昃，陰進乾陽，陽將退避也。

○補注：初時播施柔暖，溫和在一身，久之乾健盛時，暖氣能四達矣。卦逢四月，故云四鄰。鄰指同類之人，亦取仲呂為侶也。六陽居歲功之半，陰將起而用事，是謂中而相干。

○姤始紀緒，履霜最先，井底寒泉，午爲蕤賓。賓服於陰，陰爲主人。

彭注：一陰五陽，於卦為姤。斗柄建午，律應蕤賓。

○陸注：姤始紀緒者，陽極而陰生也。陰生漸長，正如堅冰之兆履霜，寒泉之生井底。五月蕤賓司律。賓，賓服也。陽本為主，今退而賓服於陰，則陰為主人矣。

○補注：霜降，乃積陰所凝。井寒，為一陰初伏。履霜二句連讀，言寒泉在履霜之先也。姤卦初陰在下，故云井底。

○《易傳》：姤，遇也，柔遇剛也。

○各章用韻，皆兩句一拈。然亦有三句相葉者，如姤始紀緒，履霜最先。井底寒泉，乃先泉連葉。午為蕤賓，賓服於陰，陰為主人，乃賓、人間葉。又如剛柔迭興，更歷分部。龍西虎東。興與東間葉也。建緯卯酉（ㄧˇ），刑德並會，相見歡喜。酉與喜間（ㄐㄧㄢˋ）葉也。章法亦本於毛詩。

遯世去位，收斂其精。懷德俟時，棲遲昧冥。

彭注：二陰四陽，於卦為遯。斗杓建未，律應林鍾。

○陸注：遯卦二陰浸長，陽當遯去矣。斂精懷德，棲遲昧冥。皆取退藏之意。六月為未，律協林鍾。《契》乃不言，昧即未也。棲有林意，射覆之語。漢人多用之。

否塞不通，萌者不生。陰信陽詘，沒陽姓名。

彭注：三陰三陽，於卦為否。斗杓建申，律應夷則。

○陸注：否卦乾上坤下，二氣相隔，閉塞不通之象也。萬物至此，不生萌蘖。七月建申，申者陰之伸也，陰伸則陽屈，律應夷則，夷者傷也，陽屈則沒其姓名。遯、否，概言逐月卦氣。不及丹法者，朝暮火符自在也。

觀其權量，察仲秋情。任蓄微稚，老枯復榮。薺麥芽蘖，因冒以生。

彭注：四陰二陽，於卦為觀。斗杓建酉，律應南呂。

○陸注：觀卦四陰。觀者觀也。觀其權量，以察仲秋之情。陰陽之氣，至此又平。八月南呂司令。南者任也。萬物至此，有妊娠之義焉。任蓄微稚，則老枯得以復榮。觀夫薺麥芽蘖，可見刑中有德也。

○李注：觀有省方觀民之義。權者，權爻銖之斤兩。量者，量藥材之老嫩。秋殺之時，而薺麥芽蘖，即老枯復榮之象。

○補注：王者省方所至，則審律度量衡，故云觀其權量。八月金精壯盛，故察仲秋之情。任蓄謂倚任而畜養之。借此少稚，以濟老枯，猶《易》言枯楊生稊❽，老夫得其女妻。冒生者，因蒙秋氣，而薺麥發生也。細玩本文，初無沐浴停火之說。

○《淮南子》：麥秋生而夏死，薺冬生而仲夏死。（注：麥金王❾而生，火王而死。薺水王而生，土王而死。）

剝爛肢體，消滅其形。化氣既竭，亡失至神。

彭注：五陰一陽，於卦為剝；斗杓建戌，律應亡射。

〇陸注：五陰剝一陽，陽氣受剝，枝頭之果，熟爛而墮，形體消滅，造化之氣，於此竭窮。且時當九月，火庫歸戌，物皆內斂不露精。

〇亡失至神，或曰失當作佚，亡佚即亡射也。

〇補注：凡物形毀則神離。故煉士須神馭氣而氣留形。

〇《易傳》：剝，爛也。

道窮則反，歸乎坤元。恆順地理，承天布宣。玄幽遠渺，隔閡相連。應度育種，陰陽之原。寥廓恍惚，莫知其端。先迷失軌，後爲主君。

彭注：全體六陰，於卦為坤。斗杓建亥，律應應鍾。

〇陸注：道窮謂陽道已窮。歸坤純陰用事矣。此時丹乃歸根。靜者坤道之常，老子所謂歸根曰靜。靜曰復命也。當此歸靜之時，恒順地理，凝然寂然。迨夫一陽來復，然後承天而布宣之。布宣言用火，此復表明歲起緒之端。十月建亥，亥有隔閡相連之義焉。律合應鍾，又有應度育種之義焉。相連則隔而不隔，育種則絕而復生，是為陰陽之原。夫此二氣之始，本寥廓而恍惚。孰知其端倪朕兆哉？載觀坤之卦辭曰：先迷後得主。即此先後二語，乃造化始終，存亡之緒。蓋返乎坤元，則軌道已終，故為失軌。朔旦為復，則陽氣又通，而主人將復興矣。故後為主君。失軌則先迷也。為主則後得也，歸坤之妙，有如此者。

〇補注：天道玄幽，去地遠渺，似乎高天間隔。然一氣貫通，地虛能受，何隔閡之有？此申明承天也六陰下

伏，應亥之度。一陽將生，從此言種，可見亥子之交，實為陰陽之原，此申明布宣也。推之丹法，隔閡相連，即坎離交媾之義。應度能種，且慈母養育之功。

○李注：陰符陽火，隱在坎離匡郭之中。杳冥恍惚，若有若無，孰能知其端倪？只因少陰少陽，情欲先動，一點陰火精光，迷失故路，流落北方。人欲修煉金丹，因即此物為主，始用之以築丹基，繼借之以行符火。

○朱子曰：後為主君，蓋讀易文，先迷後得主為一句，其誤久矣。陸云：此斷章取義以立言耳。

無平不陂，道之自然。變易更盛，消息相因。終坤始復，如循連環。帝王乘御，千載長存。

陸注：此總結上文，提出自然二字，以見造化消息相因之妙，乃無心而成化者。《易》曰：無平不陂，無往不復。此天道之自然也。丹家觀天運之變易盛衰。而知消息之相因；按卦圖之終坤始復，而識火候之循環。能法此以乘時御天，則立命在我，可以千載長存矣。

○補注：若論十月火符，自復至坤盡之矣。此云終坤始復，如循連環，蓋包築基、溫養而言也。

○上陽注：帝王乘御，千載長存者，黃帝煉九還大丹，丹成之後，乘成上升也。

○無平不陂（地卑蓄水為陂），見泰三爻。

○補注：此章所排月令，但言陰陽消息，非論進退火符。蓋每月六候，乃金水定期。一日兩卦，為屯蒙作用。一年十二月中，各有金水屯蒙。不當指自復至乾為陽火，自姤至坤為陰符。陸注未合經旨。又經文引證鍾律，間有遷就之詞。若論律呂正義，須考《史記》注文，方見明白。

（《使記》：十一月律中黃鍾，言陽氣踵黃泉而出也。十二月律中大呂，索隱曰：呂者旋助陽氣也。補注：二陽浸長，故為大呂。正月律中大簇，音湊。《白虎通》云：泰者大也，簇者湊也。言萬物始大，湊地而出也。二月律中夾鍾。《白虎通》云：言萬孚甲，種類分也。三月律中姑洗，音蘚。《白虎通》云：姑者故也，洗者鮮也。言萬物去故就新，莫不鮮明也。四月律中仲呂，言萬物盡旋而西行也。五月律中蕤賓，言陽氣幼少，故曰蕤。痿陽不用事，故曰賓。六月律中林鍾。《白虎通》云：林者眾也。言萬物成熟，種類多也。七月律中夷則。《白虎通》云：夷傷也，則法也。言萬物始傷被刑法也。八月律中南呂言陽氣之誘入藏也。《白虎通》云：南任也，言陽氣尚任包大，生薺麥也。九月律中無射，音亦。《白虎通》云：射，終也。言萬物隨陽而終，當復隨陰而起，無有終極也。十月律中應鍾。言陽氣之應不用事也。）

陳致虛曰：此書撰作，深有法度。或序冒頭，或括結尾。無冒頭者，結尾括之；無結尾者，冒頭總之。此章是無冒頭，而以結尾括之。其首句云：朔旦為復，周歷十二卦而曰歸乎坤元。尾卻結之曰：玄幽遠渺，隔閡相連。只此兩語，足該全意，玄幽遠渺者，陰陽二物，彼此間隔也。隔閡相連者，得黃婆以媒合之，則相合無間。是以兩物應度育種，為陰陽之元。

陸西星曰：此章語奧旨深。所云卦律之類，有直指示人者，有借字用意者，有借義用意者，或隱或顯，各隨其文義之所驅。直指而示者，如朔旦為復，仰以成泰，漸歷大壯，姤始紀緒，夬陰以退，與黃鍾建子，丑之大呂，午為蕤賓之類也。借字用意者，如臨爐施條，乾健盛明，遯

世去位，否塞不通，觀其權量，剝爛肢體之類也。借義用意者，如輻輳於寅，俠列卯門，洗濯羽翮，中而相干，沒陽姓名，任蓄微稚，亡失至神，應度育種，隔閡相連之類也。此非熟讀詳味，不能得其意旨。而諸家之注，率多疏略，茲故詳而論之，讀者更宜細玩。

又曰：嘗聞先師九還七返之說，曰：七乃火數，九乃金數。以火煉金而成丹，即以神馭氣而成道。由是觀之，作丹之法，始終妙用，一火而已。進則謂火，退則謂符。符者合也。言升降進退，表裏符合也。

補注：十月火候。陸氏專主呼吸出入，綿綿若存。按章內言出入無疾，而繼以臨爐施條；言結正低昂，而繼之仰以成泰，至於坤。而又曰：隔閡相連，則知火符皆用鼎爐，所云呼吸綿綿者，亦正在此時也。

謹按《參同契》談火候者，三章疊見。朝屯暮蒙，以兩經六十卦，取上下反對，為逐日火符。晦朔合符，以先天小圓圖，取六卦順轉，為一月火符，卦律始終，以先天大圓圖，取十二卦左旋，為一歲火符。其法歲疏而月密，月疏而日密。至於時中用火，則尤密矣。是故簇年於月，簇月於日，簇日於時，而一時之中，又分三符六候。前二候煉藥，不盡一符之頃，餘四候合丹，乃完二符作用。此採藥工夫也。其屯蒙進退，每日兩番。一金一水，迭運不偏。此又火符妙用也。若知得此中作法，凡卦氣鍾律，特其借象耳。

○此章以月辰卦律，分配一年十二月，乃本意也。朱子以十二卦，細分一月之火候。彭真一以十二辰，配合一日之火符。將誰適從？今按朱子將兩日半當一卦，復臨泰壯夬乾，值前半月，屬陽長之數；姤遯否觀剝坤，值後半

月，屬陰消之數。此剖五日之候，分值兩卦，於丹家藥火者卻不相符。若彭氏所云，乃以時當月之法。自子至巳，六時進火；自午至亥，六時退符。於陰陽消長之機，殆彼此吻合矣。

第八節　性命根宗章

（題用陸氏。據陶注：此論養性延命之學，而推原生身受氣之初，必煉己堅固，方可成丹，而則水定火，乃成丹要訣。末以懷胎產嬰結之，使人知仙道，可以修為致也。）

將欲養性，延命卻期，審息後末，當慮其先。今所乘驅，體本一無。元精流布，因氣托初。

陸注：此章欲人窮取生身受氣之初，以修性命也。

○補注：人欲養性延命，以卻去死期。苟思後來之氣盡而終，即當念初先之氣至而生。蓋以人身所乘之軀，其體原本於一無。一者，先天真一之氣。無即所謂無極之真也。一無從何而起？自乾父元精，流布於坤，因合坤宮之元氣，而胚胎遂托始焉。此乃一無之得於生初者也。

○朱子解《易》云：陰精陽氣，聚而成物。此即命基也。又解《中庸》云：氣以成形，而理亦賦焉。命中有性也。各注，以精屬命，以氣屬性，非是。

○陶注：周子曰：無極之真，二五之精，妙合而凝，而生人焉。二五之精，即在人為命者也；無極之真，即在人為性者也；二者妙合，而人始生。神仙之修丹，陰陽相感，精氣交結，於無中生有，與男女胎孕之理無二。但有順逆之不同耳。

○上陽注：古仙云：修性不修命，如何能入聖？修命

先修性，方入修行徑。世人不知何者為養性，洞賓乃以煉己曉之。不知何者為立命，張、許乃以煉丹喻之。致虛守靜，以觀其復，此靠性也；玄牝之門，為天地根，此立命也。積精累氣，此養性也；流戊就己，此立命也。

○彭真一注：神丹因元氣而成，是將以無涯之元氣，續有限之形軀。無涯之元氣者，天地陰陽，長生真精，靈父生母之氣也。有限之形軀者，人身陰陽，短促濁亂，凡父凡母之氣也。故以真父母之氣，變化凡父母之身，為純陽真精之形，自然與天地同壽矣。古歌曰：煉之餺之千日期，身既無陰那得死？蓋純陽之精氣無死壞也。

陰陽爲度，魂魄所居。陽神日魂，陰神月魄，魂之與魄，互爲室宅。

補注：此言陰陽互藏之蘊。

○精氣合而成人，不過陰陽二體而已。以陰陽為度，而魂魄即在其中，是陰陽以魂魄為體，魂魄以陰陽為舍也。魂乃人之陽神，如日中之魂；魄乃人之陰神，如月中之魄。陸注：日魂常居月魄之中，故月借日則明，魄附魂則靈；而魂之與魄，常互為室宅也。

○陰陽為度，直指男女二體，故以陽神陰神，分配日魂月魄。若就一身言，則魂如氣之靈，魄如精之靈。另是一義矣。

○上陽注：離如日魂，坎如月魄。魄乃陰中之陽，戊土專之；魂乃陽中之陰，己土直之。魂魄互為室宅，陰陽兩相交通也。

○陶注：互為室宅者，月中兔，日中烏，陰中有陽，陽中有陰也。然而東方烏精，能招西江之月魄；西方兔髓，能制我家之日魂。又觀魂魄相拘，自有吞啖之妙。互

藏其精者，實相交為用矣。

性主處內，立置鄞鄂。情主營外，築完城郭。城郭完全，人物乃安。爰期之時，情合乾坤。

補注：此見煉己為採藥之本。

○言魂魄而及性情者，魂魄屬兩家，性情在一身。若欲魂往招魄，先要性能攝情，必煉己純熟，常靜常應，斯陰陽可與交會矣。

○陸注：惟其魂為魄之室也。故須內定其性。惟其魄為魂之宅也。故須外接以情。性處乎內者，安靜虛無，以養元神，立先天也，故曰立置鄞鄂。情營乎外者，關鍵三寶，以裕精氣，修後天也，故曰築完城郭。惟城郭完全，而人物安矣。然後可以配合乾坤，而行採藥之功。

○上陽注：性主實精物內，情主伏氣於外。

○陶注：此條性情就初關言，性至靜，立鄞鄂者，養性存神，憑玄牝以立根基也。情主動，築城郭者，保精裕氣，借藥物而固根基也。城郭完全，人物乃安者，築基須進氣，採藥煉己則烹汞成砂，國富民安，身心寂不動也。煉己之要，歸重情主營外一邊，故曰情合乾坤。

○又云營外之功，須一剛一柔，三年無間，斯時內藥堅凝，方可交合而行還丹之術。即《悟真》所云：民安國富方求戰也。

○補注；性情有指兩家言者，推情合性，金木之辨也。有就一身言者，性內情外，動靜之分也。

○鄞鄂，經傳兩見。經言鄞鄂以元神之主宰為命脈，傳言鄞鄂以真氣之交結為命根。故陸氏解為命蒂。但字義須考來歷，鄂與萼同，承花之蒂。鄞與堇同，乾汞靈草，產於鄞邑之赤堇山。魏公上虞人，地接四明，當是親見此

草，而筆之於書。（一說當作垠腭，出《淮南子》，許慎注：端崖也。一說當作齦腭，齒跟肉也。齦有上腭下腭。齦腭在齒內，故為養內之喻。城郭在國外，故有營外之喻。此則以齦腭比丹田，城郭比身體。人民比精氣也。又一本作銀鍔。乃刀劍之鋒棱。借喻身中劍氣。但與傳文「經營養鄞鄂」句，不相符合耳。）

乾動而直，炁布精流。坤靜而翕，爲道舍廬，剛施而退，柔化以滋。九還七返，八歸六居。

李注：此重宣生身之根，以明造化之妙。補注：當乾父坤母造命之始，乾處乎上，動而能直，惟直精氣之路乃開。坤處乎下，靜而能翕。惟翕受胎之舍乃凝。此時乾剛一施，事畢而退，坤柔承化，漸以滋長。此乾坤之順以生人者也。丹家顛倒逆用，則女反為剛，而主乎施；男反為柔，而主乎化。得藥之後，四象五行，攢入中宮，而七八九六，一時會合矣。

〇陸注：剛施而退者，雄陽播玄施也；柔公以滋者，雌陰統黃化也。九七八六者，金木水火之數，得藥歸鼎，則九者還，七者返，八者歸，而六者居矣。

〇補注：河圖之數，天一生水，而地六成之；地二生火，而天七成之；天三生木，而地八成之；地四生金，而天九成之。專言九七八六者，合丹以後，取其成數，如金來伐木，是九與八合，水能滅火，是六與七合也。

〇陸又曰：六獨言居者，北方水位，乃真鉛之本鄉。還者、返者、歸者、皆聚於此，而丹始凝結。蓋三者共居於六，非謂六獨居也。今按結丹，在黃庭土釜，不在北方水位。陸氏歸重在六居，乃照下五行之初而言，在本條初無此意。

○《易傳》：夫乾其靜也專，其動也直；夫坤其靜也翕，其動曰❿辟。

男白女赤，金火相拘，則水定火，五行之初。上善若水，清而無瑕。道無形象，眞一難圖。變而分布，各自獨居。

陶注：此承上文四象，而歸功於金火也。

○補注：金火相拘，言兩家藥物；則水定火，言臨爐分兩。上善四句，先天之金水，取為丹母也。分布二句，後天之金水，資為丹藥材也。陸注：丹道雖稱七八九六，實則九還七返盡之矣。九，金數也；七，火數也。坎男中白，是曰水金；離女內赤，是曰汞火。惟此二物，相鈐相制，乃成丹道。故丹法則水定火，常使水銖不乾，火銖不寒，則金水自此相拘，而還返之道實在是矣。然而鉛至汞留，汞因鉛結，其功畢歸於水者，蓋水為五行之初氣，其質至清。老聖所謂上善若水也。水惟清而無瑕，乃可用之。使有滓質，則度於後天，而不可用矣。是水也。乃先天真一之氣，所謂道也。道無形象，其真一難以圖度矣。

○補注：初出之水，質清而氣純，故稱之為上善。亦可名為道樞，實則先天真一之氣耳。夫道無形象，何從窺其真一？曰：水中之金外無形象，而內有氣機。《道德經》曰：杳杳冥冥，其中有精；其精甚真，其中有信。苟能至誠以待之，專密以伺之，自可採應星應潮之初候，而採白虎首經之至寶矣。從此鴻蒙一判，變而涉於後天，則宜辨六候之金水，以給朝暮之火符，所謂變而分布也。各自獨居者，按候行功，須金水各居，不使臨時參錯。其六度餘瑕，須藏鼎獨居，不可非時交接。如此則爐中得以休養，而爻動乃有定期，故能育胎而結嬰也。

○陶注：丹法準水之銖兩，以定火之分數。水以二分為真，火二即與之俱。此將水火分坎離是矣。李注：謂則月水之清濁，定神火之老嫩。專就坎宮言，又混涉於火符，未合。

○陸氏解：變而分布，謂一變生水，二化生火，三變生木，四化生金。南北東西，各居其位，而不相涉。聖人攢簇而和合之，乃成丹道。此以順生之五行，配河圖之四面，於丹理不符。

類如雞子，黑白相符。縱廣一寸，以爲始初。四支五藏，筋骨乃俱。彌歷十月，脫出其胞。骨弱可卷，肉滑若飴。

陶注：此狀金丹法象，以著養性延命之極切。

○陸注：丹之結而成象，類如雞子。黑白相包者，陰陽混合也。縱橫一寸，以為始初者，丹含神室也。四象五行，皆聚會於此中。故肢藏筋骨，無不完具，如嬰兒然。周歷十月，火候數足，脫出其胞，而骨軟肉滑，迥異凡軀。此乃無質生質，身外有身，而結成聖體者。至是則宇宙在乎手，萬化生乎身，性命之理得，而聖修之能事畢矣。呂真人詩云：九年火候俱經過（十月之後，尚有九年面壁）。忽而天門頂中破。真人出現大神通，從此天仙可相賀。正其時也。

○抱一子注：狀如雞子，圓而稍長，法身在其中矣。

○補注：雞子色本黃白，此言黑白相符者，丹乃金水之所成也。水黑金白之義，下章言之甚詳。

○上陽注：丹始黍米之珠，漸成徑寸之大。十月出胎，陽神顯相，乃先天真一虛無之氣所成。故骨可卷可肉可飴。

○補注：依韻當作飴。飴，水煎餳（ㄒㄧㄥˊ）糖也。出《急就篇》。

第九節　養己守母章

（舊本分為三處，杜氏合作一章，今復更定前後，而另拈標題於首。按此章申言性命雙修之道。養己十句，言性功事。坦闞以下，皆命功事。煉己採藥，皆發泄無隱矣。）

上德無爲，不以察求。下德爲之，其用不休。

補注：此標出清淨陰陽二門，為萬古修道之宗。下文安靜虛無，亦自無為上來。知白守黑數條，皆詳言有為之事，其意則專為下學設也。

○好古注：上德下德，乃《道德經》所謂上德無為而無以為，下德為之而有以為也。上德者，虛極靜篤，精自然化氣，氣自然化神，神自然還虛，虛無大道之學也。故不以察求。下德進，虛靜以為本，火符以為用，煉精合氣，煉氣合神，煉神合虛，以神馭氣之法也。故其用不休。

○陶注：上德者，全真之士，不借抽添以築基；下德則乾體已破，須用還返以成道。

○陸注：察求者，辨庚申而知水源之清濁，象屯蒙而準火候之消息。此皆察察之政，不得已而用之者。

○補注：舊將此條上德下德，與傳文上閉下閉，並為一章，致文義難通。得古本較正，方知經傳各有脈絡，原不相混也。

內以養己，安靜虛無。原本隱明，內照形軀。閉塞其兌，築固靈株。三光陸沉，溫養子珠。視之不見，近而易

求。

補注：此言養性為採藥之基。

○煉丹之功，有內有外。欲採外藥，先須內煉。身安靜而必虛無，乃養己真訣。即所謂致虛守靜也。原本隱明，則心不外馳，而得以虛無矣。內照形軀，則身知收斂，而得以安靜矣。塞兌固株，閉口以養元氣也；沉光養珠，返視以養元神也。不見易求，即指神氣而言。

○陸注：人生而靜，天之性也。感於物而動，性之欲也。既有欲矣，則耳目口鼻，誘於聲色臭味，而真性迷矣。真性既迷，則元精元炁，因以耗失，而大命隨之。故養己者，以安靜虛無為本焉。由是閉塞其兌，使氣不上泄，則蒂固而根深；三光陸沉，使神不外馳，則性定而明湛。果能收視返聽，閉口勿談，則心息相依，神氣相守，自然打成一片，可以行臨採藥之事矣。

○朱子曰：此條言內事，最為切要。陸注：己者離宮己土也。己之為性，飛走不定，故必煉之養之，使之入於大定。然後，臨爐之際，大用現前，保無虞失，而養之於煉，亦當有辨。上陽子曰：寶精裕氣，養己也；對景忘情，煉己也。養己則主於靜，煉己則兼乎動矣。廣成子曰：無勞爾形，無搖爾精。老子曰：致虛極，守靜篤，萬物並作，吾以觀其復。司馬真人《坐忘論》云：心安而虛，道自來居。虛靖天師《大道路》云：要得心中神不出，莫向靈台留一物。安靜虛無四字，乃養己之要訣。

○補注：心如一身之主宰，故曰原本。內照者，此心常在腔子裏也。

○陸云：靈株即靈根。引《黃庭經》「玉池清水灌靈根」為證。（此指下峰）

○天有三光，日月眾星；人有三光，兩目一心。

○三豐云：想見黍米之珠，權作黃庭之主。陸云：子珠即性珠，神為氣之子也。

旁有垣闕，狀似蓬壺。環匝關閉，四通踟躕。守禦固密，閼絕奸邪。曲閣相連，以戒不虞。

補注：此言養鼎為求藥之地。

○鼎中藥候，按期而至，但恐行不順軌，以致真氣損虧，故須慎密以防之。丹室之旁，別營垣闕。丹房謂鼎處也，既嚴關鍵，又謹守禦，所以杜同室之情竇。壺室之間，連延曲閣，所以備外侮之生心。李云：此即前章管括微密之意。

○蓬壺乃仙島，喻丹室之屹然中立耳。四通踟躕，凡隙穴相通處，皆須顧慮也。舊指垣闕為神室。夫神室止一下田，安有旁設者？或將蓬壺垣闕，比乾坤門戶，與下曲閣不符。或以垣闕曲閣，比八門九竅，意反涉於懸空。以戒不虞，見萃卦象傳，言當提防心意也。

知白守黑，神明自來。白者金精，黑者水基。

補注：自此以下，皆言求藥為延命之本。

○鼎器已具，須明鼎藥。《道德經》云：知白守黑。蓋以初鼎之藥，黑中有白也。既知其白，便當常守其黑，以待神明之來助焉。夫神靈妙藥，性屬陽金，是謂白者金精。而金精氣候，水旺乃生，是謂黑者水基。修丹之士，於蒙泉方達之初，而求先天真一之氣，誠貴乎知而守之矣。

○陸注：五行之氣，金能生水；而還丹造化，先天白金，卻生於坎水之中。故當奉坎以求鉛。

○上陽注：水之初生，名為先天。以其至真，號曰神

明。白者相符，金水汛旺；一遇己土，制水淘金；金水歸爐，故曰神明自來。

○傳云：上有神德居，即神明之謂也。

水者道樞，其數名一。陰陽之始，玄含黃芽。五金之主，北方河車，故鉛外黑，內懷金華；被褐懷玉，外爲狂夫。

補注：此詳言水金之德也。

○天一生水，啟化育之生機，故曰道樞。陰陽二句，言水中有金。五金二句，言金生於水。鉛色外黑，內蘊金華，申明玄含黃芽之意。狂夫被褐，懷藏美玉，又申外黑內華之意。此段反履取喻，總是形容金白水黑而已。

○水一屬陰，火二屬陽，水在火先，故云陰陽之始。水之色玄，金之色黃，水裏藏金，故云玄含黃芽。黃芽之貴，擬諸黃金。傳云：金性不朽敗，故為萬物寶。此五金之主也。然必水氣壯勵，而後金精得以流行，故比之北方河車。北方水位，河車轉運，言爻動而藥可採也。

○金銀銅鐵錫，五金各如五行之色，而價莫重於黃金。所謂主也，抱一子云：鉛為五金之主。按：黃金銅鐵錫，不從鉛中出，不如直指黃芽，而留鉛黑於下句。

○陰真人云：北方正氣為河車。

金爲水母，母隱子胎。水爲金子，子藏母胞，眞人至妙，若無若有。彷彿大淵，乍沉乍浮。進退分布，各守境隅。

補注：此言溫養之功，不離金水也。

○上文金水白黑，就一體而分表裏。指先天之大藥。此處金水子母，從六候而定火符，指後天之爐藥。

○李氏云：鼎中金水，取象於月朔後之月光。金含水

內，故云母隱子胎。晦前之月光，水韜金內，故云子藏母胞。今按水含金者，晦盡朔來，為前三度之金氣。金韜水者，乾終巽繼，為後三度之水氣。此皆鼎中真氣，故名真人至妙。若有若無者，杳杳冥冥，希微難測也。彷彿，狀氣機發動之端。大淵，指川源產藥之所。沉浮，謂金沉而水浮。乍者，爻動只在俄頃也。前三候為金沉，如月之隨日而下沉；後三候為水浮，如月之隨日而上浮。浮沉乃鼎中一定之火候。陸云：沉者激之使浮，則出於人為造作，而非天機之自然矣。李注：以金水分浮沉，獨闡其微。進退分布者，進火退符，須金水分布，兩者迭用，宜各列境隅，而不相錯雜。猶云剛柔斷矣，不相涉入也。

○陸注：金之與水，母子互藏。金為水母，而先天乾金，居於坎位，是母隱子胎也。水者金子，而後天兌金，能生真水，是子藏母胞也。蓋此金水，配位於北，而寄體於西，其妙有如此者。真人乃先天真一之氣，即坎中水金也。又云：乾金水金也，兌金鼎金也。此須意會（今按陸氏此說，乃概言金水互生之理，不如李注，有關於火符作用也）。

採之類白，造之則朱。煉為表衛，白裏眞居。方圓徑寸，混而相拘。先天地生，巍巍尊高。

補注：此言金水相調，育成丹胎也。

○陸注：是丹也，採之則金有取於白，養之以火，有取於朱。蓋神火周遭於外，所以護衛真氣，而使白裏真居，可無虞失也。真人所居，不過方寸之間。元氣混沌，而立為聖胎，乃先天先地，巍巍獨尊之體也。此豈凡物之可比哉？

○陶注：每日運火，抽鉛添汞，以真火為表衛，金丹

方得安居於神室。表者外也，衛者護也。方圓寸二，在黃庭之中，其空如谷，所謂玄關一竅也。

○李注：己汞未乾以前，則為黃庭土釜。一凝之後，則為金胎神室。黃庭土釜，尚有成毀；金胎神室，永斷生滅。

○彭真一注：真鉛乃祖氣，在天地混沌之前，故鉛為天地之父母，陰陽之本原。修丹之始，以天地根為藥根，以陰陽為丹母，故不同於常物之造化。

○上陽注：杳冥之中有物，即太極未分之時，故云天地先。內蘊先天真一之氣，可以超陰陽而脫生死，所以巍巍尊高。

可以無思，難以愁勞。神氣滿室，莫之能留。守之者昌，失之者亡。動靜休息，常與人俱。

補注：此言養丹工夫，須始終敬慎也。

○大藥入身，兼有表衛，此時但當損思慮，釋煩勞，常安靜虛無，以養此神氣。若天君不定，運火參差，則烹爐走鼎，而神氣莫留矣。得失之間，存亡所繫，故必動靜休息，常與真人居於神室，俟其功完全而候至耳。

○神氣滿室，一語道破，契中綱領。蓋元神為丹君，真氣為丹母，必神氣合會，始能結丹於神室。他如龍虎汞鉛，水火日月，特借名耳。即所云陰陽剛柔，魂魄性情，猶屬概言，不如神氣二字之精切也。

○李注：動靜休息，即是行住坐臥；常與人俱，即是不離這個。修真者入室用功，一刻不要離此陰陽。物無陰陽，違天背元，一時不可離此伴侶。若無同志相窺覺，動有群魔作障緣。一息不要離此神室，如雞抱卵，如龍養珠。故曰動靜休息，常與人俱。老聖曰：載魄抱一，能無

離乎？意蓋如此。

勤而行之，夙夜不休。伏食三載，輕舉遠遊。跨火不焦，入水不濡。能存能亡，長樂無憂。道成德就，潛伏俟時。太乙乃召，移居中州。功滿上升。膺籙受圖。

補注：此申上文，常與人俱，及前章十月脫胞之意。

〇陸注：神氣在室，結之以片晌，養之以三年。功圓之日，身外生身，自能輕舉遠遊，入水火而不患，長生久視，超生死而獨存，道成德就，濟人功滿，膺籙受圖，而身為帝臣矣。

〇補注：伏食謂伏先天真氣，不指天元神丹。《翠虛篇》云：百日工夫修便見，老成須是過三年。此伏食三年之義也。

《莊子》：入水不濡，入火不熱。

謹按：養性延命，上章已啟其端。此復詳言以悉其蘊。安靜虛無者，修定於離宮，玉液煉己之事，所謂常無欲以觀其妙也。知白守黑者，求玄於水府，金液還丹之道，所謂常有欲以觀其竅也。性命工夫，內外表裏，初不相離。章內備陳採藥結丹之功，又結之以無思無勞。知安靜虛無四字，丹家始終用之。呂祖《敲爻歌》云：悟真常，不達命，此是修行第一病。悟命基，迷祖性，恰似整容無寶鏡⓫。旨哉斯言！可為雙修性命之準矣。

第十節　日月含吐章

（題用陸氏。補注：丹法，取象日月。日月取其含吐，吐在乎陰陽相契。如坎宮之金水，離宮之火土，皆於相契時合之。末條魂啤證符，正見含吐妙用。）

坎男爲月，離女爲日。日以施德，月以舒光，月受日

化，體不虧傷。陽失其契，陰侵其明。晦朔薄蝕，掩冒相傾。陽消其形，陰凌災生。

陸注：此章法象日月，義取含吐，以準為丹法。

○又曰：坎象中男，而反為月；離象中女，而反為日。蓋日內陰而外陽，其德主於施化；月內陽而外陰，常借日以舒光。夫月受日化，浸明浸長。而體不虧傷者，以陰含陽精，與陽契合故也。自既望以後，失陽之契，則月光漸消漸缺，陰侵其明，而受統巽；晦朔薄濁，而喪明於坤，皆由陽消陰凌，致匡郭盡亡耳。夫丹象著明，莫大於日月。仙家取其借之義。如庚方月現，吐藥一符，即陽之契也。

此際正可求丹。苟或後時失事，爽此符契，則金逢望遠，藥度後天，而不可用矣。

○補注：中四句，前半月之象；下六句，後半月之象。據西法，謂地大於月，日又大於地，故地不能掩其光；而斜映於月，以所映之多寡，成月光之圓缺。

○上陽注：坎外陰內陽，中有戊土，以儲金水，養其陰魄，為情為義，黑中之白也。離外陽內陰，中有己土，以居砂汞，主其陽魂，為性為仁，白中之黑也。月體本黑，受日之化。光彩復舒，兩體不虧。晦朔之間，正對的射，月在日下，暫障日光矣。

男女相須，含吐以滋。雌雄錯雜，以類相求。

補注：此從日月含吐，明常道之順行者。

○陸注：丹法，不過日月交光，陰陽得類而已。觀男女之相須，而偕以造化，即日月之含精吐光，滋生萬物也。此乃坤承天施，陰陽自然之理。彼物之雌雄錯雜，其類不一。然其同氣相求，含吐之情，無不同也。是知孤陰

不生，獨陽不成，順而成人，逆而成丹，非有二道。在識其含吐之機，而善用之耳。

○陶注：含吐者，月含日精，而吐其光也。

○李注：陰陽相須，結成鉛汞，坎中吐露一線之微陽，滋救衰老之聖藥。十月澆培，無非同類相配。

金化爲水，水性周章。火化爲土，水不得行。

補注：此從男女含吐，明丹道之逆行者。

○陸注：金化為水者，爻動之時，金初生水也。火化為土者，離宮己土，火動而生也。丹法以土制水，則水性之周流者，不得濫行，而情來歸性矣。今人但知真鉛能制真汞，而不知真土能擒真鉛，故章意歸重於此。

○補注：真鉛制真汞者，得藥之後，坎能填離。真土擒真鉛者，採藥之時，離能取坎也。

○經言水不行，己土能剋坎水；傳言水不起，戊土通伏離汞。

○《楚辭》：聊遨遊兮周章。注云：周章，猶周流也。

男動外施，女靜內藏。溢度過節，爲女所拘。魄以鈐魂，不得淫奢。不寒不暑，進退合時，各得其和，俱吐證符。

補注：此就陰陽順逆中，申明含吐之效。

○以常道言之，男動而元精外施，女靜而真氣內藏。此陰陽生育之機也。但恐欲動情勝，陽施過度，徒為女所拘攝耳。若知盜機逆用，則陰陽魂魄，實交相為助。蓋以動而施者，猶日中之魂；靜而藏者，猶月中之魄。丹法運汞迎鉛，先使魂招乎魄。頃之得鉛伏汞。能使魄來鈐魂。魂為魄鈐，則神氣互抱，兩相依戀，而陽不至於淫奢矣。是即含吐以滋之義也。既知含吐，須明火候。欲使陰寒陽

暑，調齊不偏，全在進火退符，採取合時，能合時則剛柔互濟，藥味和平，而身內之證符，自然吐露焉。

〇上陽注：周章溢度，淫奢過節，則陰凌而災生。修丹之士必使一寒一暑，得進退之宜，則和合有時，火不熱而符不冷矣。

〇陸注：藥生曰符，藥成曰證。皆自和氣中來。即首章所謂和則隨從也。和之一字，最為肯綮。而含吐二字，又為一章之大旨。

〇補注：傳言五六三十度，又言月節有五六，此乃採藥之定期。溢度過節，生門便成死戶，魄以鈐魂，害裏卻能藏恩。《悟真》所謂「反覆之間災變福」也。

〇前云：隆冬大暑，盛夏霰雪，喻陰陽參錯之病。如朝進陽火，而誤投陰水；暮退陰符，而誤用陽金，是寒暑失時，不得其和矣。故必火活符平準，方鎮寒暑適中。李氏謂：陽火性熱，陰符性冷。到中宮而自成和氣。則不傷於寒暑。此但知歸美中宮，卻不知進退合時為作丹妙用耳。

謹按：首章言乾剛坤柔，而承以坎離冠首；前章言乾動坤靜，而承以男白女赤。蓋坎之一陽，自乾而來；離之一陰，自坤而至。後天運用，全在坎離也。此章之男女魂魄，金水火土，又申明前二章未盡之意。經文脈絡，斷而仍連，可見著書苦心。

〇月受日光，而女承男種，此陰陽正義也。女反施化，而男可懷胎，此陰陽翻象也。《悟真篇》云：日居離位反為女，坎配蟾宮卻是男。不會個中顛倒意，休將管見事高談。知此可以讀《參同》矣。

第十一節　流珠金華章

（題用陸氏，上陽注：此章指示流金珠華，為陰陽二物，復示煉藥之密旨，透露詳切矣。）

太陽流珠，常欲去人。卒得金華，轉而相因。化爲白液，凝而至堅。

補注：此章申明魄以鈐魂之故。

○陸注：太陽流珠，離宮真汞也。真汞之性。飛走不定，故常欲去人。去人則幻質非堅，故必得此金華，然後足以伏之留之。金華者，金之精華，先天水金是也。是而採之而轉而相因，化為白液，而成堅固不壞之寶。傳曰：先液而後凝，號曰黃輿焉。以其金炁所化，故曰白液，凝而至堅，則不去人矣。

○又曰：《靈源大道歌》云：此物何常有定位，隨時變化因心意。在體感熱則為汗，在鼻感風則為涕，在腎感合則為精，在眼感悲則為淚。八門九竅，無往而非靈汞游走之處。凡人之所以有老病死苦者，流珠去人之故也。

金華先倡，有頃之間。陽乃往和，情性自然。解化爲水，馬齒闌干。

補注：此言陰陽倡和之機。

○陸注：常道順行，須陽倡而陰和；丹道逆行，乃陰倡而陽和。和者，饒他為主我為賓也。一倡一和，則木性愛金，金情戀木，歡欣交通，自然感應，而丹道成矣。

○又曰：先天水金，先倡於爻動之頃。陽即往和，以迎其真一之氣。斯時渡於鵲橋，轉於昆山，解化為水，乃有醍醐甘露之名。又下於重樓，降於黃宮，結而成丹，則有馬齒闌干之象。馬齒闌干者，借外丹法象而言，非真有

是物也。

迫促時陰，拘畜禁門。遂相銜燕，咀嚼相吞。慈母育養，孝子報恩。嚴父施令，教敕子孫。

李注：此言結丹之後，仍有十月火符。

○補注：陰爐藥火，生各有時。當迫之促之，以感其氣。依準六候，運火歸來，則拘之畜之於禁密之門。又須朝朝暮暮，抽鉛添汞，以乳哺胎嬰，有似乎銜燕而咀嚼者。從此逐月澆培，周遭神火，以養成嬰體，儼如慈母育養，而孝子報恩也。然母氣施養，常須父氣感召。李云：驅使六子，迭運火符。又似嚴父施令，而教敕子孫者。

○上陽云：寨門在兩腎中間，即指土釜。

○慈母之恩見《易林》，嚴父配天見《孝經》。

○張紫陽真人云：八卦互為子孫，蓋八卦具有五行，輾轉相生，即其子孫也。若《金丹四百字》所云：年年生個兒，個個會騎鶴。乃成功之後，嬰兒顯相，變化神通，初無待於教敕矣。

第十二節　三五至精章

（另定標題。又陶注：此論五行之理。而及龍虎交併，口訣在子午卯酉四句。）

五行錯王，相據以生。火性銷金，金伐木榮。三五與一，天地至精。可以口訣，難以書傳。

補注：此論五行生剋之至理。

○陸注：太極判，兩儀分，陰變陽合，而生水火木金土，此五行生出之序也。錯王者，更錯而迭王。如木王於東，火王於南，金王於西，水王於北，土王於中，各乘四時之序，專其氣以成歲功。然錯王之中，又各依據以相

生。如木依水以生，火依木以生，土依火以生，金依土以生，水依金以生。此常道之順五行也。若以丹道言，則逆剋而成妙用。丹法以汞求鉛，是火性銷金也。得鉛伏汞，是金來伐木也。火性銷金，而金反和融；金來伐木，而木反榮盛。是何故哉？蓋以五行一氣而已。分而為五，則錯王以相生；合而歸一，則相親而相戀。故三五歸一，而金丹斯結焉。然三五如何會歸？此中口訣，書不盡傳。

○李注：舉世皆知火能爍金，不知火中含土。坎宮之兌金，一得土而益增其生息知。舉世皆知金能剋木，不知金中含水。離宮之木汞，一得水而反受其滋培矣。經云恩生於害，害生於恩。此之謂乎？

○補注：三個五，合為一。所謂三家相見結嬰兒也。三五何以稱天地？蓋河圖之數，一三五，奇數屬天；其二四，偶數屬地也。

○按：甄淑云：採藥取生數，故舉河圖之三五。右轉東旋，卯酉主客是也。結丹取成數，故舉四象之老少。九還七返，八歸六居是也。

子當右轉，午乃東旋。卯酉界隔，主客二名。

補注：此以河圖宮位，申明三五口訣也。

○從子右旋於酉，水一金四成五；從午東旋於卯，火二木三成五。卯酉界隔東西，有戊己以聯主客，中宮土又成五。以三五而會歸於一，則火性銷金，金伐木榮，俱歸厚土，其丹由此結。口訣心傳，其在斯乎？

○白真人《地元真訣》云：東三南二兮，北一西四；戊己數五兮，一十五數。其闡發梯《參同》與《悟真》相合。

○陸注：子當右轉，金公寄體於西鄰；午乃東旋，離

火藏鋒於卯木，丹家所謂黑鉛水虎，赤汞火龍，良有旨也。《契賦》云：青龍處房六兮，春華振東卯；白虎在昂七兮，秋芒兌西酉。如此龍東虎西，界隔卯酉，分為主客，則酉者為主，東者為客。《道德經》云：吾不敢為主而為客。《悟真篇》云：饒他為主我為賓。足以相發明矣。

○補注：右轉東旋，就方位上取義，不在時辰上用功。所云主客，與常道不同。常道以卯為主，丹道則以酉為主。乘坎宮爻動，而離方與之交接，全以在彼者為主也。若非時妄作，則陽驕陰佞，而致凶矣。

龍呼於虎，虎吸龍精。兩相飲食，俱相貪併。

補注：此以震龍兌虎，申明東西主客也。

○龍呼於虎，即是火性銷金；虎吸龍精，即是金伐木榮。飲食吞併，又是卯酉主客，合而為一矣。子轉於酉，虎向水中生也；午旋於卯，龍從火裏出也。龍虎二弦之氣，兩相呼吸，即《悟真》所云：西山白虎正猖狂，東海青龍不可當。兩手提來令死鬥，化成一塊紫金霜。

○驅龍就虎，而不為虎所吞噬者，煉己純熟故也。

熒惑守西，太白經天。殺氣所臨，何有不傾？狸犬守鼠，鳥雀畏鸇。各得真性，何敢有聲？

補證：此又旁引曲喻，以證龍虎貪併之意。

○陸注：上四句援天象以相方，下四句借物類以相況。熒惑太白，天之金火二星。火入金鄉，則為熒惑守西，金來伐木，則為太白經天。凡殺氣所臨之處，則戰無不克，故以象之。又狸犬守鼠，象汞之求鉛。鳥雀畏鸇，象鉛之伏汞。

○補注：何敢有聲，所謂禽之制在氣也。

○李注：與君說破我家風，太陽移在月明中。此則熒

惑守西也。取將坎位心中實。點化離宮腹內陰。此即太白經天也。太陽之內，一點陰火精光，人於月明之中，為水所傾，安得而不凝也！坎水之中，一點真鉛之氣，人於離宮之內，與汞渾一，安得而不併也！

第十三節　四象歸土章

（題用陸氏。陸補注：此章所云，三物一家，乃申明三五為一之意。其言金水木火，龍虎戊己，亦自上章而來。

丹砂木精，得金乃並。金水合處，木火爲侶。四者混沌，列爲龍虎，龍陽數奇，虎陰數偶。

補證：此申上章三五之義。

〇陸注：此節言四象不離二體。下節言五行全入中央。

〇又曰：丹砂者，離宮真汞也。午乃東旋，藏於木中，則為木精，必得西方之金以制之。則木性愛金，金情戀木，和合交併，而成還丹。然西方之金，中有真水，是金水合處也。丹砂木精，砂中含汞，是木火為侶也。此四象者，分布則各守境隅，混沌則列為龍虎。列為龍虎則龍居東方，木數得三，而龍陽數奇矣。虎居西方，金數得四，而虎陰數偶矣。惟奇偶相配，出於性情之自然。故呼吸貪並，妙合而成丹也。

〇朱子曰：丹砂木精，得金乃並。即姹女黃芽之意。

〇補注：四者混沌，契文兩見。前指乾坤坎離，取先天卦位之四正；此指金水木火，取後天卦位之四正。其實一也。蓋以乾坤為鼎器，則烏兔乃藥材，以水火為男女，則龍虎乃弦氣。讀者當善參會耳。

○混沌言陰陽二氣，氤氳和合。列，猶配也。

肝青爲父，肺白爲母，腎黑爲子，心赤爲女，脾黃爲祖，子五行始。三物一家，都歸戊己。

補注：此推言五行之理，而歸功於真土也。

○上六句，五臟具而身全，言順生之五行。下二句，三五六而丹結，言攢簇之五行。肝青肺白，就一身中取象，木龍金虎也。金生腎水，木生心火，是亦金水合處，木火為侶，末又歸重水土者，真水為丹母，土釜乃神室，所謂四象五行全借土，三元八卦豈離壬也。

○好古證：木生火女，陽中之陰，是曰己土。金生水子，陰中之陽，是曰戊土。金木二者，俱從土生，故土又為水火之祖。此後天五行之相生者。若論先天五行生出之序，天一生水，而後二火、三木、四金、五土，各得生成變化，是子又為五行之始。

○陶注：金水木火，必歸戊己之宮，方能混沌而結丹。故曰三物一家，都歸戊己。猶前章云，皆禀中宮戊己之功也。（按：三物指金木與土一家，謂陰陽同類。〉補注：戊己之土，有體有用。初時求藥，順用戊己之門；後來得藥，總歸戊己之宮。

第十四節　陰陽反覆章

（題目陸氏。又李注：上節專論鉛龍、汞虎之性情。下節直露鉛龍、汞虎用底蘊矣。）

剛柔迭興，更歷分部。龍西虎東，建緯卯酉。刑德並會，相見歡喜。

補注：此又申明前章卯酉主客之意。

○乾剛坤柔，此陰陽定分也。藥取二弦初氣，則剛興

之際，求鉛於西；柔興之際，伏汞於東。

○更歷分部，而龍西虎東矣。卯酉界隔，此春秋定分也。火調二分中氣，則建卯主德，刑亦相會；建酉主刑，德亦相會。是刑德並會，而相見歡喜矣。

○更歷分部，龍西虎東。見二物互為主客也。刑德並會，相見歡喜，又見卯酉之月，晝夜平分，溫涼適中，主客正可歡喜也。

刑主殺伏，德主生起。二月榆死，魁臨於卯。八月麥生，天罡據酉。

補注：此又推明卯酉德之故。

○夫刑主殺伏，德主生起，性本不同，何以並會？蓋以二月榆死，而河魁臨卯，德中有刑故也。八月麥生，而天罡據酉，刑中有德故也。

○陶注：何謂德中有刑？二月建卯，而月將為河魁，取卯與戌合，戌有辛金，殺氣猶存也。何謂刑中有德？八月建酉，而月將為天罡，取酉與辰合，辰藏乙木，生氣猶存也。故謂之刑德並會。

○李注：二月春分鉛龍之氣。已到天地之正中，是丙火沐浴之時，庚金受胎之處，宜乎榆英落也。八月秋分，汞虎之氣，亦到天地之正中，是壬水沐浴之時，甲木受胎之處，宜乎蕎麥生也。

○上陽注：世人但聞沐浴為卯酉，豈能明刑德之故。德與生，即半時得藥之比；刑與殺，即頃刻喪失之喻。德中防刑，害生於恩也；刑中有德，害裏藏恩裏。

○補注：卯酉沐浴，丹家皆云卯酉兩月，停火不用。據《參同》言，刑德並會，相見歡喜。此《悟真篇》「刑德臨門」所自來也。夫春和秋爽，正當溫養之際，豈可云

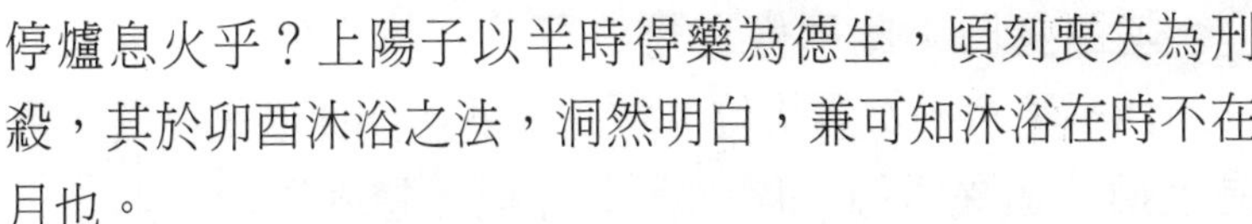

停爐息火乎？上陽子以半時得藥為德生，頃刻喪失為刑殺，其於卯酉沐浴之法，洞然明白，兼可知沐浴在時不在月也。

子南午北，互爲綱紀。一九之數，終而復始。含元虛危，播精於子。

補注：此復言臨爐交媾之法，及乘時採藥之方。

○陸注：子者坎水也，水居北而翻在南。午者離火也，火居南而翻在北。蓋柔上而剛下，小往而大來也。常道以陽為綱，陰為紀，今皆反之。故曰互為綱紀。

○又曰：一九之數，水中金是也。水之生數為一，金之成數為九。惟此金水，互相含蓄，遍歷諸辰，循環卦節，莫非真氣之妙用。故一九之數，終而復始。其交會之際，則含元於虛危，而播精於子矣。子者亥子之間，貞元之會，時至機動，正在於此。上文論丹法，此直指丹母，尤為肯綮。

○上陽注：含元、播精，丹道神功，在此二句。蓋虛危之次，乃日月含璧之地，一陽初生之方，龜蛇蟠結之所，先天元氣在焉。其真精遇子則播施，即前章子五行始始之義也。

○陶注：虛危二宿，當子位之中。子時一陽初動處也。含元屬先天，寂然不動，杳杳冥冥，太極未判之時，日月合璧，虛危度是也。播精屬後天，感而遂通，恍恍惚惚，太陽已判之時，雪山一味好醍醐是也。先天惟有一氣，後天始化為真精。而雄陽播施，乃在於子。（俞注：一九之數，取洛書戴九履一，其用在水火也。按前章水數名一，及九還七返，皆主河圖言。兌下文虛危、與子，正指水金所生之處。何必別引洛書耶？）

陸西星曰：此章備言丹法顛倒互換之妙。其東入西鄰，西歸東舍，女居男位，坎在離鄉，如此顛倒反覆，更易互換，迥異常道。所謂掀翻斗柄，逆轉璇璣，非止一端，此條備而言之，不過欲人洞曉深達，遠求近取，得乎先天真一之氣而已。

第十五節　以類相況章

（另起標題。又補注：前章之龍虎，後章之父母，比是以類相況之意。）

不得其理，難以妄言。竭殫家產，妻子饑貧。自古及今，好者億人。訖不諧遇，稀有能成。廣求名藥，與道乖殊。如審遭逢，睹其端緒。以類相況，揆物終始。

補注：此承上一九終始，欲人求丹於同類也。

○陶注：世間學者，不明五行正理，不遇真師傳授，枉費家產，涉入旁門，總與丹道乖殊，終無成理，故必逢明師，以尋端緒。若知同類施功，則藥物之始終在是矣。此乃引起下文語。

第十六節　父母滋稟章

（題用陸氏。○補注：丹法，男女可以顛到，父母亦可顛倒。知顛倒為正道，能成上品仙真。）

五行相剋，更爲父母。母含滋液，父主稟與，凝精流形，金石不朽。審專不泄，得成正道。

陸注：前章以五行逆克而分主客，此又以五行逆剋而配父母，皆發丹道未盡之蘊。

○又曰：陰陽男女之道，施者為父，受者為母，故母含滋液以統化，父主稟與而播施。若作丹之法，金受火

燒，火炎水沸，是木火主施，而金水主受也。及得藥歸鼎，金伐木榮，舉水滅火，桌金水主施，而木火主受也。受則為母，施則為父，盜機逆角，而成還丹，則凝神成軀，而萬劫不壞，如金石之永固矣。然精凝之後，仍須審專不泄，以底於成功。審專者，至誠專一，候其藥符也。不泄者，蒂固根深，守其命寶也。所謂正道，不過陰陽得類而已。

○李注：乾父身中，一點陰火精光，透入坤腹，補坤中壬冰，一克一合，化為一點戊土。煉士能將這點戊土，取送中宮，汞中癸水，被其一克一合，登時仍化為水⓬。由是之後，汞才乾也。汞乾即是金丹。此丹乃靈父聖母，更相接制，而作丹頭。既得金丹，則凝精而流形矣。再加十月火符，審察消息，專心調理，不烹不泄，自成最上一乘之道。

○補注：凝精乃先天之大藥，審專用逐月火符，成道則始終之事畢矣。（稟與，以所稟者與之也。）《易傳》：品物流形。

立竿見影，呼谷傳響，豈不靈哉？天地至象。若以野葛一寸，巴豆一兩，入喉輒僵，不能俯仰。當此之時，雖周文揲蓍，孔子占象，扁鵲操針，巫咸扣鼓，安能令蘇，復起馳走？

補注：此言得藥成丹，效可立見也。

○陸注：上四句喻感召至靈，下數句喻伏食之至神。蓋先天一氣，來自虛無，召之自我，其無中生有，實裏造虛，真如立竿呼谷，而影響之隨至。且得此靈藥，則命由我立，天不能奪。觀乎人服毒藥，雖聖哲不能使之復蘇。知人服大藥，雖鬼神不能使之忽殞。今人於殺人之藥，不

敢輕試，乃於長生之藥，漫不見信，一何昧哉？枚乘《七發》：扁鵲治內，巫咸治外。《史記》：扁鵲姓秦氏，名越人，得長桑君禁方，視疾盡見五臟。

〇《列子》：鄭有神巫，自齊來。曰季咸，知人生死存亡，禍福壽夭。

第十七節　姹女黃芽章

（題用陳氏。〇陶注：此間極論陰陽配合自然之道。口陸注：姹女黃芽乃煉丹之初基，後三條總言採藥須求同類也。

河上姹女，靈而最神。得火高飛，不見埃塵。鬼隱龍匿，莫知所存。將欲制之，黃芽爲根。

補注：此言真鉛制汞，申明流珠得金也。

〇陸注：姹女靈汞也。此汞屬於離宮，午之分野為三河，故云河上，自離火一動，則飛走無蹤。如鬼隱龍匿，而莫知其鄉矣。汞謂之靈，又謂之神靈，靈則感而遂通。神則無方無體，惟其最靈最神，故難以攝伏。必得坎中黃芽，方能制之。黃者中黃之氣，芽者爻動之萌，究其實，則真鉛而已。以此為根，則情來歸性，而丹基於斯立矣。

〇李注：河上姹女，即砂中木情，即太陽流珠，即離中己汞。河者坎象也。常道交感，離處坎上，故離火稱為河上。金丹大道，實要性命雙修，陰陽並用。曲士不明此理，執著無為，避色獨修，希圖汞死。在蒲團之上，不見可欲，此心或可強制。及其當境，欲火內燒，莫之能遏。更有旁門，執著有為。戀色採戰，強閉尾閭，謂汞不可泄。殊不知汞乃神物，欲火內燒，早已飛去。況此物最靈最神，如龍如鬼，合則成體，散則成風。其去也非塵非

埃，無蹤無影。故欲制之，非黃芽不可。黃芽者，即坎中之戊土，水中之金華。

物無陰陽，違天背元。牝雞自卵，其雛不全。夫何故乎？配合未連。三五不交，剛柔離分。

補注：此申明鉛能制汞之故。

○真鉛伏汞，乃陰陽配合自然之道，使物無陰陽，是違造化之天，背生物之元。何以成生育之功乎？嘗觀牝雞自卵，覆雛不成，為其孤陰無陽也。無陰陽則無配合，無配合則三五不交，而剛柔離分矣。必三五交，剛柔合，而人物乃生生不息。此陰陽之所以不可缺一也。

○三五者，水火木金土，各有三個五也。詳見前篇，三五與一。

○上陽注：欲牝卵生雛，當午盛水，暴而溫之。假借陽炁，雛亦可成。終非陰陽自然之道。

施化之道，天地自然。火動炎上，水流潤下。非有師導使其然也。資始統正，不可復改。

補注：此以造化水火，明陰陽自然之理。

○陸注：雄陽播玄施，雌陰統黃化。其一施一受，乃天地自然之氣機。猶夫火動炎上，水流潤下，禀性如是，孰導之使然哉？自乾坤始生以來，實一定而不可改易者。

○補注：丹取坎離相濟，因火上水下，而行顛倒坎離之法，無非順其本性耳。資始者，因氣托初，統正者，賦形有定。

觀夫雌雄，交媾之時，剛柔相結，而不可解。得其節符。非有工巧，以制禦之。男生而伏，女偃其軀，禀乎胞胎，受炁無初。非徒生時，著而見之；及其死也，亦復效之。此非父母，教令其然。本在交媾，定置始先。

補注：此以男女死生，明陰陽配合之理。所謂揆物終始也。

〇觀雌雄二者交媾之時，剛合於柔，遂結胎而不可解。蓋因月中節候，兩相符合，遂以成孕。初無工巧，為之制禦也。故男生必伏，女生必仰。自其稟胎之初陽氣內抱，而陰氣外向也。及其溺水而亡，男浮必伏，女浮必仰，亦由俯仰交媾，定氣於始，遂肖形於後也。由是觀之，知順以成人者，只此二氣之相感，則知逆而成丹者，亦惟二氣之相通矣。

〇陸注：丹家配合陰陽，運行日月，使剛柔之氣，互相糾結，亦非別有工巧，不過得其符節而已。節謂水火之節，符謂藥生之符。得其符節，則一時半刻之間，可以立就還丹，不可解則凝而至堅矣。其時一得永得，即所謂定置於先，不可改易者。凡胎、聖胎，初無二理。

第十八節　牝牡相須章

（題用陸氏。〇陶注：此章發明一陰一陽之道。亦承上章而申足之。）

關關雎鳩，在河之洲。窈窕淑女，君子好逑。雄不獨處，雌不孤居。玄武龜蛇，蟠糾相扶。以明牝牡，意當相須。

陸注：此章引詩以明同類相從之意。蓋金丹大道，不過一陰一陽，盜機逆用而已。孤陰不生，獨陽不成，觀之人物，莫不皆然。世人不能洞曉陰陽，深太造化，執著清淨而無為之道，謂一身自有陰陽，實昧於性命雙修之法。真人作經，既明日月交光之義，又明牝牡相求之理，反覆譬曉，千言一旨。至引關雎之始，直指鼎器藥物之所在

矣。淑女君子，以聖配聖，若不煉己待時，徒狃於日月之光情，而妄有作為，則失好逑之義，而非還丹之旨矣。玄武水位。龜蛇所居。（子女言人，雌雄言禽，牝牡言獸，龜蛇言蟲介。各從其類也。他章有以雌雄牝牡直指為人者。）

假使二女共室，顏色甚妹，蘇秦通言，張儀合媒，發辨利口，奮舒美辭。推心調諧，合爲夫妻。敝髮腐齒。終不相知。

陶注：此以人道之失類者，證明丹道也。

○補注：孤陰不可以結胎，則知獨陽不可以成道矣。（李云：丹士但知用坤而不知用乾，故發此論。卻非本文之意。）

若藥非物種，名類不同。分兩參差，失其紀綱。雖太乙執火，黃帝臨爐。八公搗煉，淮南調治，立宇崇壇，玉爲階陛。麟脯鳳臘，把籍長跪。禱祝神祇，請哀諸鬼，沐浴齋戒，妄有所冀，亦猶和膠補釜，以硇塗瘡，去冷如水⓭，除熱用湯。飛龜舞蛇，愈見乖張。

陶注：此以外丹之異類者，證明金丹也。

○李注：同類之藥，乃真鉛真汞。捨此同類，而燒煉金石，實與生身立命之根，天地懸隔。

○補注：金丹煉藥，取其同類，又須審其分兩。若離卻金丹，煉天元而求神助，徒見其愚妄乖謬而已。

○太乙，天之貴神；八公，淮南王丹客。

○自五行相剋至此，連章設喻，文氣相承，當玩其次第接續。舊本頗失前後之宜。

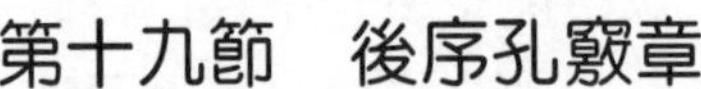

第十九節　後序孔竅章

（標題另定○陶注：此重敘承先啟後之意。○姜注：此為全經之亂辭，猶云關睢之亂。）

惟昔聖賢，懷玄抱眞。伏煉九鼎，化跡隱淪。含精養神，通德三元。津淮腠理，筋骨致堅。衆邪辟除，正氣長存。累積長久，變形而仙。

補注：此言先聖煉藥修真之事。

○懷玄抱真，一語包攝內外。伏煉九鼎，外資真一之氣；含精養神，內修玄德之功。此聖人性命雙修之大道也。

○上陽注：煉金丹於九鼎，乃伏先天之氣，非服金石草木之藥。

○補注：鼎指同類，鼎器必須九品者。煉己得丹，符火溫養，皆取資於鼎中也。真者，先天之元氣。精者，吾身之元精。神者，吾身之元神。得其真一之氣，方可含而養之。含養之至，則沖和完粹，而三元德成矣。三元，指精氣神。

○紫陽真人曰：煉精者，煉元精，非淫泆所感之精。煉氣者，煉元氣，非口鼻呼吸之氣。煉神者，煉元神，非心意思慮之神。

○上陽注：化跡隱淪，謂韜光藏形，以候成功。陸云化跡輕舉，與下變形重複矣。

○陶注：得藥之後，盡剝群陰，純陽體乾，始而易氣，次而易血易脈，次而易肉易髓，次而易筋易骨，次而易髮易形，能變形則成神仙矣。（陸注：丹列三元，謂天元、地元、人元也。天元名神丹，神室之中，無質生質，

煉藥成神，符入口生羽翰，乃高聖妙真，神化莫測之事。人元名大丹，陰陽得類，盜機逆用，含精養神，嬰兒顯相，乃志士大賢，返還歸復之道。地元名靈丹，乃爐火點化之術，其法可以助道，不可以輕身。三元一理，其德相通。《參同》所言，皆人元之事。使人易知易行，非若外鼎神丹，係於天地鬼神，不可必得者也。）

憂憫後生，好道之倫。隨傍風采，指畫古文。著爲圖籍，開示後昆。露見枝條，隱藏本根。托號諸名，覆冒衆文。學者得之，韞櫝終身。子繼父業，孫踵祖先。

補注：言先聖道成之後，著書垂教也。

〇陸注：聖賢既以此道成己，又不忍獨善其身，憂憫後來好道者。不遇真師，無從印可。於是依傍前人之風采，指畫古人之遺文，著為圖像簡籍，開示後昆，其用意深切矣。然又不敢直泄其義，故外露枝條，而隱藏其本意，假托名號，以覆冒乎眾文，皆借象寓意，以留傳此道。學者得之，韞櫝⓮終身，世守勿潛可也。

〇上陽注：《陰符》而下，列聖相繼，載於經者，文王《周易》。以乾坤列易卦之門；咸恒著夫婦之道；孔子十翼，明乾動而直，坤靜而翕之義；《道德經》五千，明有無玄牝之門。皆所謂露見枝條，托諸名號者。其所藏本意，必資於口授也。

〇姜注：丹經所言，日月男女，龍虎水火，皆當於寓言中求之。

〇補注：覆冒眾文，謂用許多文辭，覆冒其理。傳云：覆冒陰陽之道，舊作覆謬，斷誤。

舉世迷惑，意無見聞，遂使宦者不仕，農夫失耘，商人棄貨，志士家貧。吾甚傷之，定錄此文。字約易思，事

省不繁，披列其條，核實可觀。分兩有數，因而相循。故爲亂辭，孔竅其門。智者審思，用意參焉。

補注：此魏公自敘作書本意，所以繼往開來也。

〇自丹道失傳，傍門誤世，遂使四民失業，亡資破家。仙翁傷憫及此，乃復定錄斯文，發明金丹易簡之道。若能據其枝條，以探其核實，知所陳藥物，各有分兩，亦可循此而尋其端緒矣。又於卒章，特示孔竅，是在智者精思熟慮，參求而得其指歸焉。王九靈曰：首章提出鼎器藥物及諸卦火候，後如知白守黑，直揭藥物之所產；垣闕蓬壺，備陳鼎器之規模；晦朔合符，指示火候之進退，故曰字約易思，事省不繁。李注：魏先生深憫後生迷惑，而作《參同契》。其文章雖則高古，丹法極其精詳，所說許多名象，分散各篇中者，或披枝條於前者，或列核實於後段，或正論煉丹，忽參一段結胎，或正講命根，突插幾句性宗，所謂亂辭，大概如此。

〇補注：故為亂辭，舊云故意錯亂其辭，非也。真人作經，豈肯亂語垂世，枉費後人心思。黃瑞節云：亂辭如《楚辭》亂曰之類，篇帙將終而微露本旨也。何謂孔竅其門？即老聖所云玄牝之門，高氏所云戊己之門，鍾離所云生門死戶是也。傳又云：此兩孔穴法，金氣亦相須，可謂微顯矣。能得其孔竅，則全書款會，可一以貫之。此即其口訣心傳也。

〇陸注：此章審思二字，最為讀《契》之肯綮。管子曰：思之思之，又重思之。思之不通，神明通之。《契》云：千周燦彬彬兮，萬遍將可睹；神明或告人兮，心靈忽自悟。今人不能熟思詳味，便謂此書難讀。豈不有負仙翁開示後昆之意哉！

〇陳致虛上陽子曰：《契》文既指同類，又明孔竅，見一陰一陽，必資交感；一牝一牡，方得化生。為是書者，乃泄天地造化之機，萃乾坤生育之德，煥日月交光之理，漏陰陽逆施之功。《易》曰：與天地合其德，日月合其明，四時合其序，鬼神合其吉凶。先天而天弗違，後天而奉天時。主此道者，聖人也；行此道者，神人也。此書在處，天地神祇，日月星辰，雷霆萬神，常切扈衛，上賢敬受，誦至萬遍，真仙降庭，造以上道，若彼下愚，妄生謗毀，則有鬼神，陰錄其過，注於黑籍，永入幽陰之府，長墮苦海之中，福善禍淫，昭然無忽。

第五章　《周易參同契》下卷

五言傳文

（杜氏亦分為三篇。今參同諸家，秩其次第，並列序文，定為一十八章。）

前五章，援易辭作散文，為發端引子，以存注疏之體。餘皆五言成句，變經文而自為傳也。又經文間有五言，傳文間有四言。玩文氣之相連，考音韻之相協，知錯綜處各有部署矣。

第一節　徐從事傳文序

（徐公嘗為青州從事，得魏公親傳而作注。據楊慎序，徐公名景休。）

《參同契》者，辭寡而道大，言微而旨深。列五帝以建業，配三皇而立政。

補注：此言魏公作《契》，本前聖以立言。見其信而有微也。

○道大，謂理貫天人；旨深，謂學窮性命。五帝，指伏羲、神農、黃帝、堯。舜。伏羲畫八卦，黃帝著《陰符》，二聖為道家之祖也。三王，謂夏禹、商湯、周文王。《連山》首艮，《歸藏》首坤，《周易》首乾，三代皆闡明易理也。若以三皇為三墳，不應先帝而後皇。

若君臣差殊，上下無準，序以御政，不致太平。伏食其法，未能長生。學以養性，又不延年。

此解魏序。羅列三條之意，恐學者未明其作法也。

〇差殊謂藥物不相配，無準謂地天不交泰，御政而非太平，不用鼎新故耳；伏食而弗長生，不循五行故耳；養性而失延年，不能抱一故耳。故黃老之說，當與《大易》參觀。

至於剖析陰陽，合其銖兩，日月弦望，八卦成象，男施女化，剛柔動靜，米鹽分判，以易爲證。

此言讀《契》者，準《易》以用功，始知其道大而旨深也。

〇剖陰陽，謂精氣相須；合銖兩，謂二八相當。日月弦望，知六候之消息；男女動靜，見乾直而坤辟；米鹽分判，言《易》中纖悉詳明。如十二月卦律，六十卦火符是也。《史記》：天官書，凌雜米鹽。《正義》云：米鹽細碎也。

用意健矣，故爲立法，以傳後賢。惟曉大象，必得長生。強己益身，爲此道者，重加意焉。

上文所言，皆金丹正法。故當奉為修道之準。

〇用意立法，指魏經文。後云作事令可法，為世定此書，亦同此義。朱子改立法為立注。涉傳者自誇，語氣不相似。大象謂牝牡四卦，及屯蒙始終。依此採藥行符，則性命雙修，而長年自可致矣。

〇彭曉注：魏公以書密授青州徐從事，令其箋注。徐乃隱名而注之。疑此序為徐從事所作，注亡而序存耳。

〇補注：舊傳引序為魏公贊詞。按魏原序，詞氣謙雅，必無誇張自贊之理。彭謂注亡而序存，其實注未嘗亡也。以四言還經，以五言歸傳，各拈韻語，自為次第。特因經傳混淆，彼此重複，遂疑注不可見耳。注以韻語釋

經，解意不解字，脫除訓詁舊習，文字最為古勁。

第二節　牝牡四卦章

（此章援易卦以明丹道，綱舉目張，乃發揮經文首章之意，此下諸章。皆是分釋經文。陶注：此總論作丹大旨。前一節言藥物。然採取之時，以火而致藥，藥中有火焉。後四節，言火候。然溫養之曰，得藥而行火，火中有藥焉。）

乾坤者易之門戶，衆卦之父母。坎離匡廓，運轂正軸。牝牡四卦，以爲槖籥。覆冒陰陽之道，猶御者之執銜轡，有準繩，正規矩，隨軌轍。

補注：傳文首舉四卦，即經文乾剛坤柔，坎離冠首之意。御者四句，即經文龍馬就駕，明君御時之意。以傳釋經，顯然易見。舊列上卷開章，誤矣。

○乾坤二卦，三奇三偶。自奇偶立，而諸卦之交易變易，皆出於其中。是乾坤為易之門戶也。乾坤生六子，震坎艮三卦，皆本乎乾；巽離兌三卦，皆本乎坤。是乾坤又為眾卦之父母也。六子皆本乾坤，獨坎離二卦，得共中畫，丹家取坎填離，專借乎此。故以坎離分言之，坎中實而外包以陰，離中虛而外包以陽。如器之有芋，城之有郭也。以坎離合言之，坎體外陰而可受陽，離體外陽而貫陰。如湊輻之有轂，貫轂之有軸也。再總四卦言之，乾者純陽，牡卦；坤者純陰牝卦。坎離者，中陽有陰，牝牡相交之卦。故謂之牝牡四卦。以此四卦之陰陽，兩相配合，猶冶人之鼓爐，槖籥相須也。乾坤為槖籥之體，坎離為槖籥之用。四卦互為槖籥，則可以運行火符，始終出入，而覆冒乎陰陽之道也。然軸能貫轂，而運轂者必有一定之成

法。猶御者之執銜轡而奉準繩，正規矩而循軌轍，御馬有法，則可以得心應手，而無覆轍之虞。御鼎有方，則可以隨心應節，而無烹爐之患。此乃設喻，以起下文處中制外之意。

〇朱子曰：乾坤位乎上下，而坎離升降於其間，所謂易也。覆冒以下，言人心能統陰陽，運轂軸以成丹也。銜轡謂所以使陰陽者，繩墨謂火候，軌轍指其升降之所由。

〇陸注：乾坤者易之門戶，便是以乾坤為鼎器；坎離匡郭，便是以烏兔為藥物。

〇補注：乾坤二卦，純陰純陽；坎離二卦，中陰中陽。四卦不可以反對，故特尊之為鼎器藥物。而以餘六十卦運為火符。

〇李注：門戶者，所以出入往來，有奇耦之象焉。⚊（音奇）畫為乾戶，即所往之路。⚋（飛音耦）畫為坤門，即所來之路。惟此奇耦相配，上下二竅，為玄牝之門，天地之根，交易之路。

〇補注：轂軸二字，與門戶橐籥例看，亦取牝牡之義。蓋車上軸頭正固，方能運轂。猶人身劍鋒剛健，方能御鼎。軸指下峰崑崙，不指中心主宰。下文處中制外，才言及正心。陸氏謂運轂正軸，見萬事萬物，皆本於心，說尚未當。

〇陸注：橐籥者，配合乾坤，運行坎離。其中真氣，相為流通。然四卦者，即六十卦之綱領。四卦運，則六十卦皆在其中。而是藥者，又即是火矣，覆冒陰陽之道者，丹道不外乎陰陽，陰陽不離乎藥火，藥火不出乎四卦。又借上文運轂之義，而喻諸御事，以見御鼎之有法度也。運轂者，在馬則有銜轡準繩，在行則有規矩，在途則有軌

轍，皆一定之成度。善御者能心閑體正，則六轡在手，而動無覆敗之虞矣。丹法亦猶是也。

〇上陽子注：橐象坤之門，象乾之戶。橐籥之道，順之則生人而生物，逆之則超凡而入聖。

〇補注：經文之末標出孔竅其門。此章言門戶，言牝牡，言轂軸，言橐籥，皆所謂孔竅也。

〇《易傳》曰：乾坤其易之門耶。又曰：闔戶謂之坤，辟戶謂之乾。又曰：乾為父，坤為母，此門戶父母所本也。道德經曰：三十輻，共一轂（輻乃車輪之士，轂及湊輻之內圜，軸乃貫轂之横木）。又曰：天地之間，其猶橐籥乎（橐籥乃爐冶所用者，橐其鞲囊，籥其氣管也）。此轂遇橐籥所本也。《列子》：泰豆氏學御於造父，正度於胸臆之中，而執節於掌握之間，內得於中心，而外合於馬志，是故能進退準繩，而旋曲中規矩，得之於銜，應之於轡；得之於轡，應之於手；得之於手，應之於心。然後與輪之外，可使無餘轍。此準繩四句之所本也。舊注將繩墨規矩，屬良工；銜轡軌轍，屬御者，未合本文。

處中以制外，數在律曆紀。月節有五六，經緯奉日使。兼併爲六十，剛柔有表裏。

補注：比釋經文，辰極處正，優游任下，六十卦用，各自有日也。

〇煉士必先安靜虛無，養性於中，方可按候臨爐採藥於外，其處中以制外，正如御者之正心以馭馬也。外之所制者何？鼎上火符是也。凡藥火之生，各有時候，必依十二月之曆，十二辰之律，以紀火候之數。若按月而言，五日逢一候，一月凡六候，是月節有五六也。又按日而計，一日用兩卦，三十日用六十卦，是兼併為六十矣。丹家運

火之法，則有經有緯，有表有裏。經者六候之金水，各有定期。緯者每日之火符，更番迭用也。內體屬屯，得陽金以為裏；外用屬蒙，得陰水以為表也。經緯象之於布，取其縱橫之相湊；表裏象之於衣，取其配合之適均。此數語，足該盡金丹要訣矣。

○陸注：此條中外二字，分明露出藥自外來，丹由中結之意。奉日使者，元化之宰，每日必以使者值符。丹法朝屯暮蒙，經緯互用，亦如奉日之使也（經指月節，緯指日辰。緯之所用。皆本於經）。一日之中，六時進火，是謂用剛；六時退符，是謂用柔。剛者為裏，則柔者為表，此取陰陽符合之意耳（曆律紀，謂準曆律以紀歲時之火候。陸氏引十二年為一紀，未合，引《參同契》龍西虎東為經，又引《悟真篇》前短後長為緯，皆於本文不切）。李注：喜怒哀樂，未發謂之中。處中即守中。人到一念不起之際，自有一顆本來淨心，當空顯象。此心即中也。認得此中，尋常顧守⓯，謂之守中。能守中，則內練功純，天君泰定，方可按期採取，所謂內通外亦須通。律曆一句，於每日鼎器中，推測金水兩般之火候，且如一年之曆數，有十二會。每一會之氣有六候，六候之內惟晦朔兩候之間，一陽之氣，才有萌動之機。此須曆律以定其紀綱也（李氏尤重在晦前朔後）。

朔旦屯直事，至暮蒙當受。晝夜各一卦，用之依次序。既未至晦爽，終則復更始。

補注：此釋經文屯蒙火候，以申兼併六十之義也。

○陸注：此舉一月之火候，以準一年。

○陶注：朝屯暮蒙，取其卦畫反對，一順一逆，以象藥火之升降。朝則自下而上，暮則自上而下。每日兩卦，

一剛一柔，一表一裏，依次而用。自初二日需訟至三十日既未，各兩卦值事。至次月之昧爽，終而復始，又為朔旦也。

○又曰：此借易卦以明溫養火候，非真須逐日換卦，按時分爻。但舉屯蒙二卦，可以該其餘矣。故《悟真》云：此中得意須忘象，若究群爻漫役情。

○補注：此言逐月澆培之事，築基溫養，前後皆須用之。朝乃陽升之事，故當進陽火；暮乃陰降之時，故當退陰符。陽取震兌乾，陰取巽艮坤。弓經以入緯，正於此際用之。

日辰爲期度，動靜有早晚。春夏據內體，從子到辰巳。秋冬當外用，自午訖戌亥。

補注：此釋經文，四時順宜，以申剛柔表裏之意也。

○陸注：此舉一日之火候，而一月一年可知矣。

○又曰：上言丹法，既以卦數值日矣，至其溫燠涼寒之度，又以日辰準之，蓋火候順時令，乃陰陽進退，自然之消息。一日之中，六時進火，自子至巳，即四時之春夏；六時退符，自午訖亥，即四時之秋冬。進則陽氣發生，有取於動，用前一卦以應春夏，則屯為內體；退則陰氣收斂，有取準靜，用後一卦以應秋冬，則蒙為外用也。內外即表裏之意。

○朱子曰：春夏謂朝，秋冬謂暮，內體為前卦，此用謂後卦，此六十卦之凡例也。

○補注：此從十二時辰中分火符界限，各尋金水一度，不必拘於子午寅申矣。

賞罰應春秋，昏明順寒暑，爻辭有仁義，隨時發喜怒。如是應四時，五行得其序。

陸注：此乃總結。明丹道之與天道、易道，無不相準。蓋賞罰喜怒者，火候文武慘舒之用也。天道春一噓而萬物以生，秋一吸而萬物以肅。易書卦爻，喜而扶陽，怒而抑陰，莫非消息自然之理。丹法進火退符，一準是道。故昏則宜寒，為罰為怒；明則宜暑，為賞為喜。一日之中，而四時之氣俱備，皆要順其自然，非有所矯揉造作於其間者。如是則身內之五行，各得其序，而丹道可冀其成矣。

○補注：春秋寒暑，天之四時；丹家火候，以文武為賞罰，而進退於旦昏，此其上合天時者。且當仁施德，在義設刑，其隨時發為喜怒者，又與《易》爻之仁義相符。此釋經文二至二分，仁義刑德也。四時各有土，是即五行。

○《易傳》：立人之道，曰仁與義。

第三節　乾坤二用章

（題用陸氏。○補注：乾坤二用，即坎離也。四卦只是二物，對待者為乾坤，交易者為坎離，陰陽配合，則化機運行矣。周流六虛，正二用之交易，以成功者也。）

天地設位，而易行乎其中矣。天地者，乾坤之象也。設位者，列陰陽配合之位也，易謂坎離，坎離者乾坤二用。

補注：此釋經文日月為易，剛柔相當也。

○陶注：此章亦引《易傳》以發端，以陰陽配合解設位，以坎離解易，易合日月而成字，故謂坎離也。分明指出乾坤大用，全在坎離。蓋先天卦位，乾南坤北。今二老退居不用，而代之以坎離，則後天之用行矣。乾坤其先天

之休也，坎離其後天之用也。故曰二用。

○陸注：何謂二用？蓋汝離者，乾坤相交而成者也。邵子曰：陰陽之精，互藏其宅。深得坎離二卦之旨。蓋乾交於坤中，乃虛而成離；坎以時行中，故動而成坎。乾坤成配合之體，坎離妙運行之用。觀之天地設位，日月交光，而森羅萬象，皆由此出。無坎離，是無日月也。天地不能無日月，丹法不能外坎離。其在吾人，則恍恍惚惚，其中有物者，離之精也；杳杳冥冥，其中有精，其精甚真，其中有信者，坎之精也。如此指示，太煞分明，要在吾人盜其機而逆用之耳。

○李注：日月乃天地之水火，坎離乃乾坤之水火，日月行乎天地之間，乃天道之易；坎離行半乾坤之間，乃人道之易。故曰坎離為易。

二用無爻位，周流行六虛。往來既不定，上下亦無常。

補注：此承上章坎離匡郭，以釋經文周流六爻。故無常位也。

○乾之用九，坤之用六，本無爻位。然其六爻進退，皆此二用之周流，往來上下耳。丹法準此以行火候，亦周流於一月六候之間。往來者剛柔相交，小往大來也。上下者，否泰互用，上升下降也。採藥臨爐，全視坎宮之爻動。而離不能以專主，所謂不定而無常也。此當主一月之火候言。震兌乾三卦，當前半月之三候；巽艮坤三卦，當後半月之三候。

○朱子曰：六卦之陰陽，即坎離中爻之周流升降也。又曰：六虛者，即乾坤之初二三四五上，六爻虛位也。言二用雖無爻動位，而常周流乎乾坤六爻之間。猶人之精氣，上下周流乎一身，而無定所也。

〇《易傳》：變動不居，周流六虛，上下無常，剛柔相易。

第四節　日月神化章

（題用陸氏：〇陶注：此論二用以合丹道。〇上陽注：上法象曰月以喻陽陰，日月麗天，而有朔望對合；陰陽在世，而有順逆生成。其理一也。）

易者象也，懸象著明，莫大乎日月。

補注：前三句錯舉《易傳》之文，以作引端，仍釋經文日月為易，亦申前章坎離二用也。

〇陶注：此欲指陳身中之陰陽，故引《易傳》之文，以假象寓意。

窮神以知化，陽往則陰來。輻輳而輪轉。出入更卷舒。

補注：日月之懸象著明，人皆知之。而其中神化，未易窺測。若欲窮而知之，有日月代明之義，有日月合璧之機，有日月交光之度。其陽往陰來，是晝夜之代明也。其輻輳輪轉，是晦朔之合璧也。過此以徵，各為出入卷舒。其交光，復有盈虧之數矣。以丹法言之，元神大定，內外交接，以立化基，此神化根源也。運汞迎鉛，陽先小往，陰乃大來，此陽往陰來也。朔旦受符，每月一逢，水清金旺，時正可採，此即輻輳輪轉也。煉己純熟，溫養火符。出入有度，操縱由己，是則出入卷舒也。車輪三十條之輻，皆湊於圓轂，以為旋轉之機，其象有似乎月輪。月行三十日而合璧，鼎上三十日而藥生，適相符合耳。

〇窮神知化，引《易大傳》中語。此句只輕帶說。若究其神化之故，亦當另解，張子曰：氣有陰陽，推行有漸為化，合一不測為神。又曰：一故神，兩故化。一故神

者，神為主宰，兼統陰陽也。故曰：合一不測。兩故化者，化乃氣機，陰陽迭運也。故曰推行有漸。就日月而言，凡往來出人，輻輳輪轉，皆化也。而其所以然者，則有神以主之矣。陸氏以往來出入為化，輻輳輪轉為神，未然。

〇姚江黃百家曰：據新法，月體在小輪旋轉，中距離地，不及八十萬里，日之中距離地，一千六百萬餘里。天向西左行，日月向東右行。日高其度大，一日約行一度。月卑其度小，一日約行十三度。故日一歲一周天，而月一月一周天。其在晦也。日前而月後，相距止差十三度。日與月相近。月體之受光，在背而成晦。其在朔也。日上而月下，月之受光，全在背，所謂合朔也。其在弦也，自令朔之後，月過日而東，每日約十二度，至初八日，月過日而東九十度，日光斜照，月體之西，半如弓弦，是名上弦。至十五日，月去日一百八十度，當周天之半，與日相對，其光正滿，是名為望。自望之後，至二十三日，月又行九十度，月反在後，日光斜照，月體之東，半如弓弦，是名下弦。其日月在朔望，有食有不食者。蓋合朔，日與月同經度而不同緯度，則不食；若同經又同緯，則日與月掩，光不及下，而日有食之矣。望夕月與日相對，月不近交道，則不食。如望夕月行小輪，而近黃白之交道，則月入地影暗虛之中，日光照不及月，而月為之食矣。

第五節　發號順時章

（已上四間，各有引端語。此章所引《易辭》，正合傳文之列，故另定標題。〇補注：勿失爻動時，乃丹法之肯綮。末節兼言動靜者，示性命雙修之法也。陸注云：動

以盜機，靜以觀復，得其旨矣。）

君子居其室，出其言善，則千里之外應之。

補注：此引易詞以起下文，言出則外應，此雖彼和也。爻動而號發，彼唱我和也。易詞中孚二爻，釋鶴鳴子和，同氣之相求，此則借之以明入室之事，亦取同類之相感也。

謂萬乘之主，處九重之室，發號順時令，勿失爻動時。

補注：此釋經文發號施令，順陰陽節，藏器俟時，勿違卦月也。陸注：古之聖人，以煉丹為第一大事，故尊主為萬乘，喻室為九重，比火符為發號。

○補注：煉士入室，外以言語通其消息，內以火力準其配當。發號者，陽爐發火，運汞以迎鉛也。爻動者，陰鼎火至，機動而藥生也。勿失者，煉己純熟，呼之即應，測候有期，不先不後也。丹法，年中簇月，月中簇日，日中簇時；於一時之中，又分為六候，六候之中，只以二候煉藥。此二候者，即冬至子之半，月出於庚方，正鼎中爻動之時也。爻動之時，即為火候。邵子曰：一陽初動處，萬物未生時。五千四十八日，有此一時；逐月輻輳輪轉，亦有此一時。一是先天中之先天，一是後天中之先天。

○陶注：玄竅生藥，便須陽爐發火以應之。《還源篇》云：萬籟風初起，千山月乍圓，急需行政令，從此運周天。其發號順時令之謂歟！

上觀天河文，下序地形流。中稽於人心，參考合三才。

補注：此言丹道準乎三才。

○陸注：爻動之機，至為微妙。誠欲知之，必上觀星河，而知天之所以應星；下序地流，而知地之所以應潮；中稽人心，而知情之所以歸性。能參考三才之道，以互相

證合，庶可得夫爻動之時，而用之勿失矣。

〇補注《易傳》言六爻之動，三極之道矣。故此章亦因爻動，而推及於三才。陸注以一陰一陽，往來消息，為三才之道，得其旨矣。或以上田、中田、下田為三才，或以真鉛、真汞、真土為三才，或以鼎器、藥物、火候為三才，皆不合本文。

動則循卦節，靜則因彖辭。乾坤用施行，天下然後治。

陸注：合道則動靜皆得其宜矣。補注：動循卦節，乘六候以採藥；靜觀彖辭，明易理以修身。乾則用九，取其動而能直；坤則用六，取其動而能辟。皆於動處見其用行。乾坤並用而丹道成，猶之剛柔互施而天下治。二用即坎離，亦申明前章乾坤二用也。《易傳》曰：居則觀其象而玩其辭，動則觀其變而玩其占。此彷彿取其義。《易》又曰：乾元用九，天下治也。此兼言坤者，陽極而變，而成陰矣。九可包六也。

〇陸注：此章時字，最為肯綮。末條蓋言動靜皆準於易耳。作丹之要，盜機逆用，法其自然而已。究何變之可依，何象之可循乎？李注：乾坤之用，在於水火；水火交，永不老，則一身之天下治矣。補注：彖辭。刑氏作爻辭。蓋指爻銖斤兩，一日十二爻，一月三百六十爻。下章首條乃申明其義。

第六節　朔受震符章

（題用陸氏。補注：此章震符，乃金丹下手第一事。三四節，指出藥材，末一節申明火候。）

易有三百八十四爻，據爻摘符，符謂六十四卦，銖有三百八十四，亦應卦爻之數。

補注：此以易中卦爻準配丹法，亦引端以起下文，進火退符，用卦不用爻。此條舉卦而兼稱爻者，因大藥重一斤，計三百八十四銖，易卦六十四，計三百八十四爻，其數適相當也。

○陸注：易有三百八十四爻。除牝牡四卦，則三百六十，其常數也。據爻而摘取其符，則以一爻當一時，一月周而三百六十盡矣。傳又自注曰：符謂六十四卦，謂卦中起爻，爻中摘符。凡一爻一時，兩卦一日也。此系統論火符，正申首章兼併為六十，終則復更始之意。

○又曰：卦可名而爻不可名，故舉卦以該爻，不能因一爻以見卦。且四卦不用，而仍云六十四者，'鼎器藥物四卦，乃六十卦火符之主，故兼舉言之耳。

晦至朔旺，震來受符，當斯之時，天地媾其精，日月相撣持，雄陽播玄施，雌陰統黃化，混沌相交接，權輿樹根基。經營養鄞鄂，凝神以成軀。衆夫蹈以出，蠕動莫不由。

補注：此釋經文晦朔合符，震出為徵也。合朔後三日，方是月見震庚。晦至朔旦，而震來受符，見震符來自朔後矣。受符者，一月六候，各有符信，而震先受之也。舊指朔旦即震符，頗混。

○陸注：此章專論震符，乃藥生之初候。震以一陽動於二陰之下，所謂爻動之時也。且乾屯值符，下卦地震。震之初爻，一陽來復，正好求鉛。於斯時也，乾坤交泰，顛倒而媾精，烏兔交光，含吐而撣持，其坎播玄施，而離統黃化，混沌之氣，兩相交接，丹基自此權輿矣。惟此一粒根基，為吾身之命蒂，所謂鄞鄂也。鄞鄂已具，便須經營符火，以溫養之。又須凝聚元神，以育成丹軀，此動靜

交養之法也。（上數句稍訂）至十月功圓，脫胎神化，自然身外有身，而吾之聖體就矣。是道也，逆之則仙，順之則人，非有二也。故曰眾夫蹈以出，蠕動莫不由。但百姓日用而不知耳。知之修煉，謂之聖人。

○陶注：雄陽之虎，播其玄施。玄乃天之色，施則天施之意也。雌陰之龍，統其黃化。黃乃地之色，化則地生之意也。一施一化，丹法以之為權輿，而樹立根基。權輿者，始初之義。《詩經》言權輿是也（古人作衡自權始，造車自輿始）。

○陸注：混沌交接，而生人生物之根，權輿於此。此造化之生機，邵子所謂天根是也。《陰符》所謂盜機，盜乎此者也。《悟真》所謂鉛遇癸生，其於此者也。故作丹者，急於上時，採其動機，而立命基。此章已直泄天機，讀者不得師指，其於震來之符，輕易看過，一切認為自己身中，陽生下手，便欲採之以立丹基，豈不誤哉？

○補注：丹基已樹，如花之有萼。從此溫養十月，須抽鉛而添汞。胡曰經營。凝神者，三寶閉塞，抱一無捨也。此二句，兼內外而言。《經》云：立置鄞鄂。繼之築完城郭。內資乎外也。《傳》云：經營養鄞鄂。繼之凝神以成軀，外不離內也。內外交煉，方是性命雙修。陸注：此凝神為神火。但知外用火符，遺卻心神內抱矣。

○《淮南子》蠉飛蠕動。（注：蠕動，蠢蟲動貌。）

於是仲尼贊乾坤。鴻蒙德洞虛。稽古稱元皇，關雎建始初，冠婚氣相紐，元年乃芽滋。

陸注：承上文而言。晦至朔旦，震來受符。造化之妙。在此初氣。昔仲尼之贊乾坤曰：大哉乾元！萬物資始。至哉坤元！萬物滋生。乾元坤元之德，鴻濛洞虛盡之

矣。鴻濛者，以乾氣而言。洞虛者，以量而言也。蓋非此鴻濛，無以播玄施；非此洞虛，何以統黃化。易首乾坤，良有以也。載稽古之元皇，禮重關雎，亦以人道之始，起於冠婚。生育之原，萌蘗於此。故曰元年乃芽滋。元年者，履端之首，受符之初也。

○俞注：此申朔旦震符之意。歸重始初，因借五經之義以證之。易首乾坤，兩儀為萬物之始。書稱稽古，饒典》為治道之始；詩咏《關雎》，夫婦人倫之始也；禮重冠婚，男女成立之始也；春秋書元，人君正位之始也。聖人作經，皆有所托始。煉丹而不知其始，可乎？（此條大意，本於朱子。）錢氏曰：元年芽滋者，初結一鼎黃芽，可以滋救衰老，乃還丹之本也。

故《易》統天心，復卦建始初。長子繼父體，因母立兆基。

補注：此釋經文朔旦為復，陽氣始通也。

○陸注：天心二句，統論全體復卦之正義。長子二句，分言二體，復卦之餘意。

○又曰：元年即震也，震即復也。《易傳》曰：復其見天地之心乎？故知易統天心，在復卦之建始，是乃元氣之滋芽。且復之為卦，下體為震，乃長男也；上體為坤，有母道焉。長子繼父，必須因母以立兆基。此子母相生之理。丹法中有子氣，有母氣。母氣者，先天之始氣；子氣者，人身中所生後天之氣。子氣在人，會有奔蹶，必得先天母氣以伏之。然後相親相戀，自然懷胎結嬰，體化純陽，而子繼父體矣。故日因母立基。老聖謂之食母。食母者，聖人作丹第一候也。

○李注：陰陽相交曰易。天心者，他家活子時也。坤

下一陽來復，先天一氣始萌。一點陽氣，即天心也。

〇補注：先儒以靜為天地之心，程子以動為天地之心；《參同》於爻動處，指天地之心，其知造化之機者乎？

聖人不虛生，上觀顯天符。天符有進退，詘伸以應時。消息應鍾律。升降據斗樞。

補注：此歸功作丹之聖人也。進退屈伸，足該卦爻火候；而鍾律斗樞，包括經文卦律一章之意。

〇陸注：聖人繼天立極，不肯虛生於世，故上觀天文，知天地之陰陽升降，日月之晦朔盈虧，歲序之寒暑往來，日辰之昏明早晚，莫非天符之顯然者。於是法天時之進退，而以火符之屈伸應之。月盈虧，象藥材之老嫩；日早晚，為火候之溫寒。其一消一息，能與鍾律相應；而一升一降，又據斗樞以運之。蓋天以北斗斟酌元氣，而惟觀其斗樞之所指，以為月建。丹家用火，亦當據此以運行，則內外符合，而真氣之升降盈虧，與天合度矣。《悟真篇》云：晨昏火候合天樞，意蓋如此。

〇陶注：符，合也。月行於天，一月一度，與日交合，謂之天符。自初一以後，月光漸進，乃魂長魄消之時，火用震兌乾者，以陽伸陰屈，應時之進也。十六以後，其光漸退，乃魄長魂消之時，符用巽艮坤者，以陰伸陽屈，應時之退也。且鍾律每月換一管，一歲更換十二管。斗樞每時移一位，一日移遍十二時，此見年中用月，月中用日，日中用時，各有層次脈絡也。

〇補注：聖人不虛生，指作易之聖人，及黃老二聖也。前聖作經，所言陰陽造化之理，皆上觀以顯天符者。《參同》據天符而演丹法，尤為深切著明矣。進退就天運言，屈伸就火符言，消息者，一年之姤復；升降者，一日

之屯蒙。

第七節　藥生象月章

（題用陸氏。○陶注：此章密示藥修之要。每月前三候，比月中之金，所謂陽火也。後三候，比月中之水，所謂陰符也。其定時刻細微，必須師傳口授。）

日含五行精，月受六律紀。五六三十度，度竟復更始。

補注：此申首章月節有五六，以起下文納甲之說也。

○陸注：日者太陽元精，中含五行，照耀萬物，而成五色。許真人所謂分霞逐彩，布氣生靈，皆五行之精之所托也。月為太陰，其體白而無光，每借光於日，以去日遠近，而為弦望晦朔；月與日會，一月一度，而六律六呂，由之以生，是謂月受六律紀。五行皆含於日，故曰之數五；六律皆起於月，故月之數六。以五乘六，以六合五，共成三十之度。度竟復更始者，合璧之後，復蘇而成朔矣。然此但言其數之適相值耳，非真有所謂五六相乘也。

○補注：五六三十度，天道人身氣候不爽。上觀顯天符，正於此處見之。即所謂律曆紀也。

三日出爲爽，震庚受西方。八日兌受丁，上弦平如繩。十五乾體就，盛滿甲東方。蟾蜍與兔魄，日月氣雙明。蟾蜍視卦節、兔者吐生光。七八道已訖，屈折低下降。

補注：此申前章朔旦震符。釋經文震出為徵，陽氣造端一章之意也。此一節，言上半月之三候，乃昏見者。

○陸注：此指示藥生之候，而以月夕徵之。欲人洞曉陰陽，深達造化也。夫人身中先天真一之氣，是為火藥之宗，還丹之本。名為陽火，又曰真鉛，寄於西南之位，產

於偃月之爐，名之玉蕊，又曰金精。《悟真》詩云：蟾光終日照西川，如此名號，種種不一。然不過白虎初弦之氣而已。是氣也，生之有時，採之有日。當其水源至清，有氣無質，得而採之。然後藥嫩而可取，否則金有望遠之嫌，而不適於用矣。故三日出為爽，震庚受西方，象藥之始生也。何謂三日出為爽？自丹而言之也。月無光，借日之光以為光，故朔後三日而生明，乃陽之復也。昏見西方，出而為爽者，言即此昏見之期，作為昧爽之意。所謂晦去朔來，其符若此。八日則象兌受丁，而上眩如繩矣。十五則乾體已就，而甲東盛滿矣。夫月之陽光，以漸而長，則人身陽火，亦當以漸而生。所謂藥材老嫩，正在此分。《石函記》云：太陽移在月明中。呂仙師云：月夕爐中藥。蓋言此也。丹書姓名不一。有曰蟾蜍者，曰兔魄者；不知蟾蜍之於兔魄，亦當有辨。蓋蟾蜍者月之精，而兔魄者月之體也。夫月本借日光，故必待雙對而明始生。然而陽生以漸，其蟾蜍之生也，惟視乎卦節。卦下之陽漸長，則蟾蜍之精漸生，而後兔者，吐之以生光明。若七八之道已訖，則屈折下降，必至於漸虧漸滅而後已。七八者，少陰少陽之數，七八合而成十五，則陽道已終，陰將繼緒矣。

十六轉受統，巽辛見平明。艮直於丙南，下弦二十三，坤乙三十日，東方喪其明。節盡相禪與，繼體復生龍。壬癸配甲乙，乾坤括始終。七八數十五，九六亦相當。

補注：此一節言下半月之三候，乃晨見也。

〇陸注：十六則轉而受統，統制於陰之義，乃陽消之初候。也於象為巽，平明現於辛位。二十三則直於丙南，

而下弦成艮矣，陽消之中候也。三十日則陽消已盡，於象為坤，故喪明於東方之乙位。迨夫卦節既周，物極而返，則晦去朔來，復生庚月，所謂晦朔為旦，震來受符，故曰節盡相禪與，繼體復生龍。龍者震也。又曰：陽生震兌乾，陰生巽艮坤者，陰陽消長之象也。震納庚，兌納丁，乾納甲，巽納辛，艮納丙，坤納乙者，八卦納甲之法也。晦朔弦望者，日月虧盈之理也。三者本不相涉，此章比而同之。若合符節者，蓋道本一原，理無二致，苟能洞曉而深達之，則取之左右，皆逢其源。然非欲一一而合之也。特立象以盡意，使人得意而忘象耳。且夫月見之方，蘇於庚，虧於辛，盛於甲，喪於乙，而上下弦於丙丁，獨不及於壬癸者，其故何哉？蓋納甲之法。壬癸已配甲乙，分納於乾坤之下矣。此乾坤括納甲之始終也。如此則盛於甲者，未始不盛於壬；而喪於乙者，未始不喪於癸矣。然此特論納甲云耳。無甚關切，而章內必備言之者，言無偏枯，理無滲漏，當如是也。又舉《易》之策數而言，少陽得七，少陰得八，七與八合，是十五也。太陽得九，太陰得亦，九與六合，亦十五也。夫分為一月之六候，既有準於卦節，總此一月之曰辰，又相準於策數，旁引曲喻，可謂無餘蘊矣。（易中通揲蓍策，餘三奇之數則為九，餘三偶之數則為六，二偶一奇則為七，二奇一偶則為八。）

四者合三十，易象索滅藏。象彼仲冬節，草木皆催傷。佐陽詰商旅，人君深自藏。象時順節令，閉口不用談。

補注：此舉冬令以證月晦，欲人於靜中待動也。

○陸注：七八九六，《易》中之四象，合三十以成晦，而易象已索然滅藏矣。其於卦為坤，陰極陽生，晦去

而朔當復來。《契》曰：晦朔之間，合符行中，丹法所謂冬至，正在於此。《易傳》曰：先王以至日閉關，商旅不行，後不省方。蓋欲安靜以養微陽也。

○補注：經言黃鍾建子，兆乃滋彰，取子月之動機。傳言仲冬之節，草木摧傷，又取子月之靜象。何也？蓋採藥在動，凝神在靜，貞元交會，正造化之根底，丹法之樞紐。程子有云：不翕聚則不能發散，可悟閉口勿談之故矣。

天道甚浩廣，太玄無形容。虛寂不可睹，匡郭以消亡。謬誤失事緒，言還自敗傷。別序斯四象，以曉後生盲。

補注：又舉天道以明月晦，欲人存無以守有也。

○天道浩廣，四時運行，至玄冬而斂藏無形，其神功寂。若如月之匡郭消亡，而隱沉滅跡矣。此時正須塞兌妄言，以固神氣。豈可多言取敗，以誤丹事乎？然則向晦之日，固宜安靜虛無，即六候餘日，亦宜隱明內照，此傳者曉示後人之義也。陸云後篇以關鍵三寶為臨爐採藥之訣，叮嚀更深切矣。經從河圖四象，取七八九六，以發還丹之義。傳從策數老少，取七八九六，以合三十之數。兩者各有所指，故曰別序斯四象。

○謹按：經、傳出於兩手，觀此章詳言六候火符，明是以傳釋經。若云四言五言，皆屬魏公自作，豈有一人之書，顛倒錯綜，重見迭出之理？今劃然分列，使經、傳各開，而前後首尾，脈絡貫通，節節可以尋討，知聖作賢述，俱不偶然也。

○《參同》經傳，章法最有條理。此章四句開端，中兩段各十二句，後兩段各八句，布置秩然。舊本脫後段他

章，得俞玉吾參定，首尾方見完聚。考納甲之法，以月見方位，為所納之甲，而取象於卦畫。此但彷彿推明丹候耳。趙汝梅辯之云：晝夜有長短。晝短日沒於申，則月合於申，望於寅；晝長日沒於戌，則月合於戌，望於辰。十二月間，初三之月，未必盡見庚；：十五之月，未必盡見甲。合朔有先後，則上下弦，未必盡在初八、二十三，望晦未必盡在十五、三十。震巽位於西，兌艮位於南，乾坤位於東，與《易》中卦位不符。兌畫陽過陰，艮畫陰過陽，亦不能均平，如上下弦也。

第八節　八卦列曜章

（舊本連發號順時令為一章。今分而為兩，另定標題。補注：此章雖概言八卦，實則坎離為主，中乃離宮之無，精乃坎宮之有。觀象立表，乃推度元精，而皆不出中極之所運。）

八卦布列曜，運移不失中。元精渺難睹，推度效符徵。

補注：此申前章處中制外之意，以釋經文辰極處正，及真一難圖也。

○上章推震符六卦，當一月之火符；而坎離即其藥物也，故曰八卦。八卦周流終始，如列曜之布天，而其火符運行，必以吾心為中極，如星宿環列，必以北辰為天極也。心極正，則可以臨爐採藥。而上藥須用元精，乃先天真一之氣。氣本虛無，難以目睹。然其效驗符信，卻有可推度者。崔公云：先天氣，後天氣，得之者，常似醉，是其效驗也。天應星，地應潮，窮戊己，定庚甲，是其符信也。

○陸注：此章中字，是為肯綮。辰極者，天之中極

也。人亦有之。《契》云：辰極處正，優游任下。邵子云：天向一中分造化，人從心上起經綸，更明切矣。苟或不能立此中極，則運動之際，乖良舛錯，非輕而失臣，則躁而失君。元神昏佚，而元精愈不可得矣。且元精之為物也，幽潛淪匿，藏於杳冥恍惚之中。非可視之而見，聽之而聞，搏之而得者。所可推度，獨此內效與外符，為可證據耳。《石函記》云：元陽即元精，發生於玄玄之際者。

○《陶注》人身中極，即玄關也。但此玄關，不屬有無，不落方體，聖人只書一個「中」字示人。然中非四維上下之中。儒曰：喜怒哀樂之未發，此中也。道曰：念頭不動處為玄牝，此中也。釋曰：不思善，不思惡，正恁么時，那個是本來面目？此中也。寂然不動者，中之體；感而遂通者，中之用。苟能於舉心動念處著工夫，虛極靜篤之時，自然見玄關一竅。其大無外，其小無內，既見玄關，則藥物火候之運移，則由乎中而不失矣。（陶注：參引陳泥丸之說。）

居則觀其象，準擬其形容，立表以爲範，占候定吉凶。

補注：此申前章爻動時，以釋經文爻象內動，吉凶外起也。

○上二句，計月節之五六；下二句，奉日辰為期度。

○陸注：觀以擬之，於月盈虧而知藥材之嫩；立表以候之，於日早晚而尋火候之消息；擬之候之，凡以推度其符徵所在也。」

○補注：金水得宜則吉，剛柔錯用則凶。以在彼之火候言，常靜常應則吉，輕敵喪寶則凶；以在我之火候言，在彼者當推測元精，在我者當不失其中。意擬形容，月在晦朔弦望之象；立表者，歷官推測日影之器也。

〇《易傳》：居則觀其象，又諸其形容，又定天下之吉凶。

第九節　上下有無章

（此章三段，舊本分為三處，今歸併一章，另拈標題。〇補中：上節認先天大藥，中節言得藥成丹，末二節著秘法以傳世也。）

補注：此釋經文以無制有，及孔竅其門也。

上德無爲，不以察求，下德爲已，其用不休，上閉則稱有，下閉則稱無，無者以奉上，上有神德居，此兩孔穴法，金氣亦相須。

〇陸注：上指在上者言，顛倒用之，虎鉛是也；下指在下者言，顛倒用之，龍汞是也。上閉者，先天初產之鉛，朕兆未萌；下閉者，後天久培之汞，固塞勿發也。然雖朕兆未萌，而恍惚有物，窈冥有精，故可稱之曰有。雖固塞勿發，而太虛之中，元神默運、故可稱之曰有。稱無則常無欲以觀其妙矣，稱有則常有欲以觀其竅矣。丹法求鉛；存無守有而已。惟坎中之鉛，來而稱有；故以我虛無之體，慎密以伺之，恭已以迎之，正欲得其神妙之德於上有之中也。若少有差謬，則情不歸性，而吾之大勢去矣。故不可不恭敬而奉持也。夫上之臨下，下之奉上，各有孔穴，以為藥物往來之交。老聖所謂玄牝之門，鍾離所謂生門死戶，《參同》所謂孔竅其門，皆是一穴兩分，異名而同出者。知此兩孔穴之法，則金氣即相須於其中矣。相須乃雌雄相須之意。運汞迎鉛，得鉛制汞，皆此穴中妙法。金氣即神德，神德即先天真一之氣。丹法密旨，在此二句。

○陶注：玄牝之門，乃出入往來之所，陰陽交會之地，金丹化生之處。大修行人，當知一穴兩分之作用。

○補注：此兩孔，三字另讀。上閉者一孔，下閉者一孔也。閉則兩分，開則兩合。其竅相湊，如針灸之有穴法也。

黃中漸通理，潤澤達肌膚。初正則終修，干立末可持。一者以掩蔽，世人莫知之。

補注：此言神德為丹基，可以安身立命。

○自金氣入身，而和順積中，英華外暢，其一得永得之妙，如事之初正而終自修，物之幹立而末可持。但此一點虛無真氣，希微杳冥，掩蔽無形，世人皆莫之知耳。

○初、干承黃中，終、末承潤膚，一者承神德，掩蔽承上閉，句中各有脈絡。

○陸注：夫所謂一者何？先天真一之氣也。坎中一畫，先天乾金，是乃元始祖氣。修丹之士，於其互藏之宅，而求所謂真一者，以立我之命基。是謂取坎填離，以氣補氣。長生久視之道，端在於此。世人誤認丹從中結，而獨修孤陰之一物。或者又認藥自外來，而涉於房中採戰之術，皆去丹道遠矣。

○李注：坎家戊土，乃陰火所化，名曰黃芽。我家己土，在萬念不有之處，正是中宮。黃芽入我中宮，通於四肢，達於百竅，重嬰臟腑，再孩肌膚，故曰黃中漸通理，潤澤達肌膚。初正干立，乃得藥還丹事；終修末持，乃結胎成丹事。

○補注：朱子曰：一者以掩蔽，言其造端之處，隱而不彰也。陳抱一云：一乃真一之一，非數目之一。經曰：得其一，萬事畢。能知一之妙理，則丹道無餘蘊矣。故曰

一者以掩蔽（一者足以蔽盡丹道，猶云覆冒陰陽之道）。彭真一以固濟蒙密解之（益謂真氣納離宮，掩而蔽之，勿使發泄耳）。此說大深，上陽猶踵其說。

○《易傳》：黃中通理（言中德在內，通暢而條理）。

吾不敢虛說，仿效古人文。古記題龍虎，黃帝美金華。淮南煉秋石，王陽嘉黃芽。

補注：惟世人莫知，故須作傳以垂世。

○自古記以下，皆前人明道之文。傳者依據成法，而後敢注書。猶經云，論不虛生，指畫古文。當時師徒作述，同一慎重之意也。

○李注：龍虎即金水，金水即性命。金華者，乃黃帝成丹之名。金即水中之金，華即木之精華。秋石者，淮南王成丹之名。秋屬金令，石喻堅凝也。黃芽者，王陽成丹之名。黃即金之色象，芽即木之初萌。總見丹乃金木所成。世人不知，或收取童便，煉成秋石；或烹煉鉛汞，採其金華。豈知服秋石者無益於生，服鉛汞者受禍尤慘。韓昌黎歷指丹藥之害，可為世鑒矣。

○補注：《龍虎經》，世已失傳。即金華、秋石、黃芽，其法亦不可考矣。劉長生《龍虎歌》云：淮南法，煉秋石，黃帝金花燒琥珀。此引《參同契》（《金丹大要》，誤刻陰長生）。《漢書》：王吉，字子陽，俗傳王陽，能傳黃金。彭真一謂魏公得《古文龍虎上經》，而撰《參同契》。朱子不然其說，謂是後人見伯陽傳，有《龍虎上經》一句，遂偽作此經，大概皆是隱括《參同》之語而為之。又謂其間有說錯處，如二用云者，用九用六，即坎離也。六虛者，即乾坤六爻之虛位也。《龍虎經》卻說作虛危，蓋不得其意，牽合一字來說耳。黃瑞節曰：《參

同契》中，引古記題龍虎。又引《火記》六百篇，蓋古有其文，而今失之。鮑氏云：此乃《三墳》書、《狐首經》之比，未可知也。

賢者能持行，不肖毋與俱。古今道由一，對談吐所謀。學者加勉力，留念深思維。至要言甚露，昭昭我不欺。

補注：此言書成之後，在人省悟丹訣也。

〇道戒輕傳，故宜區別賢否。而對談面命，但恐後學無從親授，尤望其玩書而領要焉。

〇賢者能持行，君子得之固躬；不肖毋與俱，小人得之輕命。古謂《瀧虎》諸經，今指《參同契》文，道皆由一。猶經云，同出異名，皆由一門也。上文兩孔穴法，金氣相須，此即至要心傳。

第十節　二八弦氣章

（題用陸氏。〇陸注：上節指明藥物，下節準則銖兩也。）

偃月作鼎爐，白虎爲熬樞。汞日爲流珠，青龍與之俱。舉東以合西，魂魄相自拘。

補注：此釋經文太陽流珠，猝得金華，及魂之與魄，互為室宅也。

〇陸注：此章分別龍虎弦氣，以定藥材銖兩。偃月爐，陰爐也；中有玉蕊之陽氣，虎之弦氣是也。朱砂鼎，陽鼎也；中有水銀之陰氣，龍之弦氣是也。丹法以此初弦之氣，和合而成玄珠，故曰偃月作爐鼎，白虎為熬樞。熬樞者，虎鉛陽火也。《契》云：升熬於甑山兮，是其證也。以其為真汞之樞紐，故曰熬樞。汞日為流珠者，離宮

之汞，飛走而不定也。其在東家，配為青龍之弦氣，而龍從火裏出，故曰青龍與之俱。夫龍居於東，虎居於西，雖則各境隅，卻有感通之理；故舉東方之魂，以合西方之魄；則龍虎自然交媾，相鈐相制，而大藥成矣。舉東以合西者，驅龍以就虎也；魂魄自相拘者，推情以合性也。《復命篇》云：師指青龍汞，配歸白虎鉛，兩般俱會合，水火煉經年。知此則藥物在是矣。

〇又曰：從來注家，皆以日魂屬東，月魄屬西。今欲以日魂屬西，取太陽元精，奔入坎中之義；月魄屬東，即借日為光之義。

〇補注：日魂月魄，分屬東西者，天上之太陰太陽，兩相對照，曰陽而月陰也。女魂男魄，顛倒西東者，丹房之離陰坎陽，互相施化，男陰而女陽也。陸注：所見良是，但與契文不合。

上弦兌數八，下弦艮亦八，兩弦合其精，乾坤體乃成。二八應一斤，易道正不傾。

補注：此釋經文「八日兌行，艮主進止」也。

〇陸注：既知藥物，當識斤兩，丹家溫養，有取於二八兩弦者，用藥貴乎勻平也。蓋上弦直兌，自朔計之，其數得八；下弦直艮，以望計之，其數亦八。此時金水各半，陰陽適均，藥物平平，可以合丹。故兩弦合精，乃成乾坤之體；二八一斤，方得陰陽之正。故曰易道正不傾。

〇補注：從來談丹法者，多以二八兩弦，為龍虎氣。因以艮兌二象，當少男少女，竊意初八之兌，廿三之艮。《契》中明作一月之火符，陽金陰水，兩者均調，而乾屯用金，暮蒙用水，一日之間，兼用二八。夏不寒而冬不暑，此中實有作法，不必以陰陽兩家，力量相當，為二八

一斤也。《悟真篇》云：月才天際半輪明，正好用功修二八。此二八正義也。《復命篇》云：方以類聚物群分，兩岸同升並一斤。此二八別義也。

第十一節　金火含受章

（題用陸氏。陶注：此章發明金火含受之道，示人以復性之功也。）

金入於猛火，色不奪精光。自開闢以來。日月不虧明。金不失其重，日月形如常，金本從日生，朔旦受日符。

補注：此釋經文，「月受日光，體不虧傷，男女相須，含吐以滋」也。

○陸注：此章即日月借光之義，以明金火含受之妙。丹家以汞求鉛，得鉛伏汞，不過金火互用而已。今以金入猛火，人皆謂火能尅金矣。乃其煉而愈堅，不奪其光，不失其重者，以氣相含受故也，猶之日月焉。自開闢以來，其併行而明不見虧者，以月借日光故也。觀夫朔旦之後，禀受日符，自三日而出庚，八日而上弦，十五而望滿，二十三而下弦，三十日而成晦，晦朔弦望，皆自日生。敵曰金本從日。然不曰月本從日，而曰金本從日者，月不從日，月下之金，則從日也知日月，則知金火含受之妙矣；知金火，則知鉛汞相須這故矣。

○補注：第五六句，乃承上啟下之詞。月受日光，以常道言之，則坤禀乾氣而成孕；以丹道言之，則離納坎氣而結胎。一順一逆，各有借光之道矣。

金返歸其母，月晦日相包。隱藏其匡郭，沉淪於洞虛。金復其故性，威光鼎乃熺。

補注：此釋經文「六五坤承，結括始終」也。朔旦受

符。此生明之月；金返歸母，此身晦之月。言六候之始終也。坤為土，兌為金，有母子之義焉。月中金氣，返於純坤，是子藏母胎，晦夜景象也。夫月何以成晦？因日包月上，光不下映，而隱沉無跡矣。迨晦盡朔來，金復故性，自弦而望，威光仍熺然熾盛，此終而復始，六候循環之數也。曰鼎熺者，借月光以喻爐藥，於末句指明本意。

○陸注：坎卦外陰內陽。中一畫為金，上下二畫原屬於坤，坤為母，故曰返歸其母。歸母則幽潛淪匿，而不可見，猶之月晦而為日所包也。此就卦畫取子母，於義亦通。又云卦中一畫，原屬於乾，種入乾家交感之宮，則為復性，此卻與本文不符。（朱子云：熺字，後漢文多用之。）

第十二節　三性會合章

（題用陸氏。○補注：此章以水火土三者論丹法也。坎宮之水，有戊土焉。離宮之火，有己土焉。水火會於土釜，所謂三家相見結嬰兒也。末言共宗祖，坎離綿從太極而生也。）

子午數合三，戊己數居五。三五既和諧，八石正綱紀。

補注：此釋經文「三物一家，都歸戊己」也子午數合三，取河圖之南北；戊己數居五，取河圖之中宮。

○彭好古注：子為水，天一生水，其數一；午為火，地二生火，其數二；一與二合而成三，戊己為土，天五生土，其數五；三與五併之則成八，三五既和諧，則相生相剋，而八者之綱紀正矣。

○陸注：承上言。金火雖相含受，必得真土調和，乃克有濟，故此歸功戊己。戊己自居五數。納於水火之中，戊為鉛情，己為汞性，金來歸性，則三五和諧，而八石之

藥材，方為真正。八石以象八方之義。丹居中宮，而四面八方之氣，皆來歸之。其妙在一和字。《契》云：和則隨從，路平不陂。即此意也（內丹不用八石，此乃借外以喻內。子北為鉛，午南為砂，砂鉛交媾成戊土，戊土乾汞成己土，從此八石，任其驅使矣）。

土遊於四季，守界定規矩。呼吸相含育，佇思爲夫婦。

補注：此申明戊已之土。上二言戊土，象符火之周流；下二言己土，取汞鉛之交媾。

○土分旺於四季，此坎宮之爻動，界有定所，按候求鉛，無爽節度也。及其臨爐調息，呼吸應乎周天，對景忘情，牝牡自相含育。欲使真氣入身，結夫婦於中宮耳。修丹者，常能思念及此，貞不敢非時妄作矣。

○佇思為夫婦，是求丹主意。若作停息為夫婦，乃養已靜功，於採藥時不合。

黃土金之父，流銖水之子，水以土爲鬼，土鎮水不起。

補注：此言生剋之五行，見金水有借於土也。上二句乃順以相生，下二句乃逆以相剋。

○就丹法言之，坎宮真土，能產金華；離宮真水，能生木汞。但陰陽弗交，則木金間隔，不能成丹，必得戊土以鎮伏此水，流珠從此凝固矣。

○呼吸相含育，指己土，真土擒真鉛也。土鎮水不起，指戊土，真鉛制真汞也。俱死歸厚土，兼指戊己。鉛汞歸真土，身心寂不動也。

朱雀爲火精，執平調勝負。水勝火消滅，俱死歸厚土。三性既會合，本性共宗祖。

補注：此言相制之五行，見水火終歸於土也。火調勝負，煉汞以迎鉛；水勝火滅，鉛來而汞伏。三性即三耳，

必和諧方能會合耳。

○陸注：水火互有勝負。火執平衡以調劑，則永得火而激動，其金自隨水商下渡矣。惟金水騰入離宮，則離火為坎水所滅，從此汞既不走，鉛亦不飛，加以火候溫養，則汞日以添，鉛日以抽，二者俱死，歸於厚土。此之謂三性會合。三性會合，還丹之道畢矣。夫三性之所以能會合者何哉？以其與己本性，皆自元始祖氣而分，共一宗祖故也。一變而為水，即金水也。為先天之鉛。二化而為火，即己汞也。為後天之汞。五變而成土，即戊己也。為水火兩家之性情，是皆同宗共祖，一氣而分，故能同類相從，合一而為丹也。學者可不知三五之道哉？厚土指土釜。

第十三節　金水銖兩章

（題用陸氏。○陸注：此章準則金水銖兩，以定臨爐採取之妙用。而始之所發端，與終之所極致，皆遍載於此矣。）

以金爲堤防，水入乃優游。金計十有五，水數亦如之。

補注：此釋經文「金水合處」之意也。

○鼎中藥候，震兌乾為陽金，巽艮坤為陰水。採藥行功，先取金氣以作堤防，然後水氣優游可入。此剛裏柔表，先後一定之次第也。金計十有五，前三度逢金。各五日為一候。水數亦如之。後三度逢水，亦五日為一候。屯蒙符火之事，首段舉其大要矣。

○《契》中言金水，有先天後天之辨。《經》云：白者金精，黑者水基，此指先天大藥。《傳》云：金計十五，水數如之。此指後天爐藥。

○經文「晦朔合符章」，詳言六候之金水。是乃朝暮

火符，所用之藥材也。此處金水之數，各計十五。正此經文互相發明，諸家皆未見及。陸氏謂二七之期，金精壯盛，必有此十五分之金，方能生十五分之水，此猶踵上陽之說，誤涉先天金水矣。不如姜氏注，直指為六候六符，能片言扼要。

臨爐定銖兩，五分水有餘，二者以爲眞，金重如本初。其三遂不入，火二與之俱。

補注：此言金火互用，水二火二。即經文所謂分兩有數也。

○臨爐定銖兩，於鼎中測藥候也。五分水有餘者，潮汛五日而淨，水太泛溢，金氣不足矣。故必以二者為真。兩日潮盡，金氣之真，如其初候，方可用之。若延至三日，則金氣稍虧，亦不可入矣。煉丹要訣，辨鼎須看二日，而採藥須用二候。二日者，坎中之真信；二候者，離家之作用。以二候之火力，配二日這藥符，則剛柔相當，配合均平，所謂定珠兩也。

○陸注：二分之火，乃一時半刻之火。上陽子云：一時三符，比之求鉛，止用一符之速也。如此指示，已太分明。而迷者猶求真水於三十時辰之後，又烏知有氣無質之妙？非度於後天者所可論哉！

○補注：五分水有餘。陸注：將十五之水，各以五日分之。其在生庚一候，猶嫌五日過餘。惟取庚中之二分以為的候，此亦主二日之期言。

○呂祖《三字訣》云：滓質物，自繼紹，二者餘，方絕妙。滓質物，言癸水初降。二著餘，謂癸盡鉛生。又《採金歌》云：三十時辰兩日半，採取只在一時辰。爐火候，直吐心傳矣。（癸水初淨，又有淡黃涓滴。過此便當

急採。所謂二者餘也。此與白虎首經二點初淨者異。）

三物相含受，變化狀若神。下有太陽氣，伏蒸須臾間。先液而後凝，號曰黃輿焉。歲月將欲訖，毀性傷壽年。

補注：此承上文金水火三者，以見還丹之妙。

○陸注：金中有水，用火迎入，相含相受，於戊己乏宮，則三物會合，自然龍吟虎嘯，而變化之狀，斯若神矣。水火何以迎入？蓋以離宮汞水，乃太陽之氣，伏蒸於下，則水為火所蒸，自然騰沸於其上矣。其時貫尾閭，通泥丸，下重樓，入紫庭，周流上下，至其所止之處而休焉。先則為液而逆流，後則為丹而凝結，故號曰黃輿焉。黃輿者，以其隨河車而上行於黃道之中也。歲月者，攢簇之歲月。丹法攢年成月，攢月成日，攢日成時；而一時之中，分為三符。求鉛之候；只用一符，所以如此之速者，知止知足也。使歲月欲訖之時，不能持盈守滿，忽而姹女逃亡，是謂毀性。丹取金來歸性，性既毀矣，金復何附？所謂藏鋒之火，禍發必克，年壽之傷，無足異者（此章三物指金水火，前章以水火土為三性。要知金水相交處，仍能離土也）。

形體爲灰土，狀若明窗塵。搗治並合之，馳入赤色門。固塞其際會，務令致完堅。

補注：此明用鉛之訣。形體為灰土，渣滓皆無用也。狀若明窗塵，輕清者始用之。其虛無之氣，微若窗塵，即二分之水是也。以此二分之水，合以二分之火，藥從赤色門而入，種在乾家交感之宮，則丹基於此結矣。丹基已立，從此固塞其際會，時時關鍵三寶，今精神必完固，而火符可運行，固塞際會。丹採藥養丹，首尾皆當如此。

○又曰：明窗塵者，窗外日光，浮動塵影，細微之極

也。或者誤認為外丹之藥，飛結於鼎蓋者，失其旨矣。

〇又曰：玩並合二字，分明火二與之俱也。馳入者，馳有道路，入有門戶。赤色門，所入之門戶也。乾為大赤，故云赤色門。《入藥鏡》云：產在坤，種在乾，貫尾閭，通泥丸。知此則門與道，兩得之矣。

炎火張於下，晝夜聲正勤。始文使可修，終竟武乃陳。候視加謹密，審察調寒溫。周旋十二節，節盡更須親。

陸注：此言行火訣。

〇補注：炎火下張，離宮之汞火；始文終武，坎宮之符火。兩火交媾，須晝夜勤行。而坎中又分一文一武者，蓋朝屯用金，是發生之氣，故屬諸文；暮蒙用水，是收斂之氣，故屬諸武。《悟真薛注》云：文火居左為陽火，武火居右為陰符。此可互證。

〇陸注：候視加謹密者，寤寐神相抱也。審察調寒溫者，昏明順寒暑也。周旋十二節者，一日十二時也。節盡更須親者，度竟復更始也。

補注：炎火張下，陽爐運火，居在下也。晝夜聲勤，子午寅申，分刻漏也。

李注：引前哲詩云：周天息數微微數，玉漏寒聲滴滴符。即此意也（周天二句，本於呂祖。數息在離，滴滴指坎，此乃臨爐隱訣）。周天數息，前二候作用，地天交泰時，調三百六十息。

〇此章始文終武，與《鼎器歌》所云《首尾武，中間文》，意各有指。此章文武言一日之火候，當仁施德，始文可修也。在義設刑，終竟武陳也。歌中文武，言通體之丹火，首尾武者，後天鼎中，築基溫養之火。中間文者，先天鼎中，大藥還丹之火。

〇李注：調寒溫者，火不傷於燥，水不傷於濫也。

氣索命將絕，休死亡魄魂。色轉更爲紫，赫然成還丹。粉提以一丸，刀圭最爲神。

補注：此言還丹大藥，有神妙不測之功。

〇陸注：如此翕聚精神，調停火候，直待鉛抽已盡，己汞亦乾，魄死魂銷，群陰剝盡，化為純陽，故包轉更為紫，赫然成還丹。惟此不丹，有氣無質，其體至微，其用甚大。故曰粉提以一丸，刀圭最為神也。

〇陶注：金液凝結之際，百脈歸源，呼吸俱泯，日魂月魄，一時停輪。如命之將絕者，絕而復蘇，蘇則白真人所謂這回大死今方活也。

〇補注：孫氏《金丹真傳》云：結丹與還丹有異。結丹之法，由我而不由人；還丹之功，在彼而不在己。李堪疏云：結丹者，採取外來之藥，擒制吾身之氣，使不散失，聚而成象，結內丹也。還丹者，彼之真陽方動，即運一點己汞以迎之。外觸內激而有象，內觸外感而有靈。如磁吸鐵，收入丹田還外丹也。據此知還丹之時，乃用先天大藥。可以補諸家之未備。

〇色紫粉丸刀圭，皆借外丹以喻內藥。好古云：於金粉中提出一丸服之，不過刀頭圭角。些子之間，而其出有入無，便神化不測。上陽云：其少如一提之粉，其小如一丸之藥，其輕如刀圭之匕，言其至微而至靈也。陸云：以指甲撮物曰提。

〇上陽注：金水與火，三物相合，則既受金炁，復得水制，結成還丹，乃能變化而狀若神矣。下手臨爐之功，莫此為要。是以聖人年中取月而置金，月中測日而聽潮，日中擇時而應爻，時中定火而行符。何謂行符？古聖先

賢，以煉金丹為大件事。推度時節，立攢簇法，以一年七十二候，簇於一日；以三百六十爻，攢於一月；以三十六符，計一晝夜；分俵⑯十二時中，是一時有六候，比之求丹，止用二候之久；一時有一爻，比之求丹，不要半爻之頃；一時有三符，比之求丹，止用一符之速；所謂單訣者此也，黃帝言陰符者此也。修丹者，於此一符之頃，蹙三千六百之正氣，迎納胎中。當斯之時，地軸由心，天關在手，黑白交映，剛柔迭興，熒惑守於西極，朱雀炎在空中，促水以運金，催火而入鼎，伏蒸太陽之炁，結就黃輿之丹矣。

謹按：此章備言丹法，始而煉已築基，繼而採藥得丹，終而火符溫養。綱舉目張，足包一部《參同》。陸長庚云：神仙丹訣，無過用鉛用火。不知用鉛，則藥物失其銖兩；不知用火，則始終乖其節度。據此則章內，言水二者，測坎宮之時候；言火二者，記離宮之分兩也。而坎宮生水，又有金水之分；離宮用火，又有文武之別，脈絡最為詳明。且金防水入，明築基之功；臨爐銖兩，明採藥之事；晝夜寒溫，明養火之數；赫然還丹，明聖胎之體。丹家秘藏幾於罄露無隱矣。

第十四節　水火情性章

（題用陸氏。補注：造化雖分五行，大用莫如水火。陰陽者，水火之原；日月者，水火之精；坎離者，水火之象；男女者，水火之質；表性者水火之靈。造化水火，自一本而分；丹法水火，從兩家而合，合則為丹。此逆行之道也。

推演五行數，較約而不繁。舉水以激火，奄然滅光

明。日月相薄蝕，常在晦朔間。水盛坎侵陽，火衰離晝昏。陰陽相飲食，交感道自然。

補注：此章以水火二物，復申還丹之道，即經文所謂則水定火，五行之初也。

〇五行之數，水火居先。水火之精，是為日月。試舉水以激火，而火滅其光，是水火有時相濟矣。晦朔日月並行，而夜無月色，是曰月有時交會矣。水盛侵陽，水能剋火，火衰晝昏，月掩日光也。二句申述上文，以見陰陽交感，乃造化自然之理。修真者，明乎造化之理，而行交感之法，則可以得藥苗而奪化機矣。

〇水火喻丹家之鉛汞，日月喻丹家之魂魄。日月晦朔，本經晦朔之間，合符合中。陰陽飲食，本經文龍呼虎吸，兩相飲食。

〇日月薄蝕，謂其行度相侵迫，非謂朔望之期，日月虧食也。他本作朔望之間者，非是。

名者以定情，字者緣性言，金來歸性初，乃得稱還丹。

補注：此從陰陽交感上，見歸還妙用，釋經文推情合性，轉而相與也。

〇陸注：金丹一物而已，乃有鉛汞兩者之名。鉛者，同類有情之物也，故稱之為情；汞者，所禀以生之靈光也，故稱之為性。情之與性，正如名之與字，雖則稱號各別，其實只一人也。在作丹之際，推情合性，則金來歸性矣。歸性則丹道乃成，而謂之曰還。還者，正歸之義也。然既名之曰丹，則不可謂之鉛情，不可謂之汞性。所謂以兩而化者，以一而神矣。金來歸性一句，道出作丹神髓。

〇上陽注：情居西北，性主東南；東南曰我，西北曰彼。金水之情，自外來而剋木火；木火之性，乃內還而結

金丹。是之謂金來歸性初，乃得稱還丹。

〇補注：此借名字以喻性情也。以性攝情，猶之因名取字，故曰名者以定情。請返於性，猶之字合於名，故曰字者緣性言。上句自內而外，比陽交手陰；下句自外而內，比陰交於陽。表裏互言，以見兩相交感之意。然不曰情來歸性，而曰金來歸性，兌金乃有情之物，招之來歸則復歸金之初性矣。所以謂之還丹。（一說古人締婚，有納釆問名。女子許嫁，則筓而加字。名者以定晴，男求婚於女也。此喻以性攝情。字者以性言。女作配於男也。此喻情來合性。借婚姻之事以喻陰陽交感之道，名字皆就女家言，與舊說不同。）或問藥自外來，丹從中結。此本是借丹。何以謂之還丹？曰：人本同類，各稟陰陽，均自二五而來，根源實出一本。當其賦形之初，乾金完具，自知誘物化，以耳目口鼻之欲，而交於聲色臭味之投，日移月化，性體之喪失者多矣。修真之道，內定心神，外採丹藥，取坎填離，以復其固有之元陽，此乃內外合一，歸根復命之道。所以謂之還丹。比富人失產，家計蕭條，能借資於人，經營以復舊業，豈不是還其所有耶？若必欲枯修獨煉，以冀還丹，猶之貧人無助，終於空乏而已，又焉望其恢復耶？罕璧而喻，其理自明。

第十五節　二氣感化章

（題用陸氏。〇補注：此章以造化丹理仍取水火交合之義。陰陽日月，亦自上章而來。）

陽燧以取火，非日不生光，方諸非星月，安能得水漿？二氣玄且遠，感化尚相通。何況近存身，切在於心胸。陰陽配日月，水火爲象徵。

陸注：言陰陽二氣，感化自通，以明同類之易於相從，即《契》所謂引驗見效者也。

○補注：《易》言同氣相求，乃造化自然之理。故陽燧以取火，照日即生光，方諸以取水，映月便生漿。見真陰真陽，有感必通。雖日月至遠，尚可以物致之，何況近存人身，切在我心者乎？其含受攝取，尤為神速。丹法以人類之陰陽，象日月之配合，則其水流火就，實有隔礙潛通之妙。舉水滅火，亦即水火象徵也。

○取日取月，當兼內外言；陽燧方諸，原具陰陽之氣，此在內者；太陽太陰，各含水火之精，此在外者，以內引外，以外投內，故感化如此之速。

○陸云：以陰陽之義，配諸日月，取水取火，此象徵之不爽者，乃知同類易相親，事乖不成寶也。引驗見效，可謂深切而著明矣。

○陸又云：陽燧，木燧也。方諸，大蛤也。或以陽燧為火珠，方諸為陰鑒，身心當是同類兩體。紫陽《金丹四百字》序云：以身心分上下兩弦，蓋身屬坎情，心屬離性，情性相感，自會合而成還丹也。

○李注：陽燧方諸，乃招攝水火之器。當其招攝時，若無日月之光，雖有諸燧，水火奚來？世間方士，止知用坤，不知用乾，此與用諸燧而不用日月者何異？殊不知坤乃容器，實無鉛汞。若有鉛汞，則世間處子，可以不夫而自孕矣。大抵水火，原非諸燧所有，乃日月中來者。鉛滎原非坤宮所有，乃乾宮中來者。坤與諸燧，不過招攝之具耳。

○按：李氏每言丹室須用乾，不知煉己築基，劍鋒英利，是即乾剛坤柔，靈父聖母，兩相配當也。若云丹房中，別用嬰兒姹女，兩相交接，然後乾家乘機而取之。以

此為三家相見，實仙真所不言者。

第十六節　關鍵三寶章

（題用陸氏。○上陽注：此章詳明煉丹入室之密旨。學者得師口訣，須熟誦萬遍，字字分明，方可求凡。此乃《參同契》著緊合尖處也。○陶注：前二節言入室用功，後三節言得藥景象。○合尖是借造橋為喻，結構洞橋，自下而上，至頂尖合筍處，乃其巧妙也。）

耳目口三寶，閉塞勿發通。眞人潛深淵，浮游守規中。旋曲以視聽，開闔皆合同。爲己之樞轄，動靜不竭窮。

補注：此章言性命雙修之道。釋經文引內養性，配以伏食也。前二節，即所以內以養己，安靜虛無；原本隱明，內照形軀也。

○前章言三物相含受，則真氣已入於中宮，從此當護持三寶，無使發泄，蓋外之耳目口，實通於內之精神氣，而為三寶也。閉塞耳關，則精聚於中；閉塞目關，則神斂於中；閉塞口關，則氣會於中。正以規中，乃真人深潛之所，當守其浮游之氣也。旋曲視聽者，抱一無舍，呼吸綿綿，其一開一闔，嘗與真人合同而居也。能合同，則可為己之樞轄，而動靜不失其時矣。動者行火，靜者凝神。

○經云：真人至妙，彷彿大淵。真人原在坎宮，傳云真人潛深淵，浮游守規中。真人迎入離宮矣。

○陸注：指直人為真一之氣是也。但以規中為產藥之處，以浮游為爻動之時，以旋曲視聽為守候而偵察之，蓋謂持三寶，將以臨爐採藥也。說來轉折太多，不如直主得藥之謹後言。

○浮游守規中，守此浮游之氣於規中，即下文所謂順

鴻濛也。旋曲視聽，謂三寶皆內用耳。樞轄者，如戶之有樞，車之有轄，能關束而鈐制之也。動靜不竭窮者，內煉外交，朝朝暮暮，循環而不已也。

○陸注：《陰符經》云：九竅之邪，在乎三要。三要即三寶。戊土能制己土，故曰樞轄。己謂己土，而戊土者，即深淵之真人。

離氣內營衛，坎用不用聽。兌合不以談，希言順鴻濛。三者既關鍵，緩體處空房。委志歸虛無，無念以爲常。

補注：此段申言耳目口三寶，閉塞勿發通之故。其精神氣三者，果能內斂於中，靜篤不散，自然純一翕聚，以順其鴻濛之氣。鴻濛乃真一之氣。蓋自得藥歸鼎，鴻濛施化，便當優游和緩，無勞爾形；委志虛無，無營爾思，庶乎火力均調，而九轉之功可冀。無念者情境兩忘，人法雙遣，不可沉著於有力事相之中。所謂一念不起，萬緣皆空，以此為常，功深力到，則證驗推移，如立竿之見影矣。蓋有念者，一時半刻之事；無念者，三年九載之功也。故云以為常。

○補注：離氣內營衛，離主目光言。即經言內照形軀。營衛者，周身之血氣，醫書謂營主血，衛主氣。又云，營行脈中，衛行脈外。

○李注：委志言用志不分，此段工夫，全以無念為主。

證驗自推移，心專不縱橫。寢寐神相抱，覺寤候存亡。顏色浸以潤，骨節益堅強。排卻衆陰邪，然後立正陽。

補注：此言溫養工夫，在心專而氣聚。即經文所云，津液腠理，筋骨致堅，眾邪辟除，正氣長存也。

○陸注：證驗推移者，由淺而至深也。證驗非心專不

能知。心專不外馳，則寢寐而神與之相抱，覺寤而候氣之存亡，即所謂守規中也。既云無念，而此復言心專者，蓋無念者，乃無雜作念之謂，非頑空也。心專則無雜念矣。顏色浸潤，骨節堅強。乃證驗之見於外者。

○補注：卻眾陰而立正陽，抽鉛添汞，使陽氣日長，陰氣日消，而真一之氣，化為純陽也。蓋陽氣一分不盡則不死，陰氣一分不盡則不仙。立陽之功，常於十月中用之。

○：陸注：不縱橫，心無出入弛騖也。

修之不輟休，庶氣雲雨行。淫淫若春澤，液液象解冰。從頭流達足，究竟復上升。往來洞無極，拂拂被谷中。

陸注：此證驗之見於內者，蓋得藥之後，丹降中宮，於時眾氣自歸，河車自轉，蒸蒸然如山雲之騰於太空，霏霏然如春雨之遍於原野，淫淫然如春水之滿四澤，液液然如河冰之將欲解。往來上下，洞達無窮，百脈衝融，和氣充足，滿懷都是春，而狀如微醉也。此非親造實詣，難以語此。

○李注：陰邪排盡，周身脈絡，無一不通；五臟六腑之氣，盡化為金液，前降後升，一身流轉，再無窮極；神光瑞氣，鬱鬱濃濃，披拂於空谷而不散。

○谷中，谷神之所。

反者道之驗，弱者德之柄。芸鋤宿污穢，細微得調暢。濁者清之路，昏久則昭明。

補注：末引《道德經》語，以明卻陰立陽之意。

○經云：反者道之動，謂一陽來復，乃道之動機。又云弱者道之用，謂濡弱不爭，乃道之妙用。此以反為道之驗者，真氣反運自有效驗也。以弱為德之柄者，弱入強出，操柄在我也。反乃得藥之功，弱乃臨爐之法。老聖又言：專氣致柔，知雄守雌。皆所謂弱也。芸鋤宿穢，言排

陰之功。細微調暢，言陽立之效。

陸云：至此則真氣充裕，百脈歸源，如所謂氣索命將絕，體死亡魄魂者，故昏昏默默，莫知其然，久之則神氣自清明，無更慮其混濁矣。經又云：孰能濁以靜之徐清，眾人昭昭，我獨若昏，意亦若此。

○陸又云：道德二字，要有分別。無為者曰道，有為者白德；自然者曰道，反還者曰德。

○陶注：如醉如痴，有似乎混濁者然。濁而徐清，昏而復明，如大死方活也。

謹按：此章兼言性命工夫，乃內外合之道。全陽子專主清靜工夫，將真人鴻濛，排陰立陽，皆看作一身之元氣。此何異爐內無真種，而水火沸空鐺乎？豈知清靜陰陽，丹家本不相離。經文「內以養己」章，言閉塞其兌，三光陸沉。而下復云：知白守黑，神明自來。「將欲養性」章，言性處內，立置鄞鄂。而下復云：男白女靈，金火相拘。原無遺命修性，獨煉陰神之理。熟讀《契》文，知此章能該括經旨，不但與「鼎新御政」章，相為表裏也。

第十七節　同類伏食章

（舊分四章，今合為一，另定標題。○補注：此章斥旁門之非，告之以伏食，引之以同類，而證之以效驗，欲其棄邪從正也。）

世人好小術，不審道淺深。棄正從邪徑，欲速閼不通。猶盲不任杖，聾者聽宮商。沒水捕雉兔，登山索魚龍。植麥欲獲黍，運規以求方。竭力勞精神，終年不見功。

補注：此釋經文《以類相況》之意，見非種難為巧也。

○陸注：上數章所言二氣感化，引驗見效，歷如指

掌，重憫世人，偏好小術，不審淺深，不辨邪正，妄意作為，迄無成效。豈知吾道至易至簡之法，不待於遠求乎！

○陶注：世人見小欲速，多被盲師引入邪徑。仙翁力言無益，以見金丹大道，二氣感應之速也。

○《易林》：上山求魚，入水捕兔。

欲知伏食法，事約而不繁。胡粉投火中，色壞還爲鉛。冰雪得溫湯，解釋成太玄。金以砂爲主，稟和於水銀。變化由其眞，始終自相因。

補注：此釋經文所云，配以伏食者，見同類易施工也。

○姜注：伏食之法，至易至簡，只在玉液煉己，金液還丹而已，何繁難之有？

○陶注：胡粉鉛所造，以火燒之，還復為鉛。冰雪水所凝，以湯沃之，仍解為水。可見返本還元，理有固然者。況金丹大道，精神與氣，原為同類之物。於同類之中，而得真一之氣，自然陰變陽化，始終用之而成功也。

○補注：外丹借鉛中金氣以伏朱砂，是鉛為客，而砂為主矣。制砂實死，能乾榮成寶。蓋水銀原從砂出，乃其品質之和同者，此借爐火為喻耳。若言內丹，真土擒真鉛，真鉛制真汞，猶之砂金水銀，始終相因也。

欲作伏食仙，宜以同類者。植禾當以黍。覆雞用其卵。以類輔自然，物成易陶冶。魚目豈爲珠，蓬蒿不成檟。類同者相從，事乖不成寶。是以燕雀不生鳳，狐兔不乳馬。水流不炎上，炎動不潤下。

補注：此釋經文《以類相求》也。植禾四句，申言同類易施功。魚目以下，申言非種難為巧。

○欲作伏食之仙，當求諸同類之中。同類者，真陰真陽，牝牡相須，水火相配，而變化從此起也。

〇陶注：章內所言伏食，非服草木金石也。伏者，伏虛無之氣；食者，吞黍米之珠也。上陽注：欲知服食法，古仙語不繁。伏炁不服氣，服氣須伏炁；服氣不長生，長生須伏炁。斯言真妙訣，以詔高上人。

〇補注：此章罕譬明喻，亦與經文河上姹女，關關雎鳩，兩章相似。經傳體格，各相照應如此。

巨勝尚延年，還丹可入口。金性不敗朽，故爲萬物寶。術士伏食之，壽命得長久。

補注：此申明伏食之功，即經文所云「凝精流形，金石不朽」也。點出金性金砂，直以金丹之道示人矣。

〇陶注：巨勝胡麻，草木之物，常服尚可延年，況金液還丹乎？金性堅剛，歷萬劫而不失其重，誠為至寶。以術延命之士，煉此先天乾金之丹，吞入腹中，自然我命不由天矣。

〇補注：上言伏食可以成仙，此言伏食可以長壽，先立命而後能飛舉也。

金砂入五內，霧散若風雨。薰蒸達四肢，顏色悅澤好，髮白皆變黑，齒落生舊所，老翁復丁壯，老嫗成姹女。改形免世危，號之曰眞人。

補注：此備言伏食之效，即經文所謂「各得其和，俱吐證符」者。金砂二句，此效之得於內者。薰蒸之下，此效之見於外者。

〇陶注：金砂者，兌金離砂，真鉛真汞也。汞迎鉛入，渡鵲橋之東，由尾閭，導命門，過夾脊，入髓海，注雙目，降金橋，渡銀河，混合於中宮，翕然如雲霧之四塞，冥然如煙嵐之罩山，濛濛兮如晝夢之初覺，注注乎如澡浴之方起，此乃得丹真景象。既得金液還丹，又加晝夜

溫養，丹氣薰蒸於四體，自然神清色潤，髮黑齒生，返老還童，血膏骨弱，長生不死，而為仙人也。

〇漢泰山父老傳，轉老為少，髮白更黑，齒落復生。

〇補注：男子得藥，可復丁壯。老嫗何以能還姹女？女功先守乳房，斬除赤龍，而求大藥。但作法微有不同。李氏云：男子作丹，先鉛而後汞；女子作丹，先汞而後鉛。此是秘傳丹訣。（李注所云，鉛汞即指朔後晦前之金水。）

陸注：邵子云「恍惚陰陽初變化，氤氳天地乍回旋。中間些子好光景，安得工夫入語言」，此真身造而實踐者也。

〇補注：金入五內，得初度先天之氣。薰達四肢，乃十月火藥之效。過此以往，則道成德就，而潛伏俟時矣。

〇此間將服食同類，反覆申明，而淺深次第，皆托物喻言，即所謂以類相況，揆物終始也。

第十八節　背道迷真章

（題用陸氏。〇補注：前章世人好小術，棄正從邪徑，只約言大概。此章則盡辟其非，毋使貽誤後人也。）

世間多學士，高妙負良才。邂逅不遭遇，耗火亡資財。據按依文說，妄以意爲之。端緒無因緣，度量失操持。搗治羌石膽，雲母及礬磁，硫磺燒豫章，泥汞相煉冶。鼓鑄五石鉛，以之爲輔樞。雜性不同類，安肯合體居。千舉必萬敗，欲黠反成痴。僥倖訖不遇，聖人獨知之。稚年至白首，中道生狐疏。背道守迷路，出正入邪蹊。管窺不廣見。難以揆方來。

補注：此憫世之捨金丹而煉爐火者。乃釋經文「好者

億人，訖不諧遇，廣求名藥，與道乖殊」。

○俞全陽注：饒君聰慧過顏閔，不遇真師莫強猜。只為金丹無口訣，教君何處結靈胎。世間高才好學之士，不為無人，而求其遇真師，得正傳者寡矣。彼有燒煉三黃四神之藥，妄意以為道在於是，殊不知五金八石，乃世間有形有質之物。種類不同，性質各異，安肯合體而共居哉？凡為此術者，莫不千舉萬敗。何則？緒無因緣，度量失操持故也。《指玄篇》云：訪師求友學燒丹，精選朱砂作大還。將謂外丹化內藥，原來金石不相關。蓋神仙金液大丹，乃無中生有之至藥。而所謂朱砂水銀者，不過設象比喻而已。奈何世人，不識真鉛汞，而孜孜於爐火，冀其開點服食，不亦愚乎？彼懷僥倖之心，終無一遇，而猶望聖人之或助焉。究之聖人，必不可見。至皓首而自疑其謬妄，悔何及矣？之人也，捨大道而習迷途，離正法而趨邪徑，管窺偏見，烏可與談方來之元妙哉？（豫章大木，燒炭以煉砂。煮硫入汞，養乾使點銅。此惑於外丹之術者。）

○俞注：謂世有聖人之正傳，而中道自生狐疑者，語多轉折，今皆為之訂正。）

是非歷藏法，內視有所思。覆斗步罡宿，六甲次日辰。陰道厭九一，濁亂弄元胞。食氣鳴腸胃，吐正吸外邪。晝夜不臥寐，晦朔未嘗休。身體日疲倦，恍惚狀若痴。百脈鼎沸馳，不得清澄居。累土立壇宇，朝暮敬祭祠。鬼物見形象。夢寐感慨之。心歡意喜悅。自謂必延期。遽以夭命死，腐露其形骸。舉措輒有違，悖道失樞機。諸術甚衆多，千條有萬餘。前卻違黃老，曲折戾九都。明者省厥旨，曠然知所由。

補注：此惡世之棄正道而雜旁門者：乃釋經文「不得其理，難准以妄言，舉世迷惑，競無見聞」也。

○陶注：是金丹之道，非種種旁門可比。章末歷舉數條，不使其惑世而誣民。

○陸注：道法三千六百，皆屬旁門，窮年皓首，迄於無成。惟此金丹大道，法象天地，準則日月，符合卦爻，逆轉生殺，乃上聖登真之梯筏。黃帝之《陰符》，老聖之《道德》，皆述此意。明者省厥旨趣，可坦然而曲之矣。

○補注：道家法門，有神丹之法，有清靜之法，有金丹之法，有符籙之法，四者乃其大綱。上文所言燒煉，乃不知神丹而誤者；此條內視食氣，乃不知清靜而誤者；九一弄胞，乃不知金丹而誤者；步罡敬祠，乃不知符籙而誤者。千條萬緒，又該舉其餘矣。

○李注：外道之病，約有八種：周歷五臟者，是專修孤陰之弊，以一身為爐鼎，以五臟為五行，如認腎為真鉛，心為真汞，肝木為青龍，肺金為白虎，脾胃為戊己土，以意為黃婆，以眼觀鼻，鼻觀心，心注丹田，思神閉息，乃獨修一物，轉枯羸也；履斗步罡者，其法用南宮符咒，仗劍步罡，煉六甲六丁神，用日時支干將，取身中祖炁，以驅使鬼神，其流弊為左道；陰道九一者，乃採陰補陽之術，如三峰採戰，九淺一深，及養龜展縮等法，如此抱薪救火，究竟火焚薪盡而已；濁亂元胞者，用懸胎鼎以接氣，及嬰兒出胎時，吸母頂之氣，又或取女經為紅鉛，煉男溺為秋石，或取嬰臍丹，或摘梅子丹。或熬乳粉，或奪胎骨，此皆渣滓穢物，與先天虛無之氣懸隔，其術尤為傷生害道，不可不禁；食氣之法，乃導引漱津，一口三咽，送入丹田。積久而腸胃鳴聲也；吐吸之法，乃吐故納新，朝起面東，外吸日月五霞之氣也；晝夜不寐者，乃打坐煉魔，經歲不寐，以致氣血勞沸，精神悴枯，身倦而識

痴也；立壇祭神者，乃黷祀邀福，結想成形，或眼見鬼神，或夢禮仙佛，自謂修成正果，寧知元氣耗損，反以天命乎！惟黃老之術，性命雙修。除此一乘法，餘二即非真。修正法，可以陟天庭；從邪道，難免墮地府矣。

○陸注：前卻者，進退躊躇之意。九都乃九幽之府。戾謂自取罪戾。見幽有鬼責也。

○補注：此章大意，當與鍾離權祖師《破迷正道歌》參看。

第十九節　三聖製作章

（另定標題。○補注：魏真人後序云：惟昔聖賢，懷玄抱真，蓋指黃帝老聖。此章直從三聖序起，以見儒道兩家淵源無異也。曰因師覺司，曰略述綱紀，又見一作一述，授受所自來矣。）

若夫至聖，不過伏羲，始畫八卦，效法天地。文王帝之宗，循而演爻辭。夫子庶聖雄，十翼以輔之。三聖天所挺，迭興更禦時。優劣有步驟，功德不相殊。製作有所踵，推度審分銖。有形易付量，無兆難慮謀。作事令可法，爲世定斯書。素無前識資，因師覺悟之。皓若褰帷帳，瞑目登高台。

補注：徐公仿經文作後序也。前段讀《契》文而悟丹道，乃上承往聖。

○好古注：至聖以下，言三聖法天作《易》。製作以下，言魏公準《易》作《契》。前識以下，自喜得所傳授也。

○補注：三聖迭興，即經文所云歌序大《易》，三聖遺言也。不過，謂後聖不能有加。羲皇為作《易》之始祖。文王為演易之大宗。夫子以十翼輔經。又從聖中之雄

奇傑出者，溯《易》書源流，創難而述易，似乎先後有優劣，若其發揮大道，以垂教萬世，功德初不殊也。魏公《參同》之作，根據於性命陰陽，其明卦律火符，分兩爻銖，能探朕兆所未形者，以為丹道之準繩。此又繼三聖而製作也。徐公自謂因師覺悟，其為魏公親傳弟子明矣。褰帷登臺，喻心開目朗，洞見《契》文精意也。

〇《彖辭》作於文王，《爻辭》作於周公，當作《彖辭》為正。十翼者，上經彖傳，下經彖傳，上經象傳，下經象傳。繫辭上傳，繫辭下傳，文言傳，說卦傳，序卦傳，雜卦傳也。彭氏謂秦火之後，亡說卦中下兩篇，後人以序卦雜卦湊成十翼耳（前識二字，見莊子，此言無前知之質也）。

火記不虛作，演易以明之。火記六百篇，所趣等不殊。文字鄭重說，世人不熟思。尋度其源流，幽明本共居。竊爲賢者談，曷取輕爲書。結舌欲不語，絕道獲罪誅。寫情著竹帛，又恐泄天符。猶豫增嘆息，俛仰輒思慮。陶冶有法度，未可悉陳敷。略述其綱紀，枝葉見扶疏。

補注：後段約《火論》而撰《契》文，乃下開來學。

〇幽明以上，前人著書，不厭其詳。竊為以下，自言注經，又恐太盡，皆見作述苦心。

〇陶注：《火記》六百篇，皆演易以成書。乾屯暮蒙，一日用兩卦，一月六十卦，十月六百卦。按諸六十卦，卦卦相同。較以六百篇，篇篇相似。故曰所趣等不殊。在古人鄭重其說，往往比喻多般。若究其源流，不過陰陽會合而已。

〇補注：《火記》六百，易卦六十盡之。易卦六十，屯蒙二卦該之。屯蒙二卦，金水二氣當之。所謂事約而不

繁也。

蓋無書不可傳後，直書恐泄天機，故奉傳授之法度，而略述其綱紀。欲人從枝葉而探根本。即經云：露見枝條，隱藏本根也（陶土冶金，各有模範法度。其巧妙則在乎工人也）。

俞注：子華子告鬼谷子曰：道惡於不傳也；不傳則防道。又惡於不得其所傳也；不得其所傳，則病道。徐公之猶豫嘆息，誠欲擇人而授之耳。

○補注：《參同》經傳，後人莫辨。熟玩序文，自見分別。魏公前序云：乃撰斯文，歌敘大易。後序又云：吾甚傷之，定錄此文。曰撰曰定，皆作《契》也。此云略述綱紀，則傳文乃述而不作矣。

○許真人《藥母歌》云：日合元符火記曆，火合元符記不差。知晉時《火記》猶存也。（狐狸、猶豫，皆獸名。狐性多疑；猶豫緣木上下，彷徨顧慮。以比人心之遲疑不決也。）

第二十節　三相類序

（林屋山人俞琰云：此《參同》賦《鼎器歌》之序。皆淳于叔通所作者。王九靈曰：或謂此序乃魏公自作，謬矣。魏序云，殆有其真，礫硌可觀。此序則云：不能純一，氾濫而說；不幾自相矛盾乎？其非一人所作明矣。）

《參同契》者，敷陳梗概。不能純一，氾濫而說。纖微未備，闊略彷彿。今更撰錄，補塞遺脫。潤色幽深，勾連相逮，旨意等齊，所趣不悖。故復作此，命三相類。則《大易》之情性盡矣。

補注：據真一子謂：魏公《契》文，初授予徐從事，

又授予淳于叔通，則叔通亦魏公親傳弟子也。所著丹賦、歌詞二篇，為補綴原書而作。補塞其遺脫，使纖微者悉備矣。潤色其幽深，使彷彿者彰明矣；鈎援其上下，使闊略者連屬矣；且等齊其旨意，使氾濫者歸一矣。此《三相類》所由作也。俞注：《三相類》，即《參同契》之表名。（梗概二字，出《東都賦》，言粗舉大綱，不纖密也。）

大易性情，各如其度。黃老用糾，較而可禦。爐火之事，眞有所據，三道由一，俱出徑路。枝莖花葉，果實垂布，正在根株，不失其素。誠心所言，審而不誤。

何謂大易情性？一陰一陽是也。而其間升降往來，自有天然度數。傳者仿《契》作書，各如《易》中度數。又參究黃老二家，較然明白，因據為臨爐行火之法。從此《大易》黃老，三道合而為一，歷有途徑可尋。《契》云：露見枝條，隱藏本根。又云：披列其條，核實可觀。皆言修真徑路，而其中有次第焉。猶之樹木根株，培養有素，自然枝盛而實繁。就丹道言之，混沌相交接，權輿樹根基，非其根株乎？強益己身，潤澤肌膚，非其枝葉乎？還丹結胎，彌歷十月，非其果實乎？要之離卻情性，別無根株。《契》言性主處內，情主營外。又言推情合性，轉而相與。丹家根本在是矣。三道由一，謂《大易》之書，與黃帝《陰符》，老聖《道德》，三經同此一理。所謂《三相類》也。

陸注：指《大易》、黃老、爐火為三道。爐火即黃老丹法。不宜並列而為三。又以大易為根株，黃老為果實，爐火為枝葉，說皆支離。爐火乃性命雙修，兼三道而成丹，豈可視為枝葉乎？陸蓋認爐火為黃白方術耳。不知此處所云爐火，即魏序所云伏食。原主金丹大道，特借外丹取喻耳。乾

坤為鼎器，坎離為藥物，六十卦為火符，即其事也。觀下歌、賦兩篇，絕不談及燒煉，意可見矣。

〇聖賢著書垂教，有真誠而無欺偽。經云：殆有其真，礫硌可觀。此云誠心所言，審而不誤。經云：使予敷偽，卻被贅愆。傳云：至要言甚露，昭昭我不欺。真人覺世仁心，各情見乎辭。後人白首而不識《參同》。甘自棄於道外，亦可哀也已。

第二十一節　大丹賦

（補注：《契》文經傳，出自三人，文字亦分三體。四言經文，效《毛詩》也；五言傳文，效西漢也；大丹一賦，仿《楚騷》也。文不苟同，而意仍通貫。千年之後，猶覺《爾雅》可風。知禀仙骨者，必具仙才。三賢相遇，洵不偶然也。〇陸注：此章備言金丹法象，始終條理錯落可觀。蓋總括一經之全旨，所謂小參同契一部是也。）

法象莫大乎天地兮，玄溝數萬里。河鼓臨天紀兮，人民皆驚駭。晷影妄前卻兮，九年被凶咎。皇上覽視之兮。王者退自改。關鍵有低昂兮，周天遂奔走。江河無枯竭兮，水流注於海。

補注：此言煉己採藥之事。

〇天地法象，領地通節大意。丹家陰陽各處，如玄溝萬里，界隔東西。及其陰陽交合，又如牛女二星，會於天紀。丹房之中，忽有牛女兩象，豈不令人驚駭。但須借此為入道之津筏耳。要知交會，自有法度；欲尋坎宮壬水，宜煉離家汞火。倘煉己不純，或前而太過，或卻而不及，則火為水傾，如九年洪水，而民補其災矣。夫災變之來，乃皇天垂象。人君當退而修省，煉士改過自新，以圖有

濟，亦猶是也。大低煉己之初，須憑關鍵；關鍵者，拒門木拴，有牝牡相湊之象焉。而關鍵之中，須審低昂；低昂者，迭為上下，有地天交泰之象焉。能謹關鍵以轉低昂，則藥入離宮，周身元氣自下奔上，會於中宮，其時水氣隨火而運旋，如江河之流注於海，乃氣歸元海之象也。惟氣海火旺，方可採先天大藥，以作丹母。

○法象莫大乎天地，本《易大傳》。玄溝河鼓，取諸天象。江河注海，取諸地法。

○陸注：玄溝乃天河，自箕尾之間，至柳井之分，南北斜橫，界斷天盤。按坎屬玄武，又為溝瀆，故曰玄溝。彭真一直指鼎內玄溝也。

○《爾雅》：河鼓謂之牽牛。《史記正義》：織女三星，在河北天紀東。世傳牛女，七月七日相見，故取男女聚會之象。或引《正義》，河鼓動搖，占主兵起，故民驚駭。未切。

○丹法尚誠而戒妄，至誠專密，謹候日辰，誠也；煉己無功，非時妄作，妄也。誠者動靜有常，妄則前卻無定。

○晷影即日影。李氏比之汞火是也。九年凶咎，因堯有九年之水，而借引之。

徐注：謂河漢之占主水，亦是。不必說到九轉功敗。○皇是覽視，猶云上帝監觀。王者退改，猶云洚水警予。二句乃承上啟下之詞。徐渭云：皇上，天帝也。王者，人君也。按本文皇王並稱，須見分別。《書》言惟皇上帝，莊子云監照下土，此謂上帝。

○關鍵二字，出《道德經》。門木橫拒日關，直拒曰鍵。

○王九靈云：周天奔走者，百脈流通，河車運轉也。

江河無枯竭，常資神水以灌靈根。要知此水，上自天漢而來，下從崑崙而入。

天地之雌雄兮，徘徊子與午，寅申陰陽祖兮，出入終復始。循斗而招搖兮，執衡定元紀。

○補注：此言按期行火之功。

○天地法象，即於雌雄上見之。二氣之交感，猶男女之交媾也。丹法抽鉛添汞，取諸子午寅申；蓋水生於申，旺於子；火生於寅，旺於午。生旺之時，皆宜行火。且申為陽之祖者，陽根於陰也。寅為陰之祖者，陰根於陽也（陳抱一以寅為男運之始，申為女運之始）。徘徊者，按候求鉛，從容不迫。出入終始者，進退火符，週而復始也。

○《契》中言屯蒙火候，三說不同。賦云：子午寅申，以四時為正候。但恐鼎候不齊，故經兼子寅申戌（子可該午，戌可該辰）。求諸六時之中，傳又兼內體外用，求諸十二時中，朝金暮水，各得一用，以當屯蒙兩卦，不必剖析十二爻，分值十二時。

○《史記》：移節度，定諸紀，皆係於斗。按斗為眾星總紀，故曰元紀。（北斗七星，自一樞二璇，至三璣四權，為斗魁；自五衡至六開陽，七瑤光，為斗杓。杓即招搖星。）招搖與衡，是二是一。招搖乃斗柄，比採藥之劍，取其能招攝也。斗柄起自衡星，有平衡之象焉，喻劍鋒之橫指也。臨時交接，凡淺深顛倒，前短後長，順去逆來，皆係此一衡。故執衡所以定丹法之綱紀。

升熬於甑山兮，炎火張於下。白虎唱導前兮，蒼龍和去後。朱雀翱翔戲兮，飛揚色五彩。遭遇網羅施兮，壓之不得舉。嗷嗷聲甚悲兮，嬰兒之慕母。顛倒就湯鑊兮，摧折傷毛羽。

好古注：此言藥入身之象。

○陸注：何謂甑山？崑崙峰是也。熬即白虎熬樞。採藥之際，升虎熬於甑山者，以炎火張於下也。炎火指汞火，自鉛為火鍛，逼出金華，滃然而蒸，升氣於頂，峰迴路轉，降入中宮，則白虎導於前，而蒼龍和於後⑰，一唱一和，虎嘯龍吟，鉛為汞留，汞因鉛伏；汞性飛揚，類朱雀之翔舞；鉛能伏汞，喻羅網之施張；始則嗷嗷聲悲，既乃羽毛摧折。

○陶注：嬰兒領入重幃，有夫唱婦隨之義。以其性情言之，類朱雀之翔戲，而五採耀目也；以其制伏言之，喻羅網之施張，而壓止不飛也。始則風雲滿鼎，如嗷嗷之聲悲；既乃煉烹混融，如羽毛之摧折。（王注：外丹之法，謂汞死如蟬鳴，嗷嗷聲悲，借外比內。

○補注：沁鑊毛羽，因朱雀而形容之，亦汞死之象也。）

刻漏未過半兮，龍鱗狎獵起。五色象爐耀兮，變化無常主。譎譎鼎沸馳兮，暴湧不休止。接連重迭累兮，犬牙相錯距；形如仲冬冰兮，闌干吐鐘乳；崔嵬而雜廁兮，交積相支柱。

好古注：此申言金丹變化之象。

○又云：進火退符，方經刻漏，則龍鱗狎獵，紛紛而起，炫耀如五色之象，暴湧如鼎沸之馳，重疊接連，交相積累；或如犬牙，或如冰結，或如欄干，或如鐘乳，崔嵬雜廁，相支相拄，不可名言其狀也。

○陸注：以其一時半刻之候而言，震來受符，龍鱗奮起，金華炫耀，五色無常，譎濡鼎馳，上河車而逆轉，接連重累，同錯距之犬牙；漸漸採結，先液後凝，鐘乳欄干，

交積支持。丹之成象，盡露斯言。是乃大藥還丹之驗也。

○《西京賦》：披紅葩之狎獵。（注：狎獵，重疊貌。）

陰陽得其配兮，淡泊而相守。青龍處房六兮，春華震東卯；白虎在昴七兮，秋芒兌西酉；朱雀在張二兮，正陽離南午。三者俱來朝兮，家屬爲親侶。本之申二物兮，末乃爲三五；三五並危一兮，都集歸一所。

補注：此言五行全入中央，乃全丹之法。

○龍虎朱雀，已見上文。此復申明丹法次第也。陰陽得配，須淡泊而守者，無思無為，靜而待動也。方其靜時，如龍東虎西而雀南，各居房六、昴七、張二之度。及其動而交合，則離火能銷兌金，兌金能伐震木，三者本同類相親。遂逆克而成丹藥。故曰三者皆來朝，家屬為親侶。下又兼舉危一者，築基之後，再得先天坎水，以伏離宮之火，乃結還丹於土釜。如此則四象會而五行全，故曰三五並危一，都集歸一所。危一指真一之氣，一所指黃庭神室。舊指危一為一所，未合。

○彭注：一陰一陽，兩相配合，而變化自行，二體能生四象也。觀周天三百六十五度，自北方虛危之間，平分天盤為兩界。而危初度，正與南方張二度相對。丹道以水為基，青龍白虎朱雀，三方之正氣，皆發源玄武之位。而房六昴七，應水火之成數；張二危一，應水火之生數，皆一脈生成，並非異類，本之但陰陽二物。末則水一金四而成五，木三火二而成五，金水中戊土，木火中己土又成五，合之為三五。三家相見，會歸於一處，胎就嬰兒，而丹道無餘事矣。

治之如上科兮，日數亦取甫。先白而後黃兮，赤色達

表裏。名曰第一鼎兮，食如大黍米。

補注：此又言還丹溫養之方。

○三者來朝，集歸一所。上文丹法，科條甚明。但鼎中藥物。必辨先天後天。如危一真水，在彼為首經之寶，在此為受氣之初，故曰日數亦取甫。崔公所謂「初結丹，看本命」也。還丹大藥，象諸白黃，採先天也。溫養火符，象諸赤色，採後天也。三百日工夫，始終備於此矣。

○陶注：先白者，採之類白，金液之色。後黃者，凝而至堅，號曰黃輿。赤色達表裏者，造之則朱，火包內外也。

○補注：表裏之義，詳傳文剛柔有表裏。

○陸注：第一鼎，先天之藥；食黍米，初得之丹。經云：元始有一寶珠，懸於虛空者，蓋是物也。

自然之所爲兮，非有邪僞道；若山澤氣相通兮，興雲而爲雨；泥竭遂成塵兮，火滅化爲土；若蘗染爲黃兮，似藍成綠組；成革煮成膠兮，曲蘗化爲酒。同類易施功兮，非種難爲巧。

補注：此言道出於自然也。

○陰陽交感，乃人道之自然。其乘時採取，有為一若無為，初非傍門造作者比。山澤八句，申明自然之所為，以起同類易施功。

○陸注：將此條配合丹法，以白雲朝頂上，甘露灑須彌。證興雲為雨；以形體為灰土，狀若明窗塵，證泥竭成塵；以水勝火消滅，俱死歸厚土，證火滅為土。於下四句，卻難牽合，不如概言物理之自然，猶《易》言同聲相應，同氣相求，水流濕，火就燥，何必拘束附會丹法乎？（或云：染黃成綠，於色相中求藥也。皮革煮膠，火候欲共完足也。曲蘗化為酒，得氣者常似醉也。此說亦牽

強。）

惟斯之妙術兮，審諦不忘語。傳於億後世兮，昭然自可考。煥若星經漢兮，炳如水宗海。思之務令熟兮，反覆視上下。千周燦彬彬兮，萬遍將可睹。神明或告人兮，心靈忽自悟。揣揣索其緒兮，必得其門戶。天道無適莫兮，常傳與賢者。

補注：結言著書明道。待人而傳也。

○上六句言《契》文之作，可信今而傳後。中六句言讀《契》之人，當心解而神悟，末四句指丹家隱訣，援天以授人，慎之至矣。

○審諦不妄語。此作經苦心；反覆視上下，此讀異書要法；必得其門戶，此修丹真竅。篇中玄溝關鍵，即坎離之門戶。

○陸注：星經漢，經緯有章也。水宗海，源流合一也。能於《契）文，熟究精研，則精誠所通，自有神告心悟之機。又況天道無親，常與善人，安肯靳而不傳，以絕千年之道脈乎？學人當勉於修德，以為凝道之基。

謹按：此章舉《參同契》而約言之，法象天地，是剛柔配合，乾坤為鼎器也。河彭臨紀，是男女相須，坎離為藥物也。玄溝取象於坎門，關鍵取象於離戶，晷影則離之神火，江河則坎之神水。王者退改，以中心為主宰也。雌雄者，人身之天地。低昂者，顛倒之陰陽。子午寅申，指火符之進退。循斗執衡，以魁柄為綱紐。出入終始，築基而溫養，首尾運火之功也。白虎唱而蒼龍和者，其金華先唱，陽乃往合乎。朱雀翔而五彩飛者，其河上姹女，得火則飛乎。網羅施而不得舉者，其魄以鈐魂。不得淫奢乎。刻漏未半而龍鱗狎獵，是蓋簇年月於一時，簇時刻於一

符，凝精流形，其在斯乎。此條皆借外丹景象，以形容內丹之神妙。即所謂滋液潤澤，施化流通，各得其和，俱吐證符耶！震東兌西，乃龍呼而虎吸；正陽離南，殆守西之熒惑耶。

分之為三五，合之皆歸一，斯即三五與一，天地至精，九還一返，八歸六居耶。白黃與赤，蓋採之類白，造之則朱，得黃輿而金丹成象矣。且白赤為金火之色，金火相交，不離戊己。戊己者，玄牝之門，天地之根，真鉛真汞，於此而生；成人成聖，由此而出。經云孔竅其門，此云得其門戶，皆此物也。天地之法象、雌雄，篇中頻露意矣。而又云山澤通氣何也？山澤之咸，兌艮合體。

《易》曰：柔上而剛下。止而說男下女，二氣感應以相與，其於丹法尤為顯者。柔上剛下，象其顛倒低昂也。止而說者，艮性欲其專一，兌情欲其和諧，以此男求於女，則有感而必應矣。

夫金丹之學，其術至妙，而其道至大。如日月經天，江河行地，萬古不能移易得者。傳云：上觀天河文，下序地形流，中稽於人心。當時徐、淳二公，同出魏真人之門，故其發揮經旨，適相符合耳。

第二十二節　鼎器歌

（補注：前賦乃仿《離騷》，此歌則仿古銘。一人又為兩體，此《契》文勁也。○上陽注：此章接於法象之下，緣鼎器亦法象耳。陸注：歌中言尺寸、厚薄、長短，皆自身中懸胎、偃月之類而裁定之。有似外爐法象也。）

圓三五，徑一分，口四八，兩寸脣，長尺二，厚薄勻，腹齊三，坐垂溫。陰在上，陽下奔。

補注：此言臨爐採藥之方。仍是乾坤為爐鼎，坎離為藥物。

陸注：圓三五，徑一分。言鼎也。謂以寸五為度，而規圓之，徑得三分之一，是謂陽鼎。口四八，兩寸唇，言爐也，謂口分四寸八分，而又有兩寸唇以環口外，是為陰爐。蓋鼎在爐中，爐包鼎外。三五與一，陽之數也；四八與兩，陰之數也。有圍有徑，奇之象也；有口有唇，偶之象也。陰陽奇偶，盡露斯言。學人以意參之，可以得諸象數之外矣。長尺二，厚薄勻者，言藥物勻平，二八相當，無偏勝也。以尺二比十有二月，卦氣循環，無參差也。腹齊三者，腹臍以下，三分勻停，定其居也。坐垂溫者，默然垂簾，內視下田，候其溫暖之氣。陰在上，陽下奔者，採藥之時，地天交泰，下蒸上沸，而陰中之陽，奔注於下也。（長尺二者，十二時中，看爻動也。厚薄勻者，兩相配當，無盈縮也。）

首尾武，中間文。始七十，終三旬，二百六，善調勻。陰火白，黃芽鉛，兩七驟。輔翼人。

補注：此言藥火始終之事。

○上陽注：首行煉己，武火三年，尾行溫養，武火一年，中間煉丹，止用一符文火。

○補注：武火壯盛，後天藥符；文火真純，先天丹母也。

○姜注。始七十，終三旬。得藥之後，百日而始凝也。又加二百六十日，進退火符，以合周天之數。陰真人云：十月懷胎分六甲，終歲九轉乃成真是也。

○陶注：陰火白者，白雪也。黃芽鉛者，金華也。白雪乃汞之氣，黃芽乃鉛之精。二物皆混元杳冥之中，所產

真一之氣。

○真一注：兩七者，青龍七宿之氣，與白虎七宿之氣，合聚神胎，以輔翼真人。所謂真人潛深淵也。

○陸注：鉛汞之氣，同聚中宮，輔翼人身，以成仙體。（或云兩七者，十四以下之鼎器也。取其氣旺而藥真，運火須九鼎，故曰聚也。）

贍理腦，定升玄，子處中，得安存，來去遊，不出門，漸成大，情性純，卻歸一，還本原。善愛敬，如君臣；至一周，甚辛勤；密防護，莫迷昏，途路遠，極幽玄。若達此，會乾坤。

補注：此言抱元守一之功。

○陸注：丹法移爐換鼎，自下而上升於泥丸玄宮，故當贍養調理，使真人安處於腦中。《黃庭經》所謂，子欲不死守崑崙是也。迨安存之久，自然脫胎於頂門。但嬰體微嫩，仍當時時顧守，不可縱其遠遊，及乎漸凝漸大，嬰兒顯相，而情性乃更純熟矣。歸一還原者，虛無恬淡以養沖和也。愛敬真主，如臣奉君，尊之至也；一載之內，辛勤防護，慎之至也；其路極遙遠，非可猝致，而理最幽玄，難以意窺。若能洞達乎此，則宇宙在手，而乾坤之理得矣（腦為諸髓之海，腦實而諸髓皆實。子者嬰兒也。歸一，抱一也。還原，復命也。一周，一年也）。

刀圭沾，淨魄魂，得長生，居仙村。樂道者，尋其根，審五行，定銖分。諦思之，不須論。深藏守，莫傳文。御白鶴，駕龍麟，遊太虛，謁仙君，受圖籙，號眞人。

補注：末言得道成仙之效。

○陸注：刀圭一沾，魄魂清淨者，還丹入口，而陰氣為之銷鑠也。既得長生，托居仙村者，煉神還虛，而超然

塵俗之外也。夫樂道者，尋大道之根宗，以先天一氣為之本，審五行之順逆，使生剋制化得宜，定藥物之銖分，使鉛汞抽添合度。此等至理，但可審思密藏，難以口談文述。惟默默行之，三載九年，道民德就，則身外有身，駕鶴驂龍，而神遊乎寥郭之表，應籙受圖，而天錫⑱以真人之號。是謂聖修之極功，丈夫之能事畢矣。（仙君者，道祖也。）

陸西星曰：鼎立懸胎，爐安偃月，假名立號。在人得意忘言。執象泥文，徒爾按圖索驥。在古聖垂鼎原無鼎之訓，似若可憑。而《陰符》著爰有奇器之文，豈終無說？此歌劑量尺寸，較定短長，認為爐火，則文義不蒙；求之身心，則支紐難合。然諸家注疏，亦涉朦朧，非以名不可名，象而罔象耶。今為臆說，大義粗陳，或可不悖於聖師，兼以就正夫有道云耳。（西星：江北興化人，生平雅慕道術，遇呂仙師於拱極台。嗣後常至其家，傳《陰符》、《道德》之秘，因注黃老參悟諸書，名曰《方壺外史》。呂師又命兩仙童，受業於陸，偶與嬉戲，童子飛空而去。仙師乃至，索紙題書，以指代筆，末有云：每一下階，眾仙為之側目。自此仙蹤杳然。陸氏子孫，至今珍藏此卷。書尾猶帶指上羅文。）

東漢仙真方技，各擅神奇。見子建集中所記，惟《參同契》流傳至今。其書上宗三聖，而下啟殖人，誠丹經之傑出者也。高象先詩：叔通（淳于氏）從事（徐景休）魏伯陽，相將笑入無何鄉。準《連山》作《參同契》，留為萬古丹經王。今按：《夏易連山》，以艮居首；《商易歸藏》，以坤居首《周易》尊天，以乾居首。魏公本《周易》而作《參同契》。取乾坤卻坎離，為鼎器藥物；取屯蒙既未，為晝夜火符。未嘗言及連山。高氏獨謂準《連

山》作《參同契》，初時未得其解。及讀晦朔合符章，始於東北箕斗之鄉，恍然有會於心。蓋東北屬艮方。艮象即連山也。考一年之歲功，常起於東北；而一月之生明，亦起於東北。丹法取月象以明藥候，其癸陰盡而鉛始生，正如新月之初出於艮方也。《連山》之說，意蓋指此乎？或曰連山只概言《易》書，不必拘於夏《易》。

〇神仙傳藥不傳火，誠恐輕泄天符耳。但火候不傳，何以入室行功？《契》文從卦月上指明動靜剛柔，又從月節中推出經緯表裏，布置周密，而脈絡分明。此乃吃緊示人下手心訣也。閱諸真著述，亦嘗隱約言之，未有如此書之明且盡者。萬古丹經王，其言信不誣矣。

〇朱子理學大儒，尊信《參同契》，嘗加之以注釋；河東薛氏，則目為方技之書。兩賢所見不同。按人生受胎於父母，稟氣於天地，得是書以養性立命，體受全歸。此即孝子事親，仁人事天之極功。文清之說，無乃專信儒理，不暇精研道術耶。學者欲知化窮神，與天合德，自當以朱子為宗。

第二十三節　《參同契》附錄

張紫陽真人讀《參同契》文（依仿《契》文括成韻語。）

大丹妙用法乾坤，乾坤運兮五行分。五行順兮，常道有生有死；五行逆兮，丹體常靈長存。一自虛無兆質，兩儀因一開根。四象不離二體，八卦互爲子孫。萬象生乎變動，吉凶吝茲分。百姓日用不知，聖人能究本源。顧易道妙盡乾坤之理，遂托象於斯文。否泰交則陰陽或升或降，屯蒙作則動靜在朝在昏。坎離爲男女水火，震兌爲龍虎魄

魂。守中則黃裳元吉，遇亢則無位而尊。既未愼萬物之終始，復姤昭二氣這歸奔。月盈虧，應精神之衰旺；日出沒，合營衛之寒溫。本因言以立象，旣得象而忘言。猶設象以指意，悟其意則象捐。達者爲簡爲易，迷者愈惑愈繁。故知修眞上士，讀《參同契》不在乎泥象執文。

陸西星注：金丹之道，象天法地。天地不外乎陰陽。陽變陰合，而生水火木金土，五氣順布，四時行焉。凡在二五陶鑄之中，莫不順之以為生死，此常道也。丹道則舉水以滅火，以金而伐木，每以逆剋而成妙用。故曰五行順兮，常道有生有死；五行逆兮，丹體常靈長存。夫丹之所以常靈長存者，得一故也。一者何？先天真一之氣，自虛無來者也。老聖曰：道生一，一生二，故曰一者虛無所兆之質。而兩儀則因一以開其根。兩儀立矣，四象生焉。四象者何？陰陽老少也。太陽為火，太陰為水，少陽為木，少陰為金，是皆陰陽變化而成。故曰：四象不離二體。其云八卦互為子孫何也？八卦者，四象之所因也。乾生三男，震坎艮。坤生三女，巽離兌。丹法震兌歸乾，巽艮還坤，則兌屬之乾，而艮屬之坤矣。離東坎西，則禽屬之乾，而坎屬之坤矣。故曰互為子孫。又乾為金，金生水，則坎為子，而震巽之木為孫；坤為土，土生金，則乾為子，而坎水為孫；離為火，火生土，則艮坤為子，而乾金為孫；坎為水，水生木，則震巽為子，而離火為孫。推此則八卦，可知矣。亦曰互為子孫云耳。萬象生乎變動，吉凶悔吝茲分。何以故？卦爻之吉凶悔吝，皆生乎動。丹法纖芥不正，悔吝為賊，爻動之時，可不慎乎？且夫金丹之道，一陰一陽而已。日用而不知者百姓也。知之而修煉者聖人也。聖人洞悉陰陽之本原，既修之以善其身矣。於是

作為丹經，以開來學。以為盡乾坤之理者，莫過於《周易》。故《參同契》擬《易》，莫不以乾坤為鼎器，以坎離為藥物，以屯蒙既未為符火。要皆托象於《易》，以明陰陽消息之理。故否泰交，則陰陽之升降也；屯蒙作，則動靜之朝昏也。坎離則男女之水火也，震兌則龍虎之魂魄也。至若採藥行火之際，其言元吉者，即六五黃裳，中而且順。其云有悔者，即上九戰德，無位而尊也。慎其終始，則屯蒙既未，不爽於毫釐；象其歸奔，則復往姤來，一循乎卦節。月盈虧，應精神之衰旺，言精神而藥物可知也。日出沒，合營衛之寒溫，言營衛而火符可準也。此《參同》擬《易》之大易也。然其要，不過識陰陽互藏之精，盜其機而逆用之耳。舉其要，則惟簡惟易；迷其宗，則愈繁愈難。學者苟能因文以會其意，指象而不泥其文，則庶乎理與心融，文從意順，而無開卷嚼蠟之患矣。（此篇舊載《悟真篇》後。有戴復古注，不如陸說之詳明精確。）

謹按：《周易參同契》，乃儒門而兼道術者，千載以還，張紫陽真人，復《悟真篇》以發揮《契》理，兩書相為表裏，有功玄學非淺。考南宗一派，首創於上虞，而再振於天臺。先後作述，皆通大暢玄風。東漸數百里間，上真竟兩見。斯亦奇矣！此文蓋張氏親詣實得，據其綱要而立言，非泛然敘論者比。並採陸注以附終卷，用知大道長垂，端類源流之可據也。

《讀<參同契>作》

（蕭元瑞，名廷芝，元朝人。仿紫陽而作此篇，以有關《契》文，故附錄於後。）

氣含太極，道立玄門。日摶月，而易行其中；月持

日，而易藏其用。水騰浮，作離中汞；火降沉，爲坎裏鉛。坎納戊兮月魄烏飛，離納己兮日魂兔走。戊己爲爐，而烹煎日月；坎離爲藥，而點化魄魂。日合五行，月隨六律；門通子午，數運寅申。復臨泰壯夬乾兮六陽左旋，姤遯否觀剝坤兮六陰右轉。百八十陽兮日宮春色，百八十陰兮月殿秋光。月不自明，因日以呈其彩；日之有耀，遇月而發其光。互爲室宅，交顯精神，長教玉樹氣回根，不使金華精脫蒂。姹女捉烏吞玉兔，嬰兒驅兔吸金烏。自震庚兌丁而乾納甲壬，由巽辛艮丙而坤藏乙癸。上弦數八兮砂中取汞，下弦數八兮水內淘金。青龍是木，木產火中；白虎是金，金生水內。七八十五兮坎離交，九六十五兮乾坤合。自子至巳，先進陽火；自午至亥，復退陰符。七八者，少陽少陰之數存；九六者，老陰老陽之數寓。二八十六兮中全卦氣，五六三十日兮妙運天輪。屯蒙常起於朝昏，既未無愆於晦朔。恍惚水中金不定，飛揚火裏水難收。金木間隔既殊途，水火調和歸一性。七返返本，九還還原。結就玄珠，煉成至寶。不神之神所以神，調息定息至無息。二十四氣，體天之消息；七十二候，隨時而卷舒。唯能得象妄言；不在執文泥象。悟之者簡而且易，迷之者繁而愈難。即《周易》象而參考之，自然契合；獨魏伯陽之著詳矣。宜究精微。

補注：無極太極，不離陰陽。玄之又玄，眾妙之門。開首提明，見易道，通乎丹道也。日傳月者，離投於坎，乃順而生人；月持日者，坎填於離，乃逆而成丹。水本沉，激之而使浮，由於運汞迎鉛；火本浮，制之而使沉，由於得鉛伏汞。坎納六戊，而月裏烏飛，離一交，則坎宮之氣動焉；離納六己，而日中兔走，坎一交，則離宮之氣

凝焉。戊己之爐，可烹日月；坎離之藥，能點魄魂。正言臨爐採藥，日積月累之功。日合五行，為五日一候，一年七十二候也。月隨六律，謂一月一律，一年十有二律也。水生於申，而旺於子；火生於寅，而旺於午。子午乃冬夏二至，寅申為春秋初氣。丹家運火，每日亦取此四時。六陽左旋，而一百八十者，自復而乾也。六陰右轉，而一百八十者，自姤而坤也。春光秋色，即仁義德刑之義。月受日明，日發月光，一含一吐，而成合璧交光，故曰互為室宅，交顯精神。玉樹回根，陽得陰助也；金華生蒂，命基在坎也。烏吞兔吸，即《契》文龍呼虎吸，飲食貪併之意。震兌與乾，納庚丁甲壬，是謂上弦金半斤，巽艮與坤，納辛丙乙癸，是謂下弦水八兩，此一月六候之期。進火退符用之。砂中取汞，而火反生木。龍從火裏出，震之初弦氣是也。水內淘金，而水反生金，虎向水中生，兌之初弦氣是也。七八者，火木之成數；九六者，金水之成數。九六為老陽老陰，七八為少陽少陰。共取象於乾坤坎離者，乾坤為本體，各屬二老；歡離為作用，故屬之二少。其他牝牡四卦，只是二物。以動靜分之，而成四象耳。七八合為十五，九六亦成十五。每月有朔望，而陰陽消長之機寓焉。丹家朝屯取上半月之金，暮蒙取下半月之水。自屯蒙而訖既未，一月六十卦，溫養之法具矣。水金不定，候難測也。火木難收，已不煉也。以致金木間隔，而情弗歸性。惟調和水火，使之不乾不寒，自然木性愛金，金情戀木。四象會，五行全，而返本還原之道得矣。《契》言九還、七返、八歸、六居，而此獨言七九者，坎金離火互相交煉，而凝結為丹，即所謂男白女赤；金水相拘也。不神之神，盜機之時，天下莫能見也。定息無息，

守靜之久，胎息自歸根也。丹法煉精化氣，煉氣化神，始終大道，備於斯矣。二十四氣，七十二候，言十月功完，周天數足。從此九年抱一，煉神還虛，乃變形而成仙，是之謂無極太極，玄之又玄也。

第二十四節　《參同契集注》後跋

魏公《參同契》，列於《道藏》，儒家罕睹其書。經考亭朱夫子表章之後，經生始知有此書。第自東漢迄今，傳世久遠，以致經傳參差，文義顛錯，讀不數章，每昏昏欲睡。由不得其竅要，絕無醒心處也。迨杜、楊二氏，酌復古本，不啻斷圭復完，缺璧重合，然箋注紛紛，談清靜者尚枯修，言陰陽者涉房術，講服食者主爐火，各執其說，究鮮指歸。今誦集注新編，討論章法，會通疏文，直剖金丹上乘，闡明性命雙修之理。其析疑辨難，索隱洞微，真能默契心源。學者按章而考，循序用功；於喻辭之外，探其真論；繁緒之中，提其要領，可藉為修真之梯筏矣。或據明儒胡敬齋之論，謂朱子注釋《參同》，引人入於異端，是亦過矣。今人讀聖賢書，而顯背明教者，不可勝紀。卑者，染聲色貨利；高者，溺於記誦詞章。無非舍內務外，伐性而戕生。是則聖門之大戒也。乃於尚清虛，守恬淡，修身樂道，無忝所生者，反目為異端，不已太甚乎？後人能誦法是書，以養性延命，全歸而為父母之孝子，踐形而為天地之完人，其有功於名教亦多矣！前輩未嘗研慮悅心，上窮謂奧，而顧輕為譏議，蓋專守儒風，而遺卻列聖諸真廣大精微之妙用耳。

赤城後學洪熙揆漢箋氏謹跋

先天八卦對待圖

乾坤定上下之位，所謂鼎器也。

坎離司左右之門，所謂藥物也。

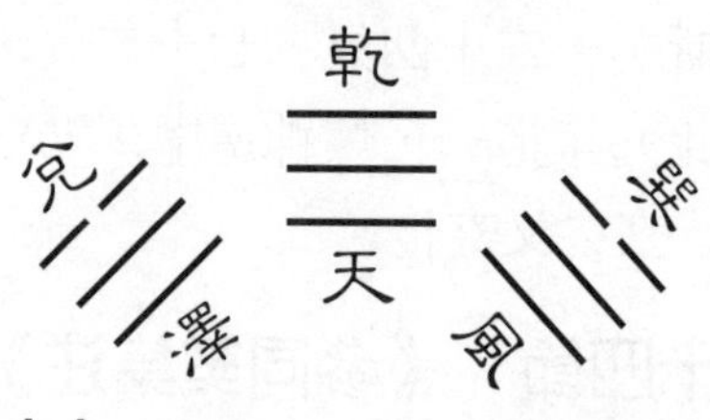

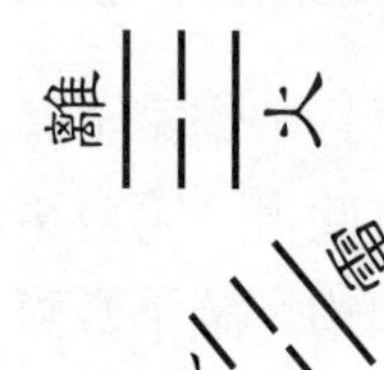

後天八卦流行圖

南北相交，舉水滅火；東西相交，金伐木榮。

青赤日黑，各居一方。自艮至坎，歲功順行。

正南 夏方
離
朱雀
火

春夏之交
巽
地戶
木

夏秋之交
坤
人門
土

正東 春方
震
青龍
木

正西 秋方
兌
白虎
金

冬春之交
艮
鬼路
土

秋冬之交
乾
天門
金

正北 冬方
坎
玄武
水

附1：周身六關三脈圖

人身有三穴，名後三關：脊骨起處為尾閭關，又名羊車；七節以內為命門關，又名小心；舉脊盡處為天柱，亦名鹿車；上至枕骨為玉枕關。人身有三田，名前三關：上為天谷泥丸，藏神之府，默宰化機；中為應谷絳宮，藏氣之府，日以接物；下為靈谷關元，藏精之府，夜則歸根也。任督二脈，交會於人中。任脈起下唇，盡於陰蹻。督脈起尾閭，盡於上唇。任脈在前，自上而下；督脈在後，自下而上。乃河車升降往來之路。

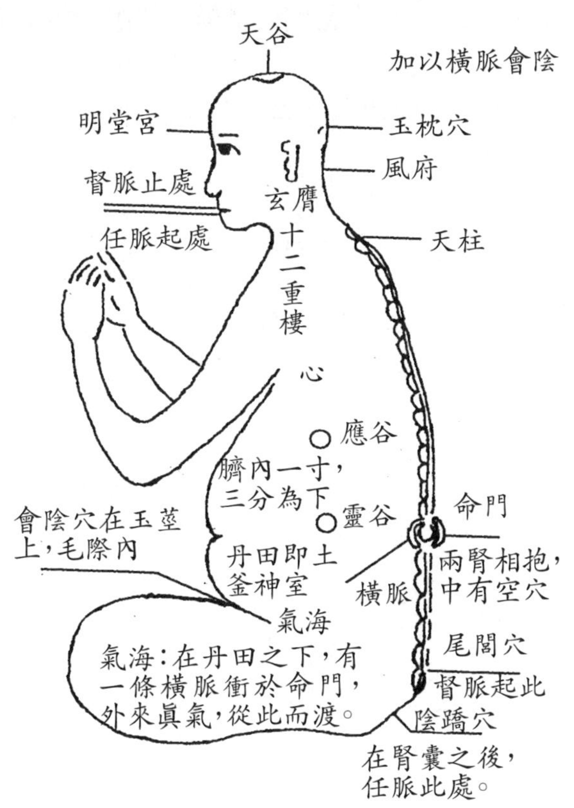

附2：十二雷門測候圖

弘治間山西孫教鸞得異人安先生秘授因傳此圖。法用右旋逆轉，如初一日子時為潮信初至，即從子時左圈，逆數至子之右圈，為兩日半時。但恐癸陰尚未淨盡，又須從子位之右圈，逆數至亥之右圈，再計兩日半時。合成六十時辰。乃是五日一候也。亥與巳相沖，取氣在巳時前四刻。再從戌位左圈逆數至酉位右圈，為六十時辰。亦五日一候也。酉與卯相沖，取氣在卯時前三刻。餘各仿此排作。一月火符，以前三度為陽金，後三度為陰水。以二十八宿排十二時辰，名十二雷門。言候至機應，如雷動也。子午卯酉，各得三度。當十二宿。餘八位，各得二度，當十六宿。口訣云：鼎器逢期至，初三月出庚，卻從初四起，逆轉數經星。

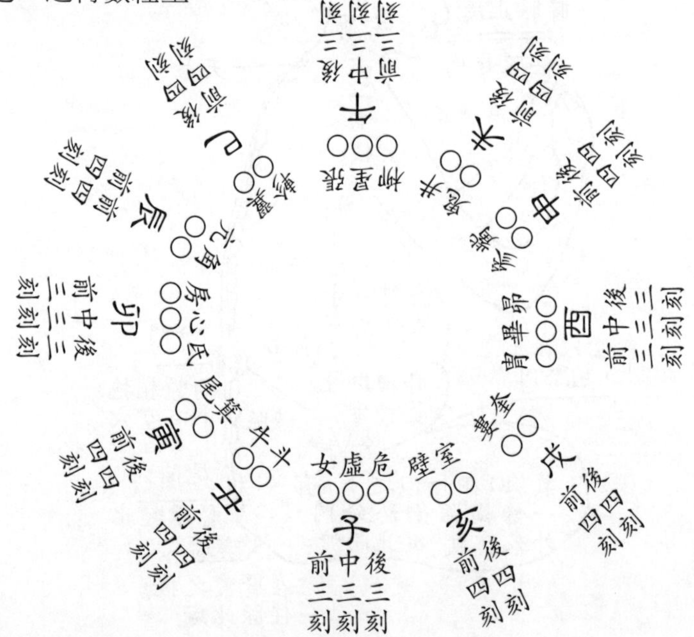

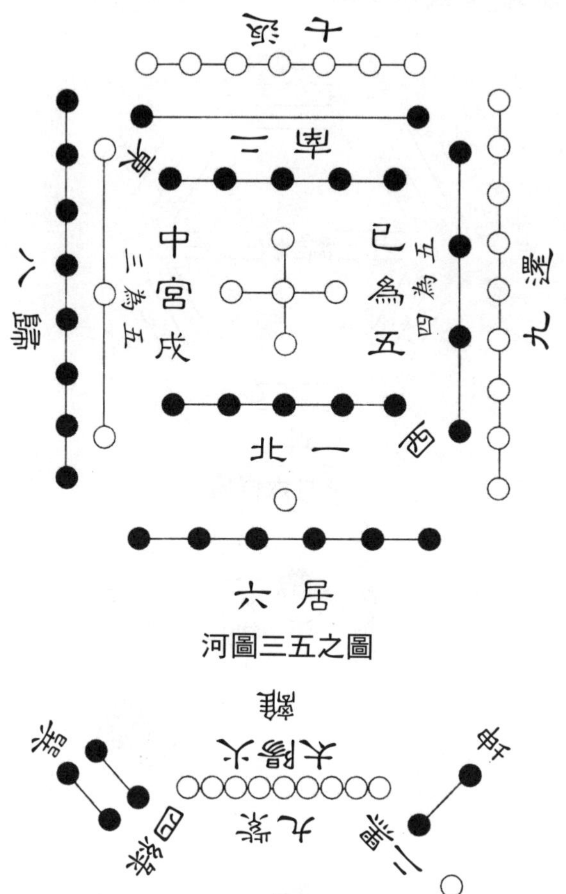
七返
南二
東
西
己為五
四為五
中宮戊
三為五
八歸
九還
一北
六居

河圖三五之圖

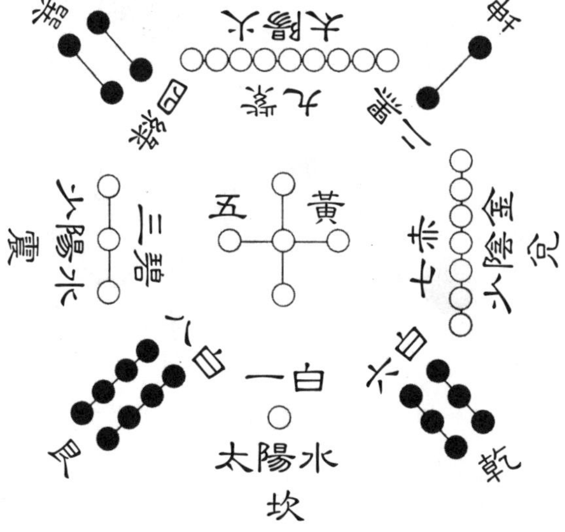
離
太陽火
巽
坤
四綠
九紫
二黑
五
黃
三碧
少陽水
震
兌
少陰金
七赤
八白
一白
六白
艮
乾
太陽水
坎

坎離配，為藥物。　　餘六卦，為火候

乾

兌　　巽

離坎

震　　艮

坤

一月六候圖

上半陰象兌　初八兌納丁　此上半月昏見之象

純陽象乾卦　十五乾納甲　下微陽象震　初三震納庚

上半陽象艮　廿三艮納丙　此下半月艮見之象

純陽象坤卦　三於坤納乙　下微陽象巽　十六巽納辛

六候納甲圖

十五為陽之極，十六為陰之始。契從交接之界言耳，初三本與十八為正封也。

三十卦數，
上下顛倒。
每日兩卦，
乃成六十。
起自屯蒙，
終於既未。
右旋逆行，
週而復始。

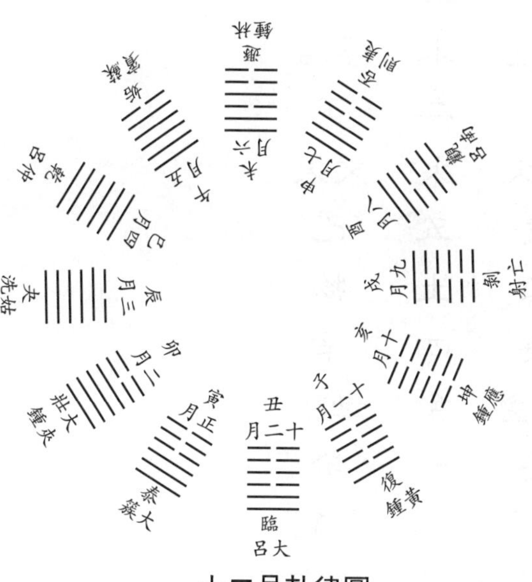

十二月卦律圖

乾坤坎離，
鼎器藥物。
四卦居中，
餘作火符。

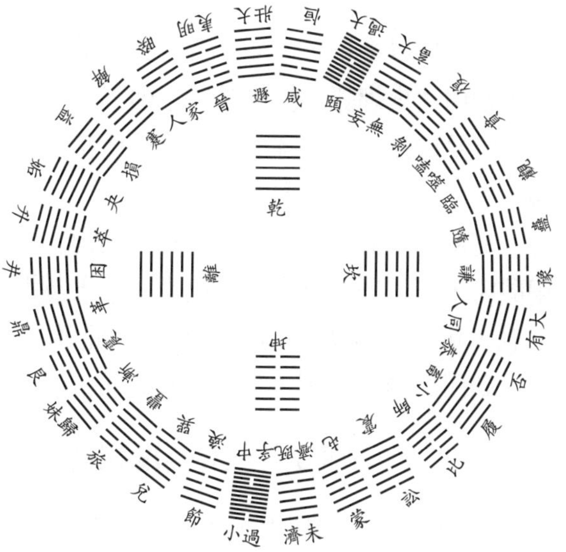

六十卦火候圖

甲	三	乙
沉左	木	浮右
丙	二	丁
武火	火	文火
戊	五	己
藥	土	物
庚	四	辛
世金	金	世銀
壬	一	癸
真汞	水	真鉛

五行相得而各有合

此圖按以金丹，理多不合，殆言爐火外事，故云世金世銀。初用武火煉鉛，按候投砂，則下沉而受氣。又用文火養砂，氣足砂凝，則上浮成藥。此即所謂戊藥也。又加文火煅煉，去戊留己，是名己物。

其制死靈砂，是曰真鉛。真鉛為寶，名為世銀。又將此銀翻粉，可以乾汞點金，是曰真汞。永為世金矣。從此生生不息，堪助道濟人，積功而升舉。此就外丹言之，理卻可通。殆所謂爐火之事，真有所據者耶。但其法秘不敢泄耳。

附3：三相類圖說辨疑

此圖舊在三相類中，以十干配五行，又引易傳五位相得，而各有合。彷彿似河圖四象之意。中間一行，自上而

下，木火土金水，仍造化順生之五行；自下而上，水金土火木，乃丹道逆生之五行。其左右對列，甲與乙對，丙與丁對，戊與己對，庚與辛對，壬與癸對，一陽一陰，五行相偶也。其上下分應，甲與己應，乙與庚應，丙與辛應，丁與壬應，戊與癸應，五陰五陽，五行互相剋也。再用四面方排，甲乙與庚辛配，是丹道之金來伐木也；丙丁與壬癸配，是丹道之舉水滅火也；戊己二土，位在中宮，是四

濂溪周子　自上而下
傳授此圖　順以生人

無極 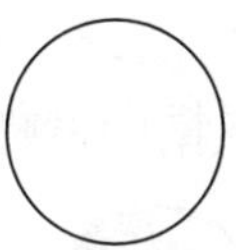 之真

陽陰互根　二氣之精
太極動靜  互藏其宅
生陰生陽　陰陽之精

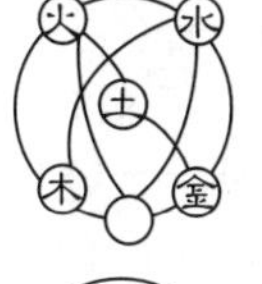

五氣順布　五行之精
木火土金水　各其一太極

乾道成男　同禀精氣
坤道成女　各具太級

天地氤氳　皆本二五
化生萬物　各一太極

太極順生圖

象會成五行，而丹胎凝結也。圖中大指，不過如此。但有不可強通者，陽木宜浮反為沉，陰木宜沉反為浮，文火宜左反為右，武火宜右反居左。且中間戊藥己物，分明配屬坎離二象，又以汞金屬戊藥之下，鉛銀屬己物之下，均於

圖出希夷　　自下而上
丹家之秘　　逆以戊仙

抱元守人　　煉神不虛
形神俱妙　　與道合真

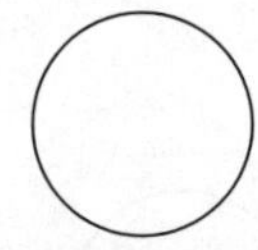

化所氣精中聚神元

三花聚頂　　移在泥丸
右環象坎　　左環象離
白者元氣　　黑者元精

五氣朝元　　凝結中宮
金木交並　　四象五行
水火相濟　　俱歸於土

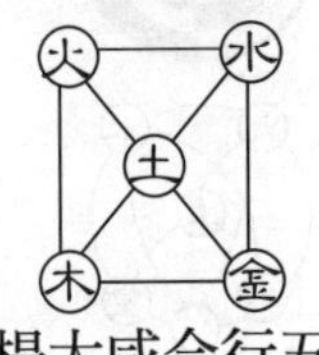

楊太咸合行五

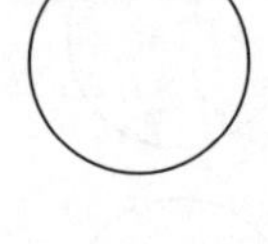

太極　　有生
自無而有　　存無守有

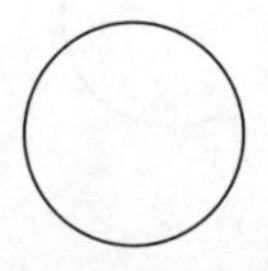

無極　　於無
道之根原　　道之妙用

丹道逆生圖

丹理不符。

外一死局，乃天地之正位子午；中一活局，乃建逐月之子午。內一小活局。乃月將加所值正時，罡之所在。（按：所在與所指不同。如身在未，則指丑，背身所指則吉，反之則凶。）

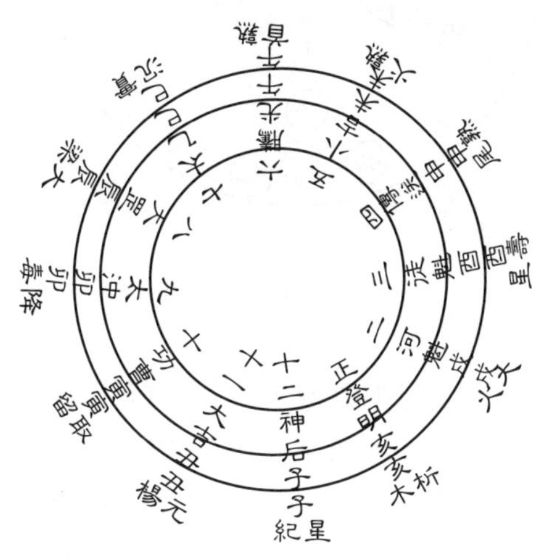

斗迠月將天罡圖

附4：二十八宿玄溝圖

陸長庚云：斗之所指，則氣動，罡之所指，則神聚。今欲知斗建之活子午，如正月建寅則以寅加於戌，卯加於亥，至寅位，則值午矣。又數在坤位，則為子矣。午與子相沖，則申乃氣動之時也。其天罡所在之方，如正月建寅，則於寅上加戌至午位，為寅，寅臨於午，便是破軍。天罡卻在破軍之前一位，乃巳位也。巳便是神聚之時。按此法，每月三十日，限定兩時，為神聚氣動。恐是道家書

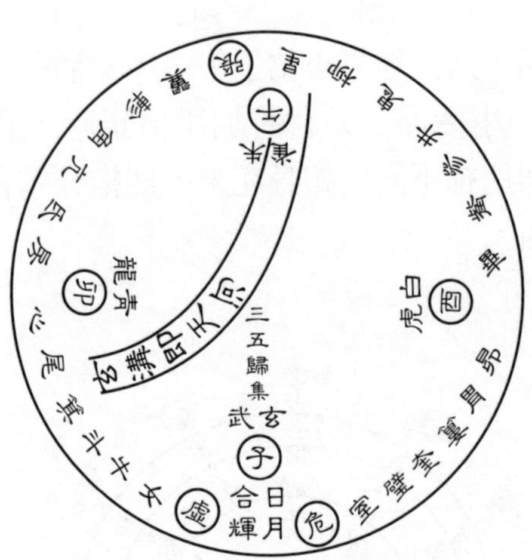

二十八宿玄溝圖

符制煞之法。若論鼎中氣機，一月六候，消息各有遲早，安能以兩時拘定乎？不知孫氏十二雷門測候一圖，為端的不移。又考斗建之法，如正月太陽已過宮，則以戌位加寅，逆排至申位為子，寅位為午。如太陽未過宮，則以寅位加亥，逆排至酉位為子，卯位為午。

求天罡所在訣云：日月常加戌，時時見破軍，天罡前一位，即此便為真。太陽宮未過，仍於亥上尋。其加戌與斗健不同。彼是以戌為主而加寅，此乃以寅為主，而加戌也。

康熙四十三年甲申三月朔旦完稿，四月望日繪圖，戊子九月訂定。

【注釋】

❶潛：陸西星，號潛虛子。「潛」為其自稱。

❷伏；通「服」。

❸匣：改正，訂正。

❹該；當為「賅」，是完備的意思。

❺延：為「廷」之誤。

❻含；當為「象」字。

❼埏（ㄧㄢˊ）埴（ㄓˊ）：以陶土放入模型中製成陶器。

❽秭（ㄊㄧˊ）：通「荑」。植物的嫩芽。

❾王：通「旺」。

❿曰：當為「也」字。

⓫文中所引呂祖《敲爻歌》四句，另一本為「只修性，不修命，此只修行第一病」。「達命宗，迷祖性，恰似鑒容無寶鏡。」

⓬水：一作「火」。

⓭「如水」應為「加冰」。

⓮韞（ㄩㄣˋ）櫝（ㄉㄨˊ）：同「韞匵」，意為藏在櫃子裏。

⓯諟（吐）：此，是。

⓰俵（ㄅㄧㄠˇ）：散發。

⓱此處原有一「無」字，屬誤，故刪。

⓲錫：為「賜」之誤。

第六章　古文龍虎歌

漢・陰長生注

四者混沌，五行之祖。

【注】一曰曾青為使，使為氣，氣為筋；二曰陰中陽為日之魂，魂為日之精，精為陽，陽為父，父為胞衣；三曰從白液化為堅冰，冰是陰中陽，陽為骨，骨憑氣而化白液，白液化為髓；四曰水銀為內之氣，化為血，血化毛髮，毛髮憑皮膚為匡郭而成質。可知三個月成形，十個月生，餘兩個月沐浴，合一年終。質稟天成象，遞用五行而輪轉，得名天地至寶，如人受天地正氣，亦為至人。我大道仙人藥寶，不同在世有價之寶，只如世間所用金、銀、珊瑚、瑪瑙、珍珠之類，並量其功價，以貴賤論之。唯我仙丹，象日月之光明徹，此時法天象地之寶，令人服之，可得長生，天地齊畢。皆是憑自然混沌之氣，在天為霧露，在地為泉源，如在碧潭之中，即是自然之道也。學仙之士，勿令錯用意，妄將變黃白藥錯服食。如道士得我自然之道，四氣混沌至藥，但服食一千日，則知神化路不遠矣。如四氣不足，即為神化無憑。亦象至人日月不足，豈為至人！乃知至人合天地文理為聖，世人以時物文理為哲。哲者，自為聖人乎？乃自明其道，採世間機運動，以功成法焉。量其作事根性遠近，時至盡化為灰燼，唯我三清宮神化藥寶，即得保命長生，天地齊畢。其道不合傳之，如傳在得人付之緣。道本無形，以五行氣相侵為根；

人本無至，而心為志。如心惡即言凶，言凶即行疏，行疏即道不成。所以三品之丹，付賢不付愚。愚者心暗於世，終日覽仙傑書訣，而念之不得其道性，性由心也。休糧服氣導引，忘治谷神魂魄，魄凝神定思一法，已上並是道之空門，實非長生之理。九鼎之丹，用四時火氣，張設文武，不絕火候，而晚成大器，寶貴難貨，至人難識也。

鉛爲匡郭，周遭佑助，青瑤爲使，能調風雨。

【注】曾青能為一切金丹使，使為氣，氣為筋，筋成大力焉。夫藥不至者，由曾青之力為使，如人不食，即無力。食象氣，氣象使，無食力，乃事不解矣。夫功皆從力而生，成大壯矣。藥無力，即無靈而安身。

白液金花，水生龍虎，三一升騰，必定規矩。

【注】龍虎本從虛無氣中相承。龍虎正道感化，運得四時天地成象之器，然龍虎自然生，猶四時薰蒸，各有所歸，生於無始，啟道本元者，得名龍虎。龍虎緣陰陽二性和合，相吞伏之氣所知，從虎氣中生有象之質，自然修善去惡即成之。三者，準上三丹田，各有歸魂守一之法，論至藥門中，四氣筋骨血肉相承之法，不差毫釐，勿令其陰陽時候差錯。每月初發火，從一日數九九之法。此三一法，並是內三一之法，用十二個月火候管十二時，配十二位，行九宮，象八卦，合五行。黃帝於皇人處請問三一之門，因此流傳口訣，受之如世，世有仙士，付之，亦勿令載於書方訣上，以口付之。若不依此三一規矩，縱解萬般小法，能變黃白救世，財寶如積山，亦未免身死矣。終不是保命之法，學而知之者為善矣。

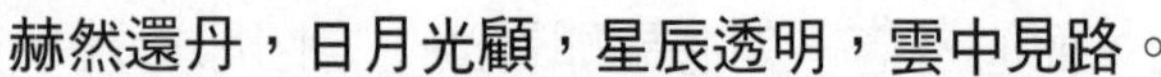

赫然還丹，日月光顧，星辰透明，雲中見路。

【注】其還丹成，赫然分明，亦如木中有火，火雖不露其色，如青中帶赤氣。服之一千日，化肉質，換骨通靈，安身定魂，反老成少，感天神助之，通神明。不得輒妄洩露，卻如未得道之日，可以成道矣。雖未滿陰功之間，且得度世不死矣。可知大道無跡，不失其根本，人不失其父母之遺體，除此一方外，其妄制服水銀黃白，不得為真道之門也。

訣中思深，會者有數，百歲之間，生死不住。仙士傳之，遞相保護，哀哉流言，更無別故。

【注】訣中至藥，教人長生之門。至藥與世寶別，仙人藥寶，千煉萬化，金丹再煉，令人服食，可得神靈，得長生之路，所以我惜時貴命輕財也。愚者即惟貴世之有財寶，救一朝一夕，妻妾榮華，行屍走鬼，輕命而時至自滅亡。百歲之間，死者莫知其數，元君所以哀哉！世人流行，藥中妙道已化，真人勿令妄運動，各令四人歸業，守道安貧，共成寶命之藥，亦名卯酉二八。二八成一斤之數。白液，白雪是也，白雪壓冰是也。所以言將卯酉二八，合入二性，同於丹砂，匆令常人知之。以火候九九，午之位也。然三一中云，三日一候，三三如九，數足其紫帶黑色者，元君贊之。惜於後世仙士所論歌訣，願明於師，勿令心二，可以長生備矣。可知天本無親，以心為親；天本無私，以心為私，天本無災，由人與非天與。人學不違於師，子莫逆於父母，即天道長久矣，即入師轉備矣。所以論至事不二，至藥無雙，天人合道，明然可增，其福大不雜矣。若骨多即肉不勝骨，肉多即骨不勝肉，骨

肉俱由筋可壯，其力猶增也，如無力，即如有袋不盛物，豈能立焉。無嬰兒不戀母，多嬰兒失母，即如藥無筋，為藥由主力也，無力自無神化之功。如會者，一言見三枝枝條；不會者，即經歷千書萬訣，不免為愚人。好求仙、求黃白，不尋讀仙書，究其至寶者多。好黃白未見一兩，不覺身亡。賢者好其至藥，雖未見藥之玄門，且積善如然，神無愛利之心。守道安貧，天不可罰矣。善慶從人師，自感其至，且從羲、軒之前後，累代求仙者得之幾人哉？

又歌曰：生成數極一百八，陰氣相從自凝結，赫然紫色成還丹，服餌長生不可說。

又歌曰：丹砂一味更無別，子母相生無休歇，人世不知費財寶，悟者爲之大還訣。

源眞銘：有訣不彰，有序不述，得之感之，可傳可說。

藥異名：一名土之父，二名水之母，三名號黃牙，四爲七十二石晶。

又歌曰：黃牙天生物，子母相淚沒，子母不相拋，母向子中出。

和合相假歌：玄之又玄在眼前，陰中有陽道自全，陰陽不離得和合，練之服之得神仙。

又歌曰：一名准中成，二號大道名，採續不斷，添之自靈。

又歌曰：在天爲霧露，在地爲泉源，數盡陰陽盡，得之終不言。

又歌曰：甲子下火當旬候，辯得子母仍依舊，旬候數足自周旋，從此堪爲兩分首。

又藥歌：一名眞源秋石，二名大道精魂，還丹採之合宜，離塵仙客是眞。

又歌曰：日月非我形，陰陽自成質，乾坤造化中，六合皆歸一。

又室歌：壇灶爲宮，漾之又蒙，一旬方一候，一沐又還蒙，數足自靈聖，乾坤處處通。

【注】龍虎歌與《周易參同契》有很深淵源。舊題陰長生注，陰長生為中國著名丹師，後漢新野（屬河南省）人，光武帝皇后陰麗華的親屬。不好榮貴，專務道術，聞馬鳴生得度世之道，乃求見於泰和山中，執役十餘年不懈。鳴生鑒其至誠，遂攜入青城山，授以《太清金液神丹經》，丹成仙去，住世百七十年。是知陰氏是一位內丹與外丹兼修有大成的高師。

第七章　金碧古文龍虎上經

宋・王　道注疏

第一神室者丹之樞紐章

神室者，丹之樞紐❶，衆石之父母❷，砂汞別居❸。

【注】❶神室象乾坤，能收日月之精氣，以為金液神丹，故謂丹之樞紐。《周易參同契》曰：乾坤者，易之門戶是也。❷真鉛生於天地之先，為萬物之父，百昌之母，故謂眾石之父母。《周易參同契》曰：眾卦之父母是也。❸砂汞本無形質，隱於真鉛之內，得太陽純一之精，方能顯化於神室之中，故謂別居也。

【疏】太極之初，化元氣而為天地，分陰陽而為日月，中產人物，通為三才。人之最靈，故為萬物之首。上古之時，人之住世，動經千百歲，自黃帝之後，漸至壽夭不齊者何也？蓋人不能體天地元氣而行，遂至夭傷也。天地所以能長且久者，盡得元氣純粹之大也。故能隨順四時，生剋五行，運動自然也。古者通達之士，觀天之道，執天之行，合自然元氣，而滋養一身，使如天地之壽。後世之人則不然，少者血氣未成，而為淫慾所誘，老者血氣將竭，而為衰病滋蔓，或有知道，則已晚矣。而自保之者，猶得延年。是以至人效天地變化，安爐立鼎而作神藥。老者服之，則聚精會神，還童為少，少者服芝，則得仙尤速。故真一子謂修煉神丹，與天地造化同途，托易象

而言之。莫不首採天地之根，而為大丹之基，既以乾坤運動之跡，而為大丹之法，象坎離而行水火，歷卯酉以主刑德，盜四時推移之數歸於掌中，托陰陽動靜之機而成冬夏，多陰生鵜火，陽發玄枵，動則坤變下爻為初九，靜則乾歸下爻為初六，此皆修丹之大旨也。

第二出陽入陰章

出陽入陰，流曜二方❶，列數有三，按象水火❷。

【注】❶陽自子而生，出於地上，歷丑、寅、卯、辰，至巳而陽極，則青龍日之精，曜於東方，陰自午而降，入於地中，歷未、申、酉、戌，至亥而陰極，則自虎月之華，曜子西方也。❷青龍白虎二物，皆因朱雀之氣薰蒸而成質，故有三人也。大丹自起首以至丹成，真鉛神室之外，只以水火二象為之，非有他物相雜也。

【疏】凡修金液神丹，先須認藥物根元，次驗其火候進退。陽升陰降，不離子午之方，日往月來，必在卯酉二位，用坎離而行水火，使龍虎變做夫妻，還日精於月窟則鉛內產砂，戲朱雀於離宮則砂中生汞。金由情也，汞由性也，情性相包，夫婦相眷，自然而成金液也。故人之情性，不離於身，丹之砂汞，俱生鉛內。情性於人非外物也，砂汞與鉛非雜類也，是知日月升降，陰陽往來，皆在天地之中也。故乾坤精髓，常聚於雞足山中，玄冥之內，而為大藥之祖宗，金丹之根蒂也。夫日有三照，月有三移。日月出於東，而光曜於西，則西方白虎金德之正氣，入於玄冥之內，化而為六戊；日月入於西，而光曜於東，則東方青龍木德之正氣，入於玄冥之內，化而為六己；日月當於午，而光曜於北，則是南方朱雀火德之正氣，入於

玄冥之內，就土成形，化而為黑鉛，常居杳冥之內，為天地萬匯之根本。故魏真人云：日潛德而沉彩，月施德以舒光，日受月化，體不虧傷。是知真元一氣，乃生天生地之本也？古之至人，知神物隱於此，遂假法象採之，而為藥之父母，擬乾坤面為神室，立鼎器以像雞足，取符火準則四時，還返金水，合於自然。運陽火以還日精，轉陰符而來月魄，使三方之正氣，並歸金鼎之中，以四象之至和，咸結杳冥之內，混混相交，經營鄞鄂，以至丹成，皆稟自然之變化也。今之學者，謂世間之水銀可以為金丹，世間之黑鉛可以為河車，使後來皆謬妄相傳，以虛為實，多方制度。至老無成。且水銀出自朱砂之內，因火化而成其理，只名水銀，終不能成金液也。殊不知金液者，稟天地自然之氣，憑陰陽純粹之精，附陰於月，為陰之主，伏體中宮，潛當戊己，為至藥之父母，豈有世間水銀及山澤五金八石，比並於神藥之父母哉！

神藥是度世延年之寶，天地萬靈之祖，世人甚難識之，後學以諸類雜物製造金液，實錯會古人之意。若使雜物可造金丹，則金丹容易得成。所云鉛汞二名者，古人直說物象，後人不解其意，以朱砂便為鉛，以水銀便為汞，此乃以假物合為真名，亂其根本，所以千舉萬敗，終無成理。前所論真鉛出產者，並是依經節錄，合於師旨，非敢臆說，以誤後學，好道之士，幸留意焉。

第三制由王者章

制由王者，武以討叛，文以懷柔❶，土旺四季，土德以王，提劍偃戈，以鎮四方❷。

【注】❶制，令也。猶王者出令，以布四方也。武，

剛猛火候也；文，柔弱火候也。喻金鼎堅備，神室密固，初進柔順之火，以來陽和之氣，令住鼎室之中，末行剛猛之火，金液須欲迸出，為坤官所拘，遂留精於內，以成造化。猶國有叛逆之民，被王者防制有方，革心聽命，故不能逃逸也。❷土德者，戍己真土也。真土者，真鉛也。真鉛能召至和之氣，歸於中宮，故青龍、白虎、朱雀、玄武四象之氣，不得真土，終不得成金液也。土居中宮，故稱黃帝，和氣隨四時而生，萬物皆有之。神室為和氣之主，旺於四季，能收攝日月之精華，歸於鼎中，不使流散於外也。《周易參同契》曰：土旺四季，羅絡始終是也。

【疏】王者治天下也，內修文德，外治武備，法三皇而設官僚，順四時而播五穀，故得國內安康，和氣生焉。古人以治天下之理，而制金液神丹。初下手之時，必須神室。神室之內而有胞胎，胞胎之外而有金鼎，金鼎之外而有壇灶，若一一全備，則使金液之精生焉，至和之氣合焉。王者體中宮神母，能伏流珠，不使飛走。文火發生之火，武火結實之火，能使金液成就也。昔公孫氏上升之後，配為中央土德，是和氣從中而生，復又羅絡四季，包裹金水，和合流珠，漸成神藥也。姹女流珠，飛走之物，不常定處，惟是土一味可以制之，返成變化自然之道也。

第四一坎離數一二章

坎離數一二❶，南北獨爲經❷，故冠七十二石之長❸。

【注】❶天一生水於坎，故一數主之也，地二生火予離，故二數主之也。❷北方陰極之所，而生陽氣之始，歷子、丑、寅、卯、辰、巳而終巽；南方陽極之所，而生陰氣之始，歷午、未、申、酉、戌、亥而終乾。陰陽二氣，

皆從子、午為發生之始終，故南北獨為經者也。❸真鉛先天而生氣，後天而成形，故為眾物之長，還丹之根蒂也。

【疏】人間之術，稱玄妙者，莫不以燒金煉銀為世寶，每見修制者，萬無一成。縱使有成者，且非出世之寶，又非延年濟世之術。今世學道之士，不以性命為急，皆迷迷相指，終無省悟之理。殊不知大丹之道，全在陰陽二氣相須而成至藥。故《真人丹砂訣》云：煉寶者合於至妙，煉妙者合於至靈，煉靈者合千至神，煉神者合於至道。如此至言，則可以知金丹之真偽，妙理之淺深。若不遇至人秘訣，豈能悟解真詮，為出塵之士哉！夫坎離卦象，乃離火坎水，南北二位，為水火根本，須則分為二體，本同一源而生，既分為二，各稟性情為一，有一無二矣。至人於此知是天性自然，非假合之所及，卻以二象配合為一，煉成至寶，服之長生。天產二物，都無雜類，實日月之精華，乃乾坤之骨髓也。《易》日：天垂二象，聖人則之。此乃返本還原，自有為而合無為也。故水火坎離，升降南北，獨為丹首，而冠七十二石之長。悟天地生殺之機，日月循環之方，則有無之性自可曉也。

第五剛柔有表裏章

剛柔有表裏，陰陽稟自然❶，金火當直事，金水相含受❷，雌雄並一體，用之有條理❸。

【注】❶乾陽為剛，坤陰為柔，互相包裹，配合神室，使陰陽自然之氣，日月施化之精，輻輳金胎而結神藥也。《周易參同契》曰：乾剛坤柔，配合相包是也。❷外則水火頻施，內則金水常交，木汞生青龍之體，金精長白虎之胎，萌芽漸兆，金木留形神室之內；金火既交之久，

而神水自生於母胎之中，以至丹成子母，兩相慕戀，金水自然滋養也。❸雌雄，亦龍虎也，乾坤也，日月也，陰陽也，坎離也，夫妻也，水火也，男女也。雌雄相雜，則變化精氣為物也。若用之得理，則發生自然也。

【疏】男屬離卦，太陽日之象也；女屬坎卦，太陰月之象也。日月相交，金水自生，情性相得，配合自然，更無外物。若以雜類而合神藥，即非自然之性也。只如男至弱冠，女至笄年，兩情相慕，亦是自然而然也。

古人將此喻大丹與人無異，皆自然之性也。砂汞在鉛體中，因水火激發而有，非外物也。嬰兒在母腹中，亦自水火而有，亦非外物也。古人知此兩種情性，根本不相去離，因引合龍虎之精，還返金水之氣，自然成其至藥，則一陰一陽之謂道。若非自然，則不可合也。譬男女二精，氣交體合，日往月來，自然變化，豈假他物而成胎孕？以此則神藥必在乎離火坎水二象而成，不在雜類也。由是以知日月真精，煉成金液，與男女胎孕之理實同，但有仙凡淨穢之異爾。至人恐後學不悟真理，故引此為證，其餘法象，自可知也。

第六變化既未神章

變化既未神，終能復更始❶，初九爲期度，陽和準旦暮❷，周曆合天心，陽爻畢於巳❸，正陰發離午，自丁終於亥❹。

【注】❶凡修大丹，須一月而成，若火數不準，鼎器不密，則神精降少，金液結遲，須更一月也。《周易參同契》曰：既未至晦爽，終則復更始是也。❷每遇晦朔之夜，子時陽火將興，便名地雷復卦，陽爻生坤，初九為下

也。自子至巳，為早為旦，自午至亥，為暮為晚，旦以屯卦直事，暮以蒙卦直事，屯、蒙二卦，以直一日十二時也，為大丹之體象也。一日兩卦，一月六十卦，初則屯、蒙，終則既、未。《周易參同契》曰：日辰為期度，動靜有早晚是也。❸陽火自子而升，至巳為陽極，而陰生於午也。《周易參同契》曰：春夏據內體，從子至辰巳是也。❹陰符自午而降，至亥為陰極，而陽火復生於子也。《周易參同契》曰：秋冬當外用，自午訖戌亥是也。

【疏】大丹變化之道，在乾坤二卦為首，陽火起於子，陰符生於午，陽極乾於巳，陰極坤於亥，乾坤十二爻，隨十二時而變化，以造金液也。或有造大丹視為等閒之事，妄意為之，以至費耗貨財，形枯骨悴，終無成期。豈知至道包裹天地，吐納陰陽，運轉四時，斡旋日月，發現五行，循環晝夜，生育萬物，皆稟至道之變化也。至人知大道之根本，可以度世，乃法象天地，攢簇陰陽，採日月之魂魄，合水火之靈氣，修營至藥，歸於自然。

千經萬論，留示將來，而學道之士尚不能信，但只以有形有質之物，假合造化，終不合至理。縱有成者，亦不能令人返老還童，久視人間，或返成癰毒流血之害。煉丹之士，可不戒哉！

第七水火各一方章

水火各一方，守界成寒暑❶，東西表仁義，五行變四時❷，如是則陰陽互用，順三一而得其理❸。

【注】❶水，陰也，寒極於坎；火，陽也，暑極於離。各守一方而成冬夏也。《周易參同契》曰：賞罰應春秋，昏明順寒暑是也。❷東方屬木，發生萬物之所，故謂

之仁，謂之喜；西方屬金，肅殺萬物之所，故謂之義，謂之怒。金、木、水、火、土五行之氣，變春、夏、秋、冬而正四時之象。《周易參同契》曰：爻辭有仁義，隨時發喜怒是也。❸若四象之數，不失其時，則陰陽之氣，順水火寒暑，各得其理也。

【疏】日月運行，寒暑有節，日去則月來，年移則歲至。以一歲之氣蹙於一日十二時中，排春、夏、秋、冬以應四時之候，運動法象，一一須及時也。日月之度不差，寒暑之節有準，則大丹必成矣。法象才動，內以知來，則精氣生於室中，陰陽結於鼎內，既得陰陽精氣，則鼎內潤澤，自然流通，漸生變化，與四時應候。故五篇云：春以溫之，仁也；夏以暑之，禮也；秋以涼之，義也；冬以寒之，智也。若四時之氣順，則一歲之事成焉。又春氣生物之本，乃巳前陽火之候；秋氣殺物之本，乃午後陰符之候也。子、丑、寅為春，卯、辰、巳為夏，午、未、申為秋，酉、戌、亥為冬，於十二時辰內，運其火候，應以四時五行，不得分毫差忒，則鼎摩漸結，金液將凝，其丹必成也。故歌云：聖人奪得造化意，手摶日月安爐裏，微微騰倒天地精，攢簇陰陽走神鬼。則知金液神丹，若非法象天地、準則陰陽、造化自然者，則無成矣。

第八神室設位章

神室設位，變化在乎其中矣❶。神室者，上下釜也❷；羅設位者，列雌雄配合之密也❸；多變化爲砂汞，砂汞者，金土二用❹。二用無爻位，張翼飛虛危❺，往來既不定，上下亦無常❻。獨居不改，化歸中宮❼。非土不可制也，包囊衆石，爲丹祖宗❽。

【注】❶立神室，象天地，天地定位，則日月之光曜其中矣。《周易參同契》曰：天地設位，易行乎其中是也。❷神室有上下兩釜，以應天地也。《周易參同契》曰：天地者，乾坤之像是也。❸設天地乾坤二位，上釜象天，為雄為乾，下釜象地，為雌為坤，使上下兩釜雌雄之際，配合而為一也。《周易參同契》曰：設位者，列陰陽配合之位是也。❹立鼎器，法乾坤，金母居中，三才備具，則生靈汞也，砂汞乃坎離水火，為乾坤二用。《周易參同契》曰：易謂坎離者，乾坤二用是也。

❺乾坤也，日月也，日月升降，水火抽添，不拘爻位，張翼南方離火之位，虛危北方坎水之位。《周易參同契》曰：二用無爻位，周流遊六虛是也。❻水火往來神室之內，不常定處也。《周易參同契》曰：往來既不定，上下亦無常是也。❼若火數抽添有理，則時時化入中宮，而為金液也。《周易參同契》曰：幽潛淪匿，升降於中是也。❽中宮神室，以真鉛製造，故稱土德也，包囊萬匯，為金液祖宗也。《周易參同契》曰：包囊萬物，為丹祖宗是也。

【疏】大丹之道，全在鉛銀與砂汞二物，砂汞乃日之精，鉛銀乃月之華，修金液之方，不出天地玄象之中。前篇所論，亦甚曉然，猶恐學者不悟，所以時時比喻，如言下曉了，則砂汞不勞而可得也。且鉛之有砂汞，由人之有情性，情性發於中而應於外，非外來也。砂汞生於中而現於外，亦非外來也。情性二用，並在身中，砂汞二名，俱隱鉛內，人用情性，則發於外，鉛有砂汞，則營於內，然則機用須別，其理同契。至人之意，分明指示，用日月至精，合而成藥，不以雜物他類也。

第九有無相制章

有無相制，朱雀炎空❶，紫華曜日，砂汞滅亡❷。

【注】❶有者，虎也；無者，龍也。有者，白金也；無者，陰陽氣也。以白金為神室，而未能自生變化，因水火升降，運轉四時，乃得成丹，故用容器而制有也。朱雀乃神火，薰蒸於下，神室之內，金液從火而生也。《周易參同契》曰：以無制有，器用者空是也。❷紫華，日月之精英，在神鼎之內，或化金華而現日月之光，或變靈液而示龍虎之狀，照曜鼎內，化為砂汞，一消二息，一浮一沉，隨水火而或滅或亡也。《周易參同契》曰：故推消息，坎離沒亡是也。

【疏】上古之人，以水銀一味而成丹者，蓋有龍而無虎也，而不假五行四象，法天則地，亦不會夫婦陰陽，交男合女，但取陰陽坎離之氣，消長於一身之中，龍虎之精，滋育於九竅之內，信任自然，而合大道，上古皆長壽，無夭殤也。中古以來，若欲卻老還童，延年度世，升真入妙，必須安爐立鼎，召天地至和之氣，回日月英靈之華，使四家無虞，五行全備，九轉數終，三千時足，開爐則紫粉凝霜，金華曜日，服之長生，後天而老。況今之人，知虎者多，識龍者少。夫金液為青龍東方木德之宗，即日也；黃芽為白虎西方金液之祖，即月也。此二物之精氣者，皆有神通變化之理，故經云日月之精救老殘是也。制之得法，食之亦能變化也。所謂丹之變化者，丹砂變為水銀，乃陽返陰也，水銀復變為丹砂，乃陰返陽也，方號純陽之丹，而人服之決得長生。聖人喻日月魂魄，只在坎離二位，更無別物，恐後不得真理，故直言之以示將來耳。

第十訣不輒造章

訣不輒造，理不虛擬❶，約文深奥，扣索神明❷，演成卦爻，五行爲經❸，坎雄金精，離雌火光❹，金木相伐，水火相剋❺，土旺金鄉，三物俱喪❻，四海輻輳，以致太平❼，並由中宮土德，黃帝之功❽。

【注】❶聖人垂文於世，必無苟作妄言，以惑後人。《周易參同契》曰：言不苟造，論不虛生是也。❷剪去繁蕪，撮其樞要，驗日月之妙理，符神明之至精。《周易參同契》曰：引驗見效，校度神明是也。❸體《周易》六十四卦以為火候，依金、木、水、火、土五行以為生殺，以日月相合而證夫婦，以坎離相交而來至精。《周易參同契》曰：推類結字，原理為證是也。❹坎藏六戊，為月之精，雄陽之位，居於北方，月陰也，戊陽也，乃陰中之陽，象水中之生金虎也；離藏六己，為日之光，雌陰之位，居於南方，日陽也，己陰也，乃陽中之陰，象火中之生汞龍也。《周易參同契》曰：坎戊日精，離己月光是也。❺金，白金也；木，赤汞也。二物相伐，愈自榮盛，水火遞剋，大見光明，日月相交，剛柔互興，陰陽得理，則相謀合。《周易參同契》曰：日月為易，剛柔相合是也。❻金、木、火三物，被四時尾火包裹，經九轉之後，俱化為明窗塵。《周易參同契》曰：土旺四季，羅絡始終是也。❼呼吸四方之氣，輳歸神鼎之中，引龍虎之精而為至藥，以五土而終功，以四季而結裹，故得赤青黑白，各得施其功，成就神丹也。《周易參同契》曰：青赤黑自，各居一方是也。❽中宮土德，乃戊己至和之氣，金液變化之道，皆稟戊己也。戊己居中宮，故稱黃帝。修神丹者，

採日月之至精，合陰陽之靈氣，周星數滿，水火運終，盡歸功於土德黃帝之功也。《周易參同契》曰：中宮所稟土德，黃帝之功是也。

【疏】上古之人，言不虛發，訣不再傳，事成之後，書之於契，以引將來好道之士，況文字所傳，只說大意，今直措大藥之源者，故令後人不用世間朱砂、水銀之類。若得玄妙法象，隨天地陰陽四時運動，而得成丹者，即是真陰真陽也。《黃帝陰符經》云：天機張而不死。得此道者，不可妄傳非人。《周易參同契》曰：欲寫之竹帛，惟恐泄天符，猶豫增歎息，俯仰發思慮是也。煉至藥不出水火，水火既交，則鼎中龍虎之氣，便相和合而成金液，故真鉛實金丹之父母，靈汞之祖宗也。化生萬類，毓養群生，皆稟此而成也。既得真鉛定體，而又知水火真方，則大丹豈無不成之理乎？

第十一金火者鉛也章

金火者鉛也❶，丹砂著明，莫大乎金火❷。言窮微以善化，陽動則陰消❸，混沌終一九，寶精更相持❹。卦與藥合，金有三百八十四銖，銖據一斤爲十六兩也❺。金精一化，二氣成丹，青龍受符❻。當斯之時，神室煉其精，金火相運推❼，雄陽翠玄水，雌陰赭黃金❽，陰陽混交接，精液包元氣❾。萬象憑虛生，感化各有類❿，衆丹之靈跡，長生莫不由。

【注】❶「金火」二字，是日月之精。金為月之本，火為日之根，皆生於鉛中，魏真人以金火為易，以易為藥也。《周易參同契》曰：易者象也。❷丹砂乃金液也，金液大丹一法，唯憑日月之精以成也。金者，鉛也；月者，

水也；砂者，汞也；日者，火也。外則水火升降，內則鉛汞交結，除此之外，別無雜類可入也。金砂變化，全在日月之精華而生。《周易參同契》曰：懸象著明，莫大乎日月是也。❸古之人窮典微妙，察其盛衰，使陰陽之氣往來，動靜循環，晝夜週而復始。《周易參同契》曰：窮神以知化，陽往則陰來是也。❹坎離龍虎之氣，混沌於神室之中，隨水火進退。下手之初，一窮坎位，火數發生之初，精氣相交乃未，有變通，至巳之巽位，火數發生之極，則龍生汞而虎生鉛，鉛汞之精漸萌，而鼎內日月之氣，輪轉於外，水火之精，卷舒於內。《周易參同契》曰：輻輳如輪轉，出入更卷舒是也。❺卦有三百八十四爻，周天一歲之數，總火候一周之用，金有三百八十四銖，金母一斤之數，總大丹一斤之用，其火候金母，皆相符合也。《周易參同契》曰：易有三百八十四爻，據爻摘符是也。❻太陰金虎之液，太陽木龍之津，化為真丹，晦朔起符之初，青龍火神當權，震卦主之。《周易參同契》曰：晦至朔旦，震來受符是也。❼正當青龍受符行火之時，神室之內，龍虎之氣相紐，金火之精相合，而化神丹也。《周易參同契》曰：當斯之際，天地交其精，日月相撢持是也。❽雄，陽也，乾也，天也，老陽也，日也，砂也，其精曰玄水，又曰雌汞也；雌，陰也，坤也，地也，老陰也，月也，鉛也，其精曰黃金，又曰白金。日月相交子鼎中，則日化玄水，而月化黃金也。黃金即真鉛，玄水即真汞也。鉛汞交而為一，一乃成丹。《周易參同契》曰：雄陽播玄施，雌陰化黃包是也。❾陰陽龍虎之氣，在混沌之中，承水火交感，互相變化而生津液，為丹根基也。《周易參同契》曰：混沌相交接，權輿樹根基是也。

⑩世間萬物，皆憑元氣而生，各遂其類而附其形也。如在鼎中，則木之氣化龍，金之氣化虎，火之氣化汞，水之氣化鉛，土之氣化和，而五氣皆歸中宮，長養鄞鄂，以至凝神成真，是各遂其類，凝而成真也。《周易參同契》曰：經營養鄞鄂，凝神以成軀是也。金液大丹有二十四品，唯此丹是金液之大丹者，乃是白日沖天之上道，一一明象天地日月星辰，五行四時，歸於神室之中，變化金液，長生之道莫不由也。《周易參同契》曰：眾夫蹈以出，蠕動莫不由是也。

【疏】金火即鉛火也，鉛火即水火也。金火相交，則丹砂生於金液之中，古之人所秘者，火候而已。火數如一斤，母數亦一斤，以母一斤之數，拆之為三百八十四銖，以火一斤之數，拆之為三百八十四爻，以應一年六十四卦之數，故乾之策二百一十有六，坤之策一百四十有四，引而伸之，觸類而長之也。萬有一千五百二十，以應萬物之數，合天地一周之用。古人法象天地，準則陰陽，用水火之升降，合金木之性情，備剛柔之體用，成大道之造化，其乾坤策爻，一一演火候大丹之數，顯金、木、水、火、土之精微者，天之符也。所修至藥，運動火候，皆應天符之數也。若將年月日時之數，蹙於一日十二時中，進退陽火陰符，以煉金液神丹，則造化之理，立可得也。

第十二于是玄潤光澤章

于是玄潤光澤，元君始煉汞，神室含洞虛❶，玄白生金公，巍巍建始初❷，冠三五相守，飛精以濡滋❸。

【注】❶黑鉛製為白金，精光潤徹，方成神室之體，中虛徑寸，以生真汞也。元君乃煉金丹之主司，《抱朴

子》曰：元君亦自言，我亦煉丹而得仙。伏羲畫八卦，仲尼演易象，皆明此天地之數也。《周易參同契》曰：於是仲尼贊洪濛，乾坤昭洞虛是也。❷玄生白金也，故能收養日月之精華，陽火未動，俱隱於白金之內，而不見形跡，水火既形，則金華產於白金之中，金華乃戊己之和氣也。二物相見，感化生丹，可謂巍巍尊高也。稽考古初，已有斯物，包裹陰陽，與萬物之形不相去離，《關雎》之義。水火相交，則砂汞生焉，神明出焉，故為萬物之母，為陰陽之始也。故《周易參同契》曰：稽古當之精，鼎器之類初是也。❸於真砂水三也，五土也，若水、火、土相交，則神精降於鼎器之中，故古聖人創立神室既濟鼎器，交男女之體，合龍虎之形，初則形質未分，一如混沌，既經運火之後，則夫婦之精相紐，龍虎之情契合，便應元年稽首之初，終成神藥也。《周易參同契》曰：冠婚氣相紐，元年乃芽滋是也。

【疏】元君亦煉丹而得仙者，上古之祖師也。擬天地之數，約日月之行，以鼎器則象乾坤，中虛寸餘，以安靈汞，法象如動，即天氣降，地氣應，天地至精相交而生神液也。巍巍尊高，實為玄妙也。古仙得道者，恐後人不悟真理，以朱砂、水銀諸雜藥物而造大丹，不明於真鉛之變化，是以取象立言，以曉學者。若雜類為之，是猶入山捕魚龍，入水求雉兔！皆無可得之理，徒勞力耳。

第十三玄女演其序章

玄女演其序，戊己貴天符❶，天符道漸剝，難以應玄圖❷。

【注】❶玄女乃天地之精神，陰陽之靈氣，神無所不

通，形無所不類，知萬物之情，曉眾變之狀，為道教之主也：戊己乃和氣，大丹之根本，天符運動，則生戊己之精也。《周易參同契》曰：聖人不虛生，仰觀顯天符是也。❷天符進子，陽火日增，至巳而陽極；天符退午，陰符日減，至亥而陰極。五行剋盡，四時運終，故道漸剝也。《周易參同契》曰：天符有進退，屈伸以應時，故易統天心是也。

【疏】玄女亦上古之神仙，為眾仙之長。戊己，土也；天符，火也。火乃元氣也，大則包涵天地，小則潛藏一毫，萬萬靈類，莫不沾其元氣，廣大包籠，潛布生育，刑剋金水，運轉陰陽，榮瘁萬物，變化無方，有至大之妙用。真人假此神化，營修至藥，採日月之至精，合溫涼寒暑，抽添水火，依春夏秋冬，隨順四時，盛旺榮衰，皆稟自然也。若以金銀草木灰霜，而造金液神丹，安有如此變化哉！

第十四故演作丹意章

故演作丹意，乾坤不復言❶，丹砂流汞父，戊己黃金母❷，鍾律還二六，斗樞建三九❸，赤童戲朱雀，變化爲青龍❹。

【注】❶前篇言大丹之意，置立神室，妙盡其理，故於此篇不復言也。❷丹砂，日也，流汞，日之魂也；戊己，月也，黃金，月之魄也。丹砂戊己，能生此二味魂魄而為至藥，故謂之父母也。❸二六者，乃子、寅、辰、午、申、戌為六律，丑、卯、巳、未、酉、亥為六呂。又子為黃鍾、午為蕤賓之類，主十二時也。三九，亦十二也。斗之所指為建，正月建寅，二月建卯，經歷十二辰

也。《周易參同契》曰：消息應鍾律，升降據斗樞是也。❹赤童，日也；朱雀，火也。火既運動，則日生汞於神室之中，故名為青龍也。古詩云，五行顛倒術，龍從火裏出是也。

【疏】夫太極生兩儀，兩儀生四象，四象生八卦，八卦定吉凶。故乾天也，其靜而專，其動而直；坤地也，其靜而翕，其動而辟。故經云：乾坤天地之體，坎離天地之用，道生天，天生地，地生萬物，是以乾坤動靜，生乎萬物者也。天也者，虛也，陽也，剛也，日也，父也；地也者，實也，陰也，柔也，月也，母也。自虛而下，皆地也；自實而上，皆天也。是以虛實相通，而有六爻之變，故乾用七九、坤用六八也。四象之數通乾坤之數，而老少陰陽之策見矣。四而通六，得二十四，故為老陰一爻之策；四而通八，得三十二多為少陰一爻之策；四而通七，得二十八，為少陽一爻之策；四而通九，得三十六，為老陽一爻之策。四變之策，乾坤之成數也；六九之變，六爻之生數也；以老陰老陽九六，隨乾坤二卦為變，而老陰少陽七八不入也。乾有六爻，而地得其三；坤有六爻，而天得其三。乾坤二卦為天地變通之體，常混而為一，布於六虛之內，隨陰陽二氣升降，變化於六爻之中。方其乾之動也，直而不屈，陽火赫赫，發乎地下，變坤下爻而為復，是曰初九，為陽六爻之主，微陽方生；二變為臨，陽氣方行；三變則陰陽交通而成泰，萬物萌甲，破地而出多四變為大壯，萬物叢生；五變為夬，則萬卉見真；以至上九，變為純乾，陽光熹熹，遍佈卯酉之南，草木茂盛，陽光升予上，五色曜於首，井泉若冰，是為乾卦周是之時也。方其坤之動也，辟而不塞，陰靜肅肅，發子天上，變乾下爻

而為姤，是曰初六，為陰六爻之主，微陰方生；二變為遯，陰氣方行；三變則陰陽不通而成否，萬物成實，結而垂下；四變為觀，萬物衰落；五變為剝，則萬卉歸藏；以至於上六，變為純坤，則陰精凜凜，遍佈卯酉之南，草木萎黃，陰精沉於下，五色藏於根，井泉若溫，是為坤卦周是之時也。故經曰：日入地中，結精之象，再變為復，發生萬物者也。是知乾坤二體，隨陰陽之氣以變動升降於六虛，一晦一明，循環晝夜，日往月來，如環如端，而莫知乎紀極也。惟一味元和之氣，以成變化爾。上古至人，知天地之消息，陰陽之舒慘，故托易象，法乾坤，準陰陽，擬水火，召天地至和之氣，引日月純粹之精，歸於神室之內，以變金液，點化凡軀而作聖體，功德備具，位號真人，孰不謂之神乎？

第十五坤初變成震章

坤初變成震，三日月出庚❶，東西分卯酉，龍虎自相尋❷坤再變成兌，八日月出丁，上弦金半斤❸坤三變成乾，十五三陽備，圓照東方甲❹。金水溫太陽，赤髓流爲汞，咤女弄金瑙，月盈自合虧❺。

【注】❶朔前夜半子時，運行陽火之初，日月合璧於昴、畢之上，乾交坤之下爻而為震卦，震卦主事，一陽爻生於下，則月至三日，現於庚方也。《周易參同契》曰：「三日出為爽，震受庚西方」是也。❷東西二八之門，日月出入之方，金水正位，既經五日，運行火候，則龍虎之氣，兩相慕戀，聚於鼎中也。❸自六日至八日成上弦，乾交坤之二爻為兌卦，兌卦主事，二陽爻生於中，則月光得半，弦平如繩，而月現於丁方，喻鼎中金火各半也。《周

易參同契》曰：「八日兌受丁，上弦平如繩」是也。❹自十三日到十五日，乾交坤之上爻而為乾卦，乾卦主事，三陽爻生於上，則月光圓滿，而月現於甲方，喻鼎中金德圓滿，得火候也。《周易參同契》曰：「十五乾體就，盛滿甲東方」是也。❺金液神丹至此，太陽之精盛滿，神室之內，金火之氣化而為汞，汞與其母，兩相留戀，以變金體，蟾蜍兔魄，互相包裹，光曜鼎中，姹女之體，自成首飾，化現金瑙，喻鼎中金色漸榮，而變成金丹。《周易參同契》曰：「蟾蜍與兔影，炳煥兩氣俱，蟾蜍視卦節，兔魄吐生光」是也。太陰自初一日至十五日光滿，至十六日自合虧也。《周易參同契》曰：「七八道已訖，屈伸低下降」是也。

第十六轉相減章

十六轄相減，乾初缺成巽，平明月現辛❶；乾再損成艮，二十三下弦，下弦水半斤，月出於丙南❷；乾三損成坤，成坤三十日，東北喪其明，月沒於乙地❸。坤乙月既晦，土木金將化，繼坤生震龍❹。

【注】❶謂十六日以後，坤交乾之下爻而為巽卦，巽卦主事，一陰爻發生於下，陽火初退，陰符始生，平明則月現於辛方也。亦如陽火初進之時，月生三日同也。《周易參同契》曰：「十六轉受統，巽辛現平明」是也。❷自十六日陰符退，至二十三日，坤交乾之中爻而為艮卦，艮卦主事，二陰爻生於中，則月現於丙方，復與上弦同義，蓋鼎中金水各半也。《周易參同契》曰：「艮直於丙南，下弦二十三」是也。❸自二十六至二十八日，坤交乾之上爻而為坤卦，坤卦主事，三陰爻生於上，月光將盡，則月

現於乙方，至於東北，陽光既盡，是謂喪明也。《周易參同契》曰：「坤乙三十日，東北喪其明」是也。❹自二十八日至三十日，陰符到此消盡，陰陽之氣各停，土與金、木相合為液，六陽之氣不合於月，太陰之體全黑，循歷東北，再經昴，畢之上，日月相合，水火重施，復如其初，又以復卦為首，繼坤而生震卦也。震屬木，位在東方，故稱龍也。又陽火為龍。《周易參同契》曰：「節盡當禪與，繼體復生龍」是也。

【疏】自子至巳，陽火六時而為進，震、兌、乾主之，太陽行度為金液之象也，復、臨、泰、壯、夬、乾為太陽行度，陽火之象也；自午至亥，陰符六時而為退，巽、艮、坤主之，太陰行度為金液之象電，姤、遯、否，觀、剝、坤為太陰行度，陰符之象也。鼎中金水之變，十二爻十二時主之；天上月華之動，六卦十二時主之。

《周易參同契》曰：「言之甚詳，但人不能洞察之耳。」修真之士，欲煉此大丹，必上知天文，下知地理，中知人情，方能變通造化，手握陰陽，運日月於爐中而孳生龍虎，交乾坤於室內而長養精神，金母無虛育之勞，木父有成功之逸，金液化現，砂汞成形，九轉數終，陽光變是黃輿，立號明窗塵，不唯點石化金，服之與天齊老，變化之妙，無以加矣。

第十七乾坤括終始章

乾坤括終始，故曰震龍也❶，如上三十日，坤生震兌乾，乾生巽艮坤❷，八卦布列曜，運移不失中❸。

【注】❶乾坤二卦為眾卦之父母，二卦相索而成八卦。乾先索坤之下爻而為震卦，以為朔，自一日夜半子

時，陽火發生之始；坤又索乾之下爻而為巽卦，自十六日夜子時，陰符發生之始也。乾納甲壬，坤納乙癸。《周易參同契》曰：「壬癸配甲乙，乾坤括終始」是也。❷坤生震卦，而為初五日直符；坎生兌卦，麗為中五日直符多又生乾卦，而為末五日直符。太陽立十五日，圓滿於甲上，鼎中金液亦盛，蓋隨卦後而增也。乾生巽卦，而為初五日直符；坎生艮卦，而為中五日直符；又生坤卦，而為末五日直符。太陰立十五日，光盡於東北艮鄉，鼎中金液盛實，亦隨卦後而成也。乾坤自相生滅為三十日，一月之候也。《周易參同契》曰：「七八數十五，九六亦相應，四者合三十，陽氣索滅藏」是也。❸如上八卦布列於一月三十日中，運動陽火陰符，一一輳歸神室之內，為大丹金液之變化。《周易參同契》曰：「八卦布列曜，運移不失中」是也。

【疏】人之一身，亦體天地，其中陰陽升降，亦與造化之符契，但以六慾七情發之於外，而精氣耗損於內，終日汩汩，不知省覺也。能知此道，隨順陰陽，恬淡守素，則天地外交，而身中內合，一一皆應其升降。若少思慮，無戕賊，亦自然延年矣。

況安爐立鼎，法象天地，召日月之至精，引陰陽之和氣，成神藥而服之，安得不為仙哉：造金液者，須知乾坤八卦，約一月三十日行度之數，日行一度而月行十三度，雖一月一終，終而同宮，謂之合朔；日行三十度，月行三百九十五度，歷十二月，再與日合於斗宿之上，為冬至之日也。故至人以日月躔度之數，為一月運火之期，前十五日震、兌、乾主之，後十五日巽、艮、坤主之。坎離定位，陽火陰符隨時進退，皆依約爻象也。

第十八調火六十日章

調火六十日，變化自爲證❶，神室有所象，雞子爲形容❷，五嶽峙潛洞，際會有樞轄❸。

【注】❶元精在鼎中，難睹其狀，如一月數終，開鼎視之，或金華降少，玉液結遲，乃陰符陽火有太過不及之患，再須一月運行結丹之火候也。故元精在鼎中，受外來符火，一一變化，難睹其狀，以十二時爻象火候，即知其動靜沉浮。《周易參同契》曰：「元精渺難睹，推度效符證」是也。❷古之至人，仰觀天象，俯察地理，效乾坤而立神室，類雞子而法形容，虛中一寸，以安靈汞。《周易參同契》曰：虛則觀其象，準擬其形容是也。❸地上靈山，分為五嶽，其中皆相潛通，古人立表以為象，製壇爐鼎灶，符合玄法，委曲相通，而使火氣通達，無所凝滯。若火候散於外，則吉凶生於內。《周易參同契》曰：「立表以為範，占候定吉凶」是也。

【疏】天地未分，象若雞子，天地既分，陽火升子上，而輕清之氣結而為天，陰水沉手下，而重濁之氣結而為地，是謂天地定位也。神室者，上釜為天，下釜為地，兩釜相合，其形若雞子，中虛寸餘，是謂神室定位也。天地交則水中生火而升，火中生水而降，相交土真士之內而生藥物；神室交則火自坎生，水自離降，相交於戊己之內而生靈汞。玄妙神秘，亦可知也。

第十九發火初溫微章

發火初溫微，亦如爻動時❶，上戴黃金精，下負坤元形❷，中和流素津，參合考三才❸，乾動應三光，坤靜含

陽氣❹。

【注】❶凡神丹起火，皆依約爻象，與十二月同為消息，如地雷復卦主冬至之令，下一爻變為陽，子時之爻也，於此時發火，未甚有力，值溫溫然，是謂柔火，以應復卦下一陽爻初生之候也。《周易參同契》曰：「發號順時令，勿失爻動時」是也。❷黃金乃乾天也，上釜也，坤元乃坤地也，下釜也，二釜相合而先神室。《周易參同契》曰：上察河圖文，下敘地形流是也。❸既神室有位，則素津靈汞害於其中矣。中宮之靈，赤喻人心神之所居也，故天地人全，則萬物名焉，金木作焉。《周易參同契》曰：「中稽於人心，參合考三才」是也。❹乾，天也，日也，火也。乾元運動，而木火之精便生於空虛之中，而作金液也。坤，地也，月也，水也。坤元靜居，而月水金乏精，和合太陽流珠，而又包裹不致飛走也。《周易參同契》曰：「動則循卦節，靜則象爻辭：乾瑋用施行，天地然後理，可不謹之乎」是也。

【疏】日為離，位在南方，居丙丁之中，火之正位也。日又含火，火又變體成汞，故曰汞生於日，汞者陽也，謂之陽魂也。離卦二陽一陰，以己土為其神，又是坤之中女，日又用己土為其光，己者陰；位也，故以其象配離卦。又為日中之光，含其玄色為朱，從青變赤，故為朱砂也。月屬坎，位在北方，居壬癸之中，水之正位也。月又含水，又變體成金，故云金生於月，金者陰也，謂之陰魄也。坎卦二陰一陽，以戊土為共神，又是乾之中男，月又用戊土為共精，戊土者陽位也，故以其象配坎卦。又為月中之精，含其素色為黑，從白變黑，故為黑鉛也。

汞含離氣，以應陰爻之位，汞之一物，非世間水銀及

朱砂等物，本生於太陽之內，離名曰水神，是謂真汞也；鉛含坎氣，以應陽爻之位，鉛之一物，非嘉州成鉛及諸岩間所生者，本生於太陰之中，坎名曰白金，是謂真鉛也。鉛分為二，二儀神室也；汞生於一，一氣玄液也。以象三才，為天地人也。

第二十神室先施行章

神室先施行，金丹然後成❶，可不堅乎，煉化之氣，包裹飛凝❷，開闔靈戶，希夷之府，造化泉窟❸。

【注】❶既立神室而得其法，則金液有必成之理也。❷煉丹之士，必須先堅備鼎器，使其中靈汞結凝，不得飛走，方可成丹也。❸神室有上下之釜？開則為二，闔則為一，其中虛空，水火才交，神物便生，故號希夷，白金為丹而生水銀，號曰金液，此丹之府庫窟穴也。

【疏】北方之水，生成白金，謂之真鉛，乃至陰之精，包含陽和，隨混沌分判之氣各歸一元。古之至人，法象天地生成之道，還陽和之氣於真鉛之中，合自然之用，製成大藥此則真元之氣也非世間凡物可為。若修煉之得法，制度有理，則何患不成大丹乎？龍虎二物，俱生鉛中，因水火升降，致使金木交希夷之府，日月會造化之窟，白金為母，包裹眾靈，而產至寶矣。

第二十一陽氣發坤章

陽氣發坤，日晷南極❶，五星連珠，日月合璧❷，金砂依分，呼吸相應❸。

【注】❶亥月之末，純坤卦終，至子月之初，夜半子時，坤卦下生一陽爻為復卦，乃陽火所生之時也。至丑歷

寅，以至於巳，陽氣至南方極勝，則陰生於午也。❷五星運行周天有若連珠，遲疾留伏、逆順進退也。日月躔度，一月一交，其合璧與五星共為表裏，以證金火一歲之用也。❸金砂乃日月之精也，水火升降，一消一息，則金砂在鼎中，一浮一沉，隨象呼吸，與外來符火相應也。

【疏】真鉛，母也，坤也。太陰之體常黑，遇陽火而方生形質，形質既生而歷六十四卦，逐三百八十四爻，變化萬狀，皆隨日月五星行度之數也。若以雜類為丹，安得隨陰陽四時而生乎？

第二十二華蓋上臨章

華蓋上臨，三台下輔，統錄之司，當密其固，詰責能否❶。

【注】❶華蓋十六星，其形如蓋，在紫微宮中，以應帝座。三台六星，在紫微宮外，主調順陰陽燮理萬物。逾水火，居金鼎上下。若燮調得理，則神精降內。三台為統錄之司，官僚之帥，宰相之任，又曰文昌也。或五星盈縮失次，日月進退失節，則四序不應，風雨不時，是致萬物不生。亦猶煉丹之士，運行失節，使鼎或千或溢，變異不常，必敗丹事。若總諸節候，如運諸掌，固密鼎器，不使有虞，若一不理，則詰責運符之能否也。《周易參同契》曰：「文昌總錄，詰責台輔，百官有司，各典所部」是也。

【疏】世之學道者多矣，然得妙理者萬無一二。或假其名以資奸利，或燒變黃白，勾合庚艮者有之，或妄指古文，修煉五金八石，以僥倖大藥，費歲月，耗精神，終無成效。愚者益其過，智者損其行，耽執至死，曾不悔悟，迷迷相傳，無有休止，至有失其職業，散其貨財，失其父

母之養，割其妻子之愛，漂流凍餒，世世有之。殊不知金丹大藥，非凡鉛凡汞所作，乃天地之精神，日月之魂魄，何患不造其長生之域耶！

第二十三火煉中宮土章

火煉中宮土，金入北方水❶，水土金三物，變化六十日❷。自然之要，先存後亡❸，或火數過多，分兩違則❹，或水銀不定，同處別居❺，剛柔抗衡，不相涉入，非火之咎，譴責於土❻。

【注】❶火，日也，金，月也。金火二性，順五行六律之氣而生，故火生土，金生水，各吐其精而為神藥也。《周易參同契》曰：「日合五行精，月受六律紀」是也。❷中宮只有金母一味，而水土二味得火候而和合，若一月火候金液不依母數，則再須一月起火也。《周易參同契》曰：「五六三十度，度競復終始」是也。❸金液神丹全在火候，火是藥之父母，藥是火之子孫，乃天地之氣自然而生也，或火力停勻而生金汞，或火力失度返致散失，存亡不定，必在六十日之內，以度其始終也？《周易參同契》曰：「原始要終，存亡之緒者」是也。❹陽火數多，神氣返傷，致使金汞驕溢，亢滿鼎中，違失範度也。《周易參同契》曰：「或君驕佚，亢滿違道」是也。❺水銀乃金液也，若火數差殊，則水銀在鼎室之內，隨火不定，不依軌轍而行，則或同或別，生於不測也。《周易參同契》曰：「或臣邪佞，行不順軌」是也。❻金砂不依數生，剛柔不相涉入，非特火之過也，亦是中宮金母不純，而精氣少失必在此，故不責火而責土也。《周易參同契》曰：「弦望盈縮，乖變悔吝，執法刺譏，詰過移主」是也。

【疏】煉丹之士，須明日月行度之數，知陰陽升降之理，曉火候之抽添，辨藥物之真偽，方有必成之理，茲實在於火候。運符之人，若昧於此，執法不定，卻言傳受不真，譏刺師言，不能自悟也。好道之士，宜戒之爾。

第二十四土鎮中宮章

土鎮中宮，籠罩四方❶，三光合度，以致太平❷。五臟內養，四肢調和❸，水涸火滅，含曜內朗❹，金木相瑩，閉塞流輝❺，調水溫火，發之俱化，道近可求❻。

【注】❶土者，戊己也，母也。母居中宮，召四方和氣，歸於神室之內，化成金液也。《周易參同契》曰：「辰極受正，喻金母，蓋能優游以懷來臣庶也。故曰，辰極受正，優游任下」是也。❷三光則日、月、星也。若三光進退而不失於上，則天下太平，令行禁止，國無亂逆之患也。丹之內運，亦有三光，蓋陽火、陰水與金胎，是象日、月、星也；故外運亦有三光，分在動靜爻刻之內，陰陽符火之中。若運符得遐，則無逃逸之害，如治國之致太平也。《周易參同契》曰：「克明正德，國無害道」是也。❸若運行符火，盡合周天度數，則鼎室之內，真人之身，五臟四肢，調和安順，虛無恬淡，以致於中，故無傷天之患也。《周易參同契》曰：「內以養己，安靜虛無」是也。❹夫煉大丹火候，巳時則水涸，亥時則火滅。至茈二時，金火之精氣，各得其情，光耀遍於一室之中，朗照真人之體也。《周易參同契》曰：「原本隱明，內照形軀」是也。❺龍虎之氣相交，金木之情契合，金來剋木，木被金制，反能瑩盛，致使流輝鎖於鼎中，靈根閉於室內，皆自金母養毓而成也。金母變化不常，此之微妙，非

口訣難傳。《周易參同契》曰：閉塞其兌，築固靈根是也。❻金母在鼎內，翕三光之氣，來日月之精，孳生聖胎，其狀莫測，而子株靈汞，在於神室之中，隱伏難見，若水不失其時，火不失其候，水火俱進，升降有法，隨順天機，樞轄法象，則金汞自然而眷戀，龍虎情性以交結，擬象求之，變化之理，其道可見矣。《周易參同契》曰：三光陸沉，溫養子珠，視之不見，近而易求是也。

【疏】夫人之理，可以類推，若三光之精未現，四象之氣未分，玄黃混沌，清濁未判，真鉛之氣，混沌其中，既分清於天，用濁於地，陰陽之和以為人，三才定位，真鉛之氣居於中央，當戊己之位，又為神藥之母，籠罩四方，金、木、水、火之氣而結為金液也。五行之中，金來剋木，木中有火，火返剋金，金火相剋，互相瑩盛；水來剋火，火中有土，土返剋水，水土相配，互為變化：此相生相殺之理，皆在口訣，不以書傳。若以天道求之，則一味元和之氣耳。

第二十五水土獨相配章

水土獨相配，翡翠生景雲❶，黃黑混元精，紫華敷太陽❷，水能生萬物，聖人獨知之❸。

【注】❶水則玄水，土則金母也。太陽之火，與金母相交，則神室之內，木精化氣而生景雲，漸結流珠，潤澤丹宮，以化金液也。《周易參同契》曰：黃中漸通理，潤澤達肌膚是也。❷黃黑亦水土也，水土之氣相制，而生太陽元精，若合法象，始終得其妙理，則太陽元精，漸兆於有無之中，以生鄞鄂。紫華敷腴；黃液蕩漾，是神藥未堅實也。《周易參同契》曰：「初正則終循，干立未可持」

是也。❸水一數，玄天生水，而居於北方，水中生金，金復能生水，聖人知之，擬象而成神丹，非凡愚可測也。《周易參同契》曰：一者以掩蔽，世人莫知之是也。

【疏】乾坤二體，玄象包裹。天一生水日玄水，地五生土曰真土，水土相交，是生萬物。聖人知此造化，遂擬天地而立神室，誰陰陽而行水火，依約爻象，中遷四時，則元精生焉，辛稟汞出焉。

第二十六金德尚白章

金德尚白，煉鉛以求黃色焉❶。感化生中宮，黃金銷不飛，灼土煙雲起❷。

【注】❶煉鉛為白金，自金為神室，神室中有金水，金水既為火所化而色變炎，名曰黃輿。《周易參同契》曰：下有太陽氣，伏蒸須臾間，先液而後凝，號曰黃輿焉是也。❷金液將生，隨水火凝於器中，本從金生化而成液，感結中宮，則黃金之液，自然不飛走也。火灼金華，渾氣清澈，或為輕煙薄霧，在鼎室之內，變化無常，或鐘乳倒懸，或犬牙參錯，或變日月之象，而魂魄皆現，或化龍虎之形，而金木相交，精神萬狀，不可名言。若以五金八石、諸類雜物作之者，安能臻此神化哉！

【疏】世間萬物，不能壞者，惟黃金耳。自開闢以來，唯金體不虧損，故黃金之母日真鉛。真鉛者，先天之一物，混沌未判，鉛氣在其中，及天地分形，鉛體亦現。天地萬物，若無鉛氣，則不能成其妙用，故真鉛之氣，靡所不在也。且黑金生白金，白金生黃金，黃金生至藥，若人服之，則壽同天地，與道同體，故金德之精，為眾藥之主、萬物之宗也。

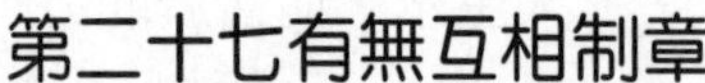

第二十七有無互相制章

有無互相制，上有青龍居❶，兩無宗一有，靈化妙難窺❷。

【注】❶有者，白金也；無者，火氣也。故有無之作，互相制伏，金水相交而生靈汞於中宮，汞即青龍也。《周易參同契》曰：「上閉則稱有，下閉則稱無無者以奉上，上有神德居」是也。❷兩無者，陰陽氣也，日月之魂魄也。一有者，亦神胎也。神胎之中，無諸雜物，桓空體而已。因水火之氣，引日月之精，合陰陽之粹，入於神胎，金液靈化，莫能窺測，神室上下，水火之氣，因金母翕育，相須而生。《周易參同契》曰此兩孔竅法，金氣亦相須是也。

【疏】金液名黃輿者，乃九轉之名也。古之人服丹藥，先齋戒清淨於內，然後方服外丹，庶得內外兼濟，真氣薰蒸，遍於四肢，易以返老還童，為純陽之身，與天齊壽也。

第二十八煉銀於鉛章

煉銀於鉛，神物自生❶，銀者金精，鉛包北靈❷，水者道樞，共數名一陰陽之始，故懷銀精❸。鉛化黃丹，寄位五金❹，爲鉛外黑，色稟北方，內懷金精❺，被褐懷玉，外爲狂夫❻。

【注】❶白金未見其形隱於北方玄水之中，若知白金黑鉛之內，取之為大藥之基，運動法象少則神物自然生矣。《參同契）曰，知白守黑，神明自來是也。❷金精乃白金也，玄水之基乃真鉛也，常包北方真水銀也。《周易

參同契》曰：白者金精，黑者水基是也。❸白金自水而產，用為神器，水體不絕，金水兩情為之樞紐，陰陽之本故為銀精，銀精則藥也。《周易參同契》曰：水者道樞，其數名一，陰陽之始是也。❹鉛亦名玄，位居坎方，水、火、金、木之氣隱於鉛中，為五金八石之主，流珠遇之而為根本，皆水火之氣結成也。《周易參同契》曰：鉛含黃芽，五金之主北方河車是也。❺鉛外貌黑惡，而內有金華，常居北方壬癸之位也。《周易參同契》曰：「故鉛外貌黑，內有金華」是也。❻真鉛未定修煉之前，混於礦內，而色黑內懷，以象被褐懷寶也。《周易參同契》曰：被褐懷玉，外為狂夫，是此意也。

【疏】夫鼎者，藥也，藥者，鼎也，鼎藥一也。金液之道，若以非類而成，則世人服之者升仙多矣。故《周易參同契》曰：挺除武都，八石棄捐。則知大丹不用五金八石、曾青雌雄之類，斷可見矣。或為金丹自赤而變紫色者，不過曾青雌雄之氣染入而已。且夫自然元氣，發生草木，枝葉花果，顏色豔異，豈是曾青雌雄所染哉！

古詩曰：花發何奇異，綠葉間紅苞，誰人將此染，爭知造化燒。枝莖花葉所發，乃自然變化而成者，莫非水、火、土之氣也，金丹之道亦然。順天地生成之理，合金木自然之方，若以水、火、土歸於一家，豈無變化乎了五金八石、硝礬銅粉等類，眾術之中用者有之，至若金汞靈液，則此等諸類者，無所施焉。彼修煉大丹之士，知此玄奧之道，與夫真鉛所產之地，則金液無不成之理，故劉知古真人云。龍虎者，金汞也。金液相包，得自然之性，服之者豈不神異哉！

第二十九銀爲鉛母章

銀爲鉛母，母隱鉛中❶，鉛者銀子，子藏銀胞❷，眞素渺邈，似有似無❸。灰池炎灼，鉛沉銀浮❹，潔白見寶，可造黃輿❺。

【注】❶銀者，金也；鉛者，水也。為永生在金，金為水母，金返藏形於鉛水中也。《周易參同契》曰：金為水母，母隱子胎是也。❷銀者，子也，水也；鉛者，母也，金也。金既生水而子水復居鉛母之中，故曰黑鉛也。《周易參同契》曰：水者金子，子藏母胞是也。謂黑鉛變質之後，寄位西方，常隱跡於水中，得水滋養，愈見生成，名曰黑鉛，製成白金，而作神室，因陽火激發，而子水卻於白金中流出，名曰真水銀也。大哉真物，是為生天生地之一氣也。❸真素，真汞也，在母胞中被外符迫逐，或有或無，浮沉不定，為鼎室所蔽，不能見其形儀也。《周易參同契》曰：真人至妙，若有若無是也。❹灰池火熾，鉛沉於下，銀浮於上，名曰白金，真一子謂真汞在神鼎之內，被陽火陰符薰蒸，飛伏不定，或沉或浮，神室若太淵也丙《周易參同契》曰：彷彿太淵，乍沉乍浮是也。❺灰池煅練，以為白金，乃取白金，而為神室，可以造黃輿也。《周易參同契》曰：採之類白，造之則朱是也。

【疏】金液之要，在乎神水華池。華池即金母也。金者，西方白金也，其金有液汞者是也。太陽流珠二物，雖各有象，本同一源，至人以金養汞，變為丹砂，是返本還源，歸自然之性。白金神母，養成大丹，大丹成後，津液不絕，故言金液。好道之士，審而詳之，不可以山澤金銀合和水銀，便為之養汞也。

第三十殼爲金精章

殼爲金精，水還黃液❶，徑寸之質，以混三才❷，天地未分，象若雞子❸。

【注】❶真鉛煉為白金，以白金為鼎器，是金精之母，其中有水銀，可以變黃液。《周易參同契》曰：煉為表衛，白裏真居是也。❷神室中空，方圓寸餘，上釜為天，下釜為地，中安靈汞，以象三才。《周易參同契》曰：方圓徑寸，混而相扶是也。❸天地未開闢之前，混沌若雞子之形，日月之精，交於其中，萬象之形，因以兆矣。至人指神室象混沌，以體三才之用，進陽火、退陰符，以留日月之精，真鉛生天地之先，採之有法，造之有理，非可妄為也。《周易參同契》曰：先天地生，巍巍尊高是也。

【疏】白金既露，狀若白馬牙，又性好食木精，木從北方水中而生，因煅煉之後潔白如雪，實為丹之寶也。陶真人曰：以寶煉寶，志士得道。葛稚川曰：石液鬼隱，金精山藏。審此，亦是潔白見寶也。既言潔白，又言見寶，則可以造金液神丹也。今之人燒朱砂、水銀，縱得伏火之法，終有本性，雖使服之，安有金砂入五內，霧散若風雨之效哉！

第三十一圓中高起章

圓中高起，狀似蓬壺❶，關閉微密，神運其中❷，爐灶取象，固密全堅❸，委曲相制，以使無虞❹，自然之理，神化無方❺。

【注】❶凡修大丹，先須壇爐鼎灶，上下相接，如蓬

壺之狀也。《周易參同契》曰：旁有垣闕，狀似蓬壺是也。❷鼎內周旋四通，以來火氣，關閉際會，不使走失也。《周易參同契》曰：環匝關閉，四通踟躕是也。❸壇上有爐，爐上有灶，灶中有鼎，鼎中有神室，神室中有金水，互相包裹，以閑奸邪，又使靈汞易生也。《周易參同契》曰：守禦固密，閼絕奸邪是也。❹金鼎懸於灶中，虛其四向，以疏火氣，安水於金鼎之上，運火於金鼎之下，壇爐鼎灶，遞相包裹，以防非常也。《周易參同契》曰：曲閣相通，以戒不虞是也。❺凡造大藥，皆是日月星辰之精，五行四象之氣，而為金液，非有他道也。

【疏】至人憫夫不知道者，利於汩沒，以致於死，不明神之所往，性之所有，此金液之要所以傳也。且黃帝、老子亦修此道，為後來之師，故服丹長生，隱顯變化，入火不焦，入水不濡者此也。軒轅之前，御世之君，皆兼此道，以相禪受，不獨遊方之外，而進此道也。後世澆薄不純，共法頗秘，得之者稀。至周之時，老君降世，將度函關，始以金液之法，獨傳關令尹真人，因得流行於世。有緣相值，則遞相傳受，不絕道種。今世之人則不然，以富貴驕其身，名利役其性，酒肉窒其氣，色慾迷其情，四樂之外，惟畏死而已。遂妄意延年，盡禮於方術之士，以求不死之藥，有奸利之輩，聞風競至，偃蹇自如，以為其師，緘默不言，以視秘奧，偽之亂真，未易識測，其實以傍門小術，依託為至道，以金石草木，借名為真藥，曾無其效，使夫後來不信金液之法，亦不足怪也。

第三十二磁石吸鐵章

磁石吸鐵，隔礙潛通❶，何況雞子，配合而生❷，金

土之德，常與汞俱❸。

【注】❶磁石之力全者，可引數斤之鐵於器物之外，此物類相感者也。《周易參同契》曰：幽玄遠渺，隔礙相通是也。❷以白金造神室，而象雞子之形，如天地之配合，運動水火，而靈汞自生。《周易參同契》曰：類如雞子，黑白相符是也。且天地之中，有太陰玄精，變化萬狀，注於萬物之上，隨大隨小，莫不由之，至人制而食之，以駐景修仙也。欲制之法，唯白金一物，力能制之，方肯留戀，同為變化也。❸金，乾；土，坤也。乾坤情動而生汞鉛，二物相得，如成金液而不飛走。《周易參同契》曰：動靜休息，常與人俱是也。

【疏】古之真人，玄奧之法在修金鼎，但金鼎難造，若能知者，可以召萬化之氣，知金液之精矣。假令混沌之前，形質未判，天地之狀，已若雞子，取共根本，立為至道，故先天地、首萬物。道術之中，唯此最先，得之者獨立長世，神形不壞亦不難也。

第三十三火記不虛作章

《火記》不虛作，非鄭重前文❶，丹術既著，不復重擬❷，故演此訣，以附《火記》焉❸。

【注】❶《火記》有六百篇，次第連接，運十月火候也。每月三十曰，晝夜各一卦，計有六十卦，十月計六百卦也。二八有亦有篇數，緣卯月易水安金，至酉月行火止水，與寅、申月同，故不在其數，此《古文龍虎經》言。《火記》，上古之人口口相傳，非虛作之文，故鄭重而言之。丹法云傳藥不傳火者此也。❷《火記》作之於前，故於此經不復言也。❸此經只以古文而傳，不著作者之姓

氏，蓋古之得道者，恐《火記》沉匿，後人不能修金液之道，遂作此經以附之耳。

【疏】世之學道者，不得金液之根元，而執傍門曲徑，迷誤一生。有兀坐存想，咽津納唾，指太淵一竅，想臍下之泓池，或默聽靈響之音，而分為鉛汞，將心腎相交，而名曰水火，此皆初地之學也。復有對境接氣，行房中補養之術，男女相交，作吐納陰丹之法，血氣將盡，返至禍患，朽腐形骸，化成灰土。此等數多，皆為背道，欲進卻退，欲速轉遲，蒙昧至真，乖違天理，以此觀之，深可憐憫。此經以龍虎為首者，龍者日也，虎者月也，日月是乾坤運動之祖，發生萬物之本。乾天金體，其色青碧，包含陰陽，和合四象，三光二氣，皆運其中。古之人效天地之運動，日月之躔離，安爐立鼎，攝二景之光，召龍虎之氣，而歸神室，製而成藥，號日金丹，故以「龍虎為名也。魏真人云：芽之靈者，龍吟方泉，景雲絡霄，虎嘯虛無，沖風四振，陽燧照明，珠火郁起，方諸見陰，玄溢可得，此皆自然而然也。金丹變化之道，其實皆一也。若以五金八石及諸鉛礦，並存想採取陰丹，而望白日飛升，不亦難乎？且此經上、中、下三篇，有鄙俚之談，或字不正，皆後人託名，以竄其中，今削去之。以魏真人《周易參同契》相準，分為三十三章，使後來學者，不失其次序也。雖然，山林高逸，朝市大隱，可深造共道者，亦豈無望於《周易參同契》印證哉！

【按】此經本名《金碧潛通訣》，有第三十三章「故演此訣」及《雲笈七籤》可證。作者撰寫《金碧潛通訣》的主要目的，是為後世修煉內丹者提供一把開啟《周易參同契》大門的鑰匙。後來有人因《周易參同契》中「吾不

敢虛說，仿效聖人文，古記題《龍虎》，黃帝美金華」之語，遂改題《龍虎上經》。至於此訣的作者是誰，《文獻通考·經籍考》中微露端倪：「《金碧潛通》一卷，晁氏曰：題長白山人元陽子解，未詳何代人，不著撰人名氏。按《邯鄲書目》云：羊參微集。其序言：本得之石函，皆蝌蚪文字。世有三十六字訣，七曜五行、八卦九宮，論還丹之事。其辭多隱，人莫測。劉真人演仰觀上象，以定節度。今之作書多不成者，蓋不得口訣故也。吾恐墜匿聖文，故著上經，托號《金碧潛通》。金者，剛柔得位，火不能灼，服之，仙遊碧落云云。疑即參微所撰也。」然《宋史·藝文志》神仙類著錄《金碧潛通秘訣》一卷，《通志略》道家外丹著錄《龍虎上經金碧潛通訣》三卷，《道樞》卷二十四《金碧龍虎篇》，均確認為劉演所撰。疑此書本為河間真人劉演所撰，而元陽子羊參微為之作注，或加以改寫而已。考羊參微為隋以前人，據《文獻通考·經籍考》載，蘇元朗所撰《龍虎通玄要訣》一卷，「以古訣《龍虎經》、《周易參同契》、《金碧潛通訣》文繁而隱，故纂其要為是書」，而蘇元朗「生於晉太康時，隋開皇中來居羅浮」（《古今圖書集成·博物彙編·神異典》靜功部引《羅浮山志》），則羊參微為隋以前人可推而知。

《龍虎上經》現存之注本，以王道於宋淳熙十四年（1187）進呈御覽者為最古，此書並經太乙宮養素齋道士周真一印證，雖文辭稍費，而解釋頗為明白。《四庫全書總目提要》稱此書「大旨謂真鉛真汞止取天地之精，日月之華，混合造化，以成神丹。辨藥材之真偽，抉金石之異同。又稱得真師口訣，以《龍虎經》行世之本謬誤為多，

故厘而正之，分章定句，於淳熙間奏進。所謂龍虎者，即水火之義，道家丹訣，例用寓名耳。注疏中多引《周易參同契》語，蓋爐火之說自魏伯陽始有書，猶彼法中之六經也。」王道事蹟不可考，書中自題稱「保義郎差充皇弟少傅恩平郡府指揮使」，自序又云「一介武弁，隸職王府」，後序又謂「曾於乙巳歲三月十八日，躬蒙今上皇帝宣見，問以修身養性之事」，可知其為藩王府邸中之侍衛官，而對於丹道養生有較高造詣者。

下卷

《悟真篇》

宋張伯端撰　南宋翁葆光注

《悟真篇》的作者張伯端，字平叔，後改名用成，號紫陽，天臺（今浙江臨海）人，住世99年。據《山西通志》載：宋神宗元豐五年（西元1082年）夏羽化，則出生當在宋太宗太平興國八年（西元983年）。從小學科舉之業，年長後為府吏。

他曾誤以為婢女竊食魚膳，婢女無以自明，自縊身亡，使他不勝悔恨，並自歎任府吏一職，處理的公案滿箱，「其中（錯判）類竊魚事不知凡幾！」於是賦詩道：「刀筆隨身四十年，是非非是萬千千。一家溫飽千家怨，半世功名百世愆。紫綬金章今已矣，芒鞋竹杖任悠然。有人問我蓬萊路，云在青山月在天。」隨後縱火焚毀所有公文案卷。這是他看破名利發心學道的開始。由於焚毀公文，觸犯刑律，他被充軍嶺南。

宋英宗治平年間（西元1064～1066年），陸詵為桂林駐軍將帥，將張氏安置在帳下，主管機要。以後陸的每次調遣，都引以自隨。陸鎮守成都，張氏任四川節度制置安撫司屬官。

宋神宗熙寧己酉歲（西元1069年），張住宿於成都天

回寺，遇異人，得到煉金丹的傳授。據說此異人即劉海蟾，張亦由此改名用成。該年陸詵在成都逝世。此後張氏轉徙於秦隴（今陝西甘肅一帶）。在鳳州（今陝西鳳縣），觸犯當地太守，受黥刑、流放的處罰。經過邠州（今陝西彬縣）逢大雪，在酒肆中小憩，逢遇以後成為門下弟子的石泰，由石泰向太守說情後獲釋。

在河東（今山西省黃河以東地區），張氏再投於轉運使馬默（字處厚）門下，馬受召調離，臨行時張氏託付所著的《悟真篇》，說：「平生所學盡在是矣。願公流布此書，當有因書而會意者。」張氏晚年經過成都返回故鄉，築室於山青水綠之中而終老。亦有說其晚年卒於荊湖（今湖北省江陵）。張伯端著《悟真篇》、尚著有《金丹四百字》、《青華秘文》等。

第一章　序

嗟夫！人身難得，光陰易遷，罔測短修，安逃業報，不自及早省悟，惟只甘分待終，若臨期一念有差，立墮三塗惡趣，則動經塵劫，無有出期。當此之時，雖悔何及？故老釋以性命學開方便門，教人修種，以逃生死。釋氏以空寂為宗，若頓悟圓通，則直超彼岸；如有習漏未盡，則尚徇於有生。老氏以煉養為真，若得其樞要，則立躋聖位；如其未明本性，則猶滯於幻形。

其次，《周易》有窮理盡性致命之辭，魯語有毋意必固我之說，此又仲尼極臻乎性命之奧也。然其言之常略，而不至於詳者，何也？蓋欲序正人倫，施仁義禮樂有為之教。故於無為之道，未嘗顯言。但以命術寓諸《易》象，以性法混諸微言故耳。至於《莊子》推窮物累逍遙之性，《孟子》善養浩然之氣，皆切幾之矣。

迨夫漢魏伯陽引《易》道陰陽交媾之體，作《參同契》以明大丹之作用，唐忠國師於語錄首敘老莊言，以顯至道之本末，如此豈非教雖分三，道乃歸一。奈何後世黃緇之流，各自傳門，互相非是，致使三家旨要迷沒邪歧，不能混一而同歸矣！

且今人以道門尚於修命，而不知修命之法，理出兩端，有易遇而難成者，有難遇而易成者。如煉五芽之氣，服七耀之光，注想按摩，納清吐濁，念經持咒，噀水叱符，叩齒集神，休妻絕粒，存神閉息，運眉間之思，補腦還精，習房中之術，以致服煉金石草木之類，皆易遇難成

者。

已上諸法，於修身之道，率皆滅裂，故施功雖多，而求效莫驗。若勤心苦志，日夕修持，上可辟病，免其非橫。一旦不行，則前功漸棄。此乃遷延歲月，必難成功。欲望一得永得，還嬰返老，變化飛升，不亦難乎？深可痛傷！

蓋近世修行之徒，妄有執著，不悟妙法之真，卻怨神仙謾語。殊不知成道者，皆因煉金丹而得。恐泄天機，遂托數事為名。其中間惟閉息一法。如能忘機息慮，即與二乘坐禪相同。若勤而行之，可以入定出神。奈何精神屬陰，宅舍難固，不免常用遷徙之法。既未得金汞還返之道，又豈能回陽換骨，白日而升天哉？

夫煉金液還丹者，則難遇易成，須要洞曉陰陽，深達造化，方能追二氣於黃道，會三性於元宮，攢簇五行，和合四象，龍吟虎嘯，夫唱婦隨，玉鼎湯煎，金爐火熾，始得玄珠成象，太乙歸真。都來片餉工夫，永葆無窮逸樂。至若防危慮險，慎於運用抽添，養正持盈，要在守雌抱一。自然返陽生之氣，剝陰殺之形。節氣既周，脫胎神化，名題仙籍，位號真人，此乃大丈夫功成名就之時也。

今之學者，有取鉛汞為二氣，指臟腑為五行，分心腎為坎離，以肝肺為龍虎，用神氣為子母，執津液為鉛汞，不識浮沉，寧分主客，何異認他財為己物，呼別姓為親兒，又豈知金木相剋之幽微，陰陽互用之奧妙？是皆日月失道，鉛汞異爐，欲結還丹不亦難乎？

僕幼親善道，涉臘三教經書，以至刑法書算、醫卜戰陣、天文地理、吉凶死生之術，靡不留心詳究，惟金丹一法，閱盡群經及諸家歌詩論契，皆云日魂月魄，庚虎甲

龍，水銀丹砂，白金黑錫，離坎男女，能成金液還丹。終不言真鉛、真汞是何物也。又不說火候法度，溫養指歸。加以後世迷徒恣其臆說，將先聖典教妄行箋注，乖訛萬狀。不惟紊亂仙經，抑亦惑誤後學。

僕以至人未遇，口訣難逢，遂至寢食不安，精神憔悴。雖詢求遍於海嶽，請益盡於賢愚，皆莫能通曉真宗，開照心腑。後至熙寧己酉歲，因隨龍圖陸公入成都，以夙志不回，初誠愈恪，遂感真人，授金丹藥物火候之訣，其言甚簡，其要不繁，可謂指流知源，語一悟百，霧開日瑩，塵盡鑒明，校之仙經，若合符契。因謂世之學仙者，十有八九；而達其真要者，未聞一二。

僕既遇真詮，安敢隱默，罄所得，成律詩九九八十一首，號曰《悟真篇》。內七言四韻一十六首，以表二八之數；絕句六十四首，按《周易》諸卦；五言一首，以象太一之奇。續添西江月一十二首，以周歲律。其如鼎器尊卑、藥物斤兩，火候進退、主客後先、存亡有無、吉凶悔吝，悉備其中矣。及乎篇集既成之後，又覺其中惟談養命固形之術，而於本源真覺之性有所未究，遂玩佛書及《傳燈錄》，至於祖師有擊竹而悟者，乃形於歌頌詩曲雜言三十二首，今附之卷末，庶幾達本明性之道，盡於此矣。

所期同志覽之，則見末而悟本，舍妄以從真，時皇宋熙寧乙卯歲旦。天臺張伯端平叔序。

第二章 卷 一

七言四韻（一十六首，以表一斤二八之數。）

（一）

不求大道出迷途，縱負賢才豈丈夫。百歲光陰石火爍，一生身世水泡浮。只貪利祿求榮顯，不覺形容暗瘁枯。試問堆金等山嶽，無常買得不來無？

注曰：人間世所重之極至者，曰富，曰貴。二者皆人之所欲也。故天下之人莫皆決其性命之情，盡其平生之志，爭先力求而以得之為快也。觀其所以然者，無過浸淫於利祿聲色而已矣！殊不知利祿聲色實為伐性命之戈矛，囚一身之桎梏。夫世之不明道德性命之妙，惟饕利祿，日恣貪瞋，汩沒愛河，漂流欲海，是非人我，交戰胸中，喜怒哀樂，互殘軀體，是致屍魔促其氣壽，寒暑削其容光，不覺在生一世，瞥然水上之漚，光景百年，瞬若石中之火。縱使金高北斗，玉等南山，迨至無常而欲買身，使不為螻蟻之窟穴，可乎？哀哉！痛哉！命未告終，真靈已投於別殼矣！

虛靜天師曰：今生不覺，別後換殼；投入別殼，輾轉不覺。吁！與其不覺，投於異類，曷容棲遲於大道耶？道遂功成，身超碧落，乘雲氣，御飛龍，而遊乎無極，死生不變乎？已而位號真人矣。至此，乃大丈夫得意之秋，至榮至顯之日也。若乃區區俗務，碌碌塵心，而墮於世網

者，縱負班馬之雄才，兼有蘇、張之勞顯，抑不過為土上之遊魂，行屍之陰鬼耳。烏雲為真大丈夫哉？

是以仙翁首詠是章，蓋於時達高明之士言之，可因一言而自悟，速求大道，出離迷途，為無為事，乃真大丈夫。降此俱無足取，參學弟子宗源，日觀仙翁之詩、無名子之注，而不省悟者，真愚冥之甚也！見聞之士，可不下手速修耶？

別本注曰：難莫難於遇人，易莫易於成道。現宰官長者之身，結同志得道之友，煉一黍於一霎之中，立地成道。然紆朱懷金，門深似海，有道之士，望望然去之。此遇人之難，成道之易也。易莫易於遇人，難莫難於成道。百錢掛杖，四海一身，夙植靈根，親傳至道。然龍虎之文易解，刀圭之鎖難開，得藥、妄言、煉鉛無計。遇此人之易，成道之難也，安得親扣玄關，二者俱全哉？仙翁瞻遊成都，遇青城丈人，得傳金液還丹之道，驚謦歎成道之難，故作是詩以結丹友。其章云：試問堆金等山嶽，無常買得不來無。辭意近切如此，雖有拱璧，以先駟馬，不如坐進此道。仙翁遠矣！高山流水，落落知音。子野陸墅❶曰：道不負人，人乃負道！

（二）

人生雖有百年期，壽夭窮通莫預知。昨日街頭方走馬，今朝棺內已眠屍。妻財拋下非君有，罪業將行難自欺。大藥不求爭得遇，知之不煉是愚癡。

（三）

草木陰陽亦兩齊，若還缺一不芳菲，初開綠葉陽先

倡，次發紅花蔭後隨。常道即茲爲日用，眞源返此有誰知？報言學道諸君子，不識陰陽莫亂爲。

注曰：草木未生之初，含孕至樸。及其甲拆，稟一氣以萌芽，故抽一干以象一氣，次分兩葉以象陰陽，又於兩葉中間復抽一蕊以應三才。過此已往，漸漸支離，花葉芬菲。春以之生而開綠葉，夏以之長而發紅花，此陽氣使之然也。秋以之肅而結實，冬以之殺而糞本，此陰氣使之然也。陰陽兩齊，化生不已。若還缺一，則萬物不生。故真一子曰：孤陰不自產，寡陽不自成。是以天地氤氳，萬物化醇；男女媾精，萬物化生。常道即茲，以為日用。真源反覆，有陰陽顛倒互用之機，人能煉之，可以超生死。學者苟不明此，而及我者，乃蒙蔽耳。

（四）

陽裏陰精質不剛，（一作「莫把孤陰爲有陽」。）獨修一物轉羸尪❷。勞形按引皆非道，服氣餐霞總是狂。舉世謾求鉛汞伏，何時得見虎龍降？勸君窮取生身處，返本還原是藥王。

注曰：陽裏陰精，己之真精也。精能生氣，氣能生神，榮衛一身，莫大於此。油枯燈滅，髓竭人亡。此言精氣，實一身之根本也。奈何此物屬陰，其質不剛，其性好飛，日逐前後，便溺、涕唾、汗淚，易失難擒，不受制煉，故聖人謂之「太陽流光，其性猛烈」。若不得混元真一陽丹以制之，兼以陰中陽火以育之，則無由凝結以成變化。若只修此一物，轉見尪羸。

按引勞形皆非正道，餐霞服氣總是狂徒。設使吞月日之精華，光生五臟；運雙關於夾脊，腦補精還。以至屍解

投胎，出神入定，千門萬法，不過修陽裏陰精一物而已。孤陰無陽，如牝雞自卵，欲抱成雛，豈可得乎？

鍾離公曰：涕唾精津氣血液，七般物事總皆陰，若將此物為仙質，怎得飛神貫玉京？以此言之，一身之中非惟真精一物屬陰，五臟六腑俱陰非陽。分心腎為坎離，以肝肺為龍虎，得乎？用神氣為子母，執津液為鉛汞，得乎？若執此等治身而求純陽之證，猶如去冷加冰，除熱用湯，飛龜飛蛇，愈見乖張。

《參同契》曰：使二女同居，顏色甚姝；蘇秦通言，張儀結媒；發辨利舌，奮為美辭，推心調合，諧為夫婦，弊髮腐齒，終不相知。比喻以女妻女，以陰煉陰，安能有效化之道哉？真龍真虎者，二八是也。真鉛真汞者，龍虎二弦之氣也。此道至簡不繁，至近匪遙。但學者執僻堅以傍門非類之藥為鉛汞，反以大道真訣為非，深可悲傷！

故鍾離公曰：求仙不識真鉛汞，謾讀丹經千萬篇。不識個中含蓄意；謗他真語作虛言。故仙翁直指鉛汞所產川源之處，身從何生，命從何立；返此之本，還此之源。顛倒修之，則真龍真虎自降，真鉛真汞自伏。非藥之王，其孰能與於此哉？近世多矣！

十六歲童男童女，使之交合，泄而成胎，謂之胎元丹，謂之紫河車。以此為金丹大藥，是猶接竹點月，不亦遠之愈遠乎？後天地生有形有質者，皆非至藥，蓋形而下者，非先天之道也。

又上陽子曰：《契》云「是非歷藏法，內視有所思。陰道厭九一，濁亂弄元胞。諸術甚眾多，千條有萬餘。」彭真人曰：「世人不達大道之宗元，而趨傍門之曲逕。此屬多般，皆為左道。乖訛天理，悖亂至真，不達黃帝之

文，全失老君之旨。本期永壽，反爾傷身。」

僕曰：只為世人執己而修，則千條萬徑無非傍門者矣。仙翁垂憫直言，窮取生身處，豈不直露天機？此正合鍾離公云：「生我之門，死我之戶，大哉！」上賢說道，下稍無人承當，何哉？緣為世人因業識中來，卻又因業識中去。一陽奔走於形，雖男子身中皆陰，若執一己而修，豈能還其元而返其本？又將何而回陽換骨哉？是以大修行人，求先天真鉛必從一初受氣生身之處求之，方可得彼先天真一氣，以還其元而返其本也。此為男子修仙之道。

女人修行則以乳房為生氣所，其法尤簡，是以男子修仙曰煉氣，女人修仙曰煉形。坎女修煉，先積氣於乳房，然後安爐立鼎，行太陰煉形之法。其道易成者，良有旨。宣和中，洞賓遊吳興，見一妓張珍奴，色華美，性澹素，雖落風塵，每夕沐浴更衣，炷香告天，求脫去甚切。洞賓作一士訪之。珍奴見之風神秀異，殊敬，盡歡而去。明日又至。如是往往月餘，終不及亂。張珍奴曰：「荷君眷顧良久，獨不留一宿，罄枕席之歡娛，豈妾猥陋不足奉君子耶？」

士曰：「不然。人貴心相知，何必如此哉？且如汝每夜告天，實何所求？」

珍曰：「失身於此，又將何為？但自念奴入是門中，妄施粉黛，以假為真，歌謳豔曲，以悲為樂，本是一團臭膿皮袋，借偽飾以惑人。每每悔歎世之愚夫，不自尊貴，過我門者觀我如一枝花，情牽意戀，留戀不捨，非但損財，多致身殞。妾雖假容交歡，覺辦愈重。惟旦夕告天，早祈了脫。」

士曰：「汝志如此，何不學道？」

珍奴曰：「陷於此地，何從得師？」

士曰：「吾為汝師，可乎？」珍即拜叩。

士曰：「再來，乃可遂去。」珍日夜望不至，深自悔恨。自書曰：「逢師許多時，不說些兒個。安得仍前相對坐，懊恨韶光空自過！直到如今，悶殞我！」筆未竟，士忽來。見所書，讀其韻曰：「別無巧與妙，你方見一個，子後午前定息坐，夾脊雙關崑崙過，恁時得氣力，思量我。」

珍大喜，士乃乙太陰煉形丹法與之。珍自是神氣裕然，若大開悟，不知密有所傳尤多。珍亦不以告人。臨別留《步蟾宮》云：「坎離坤兌分子午，須認取自家宗祖。地雷震動山頭雨，要洗濯黃芽出土。捉得金精牢閉固，辨甲庚要生龍虎，待他問汝甚傳人，但說先生姓呂。」珍方悟是呂先生。即佯狂丐於市，投荒地，密修真訣，愈三年屍解而去。

修行事不問男女，若勇猛心堅，成道必矣。

第三章　卷　二

（五）

不知眞鉛正祖宗，萬般作用枉施功。休妻謾遣陰陽隔，絕粒徒教腸胃空。草木金銀皆渣滓，雲霞日月屬朦朧。更饒吐納並存想，總與金丹事不同。

注曰：真鉛之要，以二八之氣為宗。此外皆非至道，枉施功耳。夷門《破迷歌》曰：孤寡不是道，陰陽失宗旨。王真人曰：學人剛要辭妻妾，不念無為無不為。高象先曰：或陽兮孤妻，或陰兮獨宿。此皆言孤陰寡陽，獨修一物之意。或者不知，又執此說以行房中御女之術，譭謗仙道，咎將誰歸？殊不知喻陽夫陰妻之義。非人間夫妻也。《破迷歌》曰：休糧不是道，死後作餓鬼。以上諸物皆後天地生渣滓之類，易遇難成，烏可與金丹大藥同旦而語哉？

（六）

學仙須是學天仙，惟有金丹最的端。二物會時情性合，五行全處龍虎蟠。本因戊己爲媒聘，遂使夫妻鎮合歡。只候功成朝帝闕，九霞光裏駕鳳鸞。

注曰：仙有數等：陰神至靈而無形者，鬼仙也；處世無諸疾惱而永壽者，人仙也；飛空走霧，饑渴不撓，寒暑無侵，遨遊海島，長生不死者，地仙也；形神俱妙，與道合真，步日月無影，入金石無礙，水火不焚溺，變化無

窮，或老或少，隱顯莫測，若存若亡，消則成氣，息則成形，蓍龜莫能測，鬼神莫能知者，天仙也。

陰真君曰：若能絕欲兼修胎息，移神入殼，入定投屍，托陰生化而不壞者，可為天下品仙也；若授六甲符篆、正一盟威、上清大洞經籙等法，及劍術屍解等術，得道者立為南宮，列仙隱諸洞府，為中品仙也；若是修金丹大藥得道者，全身沖天為無極上品之天仙也。故仙翁勉修真之士，須立志慷慨，特達不群，無為，彼中下之仙；直為無上九品極上天仙可也。

夫五金、八石、朱砂、水銀、黑鉛、白錫、黃丹、雄黃、雌黃、砒霜、粉霜、魯青、膽礬、秋石、草木灰、霜水、渣滓煮伏之類，以至自己津、精、氣、血、液等。此皆後天。是天地未分之前混元真一之氣，謂之無中生有。聖人以法追攝於一個時辰內，結成一粒，大如黍米，號曰金丹。又曰真鉛，又曰陽丹，又曰真一精，又曰真一水，又曰真水，又曰水虎，又曰太一含真氣。人得一粒餌之，立躋聖地。此乃天上之甲科，天仙之大道也。舉世無知者。

真一之氣，生於天地之先，混於虛無之中，恍惚杳冥，視之不見，聽之不聞，摶之不得，如之何凝結而成黍米哉？聖人以實而形虛，以有而形無。實而有者，真陰真陽也，同類無情之物也；虛而無者，二八初弦之氣也，有氣而無質者也。兩者相形，一物生焉。所謂一物者，真一之氣，凝而為一黍之珠者也。

經曰：元始懸一寶珠，大如黍米在空玄之中。此其證也。聖人恐泄天地之機，以真陰真陽取喻青龍白虎也，以兩弦之氣取喻真鉛真汞也。

今仙翁於詩曲中復以青龍之一物，名曰赤龍、曰震龍、曰天魂、乾象、乾爐、玉鼎、玉液、扶桑、海龍、上弦、東陽、長男、赤汞，朱砂鼎、離日、赤鳳，已上無過比類青龍之一名也。

又以白虎之一物，名曰黑虎、曰兌虎、曰地魄、坤位、坤鼎、金鼎、金爐、華岳、岩虎、下弦、西川、少女、黑鉛、偃月爐、坎月、黑龜，已上無過比類白虎一句也。又以龍之弦氣，名曰真汞、曰姹女、曰木液、青娥、砂裏汞、朱裏汞、曰精、曰情、曰黃芽、流珠、青衣女子、金烏離女、牝龍、真火、二八姹女，玉液、玉芝之類，其實一也。

又以虎弦氣，名曰真鉛、曰金公、曰金精、水中金、水中銀，曰性、曰白雪、素練、郎君、玉兔、坎男、真水、九三郎君、刀圭之類，其實一也。

此言二物會時情性合者，二物即龍虎也。青龍在東，東方屬木，木能生火，龍之弦氣為火，曰情，屬南方，謂之朱雀也；白虎在西，西方屬金，金能生水，虎之弦氣為水，曰性，屬北方，謂之玄武也。夫龍木、虎金、情水、性火，謂之四象。四象會合於中宮而成丹者，土也。此真五行也。龍虎二物相交，則情性合矣。故曰「二物會時情性合，五行全處虎龍蟠」也。

木龍在東，金虎在西，二物間隔，孰能使配合而為夫妻耶？配合在黃婆而已。左手擒龍，右手捉虎，使之合併也。戊已屬土，故謂之黃婆。金木間隔，黃婆能使之合併，黃婆能使之配合，豈知非媒聘使之歡合而為夫妻乎？兩者異，真之氣藏；兩者同，真一之氣變。真一之氣變，真人自出現。此外藥之法象。

餌金丹後，復有十月之功，煉形成氣，又有九載，抱一化氣成神，方能形神俱妙，與道合真，膺籙授圖，上賓於天，丹熟人間，道成天上；九霞光裏，兩腋風生，駕鳳驂鸞，翺翔碧落，自非夙植靈根，廣積陰騭，其孰能與於此哉？陸子野曰：天仙非金丹不能成其道。金丹是何物？曰：分明元是我家物，寄在坤宮坤是人。所言二物者何物也？我與彼也。彼我會則情性和而五行備。龍虎、情性而已。且道這會，如何會？所謂有用用中，無用無功，功裏施功，竹密不妨。流水過山高，豈礙白雲飛。戊己，乃中也。中者，得其正位。戊己者，意土也。彼我之意相會，則夫妻之情歡悅而得矣。所以戊己為生物之鄉。生物繫乎意也。真土五位，真意無形。神哉！神哉！

（七）

此法眞中妙更眞，都緣我獨異於人。自知顛倒由離坎，誰識浮沉定主賓？金鼎欲留朱裏汞，玉池先下水中銀。神功運火非終旦，現出深潭日一輪。

注曰：此道至聖、至神、至貴、至尊、至簡、至易、玄中之玄，妙中之妙，舉世罕聞。仙翁出乎其類，拔乎其萃，獨得深旨。故沖熙翁曰：金丹大道，舉世道人無所許可，惟平叔一人而已。泰山也，河海也，丘垤❸行潦何敢冀焉？

離三為陽而居南，所反為女者，外陽而內陰也，謂之真汞。坎三為陰而居北，所以反為男者，外陰而內陽也，謂之真鉛；故仙翁曰：日居離位反為女，坎配蟾宮卻是男。不會個中顛倒意，休將管見事高談。此言坎之男、離之女，猶父之情、母之血也；日之烏、月之兔也，砂之

汞、鉛之銀也，天之玄、地之黃也。此數者，皆指示龍虎初弦二氣也。主賓者：陽，尊高，居左，曰主；陰，位低下，居右，曰賓，夫離為火，火炎上，火乃木之性，俱浮，屬陽，故為主也；坎為水，水潤下，水為金之性，俱沉，屬陰，故為賓也。此常道也。今也，離反為女，坎反為男，是主反為賓也，賓反為主，豈非顛倒乎？故曰：「自知顛倒由離坎，誰識浮沉定主賓。」定主賓者，蓋道中取二弦之氣，顛倒之主賓，不取常道主賓，故曰定主賓也。

人人自有長生藥，自是愚癡枉把拋。甘露降時天地合，黃芽生處坎離交。井蛙應謂無龍窟，籬鷃爭知有鳳巢。金鼎者，金為陰物，鼎中有火之氣，是陰中有陽之象，白虎是也。玉池者，玉為陽物，池中有水之氣，是陽中有陰之象，青龍是也。砂中汞者，龍之弦氣也；水中銀者，虎之弦氣也。

修丹之士，若欲以虎留戀龍之氣，必先驅龍就虎，然後二物氤氳，兩情交合，施功鍛鍊，自然凝結真一之精也。火即上弦之氣也，旦者，一晝之首。子為六陽之元，故曰旦也。聖人運動丹火，有神妙之功，不半時中，立得真一之精，一粒如黍，璣於北海之中，赫然光透簾幃，若深潭現出一輪之紅日也。非終旦者，明一時辰中，金丹之成也。此藥之法象也。

（八）

人人自有長生藥，自是愚癡枉把拋。甘露降時天地合，黃芽生處坎離交。井蛙應謂無龍窟，籬鷃爭知有鳳巢。丹熟自然金滿屋，何須尋草學燒茅。

注曰：甘露、黃芽，皆金丹異名也。天地、坎離，皆龍虎之象也。天地之氣絪縕，甘露自降；坎離之氣交併，黃芽自生；龍虎二弦之道交接，真一之氣自結。此般至寶，家家自有，以其太近，故輕而棄之。殊不知此乃升天之靈梯也。近世學者，多執傍門非類，孤陰寡陽，有中生有，易遇難成等法，而自誤其身，不知斯道簡而易成者，有如井底之蛙，籬間之雀，安知有龍窟鳳巢也？黍粒之珠既懸，天地之金可掬。

昔邵剛中精於黃白之術，世號為小淮南王。後遇仙翁韓子陶法師於水上，北面事之，出汞金百鎰，獻陶以為質，陶笑而不顧。邵歃血書盟，陶遂授道焉。既竟，陶取汞一掬入口漱之，吐於水盆中，水為之湧沸。沸定，成紫金一垛，此示其內丹大藥有如此之神妙。豈待窮年卒歲，弄草燒茅之輩，可得而見之乎？經文不曰「地藏發洩，金玉露形」，又其證也。

（九）

虎躍龍騰風浪粗，中央正位產玄珠，果生枝上終期熟，子在胞中豈有殊？南北宗源翻卦象，晨昏火候合天樞。須知大隱居廛❹市，何必深山守靜孤。

注曰：此詩言內藥之法象也。夫真一之精，造化在外，曰金丹，又曰真土。吞入己腹中，即名真鉛，又名陽丹。此言虎即金丹也。龍者我之真氣也。我之真氣自氣海而上，其湧如浪，其動如風也。中央正位者，即丹田中金胎神室也。乃丹結聚之處，玄珠者，運火之際，真精自然運轉，沿尾閭直透夾脊，上沖泥丸室，顆顆降下口中，狀若雀卵，甘香無比，號曰玄珠。咽下丹田，名曰嬰兒，又

曰金液還丹也。

夫黍珠之丹，是先天地之氣，即真一之精，結成為母、為君、為鉛，故金鑰匙謂之黑鉛也。又謂之水虎也。己之真氣，後天地生，為子、為臣、為汞，故金鑰匙謂之紅鉛也。又謂之火龍也。金丹自外來，吞入腹中，則己之真氣，自下元氣海而上湧，如風浪翕然而湊丹。若臣之於君，子之於母，其相與之意可知也。

龍虎相交在神室土釜之中，受火符運育強成聖胎，若果之必熟，兒之必生，十月功圓，脫胎神化無方也。南北者，子午時也。宗源者，起首之初也。晨昏者，晝夜之首也。子為六陽之首，故為晨，用屯卦直事，進火之候也。午為六陰之元，故為昏，用蒙卦直事，進水之候也。

一日兩卦直事，至三十日終，為既濟、未濟二卦。終而復始，循環不已，故曰翻卦象也。《參同契》云：「朔旦屯直事，至暮蒙當受。晝夜各一卦，用之須依次。既未至晦爽，終則復更始」是也。

一日兩卦主事，並牝牡四卦，一月計六十四卦，計三百八十四爻，應一年並閏餘之數。乾之初九起於坤之初六，乾之策三十有六，爻計二百一十六；坤之初六起於乾之初九，坤之策二十有四，爻計一百四十有四，總而計之三百六十，應周天之數。

日月行度交合升降，不出於卦爻之內。月行速，一月一周天；日行遲，一年一周天。樞天者，斗建之極也。一晝夜一周天，一月一移也。如正月建寅，二月建卯是也。且如正月建寅，如太陽未過宮分，以寅加亥，至酉建子。正月斗建臨子，正酉時也。如太陽已過宮分，以寅加戌，至寅建午。正月斗建臨午，正寅時也。

上士至人，明陰陽上下，知日月盈虧，行子午火符，日有晝夜數，月應時加減，然後時合天度，一一依斗建而運之，故曰合天樞也。天樞即斗極也。夷門歌曰：「十二門中天，一作月建移，刻漏依時逐，旋布此其旨」也。至道之妙，妙在於斯。坎離升降。生產靈藥，結成黃芽。別本云：且如正月建寅，立春戌時指艮。雨水戌時指寅，故曰「月月常加戌，時時見破軍」。金丹大藥家家自有，不拘市朝。奈何見龍不識龍。見虎不識虎，逆而修之，幾何人哉？片餉之間，結一寶珠，大如黍米。古詩曰：「將來掌上霞光秈，吞入腹中宮殿新。」又曰：「大道隱朝市，山中知不知。」

第四章 卷 三

（十）

黃芽白雪不難尋，達者須憑德行深。四象五行全藉土，三元八卦豈離壬。煉成靈質人難識，消盡陰魔鬼莫侵。欲向人間留秘訣，未逢一個是知音。

注曰：龍之弦氣曰黃芽，虎之弦氣曰白雪。大藥根源實基於此。其道至簡，其事非難。若非豐功偉行，莫能遭遇真師，指授玄要也。蓋謂大道肇自虛無生一氣。一氣生陰陽，曰龍、曰虎。龍木生火，虎金生水，木火金水。合成四象。四象合而成丹。丹之成本於土。土無正位，分位四季，四時不得四季之土，四序不行，不能生成萬物也。是以，四象五行全藉土也。壬者水也，即真一之氣，號曰真一水也。生於天地之先，變而為陽龍陰虎也，龍虎合而成丹。丹土也，龍木也，虎金也，謂之三性、三元，不離真一之水變也。

八卦者真一之氣，一變為天，曰乾為父；二變為地，曰坤為母。乾以陽氣索坤之陰氣，一索生長男曰震，再索生中男曰坎，三索生少男曰艮，此乾氣交於坤氣而生三男，陽也。及乎坤、以陰氣索陽之乾氣，一索生長女曰巽，再索生中女曰離，三索生少女曰兌，此坤之氣交於乾氣而生陰也。亦不離真一之水變也，故曰三元。

八卦豈離壬也，非惟三元，八卦不離真一之精。自開闢以來，凡有形與名之類，莫不由此而成變化。真一子

曰：真一之精，乃天地之母，陰陽之根，水火之本，日月之宗，三才之源，五行之祖；萬物類之以生成，千靈承之以舒慘，至於高天、厚地、洞府、名山、玄象、靈官、神仙、聖眾、風雨、晦明、春夏、秋冬、未兆之前，莫不由此鉛氣產出而成變化者也。修丹之士得真一之水，萬事畢矣。真一之黍，吞歸五內，運火十月煉盡群陰，化為純陽真一之仙，陰魔屍鬼，逃遁無門。仙翁欲留密旨於人間，未聞有知音者。大有徑庭，不近人情故也。

蓋善根種而靈骨鐘，靈骨鐘而仙可冀。靈骨之鐘，善根之種也。不於一生、二生，而於無量、萬億生中種諸善根，才出頭來，飄飄然便有出塵氣象。噫！走骨行屍，一瓶一缽，便欲登仙，神仙中人不易得也。胡不捫已之心，與平凡之心，有以異乎？無以異乎？

我之仙事，亦無涯也。必也。廣大變通為己任，獨高一世，鶴立雞群。人笑我為迂疏，我知我非凡俗。赤精赤松乃吾友，蓬萊方丈乃吾家。自然遭遇異人，親傳至道，結合心友，一黍丹成，仙翁欲向人間留此不傳之密旨，莫怪子期期不遇，怎生得個這般人。

（十一）

好把眞鉛著意尋，莫教容易度光陰。但將地魄擒朱汞，自有天魂制水金。可謂道高龍虎伏，堪言德重鬼神欽。已知永壽齊天地，煩惱無由更上心。

注曰：真鉛，即金丹也。地魄在外藥，則白虎是也，內藥即金丹也；天魂在外藥，則青龍是也，內藥即己身也。朱汞者在外，龍之弦氣也，在內，己之真氣也；水金者，在外，虎之弦氣也，在內，金丹也。又謂之朱裏汞，

水中銀，已上喻內外二事也。

仙翁勉修真之士，速修金丹以超生死，無虛度日也。但將白虎擒龍，自有青龍制虎，二氣氤氳以產金丹；既得金丹，復將此金丹吞入腹中，擒自己真氣；其自己真氣戀金丹，而結聖胎也。內之真龍既降，則世外之龍虎自伏。內煉神魂鬼魄既聖，則世外之魂神自欽。非道隆德邵，其龍孰能與於此哉？體化純陽，壽齊天地，逍遙物外，自在人間，萬念俱空，何煩惱之有？陸子野曰：地魄乃鉛，天魂乃汞，以鉛制汞，在彼我耳。

（十二）

休煉三黃及四神，若尋衆草便非眞。陰陽得類方交感，二八相當自合親。潭底日紅陰怪滅，山頭月白藥苗新。時人要識眞鉛汞，不是凡砂及水銀。

注曰：三黃四神，金石草木，皆後天地生渣滓之物，安能化有形而入於無形哉？外內不可以成胎，綴花不可以結子。真一之氣生於天地之先，杳杳冥冥不可測度，因二八同類相當之物，合而成親，氤氳交感之中，激而有象。同類者，無情之情，不色之色，正謂烏肝八兩，兔髓半斤是也。此二八相當之同類，合而成親，則真一之氣歸於交感穴中，凝成黍粒，斯道妙矣。

潭陰也，日陽也。潭底日紅者，陰中之陽也。陰中之陽為純陽而無陰氣，故曰陰怪滅也。乃是虎之弦氣，謂之紅鉛。

山，陽也，月，陰也。山頭月白者，陽中之陰也。乃龍之弦氣。初弦氣，故曰「藥苗新」，謂之黑鉛（鉛作汞）。古歌曰：「紅鉛黑汞大丹頭，將紅入黑是真修」，

此之謂也。聖人以此二物於一時之中造化成一粒陽丹，在北海之中，赫然如日，光透簾幃，即時採吞入腹，點己陰汞，則一身陰邪之氣悉皆消滅。亦如曉日自東海而升，赫然照耀，陰怪悉消滅矣。

陰汞自下丹田峰頂乍稟陽丹之氣，漸漸凝結，萌芽新嫩，故「藥苗新」也。亦如月之朔旦，與日相交，乍稟太陽之氣，日沒時則吐微光西方於庚上，狀若蛾眉月光新嫩，如「藥苗新」也。此謂內外二藥之法象也。《西華經》曰：陽中之陰，名曰姹女，陰中之陽，名曰金公。此乃壺中夫婦，紫府階梯。悟之者神仙，現在目前；迷之者塵沙，杳隔萬里。

夫外藥之真鉛、真汞，即龍虎初弦之氣也。內之真鉛、真汞，即金丹與己之真氣也。時人要識真鉛汞，只此是真。此外皆非真道。此二真物，能化有形而入於無形，為真人仙子。乃若凡砂凡汞，豈可比倫哉？

（十三）

不識玄中顛倒顛，爭知火裏好栽蓮。牽將白虎歸家養，產下明珠似月圓。謾守藥爐看火候，但安神息任天然。群陰剝盡丹成熟，跳出樊籠壽萬年。

注曰：以人事推之，男兒固不可有孕，火裏固不可栽蓮。然神仙玄妙之道，有顛倒顛之術，輒使男兒有孕，亦猶火裏栽蓮也。何則？日離為男反為女，月坎為女反為男，此顛倒顛之義也。二物顛倒則能生丹，以丹點己陰汞而結聖胎，養就嬰兒，即是男兒有孕，亦猶火裏栽蓮，豈非顛倒顛乎？

故仙翁讀《參同契》曰：「五行逆兮丹體常靈長存。」

言水逆而土，土逆而木，木逆而金，金逆而火，火逆而水，此顛倒顛之深旨也。顛倒顛之義明白也。

青龍白虎，元是真一之精變為二物，分位東西，實同出而異名也。真一之精屬汞，汞為龍，在東，故真一之精居東也。白虎本是真一精之子，寄體生在西，其家在東也。故仙翁曰：「金公本是東家子，送在西鄰寄體生。認得喚來歸舍養，配將姹女作親情」是也。金公者，鉛也。姹女者，汞也，以鉛點已之汞，而結為聖胎，所以，「牽將白虎歸家養」，配以青龍結為夫歸，產個明珠似月圓也。似月圓者，修丹之士先取上弦西畔半輪之月，得陽金八兩；次取下弦東畔半輪之月得弦水半斤，以此兩個半輪之月合氣而生丹，故得金丹一粒似月圓也。亦如道光禪師謂：「靈丹一粒，其重一斤。」此乃兩個八兩，合成一斤而言之。與仙翁月圓之意亦同。此比喻外藥法象也。

及得此丹，吞入己腹中，則金丹卻為白虎。又牽此白虎歸己腹中，配以己汞，然後運陰符陽火，六循歷六十四卦，鍛鍊成金液還丹一粒，亦重一斤，似月圓也。此比喻內藥法象也。內丹所以似月圓者，蓋運火之卦。一卦有六十四卦，計三百八十四爻，象一斤三百八十四銖也，外丹所以似月圓者，一斤乃上下二弦，半輪二八之數，故似月圓也。

「參同契」云：上弦兌亦八，下弦艮亦八，兩弦合其精，乾坤體乃成。二八應一斤，易道正不傾。故真一子曰：上下兩弦一斤之數，分三百八十四銖，以用運火符爻所是也。仙翁指示月圓之意，要使學者洞明造化之指，分內外二八之數，不可一概而論之也。火非人間火也，元始之祖氣也，陰陽之氣而無質者也，亦無藥可守，謾言而

已。

青霞子曰：鼎，鼎非金鼎；爐，爐非玉爐。火從離下發，水向坎中符，三性既會合，二物自相拘。固濟胎不泄，變化在須臾。高象先曰：「天地氤氳，男女姤精，四象五行隨輻輳，晝夜屯蒙法自然。焉用孜孜看火候。」此言世間之鼎爐，乃自然鼎爐中之火也，但安神定息，任其自然，調文治武，則符刻漏，不得分毫差忒，不半時辰立得丹餌，然後復依此進退陰符陽火，運用抽添，防危慮險。十月功圓，剝盡群陰，體化純陽，跳出塵籠，壽萬年也。

此方為金液還丹也。尚未能入妙，更抱一九載，使氣歸神，方為九轉金液大還丹也。於斯時也，形神俱妙，與道合真矣。

（十四）

要知產藥川源處，只在西南是本鄉。鉛見癸生急須採，金逢望遠不堪嘗，送歸土釜牢封固，次入流珠廝配當。藥重一斤須二八，調停火候托陰陽。

注曰：《西華經》曰：藥生西方，收歸戊己，採及其時，下功有日。夫西南坤地，虎生處也。坤方又是月所生之處，故曰本月是金水之精，上下兩弦合氣成丹，是以金丹藥材土產川源之處，實出於坤地也。鉛過癸生，時將丑也。金逢望遠，月將虧也。月之圓存乎口訣，時之子妙在心傳。周天息數微微數，玉漏聲寒滴滴符，此真人口口相傳之密旨也。

陸思誠作《悟真篇後序》云：以此詩傳者多謬，以鉛為若字，以金為如字。甚失仙翁旨意。鉛與金，即金丹

也。陸公發其端，救魯魚之失，秘其源懼竹帛之傳，吾儕親授師旨，當自知之。如或不然，空玄之中，去地五丈，黍米之珠，未易得也，奈何紛紛傍門，以圭丹為鉛金，在天癸時採取，真同兒戲。又有坤納癸之說，如葉文叔者，可付之一笑！蓋金丹以癸日子時下了工，不得逾時、過刻，是以急採也。

望日既遠，月虧氣減，故不堪嘗也。蓋癸日遯得壬子時，天壬地癸，會於北方。故朱震《易傳》曰：晦日朔旦，坎月離日，會於壬癸。坎月戊也，離日己也。又曰：三日暮，震象，月出庚；八日兌象，月現丁；十五乾象，月盈甲壬；十六日旦，巽象，月退辛；二十三日，艮象，月消丙；三十日，坤象，月滅乙藏癸；晦日朔旦，月中坎水流戊，日中離火就己。此乃天機要旨，當以口訣，難以書傳，未遇真師，徒爾妄意強猜穿鑿而已。

餌丹歸丹田土釜之中，固濟胎不泄，運火飛流珠之汞以配之，則胎結聖矣。烏肝八兩，兔髓半斤，合成一斤，故曰藥重一斤，須二八也。火實無火，不過假託陰陽二氣調停而運用耳。

（十五）

萬卷仙經語總同，金丹只此是根宗。依他坤位生成體，種在乾家交感宮。莫怪天機都洩漏，只緣學者自愚蒙。若人了得詩中意，立見三清太上翁。

注曰：萬卷仙經，至當歸一，莫不以龍虎二八初弦之氣為丹之質；但依坤母生成之理，逆而修之。得丹之後，種在乾父交感之宮，以運符火。修丹至要不出鉛火二字。鉛火為大丹之本。仙翁於此泄盡天機。學者皓首迷蒙，何

不近取諸身以明至道，結成一黍，立賓於天？

（十六）

三五一都三個字，古今明者實然稀。東三南二同成五，北一西方四共之。戊己自歸生數五，三家相見結成嬰兒。是知太一含眞氣，十月胎圓入聖基。

注曰：三五一不離龍虎也。龍屬木，木數三，居東。木能生火，故龍之弦氣屬火。火數二，居南，二物同源，故三與二合成一五也。虎屬金，金數四，居西，金能生水，故虎之弦氣屬水，水數一，居北，二物同宮，故四與一合成二五也。二物之五交於戊己之中宮，中宮屬土，土生數五，是為三五也。三五合而成丹，丹者一也。故曰三五一也。此三個字，自古迄今能合三五一而成丹，能了達嬰兒者，實稀有也。

一即金丹也。嬰兒者，即丹也。丹是一，一是真一之氣，天地之母氣也。己之真氣，天地之子氣也。以母氣咽歸五內，以伏子氣，猶貓伏鼠而不走也。子母之氣相戀於胞胎之中，結成嬰兒之一，故曰太一含真氣，言含真一之氣，如人懷胎十月滿足，然後降生聖胎；亦如之十月功圓，自然神聖，故曰十月胎圓入聖基。後人以腎為嬰兒，安有如此之功？

五言四韻一首（以象太一之奇。）

女子著青衣，郎君披素練。見之不可用，用之不可見。恍惚裏相逢，杳冥中有變（一作：夫婦若相逢，恩情自相戀）。一霎火焰飛，眞人自出現。

注曰：女子者，龍之弦氣也，陽中之陰，故曰女子，又名木姬，生於青龍，故著青衣也。郎君者，虎之弦氣

也，陰中之陽，故曰郎君，又名金郎，生於白虎，故披素練也。有質可見者，後天地生滓質之物類也。以其有質，故可見而不可用也。無形可睹者，龍虎二八初弦之氣也。以其有氣而無質，故不可見而可用也。實採鉛之樞機也。恍恍惚惚，杳杳冥冥者，混元真一之氣也。生於天地之先，不可測度。恍惚中有物者，龍之弦氣也。杳冥中有精者，虎之弦氣也。二弦之氣在於恍惚之中，杳冥之內，氤氳相逢，磅礴相戀，故得真一之氣。靈非有變，而為一黍之珠，此無中生有之妙也。

真人者，金丹也。聖人將一年火候攢於一個時辰中，又於一個時辰中分為六候，先於兩候中，運火煆煉立得真一之氣；結成一粒之珠，現在北海之中，大如黍米，豈非一霎時火，真人自出現乎？此道至妙，至玄！苟非遭遇真師，口授真訣，其熟能與於此哉？

仙翁詠此一章，所以五言四韻一首，表五行四象而成一粒之黍珠也。丹雖是真一之氣所變，苟不因龍虎二弦之氣相交，則亦不能成丹矣。蓋龍虎並二弦者，四象。四象交會於中宮而成丹。丹土也，乃真五行也。老君曰：「五行即是藥，四象不可闕」是也。故五行四象合而成丹。所以仙翁曰：「五言四韻一首，以象太一之奇」者，此也。

上陽子曰：此詩八句，括盡一部丹經之妙用。首句是乾家事，為木汞，屬我；二句是兌家事，為鉛，屬他；三句則生人物矣，四句可以煉丹，五句為入室下功，六句乃防危杜漸，七句即丹成九轉，八句為行滿三千。仙師布流此詩者，惟欲指出先天混元真一之氣，即太一所含之物氣。學者可不求師乎？

第五章　卷四

絕句（六十四首，以接六十四卦。）

（一）

赫赫金丹一日成，古仙實語信堪聽。若言九載三年者，總是推延擬日程。

注曰：金丹大藥，下工不逾半時辰，立得吞餌。此言一日者，皆聖人促一年氣候於一月之中，又促一月氣候於一日之中，又促一日氣候於一時之中，通而言之，謂之一日成仙也。故仙翁曰：「以時易日法神功」是也。金丹入口，立躋聖地，明驗如之速，豈三年九載，遷延歲月，以擬日程乎？

古仙張果老詩曰：「赫赫金丹一日成，黃芽不離水銀坑。功成雖未三周變，開爐已覺放光明。」即此道也。上陽子曰：煉丹之法，要知他家活子時也。非天下之至妙，孰能與於此哉？

（二）

日月三旬一過逢，以時易日法神功。守城野戰知凶吉，增得靈砂滿鼎紅。

注曰：太陽太陰，一月一次相交，聖人知而則之，移一月為一日，移一日為一時，守城則沐浴罷功，野戰則龍虎交鬥。神功者，進水之度也。苟或陰陽錯亂，日月乖

戻，外火雖動而行，內符嫺靜而不應。有道之士，進退水火，知吉凶，旋斗歷箕，時合天度，自然靈胎密運，神鼎增輝矣。

（三）

月才天際半輪明，早有龍吟虎嘯聲。便好用工修二八，一時辰內管丹成。

注曰：月之半輪者，一八之數也，仙翁指龍虎皆一八之數，合而成二也。此時水源至清，有氣而無質者也。一年之中，止有一日，一日之中止有一時，一時之中分為六候，下工不出兩候，立得金丹一粒服餌。餘四候別有妙用。此皆天機，不書竹帛。口傳心授。仙翁亦不敢成文流露，但寓意於篇。

詩中混而言之曰「一時辰內管丹成」。葉文叔不明此理，不得斯術，卻言藥成於一時，非止用一時。茫然不知指歸，私意妄揣，誠可笑也。若言非用一辰，又得轉旋日程也。奚為至簡至易耶？玄哉！妙哉！

斯道非人間世上可得而聞也。謹按《大丹火既》曰：伏睹聖人始於下手工夫之際，造鉛之初，盜混元一大周天之氣，奪三萬六千之正數，聚於乾坤之鼎，會於生殺之舍，奪盡天地之數，奪盡日月之數，奪盡龍虎之數，奪盡生成之數，奪盡陰陽之數，奪盡五行之數，擒於一時辰內，製造金丹一粒，其大如黍，其重一斤，至靈，至貴，至聖，至神，至簡，至易，為天地之精，作一身之主宰，可謂賊天、賊地、賊陰、賊陽，宇宙在乎手，萬化在乎身，成至真仙子，賓於上帝。故我仙翁曰：「一時辰內管丹成」，豈妄語哉，此其證也。

（四）

先把乾坤爲鼎器，後摶烏兔藥來烹。既驅二物歸黃道，爭得金丹不解生？

注曰：日月本是乾坤精，故聖人以乾坤喻為鼎器，日月喻為藥也。乾坤即真龍、真虎也。藥物即龍虎之弦氣也。魏真人曰：鼎，鼎元無鼎；藥，藥元無藥。聖人假託名立象，借喻如此，其要只此真龍、真虎。初弦二氣交媾，凝練真一之精，結於北海中宮之內。「既驅二物歸黃道，爭得金丹不解生？」黃道即中宮，金丹凝結生成之處也。

（五）

離坎若還無戊己，雖含四象不成丹。只緣彼此懷眞土，遂使金丹有往還。

注曰：《參同契》曰：離己日光，坎戊月精。故離之己象，龍之弦氣也；坎之戊象，虎之弦氣也。夫戊與己，是真土之一體，分居龍虎二體之中，故曰彼此懷真土也。龍虎苟無土，安能合併四象，會於土而成丹也哉？只緣彼此各有土氣，二土乃合併而成刀圭，是以龍虎交則戊己合也。戊己合為一體，則四象合而成丹也。所以金丹有返還者也。呂真人云「二物會時為道本，五五行全處得丹名」者此也。

（六）

日居離位反爲女，坎配蟾宮卻是男；不會個中顚倒意，休❺將管見事高談。

注曰：日中烏屬陰，故為離女；月中兔屬陽，故為坎男。苟不知顛倒之妙，徒自高談，亦猶以管窺天者也。

（七）

震龍汞出自離鄉，兌虎金生在北方❻，二物總因兒產母，五行全要入中央。

注曰：汞為震龍屬木，木生火，木為火母，火為木子，此常道之順也。及乎朱砂，屬火，火為離汞，自砂中出，卻是火返能生木，故曰兒產母也。太白真人歌曰：「五行顛倒術，龍從火裏出」是也。仙翁所以言汞生離，不言砂中汞生者，蓋砂中汞謂之真汞。又曰火中汞，故取其真汞而言之。是以言汞而不言砂也。鉛為兌虎，屬金，金生水，金為水母，水為金子，此常道之順也。及乎黑鉛，屬水，水為坎銀，自鉛中生，卻是水返能生金，故曰兒產母也。太白真人歌曰：「五行不順行，虎向水中生」是也。

仙翁所以言鉛生在坎，不言銀生者，蓋鉛中銀謂之真鉛。又曰水之鉛，故取其真鉛而言之。是以言鉛而不言銀也。二物互相生產而成四象，會合中央而成五行，五行合則金丹結也。故曰五行全要入中央。中央即中宮太極也。後人以心腎氣液為龍虎、鉛汞，言虎是腎之氣，而腎屬水，為虎，向水中生；言龍是心之液，而心屬火，為龍從火裏出。此言有同兒戲爾。欲成大藥，豈可戾乎？

（八）

咽津納氣是人行，有物方能萬物生。鼎內若無真種子，猶將水火煮空鐺。

注曰：世人所謂咽津納氣者，皆後天地生，至陰之物也，非真服氣也。夫真服氣者，先伏而後服氣也。經曰：「伏氣不復氣，不服順服氣；服氣不長生，長生須伏氣」，是也。夫真一之氣，混於杳冥恍惚之中，難求難見，聖人以法伏之，故得杳冥中有精，恍惚中有物，變化煆煉成丹，服歸丹田之中，則萬物化生也。故曰「有物方能萬物生」也，以其有真種子故也。

若無真種子，萬般作用勞而無功，空鐺水火，望作何為？所為真種子，即真鉛也。

（九）

華嶽岩前雄虎嘯，扶桑海底牝龍吟。黃婆日解相媒合，遣做夫妻共一心。

注曰：華嶽者，西山月出之處，以象虎也。雄虎乃虎之弦氣也，陰中之陽，故號於雄虎也。扶桑者，東方日出之處，以象龍也。牝龍乃龍之弦氣也。陽中之陰，故號於牝龍也。二物間隔在東在西，媒者黃婆使之交合，結為夫婦，以產玄珠黃芽也。

（十）

調和鉛汞要成丹，大小無傷兩國全。若問眞鉛何物是，蟾光終日照西川。

注曰：驅龍則火汞飛揚，駕虎則水鉛閃爍。氤氳造化，一粒黍米，先天氣成，何傷之有？故曰「大小無傷兩國全」也。夫龍大虎小，陽尊陰卑之義也。金丹因上下兩弦金水溶成，名曰真鉛。蟾光者，金水之精，屬陰也。經曰：照者，與日交光之旨，象陰陽交合之義。西者，金方

也。川者，水也。聖人於八月十五日，合金水二氣結成金液之精者，此也。

月上弦屬水，下弦屬金，故仙翁以西若金之方，以川為水之體。然月末嘗能終日照，惟下弦之月，日初現，來畔金之光於南方丙上，至日午時沒於西方庚；上弦之月，日午時現，西畔半輪水之光，出於東方甲上，至日沒時升到南方丁上，兩個半輪月合為金水圓圖之光，共成終日之照，喻如龍虎合兩弦之氣，而生丹也。故曰「若問真鉛何物是，蟾光終日照西川」也。

（十一）

竹破須將竹補宜，覆❼雞當以卵爲之，萬般非類徒爲巧，怎似眞鉛合聖機。

注曰：竹器破矣，用金木之類補之，可乎？此必以竹補之，然後器用完也。雞將覆矣，土石之物抱之可乎？此必以卵覆之，然後𣪊❽音生焉，陶睦人曰：竹斷須竹續，木破須木補，屋破用瓦蓋，人衰以類生。修真者，若非同類，功用徒勞。《參同契》曰：同類易施功，非類難為巧。欲作服食仙，當以同類者。

蓋人稟天地之秀氣以有生，真鉛是天地之母氣托同類之物孕而育之，故真鉛為母氣，我真氣為子氣，豈非同類之至妙者乎？是以合至聖之深機，自然之大道也。

（十二）

藥逢氣類方成象，道在虛無合自然，一粒靈丹呑入腹，始知我命不由天。

注曰：有物混成，先天地生，聖人故強名之曰道，強

名之曰混元真一之氣。視之不見，聽之不聞，搏之不得。聖人以同類二八初弦之氣。感而遂通，降靈象空玄之中，一粒如黍，餌在腹中，立乾巳汞，化為純陽之軀，與天地同久。朝元子曰：死生盡道由天地，性命元來屬汞鉛。此非「我命在我不在天」乎？

（十三）

西山白虎正倡狂，東海青龍不可當，兩手捉來令死鬥，化成一片紫金霜。

注曰：此言外象也。釋在前律詩「五行全處龍虎蟠」注內。紫金霜即金丹也。海蟾翁曰：「左手捉住青龍頭，右手拽住白虎尾。一時將來一口吞，思量此物是甘美。算來只是水中金，妙達玄機真要理。」此其證也。

或有未聞至道者，以意亂猜，以兩手作兩獸解，可笑也哉！遠之遠矣！

（十四）

安爐立鼎法乾坤，鍛鍊精華制魄魂，聚散氤氳成變化，敢將玄妙等閒論。

注曰：積諸陽氣為天，在上而不潤下；積諸陰氣為地，在下而不炎上。即天地不交也。不交焉能造化而生萬物也哉？蓋天雖為至陽之物，而有一陰之氣在其中，故能降地；地雖是至陰之物，而有一陽之氣在其中，故能升天。二氣氤氳，萬物化醇，此以二氣交合而成變化。金丹之道，安爐立鼎，鍛鍊精華，以制魂魄，莫不取法於天地。《子母歌》曰：精交無用藥，氣合無言語。金丹以氣與類結而成之，故曰「藥逢氣類方成象」也。始自無中生

有，復自有中生無，無形而能變化，是以變化無窮。此乃天機，安敢饒舌。

（十五）

俗謂常言合至道，宜向其中細尋討。能於日用顛倒求，大地塵沙盡成寶。

注曰：真鉛真汞。不為日用之間。顛倒修之，大地塵沙盡成寶。古歌曰：朝朝只在君家舍，日日隨君君不知。

（十六）

異名同出少人知，兩者玄玄是要機。保命全形明損益，紫金丹藥最靈奇。

注曰：太上曰：無名天地之始，有名萬物之母。又曰：此兩者同出而異名，方其無也，真一之氣不可見也，故為天地之始。及其有也，真一之氣化而為黍，現於空玄之中，故為萬物之母。在天曰離，為汞；在地曰坎，為鉛。其本則同。其出則異。同謂之玄，玄之又玄。修真之功，執此二者，玄機以明，損益以治。修身則形可全而命可保也。

所謂二者，陰陽二氣而已；所謂損者，五行順兮，常道有生有滅是也。吁！純陽紫金之丹，立為天地之始，出為萬物之母，其曰「紫金丹藥最靈奇」，當知仙翁歎莫不盡之深意也。

（十七）

黑中有白曰丹母，雄裏藏雌是聖胎。太一在爐宜慎守，三田寶聚應三台。

注曰：鉛中取銀是為丹母，朱裏抽汞乃為聖胎，二物能感化真一之氣，結在太一爐中。惟在精調火候，恬守規模，不使分毫差惑，方得三性會合，結成丹寶，上應三台。太一者真一之氣也。故曰太一含真氣也。

（十八）

偃月爐中玉蘂❾生，朱砂鼎內水銀平，只因火力調和候❿，種得黃芽漸長成。

注曰：偃月爐者，陰爐也。中有玉蘂之陽氣，虎之弦氣也。朱砂鼎者，陽鼎也。中有水銀之陰氣，即龍之弦氣也。金丹只因此二弦之火調停，和合之力種得真一之芽，長在黃家結黍珠也。

（十九）

未煉還丹莫隱山，山中內外盡非鉛。此般至寶家家有，自是時人識不全。

注曰：龍不在東溟，虎不在西山，家家自有，逆而修之，還丹可冀。

（二十）

縱識朱砂及黑鉛，不知火候也如閑，大都全藉修持力，毫髮差殊不作丹。

注曰：金丹造化，全藉丁公，毫髮差殊，失之千里。是以聖人傳藥不傳火，須共神仙仔細論。

（二十一）

四象會時玄體就，五方行處⓫紫光明，脫胎入口通神

聖，無限神龍盡失驚。

注曰：龍虎交姤則四象會而五方行矣。四象五方會合，則真一之體結如黍珠，紫色光明矣。密運於時，奪歸入口，通聖達神，無限神龍孰不驚愕而欽仰也哉！

（二十二）

始於有作人爭覓，及至無爲衆始知。但見無爲爲道體⑫，不知有作是根基。

注曰：世有學釋氏性道，執此一切有為皆是妄者，以其語毀老氏命道。此乃知其一不知其二，窺其門牆而未升堂入室者也。

烏知修命之道，始於有作，煉丹以化形，中則有為：煉形以化氣，終則無為。自在面壁，九年抱一，以空其心，以見其性。性即神也。神性一體，變現無方，九載功畢，氣自成神，神自合道。故形與神俱妙而不測，神與道合而無形，形既無已，可得謂之有為有作而為幻化乎？安知性非命、命非性耶！強而分之曰性、曰命，混而一之未始有以異也。故自有作以至於無作，有為以至於無為，有形以至於無形也。

斯道至大，非中下根器所能知。故仙翁做詩以示後學，勿但見無為為要妙，而不知有為為有作，實無為為無作之根基也。別本注曰：始於有做人爭覓者，於一陽來復之時，取兩弦金水之氣，人須有知覺者，雖鬼神莫能知，蓍龜莫能測也。及乎金丹成就，變化無窮，則眾人不得而知也。人但見無為之為要妙，又豈知採取陰陽，凝結鉛汞，實在於起首下手之立根基而有作也哉！

（二十三）

恍惚之中尋有象，杳冥之內覓眞精。有無由此自相入，未見如何相得成。

注曰：恍惚之中有象者，龍之弦氣也；杳冥之內有精者，虎之弦氣也。二弦皆有氣而無質者也。恍恍惚惚，杳杳冥冥，視之不見，聽之不聞者，真一之氣也。真一之氣至靈而無形者也。真一子曰：無者龍也，有者虎也；無者汞氣也。有者鉛氣也。無因有激之而有象，有因無感之而有靈，故得黍珠懸空，紫霜耀日也。彼哉，兀兀存想塵埃心地者亦可悲矣！

（二十四）

歐冶親傳鑄劍方，莫邪金水配柔剛。煉成便會如人意，萬里誅凶一電光。

注曰：歐冶鑄劍，天常遣神女為之傳爐，制以金水，配以柔剛，煉成寶劍之後，誅凶剪惡，一電光頃，其靈如此。聖所作還丹鑄劍亦如之，以天地為爐冶，以陰陽為水火，配以五行，制以神氣，煉成之後，能曲能直、能柔能剛、能善能惡、能圓能方，心有所思，意有所適，則已知人之意而飛動，誅剪一電光耳。此乃自然神劍也。修丹之士若無此劍，猶取魚兔而無筌蹄也。仙翁托歐冶鑄劍之事而言之，實玄珠之罔象也。罔象者，天機秘訣也。

第六章　卷　五

內外藥

（二十五）

用將須分左右軍，饒他爲主我爲賓。勸君臨陣休輕敵，恐喪吾家無價珍。

注曰：此章明火候作用也。將者火也。左為文火，右火武火，聖人縮一年火候於一月之內，縮一月火候於一日之中。夫運火自子至巳，六辰屬陽，蒙春夏發生之德，故為文火，居左，謂之陽火，自午至亥，六辰屬陰，蒙秋冬肅殺之刑，故為武火，居右，謂之陰符。「饒他為主我為賓」者，主為陽而雄，好爭也。賓為陰而雌，好靜也。即是守雌而不雄，持靜而不爭，此慮險防危之意，畏敬之至也。兵法曰：以逸待勞。又曰：致人而不至於人，此之謂也。道之用，存乎水火；水火之用，存乎人。先言刻漏，以分子午；次接陰陽，以為化基。

搬六十四卦於陰符，鼓二十四氣於陽火。天關在手，地軸由心，回七十二候之要津，攢歸鼎內；奪三行六百之正氣，輻輳胎中；運用有方，抽添有序，動則防危慮險，靡敢差忒毫釐。外接陰陽之符，內生真一之體。苟或運心不謹，守候差殊，致使姹女逃亡，鼎內靈胎不結，而還丹無價之珍失之矣。修丹之士，臨陣可不守雌而敢於輕敵乎？上陽子曰：左為我，右為彼，饒他為主我為賓，若使

居上而我在下，彼欲動而我欲靜也。

（二十六）

休泥丹灶費工夫，煉藥須尋偃月爐。自有天然眞火育⑬，何須柴炭及吹噓。

注曰：葉文叔指兩腎中間為偃月爐，亦有指為兩睛者，靡肯自思己錯，更將錯處教人，何不揣之甚耶！此爐之口仰開，如偃月之狀，故謂之偃月爐。即北海也，元始之祖氣在焉。何假柴炭吹噓之耶？

（二十七）

玄珠有象逐陽生，陽極陰來漸剝形。十月霜飛丹始熟，此時神鬼亦須驚。

注曰：金液還丹所以有象者，蓋自冬至住⑭一陽火，逐陽而生金液之質；夏至進陰火，剝至十月，還丹始熟，脫胎神化為純陽之仙，豈不使神鬼驚愕而賓伏哉？

（二十八）

要知煉養⑮還丹法，自向家園下種栽，不假吹噓並著力，自然果熟脫靈胎。

注曰：此物只自家裏同類之物也。此道甚近，初不遠人，亦猶家園下種，其物自生，其近可知。種非其類，難以成功；種得其類，易若返掌。《參同契》曰：同種易施功，非類難為功⑯。

（二十九）

兔雞之月及其時，刑德臨門藥象之，到此金丹宜沐

浴，若還加火必傾危。

注曰：二月為德，八月為刑，皆當沐浴，加火傾危。

（三十）

否泰才交萬物盈，屯蒙受卦稟生成。此中得意休求象，若究群爻謾役情。

注曰：冬夏二至，為一陰一陽之首；子午二時，為一日一夜之元。聖人運動陰符陽火，協天地升降之道，日月往來之理，攢簇四時八節、二十四氣、七十二候，環列鼎中而生真一之體，此理甚簡，其功不繁，無可云為。故托諸卦象，分於一月三十日之中，以闡玄機，以明火用。

爻象者，筌蹄也。屯蒙為眾卦之首，以象運火生成之始，造化稟受之源，故朝以屯，暮以蒙。否泰者，陰升陽降於四時之中，至二月春分之節，陽氣升於天地之中，陰陽相半，不寒不熱為溫，故為泰卦。亦如月之上弦氣候也。此時陰陽二氣自然相交，故聖人不進火，謂之沐浴也。至八月秋分之節，陰氣降到天地之中，亦陰陽相半，不熱不寒而涼，故為否卦。亦如月之下弦之氣候也。此時陰陽二氣自然相交，故聖人進水，不亦謂之沐浴也？故仙翁曰；兔雞之月及其時，刑德臨門藥象之。二月為刑，八月為德故也。

修丹之士，若能於此四卦之中得意，何必執滯群爻而勞心役思哉？仙翁慈悲，直指其捷徑如此。

（三十一）

卦中設法本儀刑，得象忘言意自明。舉世迷人惟泥象，卻行卦氣望飛升。

注曰：卦象者，火之筌蹄也。魏伯陽真人因讀《易》而悟金丹作用與易道一洞，故作《參同契》，演《大易》卦象以明丹旨，開示後人。故比喻乾坤為鼎器，象靈胎神室在我丹田中也。又以坎離喻為藥物，象鉛汞之在靈胎神室中也。夫乾坤為眾卦之父母，坎離為乾坤這真精，故以四卦居於中宮，猶靈胎鉛汞在丹田中也。處中以制外，故四卦不繫運火之數。其餘諸卦並分在一月之中，搬運符火，始於屯蒙，終於既未，週而復始，如車之輪，運轉不已。一日兩卦直事，三十日，計六十卦，連乾坤坎離四卦方鼎器藥物，共六十四卦，總三百八十四爻；象一年並閏餘，共三百八十四爻也；又象金丹二八一斤之數，一斤計三百八十四銖。此皆比喻、設象如此。

學者觀此卦象，可以悟運火之作用。苟明火用，卦象皆可妄言而無用也。今之學者，不曉此旨，而反泥此以行卦氣，勞形苦思而望飛升，不亦愚乎？得魚忘筌，得兔忘蹄，今反泥筌蹄而為魚兔，去道愈遠矣！

鍾離公曰：「大道安能以語通，伯陽假易作《參同》。後人不識神仙喻，妄執筌蹄便下工。」此其證也。

（三十二）

未煉還丹須急煉，煉了還須知止足。若也持盈未已心，不免一朝遭禍辱。

注曰：男子二八而天癸至，八八而天癸竭。方其至也滿，純乾重一斤，逮至弱冠，汞走一兩；歲當三十，汞走四兩；歲當六十，剝床及膚；八八數終，純坤傳盡，烏飛兔走，時不待人，活汞須藉鉛擒，還丹急需下手。煉之既畢，抱一守誠。若不知足，持不已之心，反遭禍辱。

鍾離公曰：「丹熟不需行火候，更行火候必傷丹。只宜保守無虧損，渴飲饑餐困則眠。」更能明心見性。面壁九年，斯道愈弘矣。

（三十三）

取將坎內中心實，點化離宮腹裏陰；從此變成乾健體，潛藏飛躍總由心。

注曰：離卦，外陽內陰；坎卦，外陰內陽。以內陽點內陰，即成乾三也。譬如金丹，是至陽之氣，號為陽丹，結在北海之中，即來點己陰汞，即為純乾化陽之軀。然後運火，抽添進退，俱由在我心運用也。或者以圭丹為坎中之畫，此乃後天地生滓質之物，非先天地生之氣也。若以心腎之坎離，則天地遠矣。

（三十四）

不識陽陰及主賓，知他那個是疏親？房中空閉尾閭穴，誤殺閻浮多少人！

注曰：鍾離曰：四大一身都屬陰，不知何物是陽精？蓋陽精是真一之精，至陽之氣，號曰陽丹也。自己之真氣屬陰，為一身之主，以養百體。及陽丹自外來，以制己之陰汞，即是陽丹返為主也，而自己陰汞返為客也。二物相戀，結為金砂，自然不飛不走。然後加火煉成金液還丹也。故陽丹在外，謂之疏；己之真氣在內，謂之親。反此親疏以定賓主，即道成矣。迷途之人，不達此理，卻行房中御女之術，強閉精氣，謂之煉陰丹，將欲延年，反爾促壽，是猶抱薪以投火者也。《陰符經》曰：火生於木，禍發必克，可不慎乎？

（三十五）

用鉛不得用凡鉛，用了眞鉛也棄捐；此是用鉛眞妙訣，用鉛不用是誠言。

注曰：凡鉛是後天地生滓質之物也。真鉛是真一之氣也。夫人元陽趙氣逐日飛散，無由凝聚，以結聖胎。故聖人煉真鉛，取而伏之，凝結成砂，逐日運火，漸漸添汞，汞漸漸多。鉛氣漸散，抽鉛添汞，其妙如此。十月火足，六十卦終。鉛氣飛浮盡，如明窗中射日之塵，片片浮而去。九載抱一元氣浮，只留得一味乾水銀也。鉛盡水乾化為金液，大還丹也。

體變純陽，與天齊年。故曰用了真鉛也棄捐。用鉛不用鉛之語，豈虛語哉？聞道至此，當以心盟天曰：師恩難報，當成道以答師恩。若負師言，是負天地！

（三十六）

道自虛無生一氣，便從一氣產陰陽；陰陽再合成三體，三體重生萬物昌。

注曰：道本虛而乃有形之氣，氣本實而乃無形之形，有無相制而一生焉。是以一生二，二生三，三生萬物，萬物負陰而抱陽，沖氣以為和，方其未形，沖和之氣，不可見也。及其既形，輕清之氣，屬陽；重濁之氣，屬陰。二氣氤氳，兩情交焜，曰地，曰天，曰人，三物生焉。故《易》曰：天地氤氳，萬物化醇；男女姤精，萬物化生。至人探斯之賾而知源。

顛倒陶熔，逆施造化，賊天地，窮斯之神而知化，盜陰陽之精氣以為火，故能返其本，還其源。顛倒陶熔，逆

施造化，賊天地之母氣以為丹，盜陰陽之精氣以為火，煉形返歸於一氣，煉氣復歸於虛無，故得身與道合。冥妙無形，變化無窮，隱顯莫測，號曰真人。

（三十七）

雪山一味好醍醐，傾入東陽造化爐。若遇崑崙西北去，張騫始得見麻姑。

注曰：雪山白色，西方金之象，即金丹也。金丹一粒，味若醍醐，取而餌之，入我丹田造化爐中也。崑崙山在海水之中，故入崑崙，實發火之處也。崑崙頂上有門，謂之玄門，即天門也。

天門在西北乾位，故仙翁曰「種向乾家交感宮」。是以過西北處去，則張騫見麻姑矣。張騫，男子也，象乾卦為陽火，又象真汞。麻姑，婦女也，象坤卦位，為陰符，又象真鉛也。此言若過崑崙，發火自玄門而入，則鼎內真汞始得見真鉛而有變化也。方其真鉛內融，真火外接，坤象變乾象。陽火逐陽符，兩火交進，鉛汞凝結，神仙之道根本於此。張騫乘槎過天河，遇女宿，取其陰陽交相會遇之義，為托言之耳。

（三十八）

前弦之後後弦前，藥味平平氣象全。採得歸來爐內鍛，煉成溫養似烹鮮⓱。

注曰：月至三十日，陽魂之金喪盡，陰魄之火盈輪。是以純陰天光也，法象坤卦，故曰晦。此時與日相交，在晦朔兩日之中合體而行，同出同沒。至初二日，借太陽之光而有娠，漸漸相離；至初三日，日沒時即娥眉於西方庚

上，於純陰中生一陽，魄中生魂，象震卦。此時陽魂之金初生，藥苗新也。至初八日，二陽生兌卦，此時魄中魂半，其平如繩，故曰上弦也。此之前屬陰，其後屬陽，陰中陽半，得水中之金八兩，其味平平，其氣象全。至十五日，三陽備，象乾卦。此時陰魂之水消盡，陽魂之金盈輪，是以團圓純陽而無陰也，故曰望。夫陽極則陰生，故十六日於純陽輪中生一陰，魂中生魄，象巽卦，漸漸缺。至二十三日，二陰生，象艮卦。此時魂中魄半，其平如繩，故曰下弦也。此之前屬陽，其後屬陰，陽中陰半，得金中之水半斤，其味平平，其氣象全。

故聖人採此二八金水之精，擒歸造化爐中烹煉真一之氣，變化黍粒，吞歸五內，復運火溫養烹煎，而成金液還丹。全藉陰符陽火，進退抽添，若毫髮差殊，不作丹也。仙翁於此章叮嚀反覆，使自烹煎，良有意也。

（三十九）

姹女遊從各有方，前行鬚短後鬚長，歸來卻入黃婆舍，嫁個金翁作老郎。

注曰：姹女，汞也，謂之汞火。遊從有方。前行是外藥作用，後行是內藥作用，有此兩用，故曰遊從各有方也。聖人下工煉金丹之初，運汞火不出於半個時辰，立得真一之精，煉成黍米而吞服之。故曰前行鬚短也。及乎服丹之後，運以汞火，卻行十月之功，故曰後行鬚長者此也。黃婆在內象即金胎神室也。金翁即真鉛也，老郎即純陽之象也。其汞因外運火飛入神室中，配合真鉛相交想戀，化為純陽之體，故曰「嫁個金翁作老郎」也。歸來者取其收入中宮之義也。

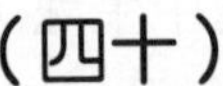

（四十）

八月十五玩蟾輝，正是金精壯盛時，若制一陽來起復，便堪進火莫延遲。

注曰：八月十五正是金水氣旺之時。子時乃一陽來復之時，外內二丹火功並進。

（四十一）

一陽才動作丹時，鉛鼎溫溫照幌帷。受氣之初容易識⑱，抽添運火卻防危。

注曰：聖人窮神索隱，默知金精空旺之時，一陽初動之際，擒龍捉虎，布武施文，誘太一真氣歸斯鉛鼎交感之中宮，溫溫孕一黍珠赫照，光透簾幃，不半個時辰，立獲丹耳。困謂受氣之初，得之容易矣。

乃乎餌丹之後，運動陰符陽火，而有十月之功，始復中坤，索當變風，屯蒙起自朝昏，既未終於晦爽，運用抽添循環不已。當斯之時，情如土木，心若死灰，防危慮險，不敢妄動，故得外接陰陽符火，內生金液之質，運轉不停，自尾閭逆上泥丸，降下重樓，而歸丹田土釜之中，乃金液還丹也。神驗不可名狀。是以抽添運用，安得不謹其危而慮其險乎？

（四十二）

玄牝之門世罕知，只⑲將口鼻妄施為。饒君吐納經千載，爭得金烏搦兔兒。

注曰：玄牝之門，是謂天地根。妙哉是言也！舉世莫能知此，非真師指示，孰能曉了。亦有指兩腎之間混元一

元。如葉文叔者，豈能窺測天機而欲以此排斥他說也哉？玄牝二物，豈可以一穴言之？自開闢以來，若無此二物，安能有萬物乎？內外二丹，從此名立，聖人秘之號曰偃月爐、懸胎鼎也。

金烏者金丹也，兔者己之真氣也。金丹制己汞，如貓捕鼠，以鷹搦兔，不令逃遁。若以口鼻為玄牝，真饒千載，吐納轉見尪羸，爭得金烏搦兔而成聖胎也哉？

第七章 卷 六

（四十三）

坎電烹轟金水方，火發崑崙陰與陽。二物若還和合了，自然丹熟遍身香。

注曰：此章詠內外二丹法象也。坎電者，水中之火，謂之陰火，即虎之弦玄門。此言虎以陰中之火烹煉乾龍，乾龍即發崑崙之火以應之也。二火相保，則真一之精自然凝結，即時採餌，百骸俱理，香且美矣。

《參同契》曰：「金砂入五內，霧散若風雨。薰蒸達四肢，顏色悅澤好，髮白皆返黑，齒落生舊所，老翁復丁壯，耆嫗成姹女。」皆非真香滿體乎？既餌丹後，復運陰陽符火，虎以陰中之火爍此玄門，龍即於崑崙教火以應之。二物和合，則金精自然運轉，自尾閭，歷歷然有聲運透夾脊，雙關，直上泥丸，顆顆降下重樓，其味甘美，馨香無比，自然滿身增輝。

（四十四）

要得谷神長不死，須憑玄牝立根基，眞精既返黃金屋，一顆明珠永不離。

注曰：陰陽不測之謂神，神無形也。感而遂通，若谷之應聲，故曰谷神。夫因氣而立氣，因精而生精，精能生氣，氣能生神，故氣為一身之主，一身為神氣之府。形不得神氣則不生，神氣不得形則不真，三物相須如有生也。

若欲長生，根基立玄牝，然後長生可致也。萬神莫不由此二物而生，因此二物而死。實為天地之根，五行之祖，陰陽之蒂，萬化之基。

聖人憑此而成外藥，藉此小變內丹，故得真精，運動不停，復還黃金玉釜之室，變為顆靈珠，明光永不飛走。漸漸化形為氣，化氣為神，形神俱妙，隱顯莫測。

（四十五）

長男乍飲西方酒，少女初開北苑花，若使青娥相見後，一時關鎖在黃家。

注曰：震為長男，青龍也。酒，陰物也。藏陰氣謂之陰火。兌為少女，白虎也。花，陽物也。藏陽氣，謂之陽火。青娥、姹女，謂之汞火。此皆修丹之士驅龍來就虎，虎即開北苑之花以就龍，龍飲西方之酒以就虎，龍虎吞啖交姤成象。即運青娥汞火與龍虎二火相見眷戀之後，一時封鎖在黃家中宮，而產真一之精，以成金液還丹也。黃家即鼎爐玄關是也。

（四十六）

華池飲罷月澄輝，跨個金龍訪紫微。從此衆仙相識後，海田陵谷任遷移。

注曰：華池，丹也。飲罷功圓，脫胎神化，肌膚若冰雪。綽約如處子，御氣乘雲，遊乎八極，飽觀塵世，一任海變桑田，桑田變海，高谷為岸，深谷為陵也。

（四十七）

金公本是東家子，送在西鄰寄體生，認得喚來歸舍

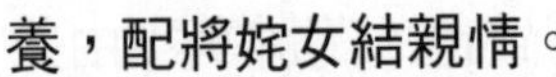

養，配將姹女結親情。

注曰：此義已解在律詩中「牽將白虎歸家養」注內。蓋金丹大藥都有作用法象，有陽中之陰，復有陽而又陰者；有陰中之陽，復有陰而又陽者；又有內藥陰陽水火，外藥陰陽水火；內三性，外三性；內四象五行，外四象五行；又有內、外陰陽互用法象，反反覆覆不可名狀。吾儕親承玄旨，默識，心痛可也。如未遇真師，莫能洞曉。仙翁作此詩，以深明之，惟舉一陽當自得之。

（四十八）

赤龍黑虎合西東，四象交加戊己中，復姤自茲能運用，金丹誰道不成功。

注曰：東是青龍木，木生火，故龍之弦氣屬火，火居南而赤，故曰赤龍。西是白虎金，金生水，故虎之弦氣屬水，居北而黑，故號黑虎也。

赤龍又曰姤女，黑虎又名金公，二物亦猶砂中汞，鉛中銀也。赤龍黑虎合兩弦之氣，交南北東西，即是東西南北合也。四物交加於戊己真土之中，結成真土，一粒如黍，吞歸五內，薰蒸達四肢，入崑崙山，入水，俱來朝會。然後進陽火於復卦，退陰符於姤爻，自然運用抽添，莫不頭頭中度合丹，至道指日可成。

（四十九）

天地盈虛自有時，審能消息始知機。由來庚甲申明令，殺盡三屍道可期。

注曰：「天地盈虛自有時」者，天地相去八萬四千里，冬至之日，地中有一陽氣上升，一日升四百六十里二

百四十步。至後，五日為一候，二候為一氣，二氣為一節，二節為一時，即春分也。計九十日，陽氣共升至天四萬二千里，正到天地之中，此時陰中陽半為泰卦，其氣變寒，寒為溫，萬物發生之時，故為春也。

自此以後，陽氣升陽位，亦如前漸漸升至夏至之日，並前計一百八十日，共升八萬四千里，乃到天也。此時陽中又有陽為純陽乾卦，其氣變溫為熱，曰夏，萬物茂盛之時，故曰盈也。

夫熱極則陰生，故夏至之日，一陰自天而降，亦一日降四百六十里二百四十步，亦五日一候，為一氣，三氣為一節，二節為一時，即秋分日也，計九十日，陰氣共降四萬二千里，正到天地之中，此時陽中陰半為否卦，其氣變熱為涼，萬物結實之時，故為秋也。

自此以後陰氣降入陰位，亦如前漸漸降至冬至之日，共前計一百八十日，共降八萬四千里，乃到地也。此時陰中又有陰為純陰，坤卦，其氣變涼為寒，寒曰冬，萬物收藏之時，故曰虛也。

聖人消息天地盈虛，因月而見，月從日生，初三日震庚生形，初八日兌丁成形，十五日乾甲盈滿，天地盈之時也；十六日巽辛受統，二十三日艮丙守弦，三十日坤乙消滅，天地虛之時也。

聖人能消息天地之機，故簇一年氣候在一月之中，以初一日一陽之生為冬至，分二日半六十時為三十日。當一月氣候至上弦日，陰中陽半，即春分之日也。至十五日，得四月節氣為純陽，故月滿陽氣盈輪，故日盈也。至十六日陰生為夏至，至下弦日，陽中陰半，象秋分之日也。至三十日，得十月節氣為純陰，陰氣滿輪，故曰虛也。

終而復始，循環不已。聖人運動陽火陰符，一依準天地盈虛升降，循環六十四卦，由庚及甲。圓缺之理亦猶人君申明號命，戮盡陰魔，成道可期也。

（五十）

虛心實腹義俱深，只為虛心要識心，不若煉鉛先實腹，且教守取滿堂金。

注曰：汞者精也。守汞以實腹，則金玉滿堂矣。一者丹也，抱以一空其心，則纖塵不立矣。方其虛也，形不可以久持，必煉鉛以制之。及其實也，心不可以有執，必抱一以空之。

夫欲實其腹，必先煉鉛以制汞，汞乾形化，然後抱一空其心，心空形妙，與道冥一而無形矣。二理俱妙，殊途同歸，非大聖莫能知此。滿堂金，一身之精氣也。修真之士欲煉鉛以實其腹，若夫煉鉛宜毋搖汝精，精少則還丹不可成也。

（五十一）

陰符寶字逾三百，道德靈文止五千，今古上仙無限數，盡從此處達眞詮。

注曰：二經為群經之管轄，諸子之樞紐，古仙上聖莫不由此二經之中達悟真詮而成大道也。（右引《陰符》、《道德》二經。）

（五十二）

先且觀天明五賊，次須察地以安民，民安國富方求戰，戰罷方能見聖人。

注曰：五賊在天為五星，在地為五嶽，在人為五常。愚謂五方，在人為五臟，在氣為五性、五常，在物為五音、五行。五色、五金、五穀、五果、五味是也。《陰符經》曰：天有五賊，見之者昌。人能見此，逆而修之，則宇宙在乎手，萬化生乎身也。察地之利，在於安民，民為邦本，本固邦甯而國富矣。是以聖人以身為國，以丹為君，以火為臣，以精氣為民。

修丹之士，若能觀天擒五賊，逆而修之，盜陰陽而返化，則真一之精可奪，而己之陰汞立幹矣。精固氣牢，求戰必勝，是以運火無差，十月功圓，則脫胎神化為真人仙子，故曰戰勝方能見聖人。

（五十三）

但將死戶爲生戶，莫執生門號死門；若會殺機明反覆，始知害裏卻生恩。

注曰：陰陽五行，順之則生，逆之則死，此常道也。庸夫豈知有不生之生，生則長生；不順之順，順則至順。若能明此反覆之機，則害裏生恩，男兒有孕矣。殺機者，盜機也。

陸子野曰：這個門戶，生了萬萬千千，死了萬萬千千。苟或順行，生之所以死也。如能逆用，死之所以生也。是所為殺機明反覆、害裏生恩。咦！諺云：死店活人開。

（五十四）

火生於木本藏烽，不會鑽研莫強攻，禍發必因斯害己，要須制伏覓金公。

注曰：火生於木，禍發必克；精生於身，情動必潰。

不會鑽研，禍斯害己。要須制伏，須藉金公。呂公曰：火發七戶密牢關，莫教燒破河車體。

（五十五）

三才相盜食其時，此是神仙道德機，萬化既安諸慮息，百骸俱理證無爲。

注曰：天地以四時盜萬物，故有榮枯，而不能長榮；萬物以五味盜人，故有生死，而不能長生；人以五行盜萬物，故有成壞，而不能長存。三盜既宜，三才斯安。是以有生有死，有盛有衰，有榮有謝，有晝有夜，有往有來，有生有殺，有興有廢，有物有我，有是有非，紛紛而起，循環無端而不可測者，自然之道也。

若能混此三盜而一之，反其機而動之，及其時而食之，則百骸俱理而萬化自安，萬化既安則諸慮自息，諸慮既息則無為之道自證矣。（上引《陰符經》以明二藥。）

（五十六）

萬物芸芸各返根，返根復命即長存。知常返本人難會。妄作招凶衆所聞。

注曰：萬物芸芸，各歸其本根。歸根曰靜，靜曰復命，復命曰常，知常曰明，此太上之至言也。夫人未生之前，冥然無知，混乎至樸。及其生也，稟之陰陽，受之父母。

聖人逆而修之，奪先天之一氣以為丹母，賊陰陽之真氣以為化基，煉形反入無形，煉氣歸於至樸，煉神而與道合真，故歸根復命，即長存也。能知常道而返本者，聖人也。是以長生焉。不知常道返本而妄作者，眾人也。是以

招凶焉。（上引《道德經》以明二藥。）

（五十七）

契論經歌講至眞，不將火候著於文。要知口訣通玄處，須共神仙仔細論。

注曰：火候六百篇，篇篇相似，出入貫串，與天合度。天之所秘，聖莫傳文，遭遇真師，勿自魯莽。

（五十八）

夢謁西華到九天，眞人授我《指玄篇》，其間簡易無多語，只是教人煉汞鉛。

注曰：高象先忽而魂升玉京，上帝憐之，命西華真人指示丹訣，其篇略曰：叔通從事魏伯陽，相將笑入無為鄉，準《連山》作《參同契》，留為萬古丹中王。首乾坤，易門戶，乾道成男，坤道成女。時人不識真陰陽，茫茫天下尋龍虎。其言甚多，只是教人明真龍、真虎、煉鉛汞而已。叔通姓淳于氏。（上引《指玄篇》以明鉛汞。）

（五十九）

釋氏教人修極樂，只緣極樂是金方，大都色相惟茲實，餘二非眞謾度量。

注曰：極樂淨土在西方。西者金之方。此中惟產金丹，一粒如黍，其重一斤，釋氏餌之，故有丈六金身妙色身相，蓋亦猶金丹而產化也。丈六亦按二八之數，西方即金也。世人莫能曉此。

古仙明有歌曰：借問瞿曇是阿誰？住在西方極樂國。其中二八產金神，丈六金身從此得。若人空此幻化身，親

授聖師真軌則。霎時咽罷一黍珠，立化金剛身頃刻。斯言盡之矣！外此議論，謾爾度量。（上釋教上乘借喻金丹。）

（六十）

鑒形閉息思神法，初出艱難後坦途。倏忽雖能遊萬國，奈何屋破卻移居。

注曰：鑒形閉息思神法，乃出陰小乘之法耳。初學亦甚艱難，及其習慣純熟，坦然無礙，瞬息之間遍遊萬國，其英靈爽妙如此。奈何其形屬陰，形殼難固，易於弊壞，不免投胎奪舍如移居也。

（六十一）

投胎奪舍及移居，舊住名為四果徒。若會降龍並伏虎，黃㉒金起屋幾時枯。

注曰：真金起屋何枯之有？《度人經》曰：枯骨更生，皆起成人，而況吞黍粒之珠者哉？投胎奪舍四果之徒，特陰靈之鬼耳。

（六十二）

大道修之有易難，也知由我也由天。若非積行施陰德，動有群魔作障緣。

注曰：魔障在天，修持在我，陰德匪施，觸途有礙。

（六十三）

饒君聰慧過顏閔，不遇師傳莫強猜。只為丹經無口訣，教君何處結靈胎。

注曰：千經萬論，惟布枝條；至道不繁，獨傳心印。未遇真師，徒勞口耳。此道非真師口訣，雖有顏閔之聰慧，亦不可強自猜度也。

（六十四）

修行混俗且和光，圓即圓兮方即方。顯晦逆從皆莫測，教人爭得見行藏。

注曰：被褐懷玉，和光同塵，補破藩籬，無人無我，幽顯順逆，凡人豈得而可測量也哉？（上警勁世人。）

第八章　卷　七

西江月

仙翁自注云：西者金之方，江者水之體，月者藥之用。無名子注曰：蓋仙翁作此曲以周歲律，以顯其大道也。

外藥還如內藥，外通內亦須通。丹頭和合略相同㉓。溫養兩般作用。內育天然眞火，爐中赫赫長紅。外爐增減要勤功，妙絕無過眞種。

注曰：《夷門破迷歌》曰：道在內來立爐立鼎卻在外，道在外來坎離鉛汞卻在內。此明內外二丹也。夫外藥者，金丹也，是造化在二八爐中，不出半個時辰，立得成就。內藥者，金液還丹是也。造化在己腹中，須待十月滿足，方能脫胎神化。觀此二藥和合丹頭，作用之法，雖略相同，及其用火候，實相遠矣。

修丹之士，下工之日，內藥和合丹頭之際，分毫差忒，大藥不成。敬之哉！敬之哉！內藥雖有真火在釜中赫赫長紅，亦須憑外爐用功、增減、抽添、運用，無令差忒，以至危殆。然內外真火變化無窮者，實藉真鉛之妙也。此物的能擒汞，不使飛走。葉文叔不達此理，卻言內藥以真火烹煉，外藥須假凡火增減。以管窺天，可付一笑！殊不知內外二藥雖異，其實一道也。

所謂內外二藥者，以人之一身，稟天地之秀氣而有生，托陰陽陶鑄而成形，故一形之中以精氣神為主。神生

於氣，氣生於精，此三者後天地生，至陰之物也。修真之士，若執己身而修之，無過煉冶精氣神三物而已。奈何三物一致，俱後天地生，純陰而無陽，安能化形為純陽而出乎天地之外也哉？

仙翁所以道：「獨修一物轉尫羸」。鍾離公曰：「涕、唾、精、津、氣、血、液，七般物事結成陰。」又曰：「獨修一物是孤陰。」真一子曰：「孤陰不自產，孤陽不自成。」《參同契》曰：「牝雞自卵，其雛不成。」

聖人知己之真氣後天地生，本屬陰陽，難擒易失，乃採先天一氣，真陰真陽，二八同類之物，擒在一時辰內，煉成一粒至陽之丹，號曰真鉛，此造化在外，故曰外藥。以此陽丹，點己陰汞，猶貓捕鼠。陽丹是天地之母氣，己汞是天地之子氣，以母氣伏子氣，豈非同類乎？此造化在內，故曰內藥乎。

故仙翁曰：「藥逢氣類方成象，道在虛無合自然。」真一子曰：「未有天地混沌之前，真鉛得一而先生，以次漸生天地、陰陽、五行，萬物庶匯。」《參同契》曰：「先天地生，巍巍尊高。」此皆證先天之一氣也。

以先天陽丹，點己陰汞，化為純陽，更假陰陽符火，運用抽添，十月功足，形化為氣，氣化為神，神與道合而無形，變化不測，故能出乎天地之外，立乎造化之表，捉挈天地，陶鑄陰陽，而不為陰陽陶鑄者，先天地生之一氣使之然也。其妙如此。故曰「妙絕無過真種」，安可後天地生至陰之氣類而為內藥乎？安可以後一地生凡砂、凡汞、凡火非類滓質之物而為外藥乎？學道之士研究本始，無惑邪說，庶免永墮三途，自取輪迴也。

若要眞鉛留汞，親中不離家臣。木金間隔會無因，須

用媒人勾引。木性愛金順義，金情戀木慈仁。相呑相啖卻相親，始覺男兒有孕。

注曰：此言內象也。家臣即己之真氣也。己之真氣因金丹而凝結，金丹因己汞而有神功，二物相須，兩情相戀，乃能變化通靈，故曰「若要真鉛留汞，親中不離家臣。」丹屬金在外，己汞屬木在內，二物間隔，全仗黃婆製造成丹，吞入己腹中，與己汞配合。亦仗黃婆勾引二物，既以和合了，交接陰陽符火，木性戀金，金情戀木，相吞相啖，配合成夫婦，養就嬰兒，在我腹中，始覺男兒有孕。此道至玄至妙，非仁慈及物，陰德廣積，此生安能與於此乎？

白虎首經至寶，華池神水眞金。故知上善利源深，不比尋常藥品。若要修成九轉，先須煉己持心。依時採去定浮沉，進火須防危甚。

注曰：首者初也。首經即初弦之氣，非女子天癸也。不可以三峰二十四品謗毀聖道。聖道不可毀也，猶天之不可階而升也。夫真一之氣，在天曰真一之水，在虎曰初弦之氣，鍛鍊在華池中，神水，此乃至寶，真金也。皆不離真一之精。流歷諸處有種種異名，而能造化。經曰：「上善若水」，蓋真一之水，生於天地之先，故曰上善。其利源甚為深遠，不比尋常後天生滓質藥品之類也。九轉，九年也。在十月胎圓脫胎之後，達摩面壁九年，只履西歸，蓋有由矣。然欲修成九轉，先須運火十月，依時採取，以定浮沉，以分賓主，守雌而不雄，方免危殆。自然形化為氣，氣化為神，抱元守一，九載功成，形神俱妙，與道合真。聖人強名曰：「九轉金液大還丹」也。

二八誰家姹女？九三何處郎君？自稱木液與金精，遇

土方成三性。便假丁公鍛鍊，夫妻始結歡情。河車不敢暫留停，運入崑崙峰頂。

注曰：二八，陰數也。姹女，即我之真氣也，又曰木液。九三，陽數也。郎君，即我之陽丹也，又曰金精。二物交會丹田土釜之中，即成三性也。丁公者，火也。夫妻者，鉛汞。處於丹田土釜，逐日相交，夫婦歡情之火，搬入丹田土釜中，鍛鍊鉛汞，受此符證，而生金液之質，復自尾閭逆上泥丸峰頂，降下口中，徐徐咽歸丹田土釜之中。常常如此運轉不息，若河車之流不已，化成金液還丹也。鍾離公曰：「尾閭直上泥丸頂，自在河車數百遭。」海蟾公曰：「若得黃芽填血腦，萬年雖老身不死。」是其證也。一本云：丁公者火也，河車者水也，即陰符、陽火也。日夕運轉不停，若河車流轉不已之義。

牛女情緣道本，龜蛇類稟天然。蟾烏遇朔（一作晦）合嬋娟，二氣相資運轉。總是乾坤妙用，誰人達此眞詮？陰陽否隔即成愆，怎得天長地遠！

注曰：牛郎織女一歲一交，太陰太陽一月一交。龜蛇以類，蟠虯相拱，此皆陰陽二氣使之然也。實為道之根本。金丹大藥作用一一如之。蓋真一之氣窅㉔然無形，不得二八陰陽初弦之氣相交，焉能降格兆形黍粒也哉？既得丹餌之後，不得氤氳符火，焉能變化金液還丹也哉？

《參同契》曰：關關雎鳩，在河之洲。窈窕淑女，君子好逑。雄不獨處，雌不孤居。玄武龜蛇，蟠虯相拱，以明牝牡，竟當相須，理之所在，夫復何疑？顛倒修之，宇宙在乎手。

真一子曰：「孤陰不自產，寡陽不自成。」須藉牝牡合氣，方能有產化之道也。天地之所以能長且久者，陰陽

交合，自然之道也。天不降，地不勝，四時不序，萬物不生也。故仙翁於此章三致意焉。深知此意者當以意會可也。（上內外二藥。）

七返朱砂返本，九還金液還眞。休將寅子數坤申，但看五行成准。本是水銀一味，周流曆變諸辰。陰陽數足自通神，出入不離玄牝。

注曰：九還七返者，不離天地五行生成之數也。天一生水，地以六數成，水居北，積坎陰之氣，以為真水。故《參同契》曰：「六居」也。地二生火，天以七數成，火返南，孕離氣而生砂，故曰「七返」，朱砂返本也。天三生木，地以八數成，木居東，處震位而成汞，故《參同契》曰：「八歸」也。地四生金，天以九數成，金還西，主兌位而為金。故曰「九還」，金液還真也。

天五生土，地以十數成，土二相合而並居中，會四象而成丹也。故金丹不出五行而成，故曰「但看五行成準」。安可以寅子數坤申而為七返、九還耶？水銀者，鉛也。鉛即真一之氣也。真一之氣結而成精，號曰真一之精。精，鉛也。

真一之氣一變為水，在北；二變為砂，在南；三變為汞，在東；四變為金，在西；五變為土，在中。故金丹非天地不生，非日月不產，非四時不全，非五行不就，非總數不成；是以遍歷諸辰，陰陽數足，自然通神變化也。然其造化妙用，出入不離玄牝之門，是謂天地根。玄牝之理，已釋在玄牝之中，世罕知，注矣。

此藥至神至聖，憂君分薄難消。調和鉛汞不終朝，早睹玄珠形兆。志士若能鍛鍊，何妨在市居朝。工夫容易藥非遙，說破人須失笑。

注曰：金丹入口，立躋聖位，豈非至神至聖者乎？鍛鍊不出半個時辰，立見金丹形兆，豈非至簡至易者乎？家家自有，不拘市朝，豈非至近者乎？惟其至神、至聖、至簡、至易、至近，所以說破，不覺令人失笑也。得之者第恐陰功淺薄，不勝其道爾，學者勉之！

雄裏內含雌質，眞陰卻抱陽精。兩般和合藥方成，點化魂靈魄聖。通道金丹一粒，蛇吞立化龍形。雞餐亦乃化鸞鵬，盡入空陽聖境。

注曰：雄裏雌，乃龍之弦氣汞是也。陰抱陽，乃虎之弦氣鉛是也。二物交合，靈丹自生，吞入腹中，點化陽魂，以消陰魄。一粒如黍，雞吞蛇啖，亦化龍鵬，飛入真陽聖境，藥之至神，聖靈如此哉。（上外藥。）

天地才經否泰，朝昏好識屯蒙。輻㉔來湊轂水朝東，妙在抽添運用。得一萬般事畢，休分南北西東。損之又損愼前功，命寶不宜輕弄。

注曰：夫運火之法，始功於屯蒙，休功於否泰。日夕搬運符火，歸於鼎中，如車之輪輻湊於轂，若百川於水朝宗於海。運用抽添，妙化如此。

太上曰：「子得一，萬事畢」，妙哉是言也！一者，真一之精也。真一之氣生陰陽，陰陽生四象，四象生五行，五行生萬物，俱不出真一之氣變。故真一之精為天地之母，陰陽之宗，四象之祖，五行之根，萬物之基也。得此一，則萬事畢矣。東西南北，皆可忘也。損之又損，以慎前功。方能盡得一之妙，蓋一之有象，運陰陽之火以形之也。既得一粒，吞歸五內，如前運用陰陽符火，當慎前功，方能盡歸一之妙。慮險防危，不可輕動，恐失命寶之玄珠，故曰慎前功也。

冬至初陽來復，三旬增一陽爻。月中復卦朔晨朝，望罷乾終姤兆。日又別爲寒暑，陽生復起中宵。午時姤象一陰朝，煉藥須知昏曉。

注曰：冬至一陽生，為復卦，三十日增一陽爻，為臨卦，為泰卦，為大壯，為夬卦，為乾卦，乃陽火之候也。陽極則陰生，故夏至一陰生為姤卦；三十日增一陰爻，為遯卦，為否卦，為觀卦，為剝卦，為坤卦，乃陰符之候也。陰極復陽生，週而復始，此一年之氣候，加減之大數也。

聖人移此一年之氣候於一月之中，以朔旦為復，至望日為純陽，兩日半當三十日，是一個月也。望為純乾，至十六日姤一陰生，故曰「望罷乾終姤兆」。以陰初萌，故謂之兆。此一月之氣候，周天之大數也。聖人又將一月之候移在一日之中，分為寒暑溫涼四時之氣，故以中夜子時一陽生為復卦，午後一陰生為姤卦，運用符火、陰陽、升降、抽添、進退，一一合天地四時，陰陽、升降，不得毫髮差忒。故曰煉藥須知昏曉也。昏曉者，陰陽之首也。此一日之氣候，周天之大數也。

不辨五行四象，那分朱汞鉛銀。修丹火候未曾聞，早便稱呼大隱。靡肯自思己錯，更將錯路教人。誤他永劫在迷津，以恁欺心安忍？

注曰：丹經萬卷，妙在《參同契》。其中三字《鼎器歌》一章，乃丹經之骨髓也。舉世學此道者，莫能曉解，故不思之甚耶？取此歌證我之所得，如或未明。即我之所得，未盡善也。何迷惑於旁門非類之有？今之學者一，未識吐故納新之方，便起飛雲奔霧之想，自高自大，模範於人，不知悔吝。誤他人溺在迷津，有終身不可救藥，沒齒

無成，似此欺心，安忍如是也？

德行修逾八百，陰功積得三千。均齊物我與親冤，始合神仙本願。虎兕刀兵不害，無常火宅難牽。寶符降後去朝天，穩駕瓊輿鳳輦。

注曰：抱一九載，功成道備，物我兩忘，何刀兵虎兕之害哉？天降寶符，身飛碧落，真大丈夫出世間之日也。此言金液還丹，又全在德行。陰功八百，三千圓滿，方保無魔。依法終成，以至沖舉登瓊輿鳳輦，為至真仙子，賓於上帝也。（上警勸世人。）

四序花開四照亭，風吹香氣噴然馨。勸君採取當時節，莫使嬌紅取次零。

陸子野曰：四序花開何時無藥？四照亭，喻花開之得地，人宜賞焉。過期失賞，則花衰落而無復見嬌紅之妙也。花之顏色多，而獨以嬌紅為喻者，信有深旨。所以《丹經》云「伏丹陽事迴然別，須向坎中求赤血」者是也。嬌之一字，又豈偶然之字也。康節先生有詩云：「美酒飲教微醉後，好花看到半開時。」其旨皆同也。

第九章　卷　八

讀《周易參同契》

大丹妙用法乾坤，乾坤運兮五行分；五行分兮常道有生有滅，五行逆兮丹體常靈長存。一自虛無，質兆兩儀，因一開根，四象不離二體，八卦互爲祖孫。萬物生乎變動，吉凶悔吝茲分。百姓日用不知？聖人能究本源。顧易道妙盡乾坤之理，遂托象於斯文。否泰交則陰陽或升或降，屯蒙作動靜在朝在昏，坎離男女水火，震兌乃龍虎魄魂。守中則黃裳元吉，遇亢則無位無尊。既未愼萬物之終始，復昭二氣之歸奔。月虧盈，應精神之衰旺；日出沒，合榮衛之寒溫。本立言以明象，既得象以忘言。猶設象以指意，悟眞意則象捐。達者惟簡惟易，迷者愈惑愈繁。故之修眞之士，讀《參同契》者不在乎泥象執文。

贈白龍洞劉道人歌

玉走金飛兩曜忙，始聞花發又秋霜。徒誇鶴壽千來歲，也似雲中一電光。一電光，何太速，百年都來三萬日，其間寒暑互煎熬，不覺童顏暗中失。縱有兒孫滿眼前，卻成恩愛轉牽纏。及乎精竭身枯朽，誰解教君暫駐延。暫駐延，既無計，不免將身歸逝水。但看古往聖賢人，幾個解留身在世？

身在世，也有方，只爲時人沒度量。竟向山中尋草木，伏鉛制汞點丹陽。

點丹陽，事迴別，須向坎中求赤血。捉來離位制陰精，配合調和有時節。時節正，用媒人，金公姹女結親姻，金公偏好騎白虎，姹女常駕赤龍身，虎來靜坐秋山裏，龍向潭中奮身起。兩獸相逢戰一場，波浪奔騰如鼎沸。黃婆、丁老助威靈，撼動乾坤走神鬼。

須臾戰罷雲雨收，種個玄珠在海底，從此根芽漸長成，隨時灌溉抱眞精。十月脫胎呑入口，不覺凡身已有靈。

此個事，世間稀，不是等閒人得知。夙世若無仙骨分，容易如何得遇之。得遇之，宜便煉，都緣光景急如箭。要取魚時須結罾㉖，莫只臨川空嘆羨。聞君知藥已多年，何不收心煉汞鉛。莫教燭被風吹滅，六道輪迴莫怨天。

近來世上人多詐，盡著布衣稱道者。問他金木是何般，噤口不言如害啞。卻云伏氣與休糧，別有門庭道路長。君不見，破迷歌裏說，太一全眞法最良，莫怪言辭多枉劣，只教時人難鑒別，惟君心與我心同，方敢傾懷向君說。

石橋歌

吾家本住石橋北，山鎖山關森古木。橋下澗水徹崑崙，山下飲泉香馥郁。吾居山內實堪誇，遍地均栽不謝花。山北穴中隱藏虎，出穴哮吼生風霞；山南潭底藏蛟龍，騰雲降雨山濛濛。二獸隱伏鬥一場，玄珠隱伏是眞祥。景堪羨，吾暗喜，自斟自酌醺醺醉；醉彈一曲無弦琴，琴裏聲聲教仔細。可煞㉗醉後沒人知，昏昏默默恰如癡。仰觀造化工夫妙，日還西出月東歸。天是地，地是天，反覆陰陽合自然。識得五行顛倒處，指日升霞歸洞天。黃金屋，白玉橋，玉女金童日侍前。南辰北斗分明布，森羅萬象現無邊。無晝夜，要綿綿，聚散抽添火候

全。若問金丹端的處？尋師指破水中鉛。木生火，金生水，水火須分前後隊。要辨浮沉識主賓，鉛銀砂汞方交會。有剛柔，莫逸意，知足常足歸本位。萬神齊和太平年，恁時國富民歡喜。此個事，好推理，同道之人知此義。後來一輩學修行，只說存養並存氣。在眼前，甚容易，得服之人妙難比。先且去病更延年，用火烹煎變陽體。學道人，去思己，休問旁門小法制。只知目下嚇得人，不覺自身暗憔悴，勸後學，須猛緊㉘，莫從拋家住他地。妙道不離自家身，豈在千山並萬水？莫因循，自貪鄙，火急尋師覓玄指。在生若不學修行，未必來生甚胎裏。既有心，要終始，人生大事惟生死。皇天若負道心人，令我三途為下鬼。

續絕句

休施巧僞為功力，認取他家不死方。壺內旋添留命酒，鼎中收取返魂漿。

注曰：修真之士，多執非類巧偽之法施功而已，而不肯問他家自有同類不死之方，能於鼎中採取返魂之陽丹，腹內旋添延命之汞火。二物者，真修身之至寶也。《參同契》曰：「同類易施功，非類難為巧。」此其證也。所謂他家者，即白虎之弦氣也。後學之人，多執以己身精氣謂之真鉛。既然如是，仙翁豈有以他家之說而誑他人乎？

敲竹喚龜吞玉芝，鼓琴招鳳飲刀圭。近來透體金光觀，不與凡人話此規。

注曰：此言運火之功也。竹者，虛心無情之物也。敲者，兩物相擊之義也。鼓琴者，夫婦諧和之義也。龜者鉛也，鳳者汞也，刀圭者陰符之器也。玉芝者陽火之氣也。

龍之弦氣曰玉芝，虎之弦氣曰刀圭。此言龍虎相擊而結為夫婦，如琴聲之諧和也。鳳者南方朱雀也，龜者北方玄武也。亦南北坎離之象交煉而成金丹，即時採取，餌歸丹田土釜之中，以制己之陰汞。然後虛心諧和夫婦之情，交接陰陽以運符火；以符火按卦爻合呼吸，以呼吸用神氣，以神氣馭水火，以水火煉胎息；胎息遊詠坎離交感於中宮土釜之中，啖養鉛汞，鉛汞日夕飲啖符火之氣，而生金液之質，是為金液還丹也。

謹按《易真論》曰：凡運火之際，或覺尾閭有物直沖夾脊雙關，歷歷有聲逆上泥丸，復自泥丸觸上腭，顆顆降入口中，狀如雀卵，味如冰酥，香甜歃美。覺有此狀，乃是金液還丹。徐徐咽歸丹田。常常如此不絕，則五臟清虛，閉目內觀，臟腑歷歷如燃燭。漸次有金光萬道燦爛，透出身體，如火輪雲霧，盤旋罩身，漸漸聖驗相續，以證超凡入聖，非比喻也，乃真景象也。仙翁嘿膺此異，不敢語人，蓋非人間所見聞之事也。（上內外二藥。）

陳上陽子曰：竹是中通外直之物，為其不直則敲之，要其能應於物。琴乃微弦相和之義，為其不和則調之，庶能克濟所事。玉芝即龍乾，刀圭為坤物。喚龜屬我，招鳳要他，非大和則他安能招我鳳乎？修行之人卦氣已過，竹不應物，可不擊之乎？擊，即敲也。琴若不和，可不調之乎？調，即鼓也。是以七十、八十至百二十歲。皆可還丹，是此道也。中人常士，烏可語此耶？邪師妄人焉能知此？非真仙聖師，盟天口授，孰得而知之乎？昔我紫瓊公，常傳太玄真人。偶一辯士為見曰：敲竹喚龜吞玉芝，敢問我師如何是喚龜？

太虛曰：喚龜我當與汝，且問你如何是敲竹？辯士

曰：上上關捩子。太虛曰：我不問上上關捩子，且說如何是敲竹？辯士曰：密密深機。太虛曰：你這言語是這長連床上學來的，你將去天下論辯去，我這裏不是你喚龜處。其人不悟。今紫瓊指出後卻問紫瓊曰：汝知敲竹否？曰：寂然不動，感而遂通。曰：汝知喚龜否？曰：禮下於人，必有所求。曰：適來辯士何以不悟？紫瓊曰：彼未得歸，雖猜不得。太虛復誡曰：知之非難，行之唯難。

饒君了悟眞如性，未免拋身卻入身。若解更能修大藥，頓超無漏作眞人。

注曰：人頓悟真心，直超如來真空清靜性海，畢竟有今生後世、出彼入此之軀，曷若兼修金丹，煉形入於無形，變乎不測，而臻乎千手千眼之應？故於形神性命之道，成彼迥超無漏而具真金慈相，巍巍堂堂為天人師，證無上至真者哉？大用未現前，大法未明透，一毫滲漏，拋身入身矣。若圓明照了，寶煉金丹，道成十極，號曰真人。後之迷者，以摩撫吐納旁門小法以己合天，謂之金丹。夫金丹出於自然，旁門出於使然。金丹以月為本，出於庚金之方，會於坎水之元，金水相投，結成造化，所以謂之金丹也。（上性命：性命同修，是謂一陰一陽之道。若上悟性未能了命者，則歸於偏陰偏陽之疾，而有拋身入身之患矣）。

禍福由來互倚伏，還如影響相隨逐。會能轉此生殺機，反掌中間災變福。

注曰：陽主生曰福，陰主殺曰禍；陰消則陽長，陽極則陰生；互相倚伏，如影響之隨逐。此常道自然之理也。若能逆此生殺之機而修之，則反掌之間，變災為福，害裏生恩。男女有孕，為不證矣。（上引《陰符》以命道。）

了了心猿方寸機，三千功行與天齊。自然有鼎烹龍虎，爭奈擔家戀子妻㉙。

注曰：此詩警時人之不知返者也。方寸機者，言修真之士未煉還丹以前，須是心地了了，不為心猿意馬之所使。古歌曰：「人生本是一猿猴，萬種皆因向外遊。制伏若能收拾住，六精結住夜明珠。」呂真人曰：「未煉還丹先煉心。」《西山記》曰：「真仙上聖教人修道，那修心也。教人修心，即修道也。」又云：「制之則正，放之則狂。清淨道生，渾濁神忘。」此其旨也。

所謂行者，陰與陽也。仙翁曰：「大藥修之有易難，須知由我也由天。若非積行施功德，動有群魔作障緣。」鍾離公曰：有功無行如無足，有行無功目不前。功行兩全足目備，誰雲無功作神仙？呂真人云：「蓬萊路，仗三千功德，獨步雲歸，陰功既積，必遇至人。」故曰：「自然有鼎烹龍虎。」也。其曰「戀子愛妻」，此仙翁之意，復恐學迷失道而入邪行，愛妻戀子，永沉苦海矣。學者須存物外之志可也。（上警世人。）

西江月㉚

丹是色身至寶，煉成變化無窮。更於性上究眞宗，決了死生妙用。不待他身後世，現前獲佛神通。自從龍女著斯功，爾後誰能繼踵？

注曰：金丹能化有形入於無形，故能變化無窮，隱顯莫測。若能兼以識心見性，遣其幻妄，以廣神通，則性命之道雙圓，形神俱妙，則斯道愈弘矣。迥超無漏而為金剛不壞之軀，乃無上之大道也。故仙翁曰：若以真金妙色之身，證其真金慈相，巍巍堂堂為天人師，示神通力，普現

法界，運無礙大慈平等智慧，莊嚴佛土，廣宣妙法，普度眾生，則必兼以識心見性，方弘此道。昔龍女頓悟心珠，便超佛性，乃斯道也。若或修行之人，厭此幻相，不能修金丹，便欲直超如來真空，湛然常寂，此為究竟涅槃三昧，則斯之語言，斯之身相，又非所取也。（上性命。）

子野曰：「丹是色身至寶。」只此一語，已盡大丹之旨。何用多為？

道光曰：此道正是達摩祖師西來意，祖輩相傳，皆此道也。故六祖云：曹溪一派，馬祖指為西江水，無非此意，但後人無心，但以口談佛祖。無可奈何，柱杖棒喝，百般譬喻，使上根者，行其道；中器者，悟其性；下根者，記其言，隨人所適。蓋欲世人先存其性，然後修命。存性即玉液煉己之功，修命則金液還丹之道。遇者卻渭我教禪宗，一言之下，頓悟成佛，此乃誑惑遇迷，安有是理哉？要知金丹，即是最上一乘之妙。

【注釋】

❶宋人，曾注《悟真篇》。

❷尪（ㄨㄤ），瘦弱，瘠病之人。

❸垤，小土阜。

❹廛（ㄔㄢˊ），古代城市平民的房地。

❺一本「意」（上句）作「妙」，「休」作「徒」。

❻一本「金」作「鉛」，「北」作「坎」。

❼一本「覆」作「抱」。

❽鷇（ㄎㄡˊ又讀ㄍㄡˊ），待哺食的雛鳥。

❾《紫陽真人悟真第三注》「藥」作「蕊」。

❿「和候」，一本作「火候」，一本作「和後」。

⓫「五方行處」，有兩本作「五行全處」，較當。

⑫「道體」，他本為「要妙」。

⑬有兩本「育」作「候」。

⑭「住」似為「進」字之誤。

⑮他本「煉養」作「金液」。

⑯「非類難為功」，原文為「非種難為巧」。

⑰「似烹鮮」，他本作「自烹煎」。

⑱其他兩本「識」作「得」。

⑲「只」，一本作「休」，一本作「指」。

⑳「教」，其他兩本作「發」。

㉑本詩第一句中之「合」，他本為「各」，第三句中之「始」，他本為「姤」。

㉒上闋中的「外藥還如內藥，外通內亦須通。丹頭和合略相同」，他本為「內藥還同外藥，內通外亦須通。丹頭和合類相同。」

㉓「黃」他本為「真」。

㉔窅（ㄧㄠˇ）：深遠貌。

㉕他本「輪」作「輻」。

㉖罾（ㄗㄥ）：漁網。

㉗煞：表示程度之深。

㉘縶（ㄓ）：拘囚。

㉙「爭奈」（「爭」通「怎」），他本作「何必」。

㉚以上共有七言四韻十六首，五言四韻一首，七言絕句六十四首，續五首，「西江月」詞十二首，又一首。其中七言四韻、絕句、「西江月」詞，排列順序同其他本注迥異。

第十章　《悟真篇》後序

竊以人之生也，皆緣忘情而有其身，有其身則有其患。若其無身，患從何有？夫欲免乎患者，莫若能體夫至道；欲體至道者，莫若明乎本心。故心者，道之體也；道之體，心之用也。人能察心觀性，則圓明之體自見，無為之體自成。不假施功，頓超彼岸。此非心鏡朗然，神珠廓明。則何以鑒彼？如如不可定之法而使諸相頓離纖塵，絕染心源，自在決定無生者哉。

然明心體道之士，身不能累其性，境不能亂其真，則刀兵焉能傷？虎兕焉能害？巨焚大浸奚足為虞？達人心若明鏡，鑒而不納，隨機應物，和而不倡，故能勝物而無傷也。此所謂無上至真妙覺之道也。原其道本無名，聖人強名；道本無言，聖人假言爾。然名言若寂，則凡流無以識其體而歸其真。是以聖人設教立言，以顯其道。故因言而獲顯，言因道而反忘。奈何此道至妙至微，世人根性迷鈍，執有其身而惡死悅生，故卒難了悟黃老，悲其貪著，乃以修生之術，順其所欲，漸次導之。

夫修生之要在乎金丹。金丹之要在乎神水華池。故《道德》、《陰符》之教，得以盛行於世者，蓋人悅其生也。然其言隱而理奧。學者雖諷誦其文而皆莫曉其義。若不遇至人授之口訣，縱揣量百種，終莫著其功而成其事也。豈非學者紛如牛毛，而達者慳如麟角乎！

僕自己酉歲於成都遇師，授以丹法，當年主公頃背。自後三傳非人，三遭禍患，皆不逾兩旬。近方追憶師之所

戒云：「異日有汝解韁脫鎖者，當直授之，餘皆不許爾。」後欲解名籍，而患此道，人不之信，遂撰此《悟真篇》，敘丹藥之本末。既成，而求學者輳集而來。觀其意，勤渠心，不忍吝，乃釋而授之。

然後所授者，皆非有巨勢強力，能提危拯弱，慷慨特達，能明道之士。初再罹禍患，心猶未知，竟至於三，乃省前過。故知大丹之法，至簡至易，雖遇小人得而行之，則立超聖地。是天意秘惜，不許輕傳於非人。而僕不遵師語，屢泄天機，以有其身；故每膺遣患，此天之深誡，如此之神且速，敢不恐懼克責。自今以往，當鉗口結舌，雖鼎鑊在前，刀劍加項，變無復敢言矣。

此《悟真篇》中所詠大丹、藥物、火候細微之旨，無不備悉。倘好事者，夙有仙骨，睹之智慮自明，可以尋文解義，豈須僕區區授之矣。如此乃天之所賜，非僕之輒傳也。其如篇末歌頌，談見性之法，即上之所謂妙覺之道也。然無為之道，以濟物為心，雖顯宣秘要，終無過咎。奈何凡夫，業緣有厚薄，性根有利鈍，縱聞一音，紛然異見，故釋迦、文殊所演法寶，無非一乘，而聽學者隨量會解，自然成三乘之差。

此後若有根性猛烈之士，見聞此篇，則知僕得達摩、六祖最上一乘之妙旨，可因一言而悟萬法也。如其習氣尚愚，則歸中小之見，亦非僕之咎矣。時皇宋元豐改元戊午歲，月戊寅日。張用成平叔序。

第十一章　術語簡釋

一　畫

一意規中

道教術語，指常將真意固守規中一竅，則可漸次收服其心，以至於入定。定則真陽自發，真氣自生，久之神氣融合，靈胎自結。張伯端《悟真篇》說：「槖天籥地徐停息，一意規中隨後及。」

二　畫

七門

道教名詞。指人身的七個部位，是修道養生的重要門戶，即：泥丸為天門，尾閭為地門，夾脊為中門，明堂為前門，玉枕為後門，氣管為樓門，心窩為房門。

七傷

中醫名詞，指七種勞傷的病因。《諸病源候論》稱七傷是一曰「大飽傷脾」，二曰「大怒氣逆傷肝」，三曰「強力舉重，久坐濕地傷腎」，四曰「形寒，寒飲傷肺」，五曰「憂愁思慮傷心」，六曰「風雨寒暑傷形」，七曰「大恐懼不節傷志」。養生學中，攝生要注意情緒，勞傷臟腑。明代陳繼儒《養生膚語》稱：「天氣常清，天色常明，更無一物擾亂，所以長久。今人所見雲氣，倏忽變現起滅者，皆近地之界、百里而上無有也。譬如：人身有七情六慾之幹，有三毒六害之擾，豈能長久。誠能至清至

明如天地，豈得不如天地之不毀乎。《青天歌》云：青天忽起浮雲障，雲起縱橫遮萬象。養生者辨之。」

七沖門

中醫名詞，指人的消化系統中七個衝要之門，即：飛門（唇）、戶門（齒）、吸門（會厭）、賁門（胃的上口）、幽門（胃的下口）、闌門（大小腸交腸處）、魄門（肛門）。

七　竅

中醫名詞，指頭面部七個孔竅，即：眼二、耳二、鼻孔二、口一。五臟的精氣通於七竅。五臟有病，則七竅會發生變化；七竅得病，也會影響臟腑。七竅加上前陰的尿道口和後陰的肛門，合稱為九竅。道教《黃庭內景經》有「七元之子主調氣」句，務成子注稱「七元，七竅之元氣也」。《太清中黃真經》中有「百竅關聯章」，稱「百竅關聯總有神」，唐代中黃真人注「百竅通於百穴，百穴通於百脈。眼上二穴通於肝，肝脈通於心，故心悲則淚發於臉間。腭上雙穴通於鼻脈，鼻脈通於心脈，故心悲則鼻酸；鼻脈復通於腦脈，故腦熱則鼻幹」。

七　神

道教名詞。指人身的頭部有七神守護，即：發神太元，腦神泥丸，眼神英玄，鼻神靈堅，耳神幽田，舌神正倫，齒神羅千。

七　魄

道教名詞，與「魂」相對，認為人的精神能離形體而存在的為魂，依形體而存在的為魄。《禮記》的《郊特性》篇稱：「魂氣歸於天，形魄歸於地。」中醫認為，肝屬東方木而藏魂，肺屬西方金而藏魄。漢代揚雄的《太

玄》以三為木，以四為金。道教綜合而稱人有三魂七魄。《雲笈七籤》稱七魄「身中之濁鬼也」，其名，一屍狗，二伏矢，三雀陰，四吞賊，五非毒，六除穢，七臭肺，「道士當制而厲之，陳而變之，御而正之，攝而威之」。

七 情

中醫名詞，指喜、怒、憂、思、悲、恐、驚等七種主要情緒變化。人對於外界事物的變化產生情緒變化，原是正常的。中醫認為，如果情緒活動過度或延續很久，就會影響臟腑氣血失調，經絡受阻。如果臟腑有病，也會影響人的精神活動。所以又稱「內傷七情」。《素問》的「陰陽應象大論」上說到：喜傷心，怒傷肝，憂傷肺，思傷脾，恐傷腎。「舉痛論」稱：「百病生於氣也，怒則氣上，喜則氣緩，悲則氣消，恐則氣下，寒則氣收，靈則氣泄，驚則氣亂，勞則氣耗，思則氣結。」養生學中，攝生之術強調情緒穩定。唐代孫思邈《保生銘》稱：「忍辱為上乘，讒言斷親戚。思慮最傷神，喜怒傷和息。」

八 卦

《周易》中的八種基本圖形。圖形以「一」和「--」的符號組成。「一」為陽爻「--」為陰爻。八卦的名稱是：乾，坤，震，巽，坎，離，艮，兌。八卦起源於古代原始宗教的占卜，相傳由伏羲氏所創，《易傳》說伏羲「始作八卦，以通神明之德，以類萬物之情」，認為八卦象徵天、地、雷、風、水、火、山、澤等八種自然現象，也可代表馬牛等家畜或人體的部位等多種事物。八卦之中，乾坤、震巽、坎離、艮兌等雙卦是對立統一的，它們的消長變化，被視為事物發展變化的規律性體現。八卦的排列有兩種：一種是先天八卦圖，又稱伏羲八卦方位，傳

自宋代道士陳摶；一種是後天八卦圖，又稱文王八卦方位，是宋人據《周易、說卦傳》所言排列的。以八卦為基礎，雙卦排列組合成六十四卦，象徵著宇宙間萬物無窮無盡的變化和發展。宋、金以後，道教吸收《易》理作為教義的組成部分，並且以八卦來說明內丹煉養方術。例如：以先天八卦圖來說明人的先天狀態，以後天八卦圖來說明人的後天狀態。以兩圖中卦位的不同，來解釋人的先後天的差異。認為人只有通過內修，返還先天才能健康長壽。另外，以八卦的八個方位加上中央，合稱為九宮，以卦名指稱人體的部位，即：頭部為乾宮，腹部坤宮，心下腎上的中丹田部位為中宮，心為離宮，腎為坎宮，口為兌宮，背為艮宮，會陰之上為震宮。明清兩代內丹家多有以卦象變化來解釋內修的原理和方法的。清代黃元吉在《樂育堂語錄》中就說到後天之男女交而氣損，「坎宮日虛，水冷金寒，地道不能上行，天道不能下濟，上乾下坤，此否之象也。天地不交，火日炎於上而不能下，水日潤於下而不能上，水火不容，心腎不交，上離下坎，此未濟之象也。人身有此二卦之象，生機日危，百病皆作矣。」而修煉內丹，就是以神凝坎宮，天道下濟，此乾照坤，以火溫水，養至陽氣充足，從督脈上升於乾首，即以離中坤入於乾中陰，以坎中乾入於坤中陽，以陰養陽，成《既濟》卦象，遂能丹成而長生。當然養生學中卦名，都是以卦象為譬喻，為指代，並無深發卦爻意義在內。

八段錦

道教健身術的一種，由八節動作編成的一套動功鍛鍊方法。大約在北宋末年已有流傳，分文武兩種。文八段，即南派八段錦，傳是梁世昌所創，動作幅度不大，多採取

站式，以柔為主。後又分化出坐式，所以又有站八段和坐八段的區別。武八段，即北派八段錦，傳是岳飛所創，動作繁難，多採取馬步式，以剛為主，運動量較大。在道教養生學中。宋代曾慥的《道樞》就有關於八段錦的動作記載。現在流傳較廣的是清代無名氏編定的歌訣，即：兩手托天理三焦，左右開弓似射雕，調理脾胃須單托，五勞七傷往後瞧，搖頭擺尾去心火，背後七顛百病消，攢拳怒目增氣力，兩手攀足固腎腰。

九　宮

道教名詞。古者王侯之居曰宮，道教將人的頭腦分為九宮，計四方四隅，並中央，皆為神靈居住之處。《黃庭內景經》的「靈台間」，有「洞房紫極靈明戶」句，梁丘子注頭中九宮，兩眉間上，卻入一寸為明堂宮，卻入二寸為洞房，卻入三寸為丹田宮，卻入四寸為流珠宮，卻入五寸為玉帝宮，明堂上一寸為天庭宮，洞房上一寸為極真宮，丹田宮上一寸為玄丹宮，流珠宮上一寸為太皇宮。

九宮眞人

道教名詞。指心、腎等九個器官所主的神名。元代道士陳觀吾《金丹大要》的《精氣神說下》稱：「身中九宮真人，心為絳霄宮真人，腎為丹元宮真人，肝為蘭台宮真人，肺為尚書宮真人，脾為黃庭宮真人，膽為天宮真人，小腸為玄靈宮真人，大腸為木靈宮真人，膀胱為玉房宮真人。」另「又有元首九宮真人」。

十二消息卦

《周易》六十四卦中的十二卦，也稱辟卦。辟是君的意思，即此十二卦可以統率其他卦。在十二卦中，有息卦六，叫作太陽，即：復、臨、泰、大壯、共、乾；有消卦

六，叫作太陰，即姤、遯、否、觀、剝、坤。《周易・繫辭傳上》有「變通莫大乎四時」句，三國虞翻注稱「交通趨時，謂十二消息也。」道教的內丹家沿用此說，以十二消息卦象與十二地支相配解釋火候進退的過程。《周易參同契》就有這類敘述，「復卦建始萌，長子繼父體，因母立兆基，消息應鍾律，升降據斗樞」，後蜀彭曉注稱：「六陰爻下，初變一陽爻為復卦，故云建始萌也」。謂因坤卦下變一乾爻，內體成震，坤是震之孕母，故云立兆基也。震是乾之長子，從此隨時漸變，至十五日變成純乾。乾，父也，故云繼父體也」。「十六轉受統，巽辛見平明；艮直於丙南，下弦二十三；坤乙三十日，東北喪其朋」。注稱：「十六轉受統者，謂十六日以後，陽火初退，陰符始生也。」「坤乙三十日，東北喪其朋者，陰符到此，消盡陽火也。緣一日內陰陽各半，陰陽相禪，水火相須，一月既終，復又如初，再用復卦起首，故雲繼體復生龍也」。

十二時

辰中國古代的計時單位，即子、丑、寅、卯、辰、巳、午、未、申、酉、戌、亥等十二時辰。每一時辰相當於今二小時。子時指現今的夜半二十三時至一時，丑時即為凌晨一時至三時，其餘按次序類推。古人對於時辰另有一些比喻說法，把子時稱為「夜半」或「午夜」，丑時稱為「雞鳴」，寅時稱為「平旦」，卯時稱為「日出」，辰時稱為「食時」，巳時稱為「隅中」，午時稱為「日中」，未時稱為「日偏」，申時稱為「晡時」或「日晡所」，酉時稱為「日入」，戌時稱為「黃昏」，亥時稱為「人定」。在道教養生學中，有的內丹家認為十二時辰皆

可修煉，如：《入藥鏡》說：「一日內，十二時，意所到，皆可為。」

十二段錦

道家健身術的一種，由以坐式進行的十二節動作組成的動功鍛鍊方法。又稱坐八段，鍾離八段錦。從立式文八段衍化而成。明代時，冷謙的《修齡要指》和高濂的《遵生八箋》中都有記載。十二節動作，據清代徐文弼的《壽世傳真》，分別為：（1）閉目冥心坐，握固靜思神；（2）叩齒三十六，兩手抱乾坤；（3）左右鳴天鼓，二十四度聞；（4）微擺撼天柱；（5）赤龍攪水津，鼓漱三十六，神水滿口勻，一口分三咽，龍行虎自奔；（6）閉氣搓手熱，背摩石精門；（7）盡此一口氣，想火燒臍輪；（8）左右轆轤轉；（9）兩腳放舒伸，叉手雙虛托；（10）低頭攀足頻；（11）以侯神水至，再漱再吞津，如此三度畢，神水九次吞，咽下汨汨響，百脈自調勻；（12）河車搬運畢，想發火燒身。

十二重樓

道教名詞。有二義，一指喉嚨。《黃庭內景經》有「取津玄膺入明堂」句，務成子注稱：「喉嚨一名重樓。」二指氣管。《黃庭內景經》有「重中樓閣十二環」，務成子注稱：「喉嚨十二環相重在心上，心為絳宮，有象樓閣也。」古人認為人之喉嚨管有十二節，故稱十二重樓。

十三虛無

道教宣導的以虛無為道的十三個養生要點。即：虛、無、清、靜、微、寡、柔、弱、卑、損、時、和、嗇。《雲笈七籤》卷91引《七部名數要記》云：「一曰遺形忘

體，恬然若無，謂之虛。二曰損心棄意，廢偽去欲，謂之無。三曰專精積神，不與物雜，謂之清。四曰反神服氣，安而不動，謂之靜。五曰深居閑處，功名不顯，謂之微。六曰去妻離子，獨與道遊，謂之寡。七曰呼吸中和，滑澤細微，謂之柔。八曰緩形從體，以奉百事，謂之弱。九曰憎惡尊榮，安貧樂辱，謂之卑。十曰遁盈逃滿，衣食粗疏，謂之損。十一曰靜作隨陽，應變卻邪，謂之時。十二曰不饑不渴，不寒不暑，不喜不怒，不哀不樂，不疾不遲，謂之和。十三曰愛視愛聽，愛言愛慮，堅固不費，精神內守，謂之嗇。」

刀　圭

道教養生術語。原指古代量取藥末的器具名，後亦有稱刀圭為醫術。在內丹修煉中，刀圭指口中津液。《入藥鏡》中有「飲刀圭」句，元代王玠注稱：「作，丹採藥之時，必採水中之金，金不得自升，必假戊土化火，逼逐金行，度上泥丸。金至此化為真液，如瓊漿甘露，一滴落於黃庭，宴之味之，津液甘美，故曰飲刀圭也。」

八　魔

魔，就是在練功中產生的幻景。對幻景信以為真，執著追求，而致神昏錯亂，躁狂瘋癲，甚至成為精神病患者，就是入魔。這是練功中最嚴重的偏差，是極少看到的。古人認為，入魔的主要原因是煉己不純。就是在雜念尚未完全消除的情況下入靜，入靜之中，這些雜念又反映出來，化為各種幻景。所以，幻景基本是練功中平時看到的、想到的、聽到的、期望的內容；也有部分幻景與練功者不純正的思想意識、不正常的欲望有關連。在《鍾呂傳道集》中把幻景歸納為十魔：六賊魔、富魔、貴魔、六情

魔、恩愛魔、患難魔、聖賢魔、刀兵魔、女樂魔、女色魔。《童蒙止觀》中則分為四類：煩惱魔、陰入界魔、死魔、鬼神魔。對待這些幻景的方法，就是逆而行之，置之不信、不理。萬尚父《聽心齋問答》說：「凡有所象，皆是虛妄，乃自己識神所化。心若不亂，見如不見，自然消滅，無境可魔也。」

入　靜

道教煉養功法。謂修煉者靜處一室，擯除雜念。《資治通鑒》胡三省注：「道家所謂入靜，即禪家入定而稍異。入靜者，靜處一室，屏去左右，澄神靜慮，無私無營冀以接天神。」

三　畫

三　一

道教煉養術語，守一功法的一種。《三一九宮法》稱：「夫三一者，乃一身之靈宗，百神之命根。」所謂三，各家之說不一，有稱三才：天地人；三神；意神，志神、念神；三光：虛赤光、元黃光、空白光；三色：始青、元白、玄黃；三藥：精、氣、神的。也有稱「希微夷」「虛無空」的。守三一，指的就是守住「百神之命根，津液之山源，魂精之玉室」，以此達到長生。

三　屍

即三蟲。道教認為躲藏於人體中的三蟲。三屍各有名姓，上屍名彭倨，好寶物，住腦海；中屍名彭質，好五味，住絳宮；下屍名彭矯，好色慾，住腹下，均有害人體。所以養生者都要服藥辟穀，殺除三屍。《太清中黃真經》有「五牙咸惡辛酸味，為有三蟲鎮隨子」句，唐中黃

真人注稱「三屍之鬼，常欲人早終，在於人身中，求人罪狀，每至庚申日，白於司命」。因此，世有守庚申之俗，於庚申夜，徹夜不寐，以使三屍不能離人之體，告司命以罪。

三 元

道教名詞，使用較廣泛。在養生文獻中，一是指三丹田。《周易參同契》中有「含養精神，通德三元」句，元代的俞琰注稱：「三元，上中下之三田也。」二是指人體的三個部分。《道樞》的《三元篇》稱「人有三元，三元塞則六氣亂矣」。三元即「上元者，首以上屬焉。中元者，首之下臍之上屬焉。下元者，臍之下腰之上屬焉」。三是指天地水三才。《雲笈七籤》稱「夫混沌分後，有天地水三元之氣，生成人倫，長養萬物」。也指日月星，《黃庭內景經》有「上睹三元如連珠」句，務成子注稱「三元謂二光之元，日、月、星也，非指上中下之三元也」。四是指精氣神。陳攖甯《黃庭經講義》釋三元為元精、元氣、元神。清代董德寧注《悟真篇》「三元八卦豈離壬」句，也稱「三元者，三才也，其在天為日月星之三光，在地為水火土之三要，在人為精氣神之三物也」。五是指內丹修煉的三個階段。煉精化氣而成者，稱人元；煉氣化神而成者，稱地元；煉神還虛而成者，稱天元。《性命圭旨》稱：「一元精固，交感之精自不洩漏；二元氣住，呼吸之氣自不出入；三元神凝，思慮之神自然泰定」。

三 車

道教內丹術語，指羊車、鹿車、牛車，比喻火候運轉的三個階段。在運氣上達泥丸。通過督脈時，由尾閭關至

夾脊關，細步慎行，如羊駕車之輕柔，故謂之羊車；由夾脊關至玉枕關巨步急奔，如鹿駕車之迅捷，故謂之鹿車；由玉枕關至泥丸，因玉枕關極細極微，必須用大力衝開，如牛駕車之奮猛，故謂之牛車。此種比喻，是指運火藥時意念的緩急輕重程度而言。《性命圭旨》說：「金滿三車奪聖機，衝開九竅過曹溪。」此外，亦有指周天火候而言。《三車密旨》說：「三車者，三件河車也。第一件運氣，即小周天子午運火也；第二件運精，即玉液河車運水溫養也；第三件精氣兼運，即大周天運先天金汞，七返還丹，九還大丹也。」在《鍾呂傳道集》中又有「使者車、雷車、破車」之說。凡聚火而心行意，使以攻疾病，謂之使者車；「凡即濟自上而下，陰陽正合，水火共處，靜中聞雷霆之聲而曰雷車。若以心為境役，性以情牽感物，而散於真陽之氣，自內而外，不知休息，久而氣弱體虛，以成衰老，或而八邪五疫返以搬入，真氣元陽難為抵擋，既老且病而死者，曰破車」。

三　關

關即關卡，氣行不易通過之處。內丹修煉時，內氣在督脈和任脈上運行，有三處不易通過，所以稱為三關。《還源篇》中有「一孔三關竅，三關要路頭」之說，《金丹大成集》則明確指出三關是「腦後曰玉枕關，夾脊曰轆轤關，水火之際曰尾閭關」。尾閭關在脊椎骨的最下端，該處有長強穴，是陰陽變化之鄉，任督交會之處。夾脊關（即轆轤關）在背中，俯臥時兩肘尖連線點的正中處，與心相對。玉枕關在頭顱後部，玉枕穴之下，兩側風池穴之間，仰臥時，與口相對。三關之中，玉枕關最難通，氣從夾脊上升，玉枕處在背後督脈之上端，往往提氣至此，意

已疲軟，所以古人稱它為三車裏的牛車，意思是非要用牛的力量才能通過，特別是築基之功未到，先天之虧尚未補足，更難通過。但是內丹修煉，沖關不能勉強，只能任其自然，也不必強留強守。在道教養生學著作中，也有稱內丹術的三個步驟為「三關」的，如《中和集》說：「練精化氣，練氣化神，練神還虛，謂之三花聚頂，又謂之三關。」也有以口足手為三關，以耳目口為三關，以明堂、洞房、丹田為三關的，如《黃庭內景經》有「閉塞三關握固停」句，務成子注稱「口為天關精神機，手為人關把盛衰，足為地關生命扉。又臍下三寸為關元，亦曰三關」。但這一些流傳和使用都不廣泛。

三　蟲

指人腹中之蟲。《後漢書·華佗傳》載有華佗授人以漆葉青粘散，「言久服去三蟲，利五臟，體輕，使人頭不白」。道教養生文獻中多有除三蟲之說，《黃庭內景經》有《三蟲宅居章》稱「三蟲宅居三部裏，子能運用何憂死」，意思是三蟲躲藏在丹田之中，只要用心修行，三蟲就不能作害。因此又稱「九仙真氣常自靈，三蟲已死復安寧」。參見「三屍」。

三　池

丹經稱膽為中池，舌下為華池，小腹胞為玉池，合稱三池。

三花聚頂

道教內丹術語。①指腎氣、真氣、心液三陽氣相聚。《西山群仙會真記》中說：「三花者，三陽也。腎氣，乃陰中之陽；丹中真氣，則真陽中之陽也；心液之馨，乃陽中之陽。」②指神、氣、精聚合。《金丹大成集・金丹回

答》中說：「問三花聚頂。答曰：神、氣、精混而為一也。玄關一竅，乃神、氣、精之穴也。」③內丹術三個階段。《中和集》中說：「煉精化氣，煉氣化神，煉神還虛，謂之三花聚頂。」

三　寶

道教名詞，使用較為廣泛。《道德經》中有三寶，指的是慈、儉和不敢為天下先的處世原則。道教原以三寶指三個最高尊神，即玉清天寶君、上清靈寶君和太清神寶君。後以皈依三尊神為「道、經、師」三寶。在養生文獻中，則以人身之「精氣神」為內三寶，以「耳目口」為外三寶。在《太平經》中，就認為內三寶精氣神是神根，三氣共一，為神根也。一為精，一為神，一為氣，此三者，共一位也，本天地人之氣。神者受之於天，精者受之於地，氣者受之於中和，相與共為一道。故神者乘氣而行，精者居其中也。三者相助為治。故人欲壽者，乃當愛氣尊神重精也。唐代以後，內丹術替代了外丹術，《玉皇心印經》稱：「上藥三品，神與氣精，恍恍惚惚，杳杳冥冥。」宋代白玉蟾解釋說：「其精不是交感精，乃是玉皇口中涎；其氣即非呼吸氣，乃知卻是太素煙；其神即非思慮神，可與元始相比肩。」內三寶精氣神，當是元精，元氣，元神。張紫陽《悟真篇》有詩稱：「人人本有長生藥，自是迷途枉擺拋。」認為人人自己身中都是三寶「長生藥」，不能迷誤而白白將它們拋棄。外三寶「耳目口」之說，見《周易參同契》，「耳目口三寶，固塞勿發揚」。

三峰採戰

道教房中術術語。指一種利用房中術進行採補修煉的方法。「三峰」又稱「三峰八藥」指從女性之舌、乳及陰

部汲取精氣為滋補藥物。道教房術採補論者認為，男方可以由房室生活中的某種手段，採取女方陰氣之精華，以滋補男方之陽氣，達到強壯身體甚至成仙得道之目的。但在醫學科學上是沒有根據的。另一部分道教學者對此也採取了批判的態度。

三　焦

人的六腑之一。中醫認為，人有三焦，即上焦、中焦、下焦。《難經》說三焦「有名而無形」，一般指上焦為胸膈以上部位，包括心肺在內；中焦為膈下臍上的部位，包括脾、胃等臟腑；下焦為臍以下部位，包括肝、腎、小腸、大腸、膀胱等。《靈樞・營衛生會篇》稱「上焦如霧」，意思是心和肺輸發血液和氣息；「中焦如漚」，意思是脾和胃消化飲食，吸收精微，輸送營養給血液；「下焦如瀆」，意思是腎、腸和膀胱等，排除糞便和尿液。因此，三焦的功能實際上是對於體內臟腑氣化功能的綜合。三焦的「焦」字，有熱的意思。熱來源於「命門」之火，正是由氣化的作用來體現的。《黃庭內景經》中有「三焦」多句，稱「上合三焦下玉漿」，「肺產之為氣三焦起」等。務成子注「三焦」為「五藏之上系管為三焦。焦者，熱也。言肝心肺頭熱之義也」，「肝氣上則與三焦氣合，下則為口中之液，亦猶陰氣上則為雲，下則為雨，雨潤萬物」。《黃庭經》的「三焦」意義同中醫的「三焦」略異。

三　魂

道教名詞。道教稱人有三魂七魄。《雲笈七籤》稱三魂：一名胎光，太清陽和之氣；一名爽靈，陰氣之變也；一名幽精，陰氣之雜也。《抱朴子內篇・地真》稱：「欲

得通神，當金水分形，形分則自見其身中之三魂七魄。」《黃庭內景經》的（上睹章）有「三魂自寧帝書命」句，意思是修煉人得到攝魂之法，就能三魂永久，真道自成，神氣常堅，精華不散，名書帝錄，不衰不老。

三素雲

指人身上脾、肺、肝等三臟的元氣。《黃庭內景經》有「四氣所合列宿分，紫煙上下三素雲」句，務成子注稱：「長存元氣合於身，兼思日月斗星，分明煥照，久則通靈」，「三素者，紫素、白素、黃素也」。紫素為肝氣，白素為肺氣，黃素為脾氣。長存三氣，紫煙上下，即三素合一，「形神通感」。

子午周天

道教養生術語，即內丹修煉的煉精化氣階段的小周天，也稱坎離交媾。元代道士蕭廷芝《金丹大成集》說：「子午乃天地之中也，在天為日月，在人為心腎，在時為子午，在卦為坎離，在方為南北。」小周天之說以後天八卦方位作為依據，著眼於坎、離兩卦，而坎離處於子午位置，所以稱子午周天。

子 時

指內丹術大小周天功法中，可以開始起火的時機。又稱冬至。就一日言，子時是六陽時開始。就一年言，冬至是陰極而陽生之時，二者都表示一陽來復，丹經中常用復卦☷☳來表示。丹家認為人、天一體，強調於一陽初生之時開始練功，謂之子時功。但功夫較高之後，則不拘時辰，藥生即可練功，這就謂之活子時。正如《還丹復命篇》所說：「煉丹不用尋冬至，身中自有一陽生。」活子時是指小周天功法中該起火的時機，所以稱它為活，是因

為要等待丹田氣功藥生才能煉，而不拘於固定的時刻。《入藥鏡》：「一日內，十二時，意所到，皆可為。」小周天功法，由擺好姿勢，排除雜念，讓形神安靜，集中意念，然後一念歸中，凝神入氣穴，緩緩調息入細，引短令長，丹田中的精氣漸漸旺盛。當靜極之時，正有動象，於恍惚杳冥之中，覺丹田氣動，即為活子時。活子時的景象，丹家常用「先天氣，後天氣，得之者，常似醉」一句予以概括。蕭廷芝把「醉」進一步描述為：「下身心和暢，如癡如醉，肌膚爽透。」同時還有。外腎欲舉之時，即是身中活子時」（《天仙正理》）之說。在小周天功法純熟之後，進入大周天階段，就不再有活子時的到來，而有正子時之說。正子時為產大藥之時，亦非二十三點至一點的時間而是一種景象，也可以叫完成大藥的信號。此時丹田火熾，兩腎湯煎，眼吐金光，耳後風生，腦後鷲鳴，身湧鼻搐，即得大藥的時間到了，這時叫正子時，下一步可以進入中田烹煉，凝結成丹。

女丹法

指婦女煉丹功法。古人認為，婦女在生理、心理及身體諸方面與男子有所不同，故修煉丹道的方法亦有所不同。不同之處，在於要先煉一步「斬赤龍」，即斷月經的功夫。元陳致虛《悟真篇注》說：「若女人修仙，則以乳房為生氣之所，其法尤簡。故男子修仙曰煉氣，女人修仙曰煉形。女人修煉先積氣於乳房，然後安爐立鼎，行太陰煉形之法。」《太陰煉形法》說：「初下手時，存目存神，大休歇一場，使心靜息調，而後凝神入氣穴。將兩手交叉，捧乳輕輕揉摩三百六十遍，將氣自下丹田微微吸起二十四口，仍用手捧乳，返照調息。久久自然真息往來，

一開一合，養成鄞鄂，神氣充足，真陽自旺，其經水自絕，乳縮如男子，是謂斬赤龍。如此久久行持，後不必捧乳吸氣，只凝神於氣穴。迴光返照，是謂玄牝之門也。真息悠悠，虛極靜篤，陽氣薰蒸，河車逆流，萬朵紫雲朝玉宇，千條百脈種泥丸。斬赤龍之功，有如此效驗。故女子修煉，以斬赤龍為要也。」就是說婦女練功，先意守兩乳間的膻中，待月經斷絕後，再行大小周天功法。

大周天

又稱乾坤交媾卯酉周天。因煉至此一階段，真氣的運行不僅走任督二脈，也擴大至其他經脈，範圍擴大，相對小周天而言稱大周天。它是在小周天功法基礎上，即煉氣化神階段進行的。內丹術認為，由大周天修煉，運用入定之力，使神和氣密切結合，相抱相融，以達到延年益壽的目的。一說大小周天的區別主要在於：小周天是採外藥運河車入下丹田，經過上鼎即泥丸宮到下爐丹田而封存，是以上丹田為鼎，下丹田為爐；大周天則把鼎下移，以黃庭（中丹田）為鼎，下丹田為爐，元氣不再沿任督運轉，只是氤氳二田之虛境，修持只守此二田之間，不固定於一田。任其自然靈活，待守到昏睡全無，靈光不昧，實際即是入定功夫。大周天鍛鍊開始於正子時，元代丹師林轅《火候行持絕句詩》說：「周天火候不難知，葭管飛灰正子時。」此時丹田火熾，兩腎湯煎，眼吐金光，耳後風生，腦後鷲鳴，身湧鼻搐，即為得大藥的證候，這時就叫正子時。下一步即可以進入中田烹煉，凝結成丹。

小周天

周天是古代天文學上的術語。孔穎達《禮記・月令篇疏》說：「凡二十八宿及諸星，皆循天左行，一日一夜為

一周天。」道教認為修內丹與造化同途，法天象地而身中另一壺天，故用周天指稱丹道。內丹術是要求精氣在身體內按經絡路線循環運轉，所走的丹道實際是指奇經八脈，因其階段、功法、目的不同而分為大、小周天。小周天是在煉精化氣的過程中進行的。進行小周天鍛鍊，開始幹活子時。下丹田氣動藥生，即活子時已來。精、氣、神發動，源頭清，元精滿，此時用小周天火候引元氣以下丹田開始，逆督脈而上，沿任脈而下，經歷尾閭、夾脊、玉枕三關，上、中、下三田和上下鵲橋，完成一個循環，即煉精化氣一小周天。

大　敦

穴位名稱，又名水泉。在大拇指外側指端處，屬足厥陰肝經。意守此穴，有增強肝氣運動的功效。臨床對於頭腦脹痛者，可意守此穴，減輕症狀，因為上病取下，肝火沉降，另外對肝病患者亦有效。

四　畫

五　屍

道教名詞。指五臟內五種死氣（濁氣），亦稱五神和五鬼。《雲笈七籤》卷82「庚申部」稱「蟲屍互名，參神亂鬼」，「五屍，青屍、赤屍、黃屍、白屍、黑屍」。道教有「守庚申法」，以消滅死氣，引致生氣，求得長壽。

五氣朝元

道教術語。五氣，指五臟真氣；元，指上丹田。初見於張伯瑞的《金丹四百字序》中。它說：「眼不視而魂在肝。耳不聞而精在腎，舌不聲而神在心，鼻不香而魄在肺，四肢不動而意在脾，故名曰五氣朝元。」《性命圭

旨》：「惟聖人知回機之道，得還元之理。於是攢五、簇四、會三、合二、而歸一也。蓋身不動，則精固而水朝元；心不動，則氣固而火朝元；真性寂，則魂藏而木朝元；忘情忘，則魄伏而金朝元；四大安和，則意定而土朝元。此謂五氣朝元，皆聚於頂也。」其具體功法即和合四象，「疊足端坐，潛神內守，不可一毫外用其心」，才能做到五臟五漏，精、神、魂、魄、意相與混融，化為一氣而聚於頂，結成聖胎。

五　牙

道教養生名詞，也稱「五芽」，指金、木、水、火、土五行和肺、肝、腎、心、脾五臟的元氣，即五行之生氣。《黃庭內景經》有「存漱五牙不饑渴」句，務成子注稱：「五牙者，五行之生氣，以配五藏。」意思是由服食天地間五行真氣，可以滋養五臟。唐代道士司馬承禎《服氣精義論》稱：「夫形之所全者，本於臟腑也。神之所安者，質於精氣也，雖稟形於五神，已具其象，而體衰氣耗，乃至凋敗。故須納雲牙而溉液，吸霞景以孕靈，榮衛保其純和，容貌駐其朽謝。加以久習成妙，積感通神，與五老而齊升，並九真而列位。」

五傷損

古代養生術語。指因勞逸不當、氣血筋骨活動失調而引起的五類損傷。《素問》的《宣明五氣篇》稱：「久視傷血，久臥傷氣，久坐傷肉，久立傷骨，久行傷筋，是謂五勞所傷。」這五類損傷又同五臟勞損有關，即損血傷心，損氣傷肺，損肉傷肝，損精傷脾，損骨傷腎。立式八段錦有「五勞回顧七傷調」的一節，行之補益臟腑。

五 行

中國古代哲學術語，指水、火、木、金、土五種物質。中國古代哲學把這五種物質視作構成萬物的元素，說明客觀物質世界的起源和統一性。春秋戰國時期，產生五行相生相勝的思想。相生指相互促進，如：木生火，火生土，土生金，金生水，水生木；相勝即相剋，指相互排斥，如：水剋火，火剋金，金剋木，木剋土，土剋水等。五行學說具有某些合理的因素，推動了中國文化和科技的發展。中醫以「五行」的屬性，聯繫人體臟腑，說明人的生理現象和病理變化。例如，以「五行」屬性分別臟腑特徵，認為肝、筋、目屬木；心、脈、舌屬火；脾、肉、口屬土；肺、皮毛、鼻屬金；腎、骨、耳屬水等等。以五行相生相勝關係說明臟腑間相互依賴和制約的關係，認為肝制約脾（木剋土），脾資生肺（土生金），肺制約肝（金剋木）等等。以乘侮關係闡述病變及治療，認為肝病犯脾，是木乘土，治療中要抑木扶土等等。在道教養生學中，也沿用五行學物認識氣行臟腑的關係。例如：隋唐間成書的《黃庭遁甲緣身經》稱人的「肝、腎、脾、肺、心為五行，故修道者常理之」。在五腑圖中，稱「夫肺者，兌之氣，金之精」，「夫心者，離之氣，火之精」，「夫肝者，震之氣，木之精」，「夫脾者，坤之氣，土之精」等等。五臟之疾，內養亦據屬性而略異，「夫脾主於中宮，土也，故脾之有疾，當用呼」；「夫肝主角，故肝有疾者，當用噓」。明代冷謙的《修齡要旨》有「六字氣訣」，其中「吹腎氣訣」稱「腎為水病主生門，有病尪羸氣色昏。眉蹙耳鳴兼黑瘦，吹之邪妄立逃奔」；「呼脾氣訣」稱「脾宮屬土號太倉，痰病行之勝藥方。瀉痢腸鳴並

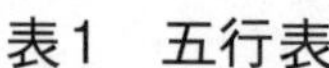

表1　五行表

五行	臟腑	五色	五氣	五季	五根	五主	五精	五味	五位	五方
木	肝・膽	青	風	春	眼	筋	怒	酸	頸・項	東
火	心・小腸	紅	暑	夏	舌	脈	喜	苦	胸・脅	南
土	脾・胃	黃	濕	土用	口	肉	思考	甘	脊	中央
金	肺・大腸	白	燥	秋	鼻	皮毛	愁・悲	辣	肩・背	西
水	腎・膀胱	黑	寒	冬	耳	骨	驚・恐	鹹	腰・股	北

吐水，思調呼字免成殃」。

五　色

中醫名詞，指青、黃、赤、白、黑等五種顏色。按照臟腑五行學說，五臟各配五色，即：青屬木屬肝，黃屬土屬脾，赤屬火屬心，白屬金屬肺，黑屬水屬腎。中醫認為，病人的臉色、皮膚的變化同臟腑病變有關，稱「五色主病」，即：青色主肝病，包括風病、寒病、痛症、驚風等；赤色主心病，包括熱病、虛熱、實熱；黃色主脾病，包括濕熱、寒濕、血虛；白色主肺病，包括虛證、寒證；黑色主腎病，包括寒證痛症及勞傷、血瘀等等。以五色診病屬於中醫望診的內容。道教養生文獻也沿用臟腑五色的說法，提出調理臟腑的方法。例如：隋唐間成書的《黃庭遁甲緣身經》認為肺「其色白」「吸兌宮白氣入口吞之，以補鰐之損肺」；心「其色赤」，吸離宮之赤氣，入口三吞之，以補呬之損；」肝「其色青」，「吸震宮之青氣三吞之，補嘘之損」等等。

五　邪

古代養生術語，指五種病邪的合稱。中醫認為，一是

指風、寒、濕、霧、傷食等五種病邪；二是「有中風，有傷暑，有飲食勞倦，有傷寒，有中濕，此之謂五邪」（《難經·四十九難》）；三是指「虛邪」，「實邪」、「賊邪」、「微邪」、「正邪」等五種。按五行相生相勝的關係來說明病邪的情況，如果病邪從生我（母）的方面傳來，稱為「虛邪」；從我生（子）的方面傳來，稱為「實邪」；從克我的方面傳來，稱為「賊邪」；從我克的方面傳來，稱為「微邪」；本臟受到同一屬性的病邪侵犯而致病的，稱為「正邪」。

五　官

人體器官名詞，又名苗竅，是鼻、眼、口唇、舌、耳等的合稱。中醫認為五官與五臟相連，《靈樞》的《閱五使篇》稱：「鼻者肺之官也，目者肝之官也，口唇者脾之官也，舌者心之官也，耳者腎之官也。」因此，從五官的症候可以診斷五臟的病變，例如：肺病常見鼻翼煽動，肝病者眼目發青。脾病者口唇見黃，心病者舌頭捲短，腎病者眼眶黯黑或者臉色出現暗青黑色。在養生學文獻中，有存思色光治臟腑之疾的，隋代巢元方《養生方導引法》有《五臟橫病》一節稱：「從膝以下有病，當思臍下有赤光，內外連沒身也；從膝以上至腰有病，當思脾黃光；從腰以上至頭有病，當思心內赤光；病在皮膚寒熱者，當思肝內青綠光。皆當思其光，內外連而沒已身，閉氣收光以照之，此消疾卻邪，甚驗。」

五　養

古代養生術語。道教養生注意四季十二月的陰陽消長、氣運變化，在生活起居、飲食、藥物等方面調養攝護，並以相應的導引、吐納、存思等方法鍛鍊，認為春天

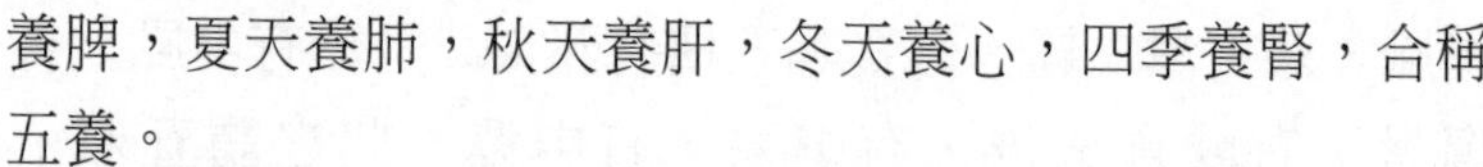

養脾，夏天養肺，秋天養肝，冬天養心，四季養腎，合稱五養。

五禽戲

古代健身術的一種。五禽，指虎、鹿、熊、猿、鳥（鶴）等五種禽獸，模仿五禽的動作而編練的動功鍛鍊功法，即稱五禽戲。相傳是東漢名醫華佗在前人熊經、鳥伸、鳧浴、猿躩、鴟視、虎顧等基礎上創編的，又名華佗五禽戲。現存五禽戲功法內容的文字見於南朝梁代道士陶弘景的《養性延命錄》。《太上老君養生訣》也有五禽戲功法的記錄，包括：虎勢戲、鹿勢戲、熊勢戲、猿勢戲、鳥勢戲等五節。經過歷代練功人的發展變化，出現了多種套法，有繁有簡、剛柔不一，內氣外壯亦各有側重。

六　氣

中醫指四季風、寒、暑、濕、燥、火等六種氣候因素的變化，或者人體的生命活動的六種基本物質，即精、氣、津、液、血、脈等，它們都由飲食水穀的精氣所化生。在養生學中，指服食的六種精華之氣。據《陵陽子明經》：「春食朝霞，朝霞者日始欲出赤黃氣也；秋食淪陰，淪陰者日沒以後赤黃氣也。冬飲沆瀣，沆瀣者北方夜半氣也；夏食正陽，正陽者南方日中氣也；並天地玄黃之氣，是為六氣也。」

六字氣訣

古代養生功法之一種，指以練呼為主的一種呼吸鍛鍊功法。又稱去病延年六字法、六字延壽訣等。現存記載此氣訣的最古文獻是南朝梁代道士陶弘景的《養性延命錄》，稱「納氣有一，吐氣有六。納氣一者，謂吸也；吐氣六者，謂吹、呼、唏、呵、噓、呬，皆出氣也」。南宋

鄒朴庵《炎詹集》中有「太上玉軸六字氣訣」記述最為詳細。六字有六種不同的口型，以六字發音吐氣的不同形式，呼出臟腑中的濁氣，納人清氣。《雲笈七籤》卷六十有「六氣訣」稱：「訣曰：六氣者，噓呵呬吹呼嘻是也。氣各屬一臟」，其中：呬屬肺，主鼻；呵屬心，主舌；呼屬脾，脾主中宮；吹屬腎，主耳；噓屬肝，主目；嘻屬三焦。「五藏三焦，冷熱勞極，風邪不調，都屬於心。心主呵，呵所治諸疾皆癒，不必六氣也」。宋代以後，以練呼吸為主的六字氣訣又結合一些動作鍛鍊，稱「動功六字延壽訣」簡單易學，療效顯著，至今仍為臨床中所使用。

六陽時

古代計時單位。指十二時辰中的子、丑、寅、卯、辰、巳。按今計時方法，即從夜半十一時至日中前的十一時。《素問》中有《金匱真言論》稱「雞鳴至平旦，陰中之陽也；平旦至日中，陽中之陽也」。古人認為此六時辰中，由暗轉明，從冷轉熱，表示了陽氣生長，陰氣衰退的過程。在養生學中，練功以六陽時為佳。《三元延壽參贊書》有「旦暮避忌」句，注引「經曰：平旦，人氣生；日中，陽氣隆」，「有教入廣者曰：朝不可虛，暮不可實」。

六陰時

古代計時單位。指十二時辰中的午、未、申、酉、戌、亥。按今計時方法，即日中十一時到夜半十一時。《素問》中有《金匱真言論》稱「日中至黃昏，陽中之陰也；合夜至雞鳴，陰中之陰也」。古人認為此六時辰中，由明轉暗，從熱轉冷，表示了陰生漸盛，陽氣衰退的過程。在養生學中，六陰時不宜練功。《三元延壽參贊書》

有「旦暮避忌」，注引經稱：「日西，陽氣已虛，氣門乃閉，是故，暮而收柜，無擾筋骨，無見霧露，違此三時，形乃困薄」。

六　欲

道教名詞，即六塵。道教以色、聲、香、味、觸和法為六欲。六俗之門是耳、目、鼻、口、身、意等，這些器官和功能被稱為「泄亂神機之路」。《太上老君說常清靜經》說：「澄其心而神自清，自然六欲不生」，侯善淵注稱「六欲者，眼、耳、鼻、舌、身、意是也；不生者，眼觀天色，神不斜視，耳聽無音，聲色不聞，鼻息沖和，不容香臭，舌餐無味，不甘酸甜，身守無相，不著有漏，意抱天真，不迷外境，故曰六欲歸真，自不生也」。

六　淫

中醫名詞。淫，即邪，指風、寒、暑、濕、燥、火等六氣由於過分、不足或者不應時而有，成為外感致病的邪氣，六淫致病，有的從口鼻，有的從肌膚，都是自外而入，而且多有表證，所以又稱「外感六淫」。發病具有明顯的季節性，如春季多風病，夏季多暑病，盛夏多濕病，秋季多燥病，冬季多寒病。在養生學中，四時調攝起居，特別要注意因時而變，時代陳繼儒《養生膚語》稱：「凡風寒暑濕，在外則為氣，中於人身則為毒，或有發為癰疽，發為瘧痢者，中伏傷生之道，不可不謹。故人之起居，室之棲止，須秘密堅固，高朗乾燥，斯無患矣。」

太　極

中國古代哲學術語。指原始混沌之氣，《周易・繫辭上》：「易有太極，是生兩儀，兩儀生四象，四象生八卦」唐代孔穎達稱：「太極謂天地未分之前，元氣混而為

一，即是太初、太一也。」太極運動，混亂之氣分為陰陽，由陰陽而生四時四象，因而出現天、地、風、雷、水、火、山、澤等八種自現象，推行為宇宙萬事萬物。陳摶著有《太極圖》，敘述了太極內部陰陽兩種力量互相對立、互相依存而消長運動，引起整個世界變動的辯證思想。《太極圖》將修煉之中的目體納甲、二用、三五、九宮、八卦、鼎器、藥物、火候等全部概括起來，成為指導內丹修煉的重要文獻。

火　候

原指煉製金丹中火力的變化節度。丹家認為丹藥在燒製過程中，不同階段起火，止火和火力強弱有很多講究，把握得當，才能煉成大藥。關於火候的書很多，但往往故作隱秘，不肯顯豁陳述，而以卦象納甲等法加以隱喻。內丹術中以火比喻元神，候是階段節度的意思。《金仙正論》說：「火者神也，曰汞、曰日，曰烏，曰龍，皆我之真意。」因此，火就是指練功中的意念作用，用神即意來掌握呼吸、運煉精氣，就是火候。《真詮》說：「火候本只寓一氣進退之節，非有他也。火候之妙在人為，用意緊則火燥，用意緩則火寒。」意緊急運叫武火，意緩慢行叫文火，採藥烹煉時常用武火，術語叫做舐吸撮閉；沐浴溫養時常用文火，術語叫做意隨氣轉、微微觀照。《修道全指》說：「蓋武火者，即呼吸之氣急重吹逼，採取烹煉也；而文火者，即呼吸之氣微輕導引，沐浴溫養也。」火候是內丹術中最重要的一環。清劉一明《悟真直指》說：「金丹全賴火候修持而成，火者修持之功力，候者修持之次序，採藥須知遲早，煉藥須知時節。有文烹之火候，有武煉之火候，有下手之火候，有上歇之火候，有進陽之火

候，有退陰之火候，有還丹之火候，有大丹之火候，有增減之火候，有溫養之火候。火候居多，須要徹悟，知始知終，方能成功。」

水　火

道教內丹術語。指神、氣。丹經中認為，先天真一的神水和先天虛靈的神火，都是虛空天然的水火。在人體之中，心為火，肝氣導引腎氣自下而上至於心，相交薰蒸於肺，肺液下降自心而來，皆曰心生液，以液生於心而不耗散，故曰真水；腎為水，肺液傳送心液自上而下至於腎，相交浸潤於膀胱，膀胱氣上升自腎而起，皆曰腎生氣，以氣生腎而不消耗，故曰真火。元李道純《中和集》說：「天以日月為水火，《易》以坎離為水火，禪以定慧為水火，聖人以明潤為水火，醫道以心腎為水火，丹道以神氣為水火，種種異名，無非譬喻。」

止　火

煉精化氣階段的了手功夫。《悟真篇》說：「未煉還丹須急煉，煉了還須知止足，若還持盈未已心，不免一朝遭殆辱。」劉一明注曰：「還者還其所本，有如物已失而復得，已去而仍還也。若丹已還，速當住火停輪，用溫養之功。」即指功力已到，火候既足，只宜沐浴溫養，以防傷丹。當採、封、煉三百期滿，陽光三現的時候，即必須止火。此時即可轉入煉氣化神階段。

元　和

亦稱「金精」、「玉液」、「玄泉」、「神水」、「金漿玉醴」等。指氣功修煉時含水漱口、丹田胎息薰蒸所化生的津液，咽之對身體大有裨益。陳摶《指玄篇》說：「但能息息皆相顧，換盡形骸玉液流。」《本草綱

目》卷，52中解釋說：「人舌下有四竅，兩竅通心氣，兩竅通腎液。心氣流入舌下為神水，腎液流入舌下為靈液，道家謂之金漿玉醴。……所以灌溉臟腑，潤澤肢體，故修養家咽津納氣，謂之清水灌靈根。」

少　商

穴位名稱。在拇指末節橈側，距指甲根另點一寸處，屬手太陰肺經。意守此穴，有增強肺氣運動的功效。臨床對於咳逆氣喘等有效。

心

人的五臟之一。中醫認為，心是五臟中最重要的臟器。「心主血脈」，即血液的運行有賴於「心」。在道教養生學中，心更多的是指人的中樞神經系統的一些活動。《黃庭內景經》稱。「心神丹元字守靈」，務成子注；「心為臟腑之元，南方火色，棲神之宅，故言守靈」。心「藏神」，能「調血理命身不枯」，「心主口舌」，它的外部體現就是「外應口舌吐五華」，如果心煩、心悸就會口不辨五味，狂躁，亂語。調養心神，集中意念，鬆弛肌體，就可以藏神於不受外界事物的干擾下，發揮其「調血理命」的功能，以求長生不枯。《南華真經》（即《莊子》）的《人間世》篇有關於「心齋」之說，「若一志，無聽之以耳，而聽之以心；無聽之以心，而聽之以氣。聽止於耳，心止於符。氣也者，虛而待物者也。唯道集虛，虛者心齋也」。指的就是在修煉之中，保持心境的清靜，意念的集中，排除一切雜念。宋代以後的內丹家們都重視「心」的功能，認為「心為君」。「心者，神之舍也。心者眾妙之理，而宰萬物。性在乎是，命在乎是」。「心求靜，必先制眼，眼者，神遊之宅也」。「目不亂視，神返於心。神返於心，乃靜之本」。

心　齋

道家靜坐功法。出自《莊子·人間世》：「若一志，無聽之以耳，而聽之以心，無聽之以心，而聽之以氣。聽止於耳，心止於符。氣也者，虛而待物者也。唯道集虛，虛者心齋也。」後世謂之「莊子聽息法」。其法要求心志專一，凝神靜思，進入一種混沌虛無的境界。這種靜功對治療神經衰弱一類病症頗有良效。

中　衝

穴位名稱。在中指指端中央，屬手厥陰心包絡經。意守此穴，有增強心氣運動的功效。臨床對於心氣不足，心悸不寧等有效。

長　息

道教養生術語，指深長的吐氣方法。南朝梁代道士陶弘景《養性延命錄》中說：「凡行氣，以鼻納氣，以口吐氣，微而引之，名曰長息。」微而引之，就是氣息微弱，綿延不絕的意思，所以，有人說長息就是吐氣之法。

丹　田

人體中成丹的部位。內丹修煉家認為丹田是煉丹、結丹、存丹的地方。丹田一詞在東漢時就已出現，《王子喬碑》中有「覃思以歷丹田」，《老子銘》中有「存想丹田」等句。東晉葛洪在《抱朴子內篇》中將丹田區分為上中下三處，稱「一有姓字服色，男長九分，女長六分，或在臍下二寸四分下丹田中，或在心下絳宮金闕中丹田也，或在人兩眉間，卻行一寸為明堂，二寸為洞房，三寸為上丹田也」。後世內丹家對三丹田的部位的說法略有差異。三丹田中，以下丹田為最重要，因為它是男子藏精、女子養胎的處所，又是任督二脈呈十字交會之處，又集中有關

元、氣海和命門等穴位，是彙集、運轉和儲存人的精氣的所在，所以，古人稱其為「性命之祖」，「生氣之源」，「陰陽之會」，「呼吸之門」，「藏精之府」，「神氣歸藏之府」，「五臟六腑之本」等等。王沐認為下丹田在臍後腎前的腹部正中。中丹田在臍上的人體正中，也有人認為中丹田在兩乳之間的膻中穴，是藏氣之處。《金丹四百字》的《序》稱：「能知此一竅，則冬至在此矣，火候亦在此矣，沐浴在此矣，結胎在此矣，脫體變在此矣。」因此在修煉過程中，中丹田也有重要地位。上丹田在頭部，又稱「泥丸」、「乾宮」、「祖竅」，是藏神之府。內丹修煉至煉神還虛階段，陽神所居和上遷之處即是上丹田。

丹　頭

外丹家初步煉成的丹藥成黍粒狀者，用作點化，稱為丹頭。內丹家借用，以鉛汞比喻陰精陽氣，認為煉修內丹之初，陰陽相感，水火同根，內生真一之體，種於丹田之中，溫養保扶，則丹頭田漸長成。《翠虛篇·金丹詩訣》說：「丹頭只是先天氣，煉作黃芽發玉英。」

內　丹

道教煉養功夫之一，是道教靜功、動功、導引、房中、服餌等煉養功夫的綜合發展。內丹家將人身比作爐鼎，以精、氣神為藥物，神為運用，經過一定程式的煉養步驟，使精、氣、神在體內聚凝不散，這種融合物就叫做內丹。內丹家認為，由太初無形無象的「道」生出真元之氣，真氣分化陰陽五行，進一步化生萬物，是為順行，即有生、有死、生生不息的造化之道。內丹功夫則在逆而行之，透過煉精化氣、煉氣化神、煉神還虛，一歸無極（道），從而達到重返本源，長生在世的理想。「五行順

兮凡物有生有死，五行逆兮丹體長存常靈」，內丹就是逆著造化常道而行，反本還源的內練功法。內丹家所說的精、氣、神，是指人體先天秉賦的元精、元氣、元神。其中精是基礎，氣是動力，神是主宰，以神馭氣，以神煉精。煉丹的處所部位，即稱作丹田。性命雙修是其修煉的核心，所謂「天地久大，聖人象之。精華在於日月，進退運乎水火，是故性命雙修，內外一道」。其修煉過程，各派丹法不完全一致，一般分為築基、煉精化氣、煉氣化神、煉神還虛四個階段。或謂三關：百日關、十月關和九年關。於南朝中國道家內丹養生之道，史載由中華民族神聖祖先黃帝始創，集大成於中國春秋時代的老子。老子為中國道家祖師。內丹之稱，始見於老子所著傳世經典《太上老子內丹經》，本經載中國道家經典《道藏》之中。

中國佛門也頗重修內丹，南朝禪宗大師慧思《南嶽思大禪師立誓願文》說：「借外丹力修內丹，欲安眾生先自安。」但內丹的淵源，遠在漢代，《周易參同契》這部「丹經王」中已有深奧的內煉思想，由它再往上可溯至先秦道家和氣功術的理論。隋唐之際，內丹逐漸為社會知曉。唐末五代，研討內丹已成為一種風氣，其中以鍾離權、呂洞賓、崔希範，譚峭、陳摶最為著名，是他們為內丹理論的形成奠定了基礎。到了宋元時期，內丹取替外丹，盛行社會，並形成了以道教南宗、北宗為主體的宋元內丹派。內丹術語多沿用外丹名詞，但其意義完全不同，故學者當詳辨。內丹術是道教中人追求長生不老的主要手段，其中有許多神秘主義的糟粕，然而，它把人的本身作為考察研究的對象，但在其宗教神秘主義的色彩下，卻包含著幾千年來我國人民探討人、人體、人的本質的寶貴經

驗。顯然，在這個屬於我國古代人體科學的領域中，埋藏著值得研究發掘的寶藏。

內　視

道教功法。即合閉雙目，以意窺軀體的某一部位。《千金要方》：「常當習黃帝見視法，存想思念，令見五臟如懸磬，五色了了分明，勿輟也。」並要求排除外界干擾，不得浮思外念。當以目內視時，思想集中，元氣充沛，返視內照，心平燥釋。內視的功法，原以內視五臟，稱作「歷藏內思」，漢代已流行。以後胎息服氣和內丹也綜合進自己的功法。《胎息經》：「天之神發於日，人之神發於目，目之所至，心亦至矣。」所以丹家坐煉時，凝神安息，舌拄上腭，心目內注，俯視丹田，很快就能人靜。

五　畫

正　經

人體經脈的一類，又稱「十二經」、「十二經脈」，是人體內氣血運行的主要通路。十二經脈的名稱和循行路線有：（一）手太陰肺經：在體內，屬肺，絡大腸，與胃，喉相連；在體表，由胸部外上方沿上肢屈側前面向下，止於拇指端。（二）手陽明大腸經：在體內，屬大腸，絡肺；在體表，由食指端經過上肢伸側前面，肩部、頸部、頰部，止於對側鼻孔旁。（三）足陽明胃經：在體內，屬胃，絡脾；在體表，由鼻部經過側頭部、面部、頸部、胸腹部，下肢外側的前面，止於第二趾端。（四）足太陰脾經：在體內，屬脾，絡胃，與心及舌根相連；在體表，由足大趾沿下肢內側（即由中部轉向前部）、腹部、胸部，止於側胸部。（五）手少陰心經：在體內，屬心，

絡小腸，與咽部及眼相連；在體表，由腋下部，沿上肢屈側後面向下，止於小指端。（六）手太陽小腸經：在體內，屬小腸，絡心，與胃、眼、內耳相連；在體表，由手小指端，經上肢伸側後面，肩胛部，側頸部、顏面、眼部、止於耳部。（七）足太陽膀胱經：在體內，屬膀胱，絡腎，與腦相連；在體表，由眼部向上越過頭頂，向後，向下，經過頸部、背部兩側，臀部、下肢後面，止於小趾端。（八）足少陰腎經；在體內，屬腎，絡膀胱，與脊髓、肝、膈膜、喉、舌根、肺、心、胸腔等相連；在體表，由足小趾，經足心、內踝、下肢內側後面、腹部、止於胸部。（九）手厥陰心包經：在體內，屬心包絡，絡三焦，與橫膈膜相連；在體表，起於側胸部，經腋下，上肢屈側正中線，止於手中指指尖。（十）手少陽三焦經：在體內，屬三焦，絡心包絡，與耳、眼相連；在體表，起於無名指端，沿上肢伸側正中線，經過肩部、側頸部、側頭部、耳部，止於眼部。（十一）足少陽膽經：在體內，屬膽，絡肝；在體表，由眼部經側頭部、耳部、頰部、後頸

十二正經的相關關係

水		金		土		火				木	
						相火		君火			
膀胱經	腎經	大腸經	肺經	胃經	脾經	三焦經	心包經	小腸經	心經	膽經	肝經
足的太陽	足的少陰	手的陽明	手的太陰	足的陽明	足的太陰	手的少陰	手的厥陰	手的太陽	手的少陰	足的少陽	足的厥陰

部、肩部、側胸腹部、下肢外側，止於第四趾端。（十二）足厥陰肝經：在體內，屬肝，絡膽，與生殖器、胃、橫膈膜、咽喉、眼珠相連；在體表，由足大趾經下肢內側（由前部轉向中部）、外陰部、腹部、止兩側胸部。每一經脈都和體內某些臟腑有關係，各經脈之間又有表裏配合的關係。

玉液還丹

道教養生術語，指在內丹修煉的煉精化氣階段小周天煉藥過程中產生的口津。此時增多的口液，似冰片香，像薄荷涼，即玉液還丹。內氣經過玉池口，和舌下玄膺，及舌下另兩竅，左名金津，右為玉液，因此稱口津為玉液。《鍾呂傳道集》稱「玉液，乃腎液也。腎液隨元氣以上升，而朝於心，積之而為金水，舉之而滿玉池，散而為瓊花，煉而為白雪。若以納之自中田而入下田，有藥則沐浴胎仙；若以升之自中田而入四支，煉形則更遷塵骨，不升不納，周而復還，故曰：玉液還丹者也」。

玄　關

道教養生術語，指人體上的一個重要部位，有二說：一是實指，有指上、中、下丹田的，有指頭部的。元代道士蕭廷芝《金丹大成集》稱「在人之首，功夫容易，下手的難尋。若不遇真師摩頂授記，皆妄為矣」。二是虛指，《規中指南》說：「此竅亦無邊傍，更無內外，若以形體色相求之，成大錯謬矣。」清代道士劉一明的《悟真直指》中說到：「玄關一竅，無方無所，無形無象。」李涵虛在《道竅談》中也說：「玄關一竅，自虛無中生，不居五臟、肢體間。」

玄　牝

道家名詞。《老子》說：「谷神不死，是謂玄牝，玄

牝之門，是謂天地根，綿綿若存，用之不勤。」把玄牝作為天地之根源。後世內丹家借用，表示黃庭中丹田。《悟真篇》說：「要得谷神長不死，須憑玄牝立根基。真精既返黃金屋，一顆靈珠永不離。」劉一明《悟真直指》說：「谷神之動靜，即玄牝之門也。這個門在人身為四大不著之處，天地之正中，虛懸一穴，開闔有時，動靜自然，號之曰玄關一竅，又號之曰眾妙之門，玄牝之門，是為天地之根，盜機妙用，須從此處立基。」此竅乃藏元始祖氣，所以又叫做祖氣穴。張伯端《金丹四百字》說：「此竅非凡竅，乾坤共合成，名為神氣穴，內有坎離精。」說明玄牝一竅是結丹之處。

外　丹

也叫金丹。多用鉛汞硫及其他金石藥配製後，放在爐鼎中燒煉而成。道教中人相信服食金丹可致長生不死，白日飛升，躋身神仙隊伍。《抱朴子・金丹篇》說：「夫金丹之為物，燒之愈久，變化愈妙，黃金入火，百煉不消，埋之畢天不朽。服此二物，煉入身體，故能令人不老不死。」外丹術初創於秦漢，當時得到一部分帝王和大臣的信仰與支持，出現了《黃帝九鼎神丹經》、《周易參同契》等丹經，魏晉南北朝是外丹術的發展時期，《抱朴子》中著錄丹經已十分豐富，道士煉丹的名字輩出。唐代外丹術臻於成熟。從皇帝到大臣，乃至一般士大夫，大多喜召道士合丹或自服丹藥。金丹其實是有毒，歷史上中毒而死的人很是不少。據載唐代皇帝因服丹致死的即有六人，大臣死於此者更多。服食者（包括煉丹士）對此亦漸生懷疑，致使此術自唐以後漸趨衰微。宋代之後已極少有人敢於嘗試。隨著宋元道教內丹派的興起，外丹更加衰

敗。外金術是世界實驗化學的先驅，在長期的燒煉實踐，對我國藥物學和古化學作出了積極的貢獻，而且四大發明之一的火藥即是煉丹術的副產品。現存的眾多外丹書中，包含有不少古代科技資料，至今仍有研究價值。

卯酉周天

道教養生術語，即內丹修煉的煉氣化神階段的大周天，大周天之說以先天八卦方位作為依據，其南北兩卦是乾坤，所以也稱乾坤並交媾。內丹功夫著眼於坎離兩卦，在先天八卦中，坎離處於卯酉位置上，所以稱卯酉周天。

叩　齒

道教養生功法。謂因體內元氣散失，元神不應，故修煉時應當叩齒以召神集氣。」所以叩齒者，擊動天門而神氣應」。門牙上下相叩叫作鳴法鼓，左齒上下相印叫作鳴天鐘，右齒上下相叩叫作擊天磬。常堅持叩齒，的確有益身體健康，這是一種簡易切實的養生良法。

布　氣

道教氣功療病法之一，即發放外氣治病。道教有專門的布氣訣。布氣治病是道教煉氣之士的專長，並很早見知於社會。《東坡志林》卷2：「學道養氣者，至足之餘，能以氣與人。都下道士李若之能之，謂之布氣，吾中子迨，少羸多疾，若之相對坐，為布氣，迨聞腹中如初日所照溫溫也。」

六　畫

守　一

道教煉養功夫。《太平經》中屢言守一，稱為「古今要道」，行之「可長存而不老」。魏晉南北朝時期，守一

術盛行。葛洪《抱朴子·地真篇》中，專述守一。道教上清派認為堅持存神守一，叩齒咽津，就能百神守身，長存不死。另外，守一又指靜坐時要做到「神氣混然」。《雲笈七籤》載《元氣論》云：「一者，真正至元純陽一氣，與太無合體，與大道同心，自然同性。」又載《五廚經氣法》云：「得一者，言記憶體一氣以養精神，外全形生以為車宅，則一氣沖用與身中泰和也。」

守三一

道教煉養功法。各派所指內容不一。《抱朴子》等書講的指太一、真一、玄一。三一分居三丹田。《太平御覽》卷六六八引《太上太真科》：「一在人身，鎮定三處，能守三一，動止不忘，三屍自去，九蟲自消，不假藥餌，不需禁防。」《雲笈七籤》卷四十九引《洞神經》釋守三一云：「知守虛、無、空者為大乘，守神煉形為中乘，守氣含和為小乘。又引《釋名》云：「三一者，精、神、氣，混三為一也。精者虛妙智照之功，神者無方絕累之用，氣者方所形相之法也。亦曰希、微、夷。……以知萬境均為一照也。」故《三一九宮法》說：「三一者乃一身之靈宗，百神之命根，津液之山源，魂精之玉室。」而被道教煉養所重視。

行　氣

亦作服氣、煉氣。是一種以呼吸為主，輔以導引、按摩的養生內修功夫。道教修煉，重視氣對人體的作用，認為自天地至於萬物，無不需氣以生，所謂「氣聚則生，氣亡則死」。葛洪也說：「善行氣者，內以養生，外以卻惡。」世傳行氣方法甚多，僅《雲笈七籤》即載有諸家氣法幾十家。具體功法不一，原則大致相同。要求行氣時，

凝神淨慮，專氣致柔，呼吸吐納，做到輕、緩、勻、長、深。輕，呼吸輕細；緩，進出氣舒緩；勻，呼吸節拍有致，不時粗時細；長，呼吸之間隔時間長，引氣入鼻中而閉之久，方徐徐吐之；深，閉氣時使氣滲進肺腑百脈，通潤全身。這類行氣功夫早在戰國時已經出現，魏晉南北朝時更加流行，各種行氣書籍大量出現。唐、宋史籍所錄行氣著作多達百部。現存在世的大多收入《道藏》，其中以《嵩山太無先生氣經》、《延陵先生集新舊服氣法》、《幻真先生服內元氣訣》等較為著名。

合　氣

又稱男女合氣，或混氣，古代道教早期房術修煉法，似為一種男女混交之淫亂方術。唐道士甄鸞（後皈依佛門）云：「臣年二十之時，好道術，就觀學，先教臣《黃書》合氣，三五七九，男女交接之道，四目兩舌正對，行道在於丹田……教夫易婦，唯色為初，父兄立前，不知羞恥，自稱中氣真術。」（《笑道論》），由此敘述，可略知合氣之概。又「合氣」亦泛指兩性交合，蓋古人認為男女交合時，男性的陽氣與女性的陰氣便交流融合，從而產生活力與生命，所以稱為合氣。

吐　納

又稱服氣。道家煉養功法。即把身中的濁氣儘量從口中呼出，再由鼻孔緩慢地吸進清新空氣，古人叫作「吐故納新」。法出《莊子‧刻意》。道士修煉，謂吐納可吸取生氣，吐出死氣，達到長生，嵇康《養生論》：「呼吸吐納，服食養生。」《漢武帝內傳》：「吐納可以延年。」稱謂吐納六氣，口中甘香，「道成則位為仙人」。

存神

道教內養功法。在排除雜念，思想寧靜的情形下，把意念放在身體某一部位。道教認為人身五臟百節皆有身神主守，與元氣相應，直觀記憶體五臟諸神，可以延壽。《天隱子》：「存，謂存我之神；想，謂想我之身。」《太平經》、《黃庭經》、《老子中經》等皆列述身中諸神。《無上秘要・身神品》謂人身之中有三萬六千神，「日日存之，時時相續，念念不忘，長生不死」。

存想

道教內養功法。亦稱「存思」，簡稱「存」。精思凝想，內視內觀之法。《三洞珠囊・坐忘精思品》引葛仙翁《五千文經序》云：「靜思期真，則眾妙感會；內觀形影，則神氣長存；體洽道德，則萬神震伏，禍滅九陰，福生十方。」存想的對象，如《雲笈七籤》卷43引《老君存思圖》所述，多至十八類，其中有存道寶、存經寶、存師寶、存天尊、存五臟、坐朝存思、臥朝存思、齋存雲氣兵馬、存三色三一魂魄諸法。認為「學道之基，以存思為首」。《黃庭經》功法，即以存思為主，其存想的內容為體內諸神。存思的功效，一是「智靜神凝，除欲中淨」，即可集中精神，消除雜念；一是可以治療疾病，特別是一些精神性病症，即所謂「凡質氣礙，皆是妄想而所為，並由想效也。」

七畫

沐浴

指內丹修煉火候的兩個特殊階段。戴起宗《悟真篇注疏》，「子進陽火，火謂之沐浴；午退陽府，停符亦謂之

沐浴。」一即是說當子時開始進陽火後，中途有一階段不增火；午時退陽符後，中途有一段時間不減火。沐浴的時間，依卦象說，在坎離二卦，以方位說在東、西二正位，以時間說在卯酉二時，故又稱卯酉沐浴。當然沐浴時機的掌握，須憑煉丹者自己去體會，時間、方位都不可與自然界的真實情形相混。所以《金丹四百字》說：「火候不用時，冬至不在子，及其沐浴法，卯酉成虛比。」

坐　忘

道家靜坐功法。《莊子·大宗師》說：「隳支體，黜聰明，離形去智，同於大通，此謂坐忘。」即指靜坐修養，以求心法相應、物我兩忘的境界。唐司馬承禎著《坐忘論》加以發揮，認為修煉形氣，養和心靈，長生久視的關鍵在於靜坐入定功夫。

赤　龍

道教養生術語。其義有三，一指精氣，《清微丹訣》的《清微隱真合道章》說：「全形者，即煉精之謂也。須其六根斷絕，一念真純，以時入室，端坐凝神，定息良久，即鞭赤龍，上擊七十二天。」鞭赤龍當指以意念引導精氣的運行；二指舌。舌為心苗。舌身赤紅，柔軟活動，故以舌為赤龍。內丹修煉中，以舌在口腔內上下左右攪動以生津液，人稱「赤龍攪海」；三指成年婦女的經血。女丹修煉中，「以斬赤龍為要」，即斷絕月經，其訣稱：「陽欲化陰出玉溝，火輪忙駕莫停留，蓮風吹上紅元府，斬斷赤紅永不流」。

走　火

一般是指練功中運用強烈的意念，急重的呼吸，烹煉不當而出現的偏差。輕則氣沖得胸腹脹痛，頭脹重如箍；

進則內氣周身亂竄，或者外動不已，甚至有癲狂躁越的異常現象，弄得不可收拾。走火的糾正，在於熄火、退火、散火。具體方法有多種，如停止煉靜功，注意力外向，多觀外景，以息其火。或做六字訣，著重在噓、呵、哂字訣以散火。或多做攪海咽津，以滋陰降火。

八 畫

定 觀

道教練養功法。定者，心定，如大地不動；觀者，慧觀，如天常照。定體無念。慧照無邊，定慧等修，故名定觀。認為修道之士，首先要外事都絕，無與忤心，然後靜坐內觀，萬念俱灰，不動妄想，晝夜勤行，須臾不替，滅除妄念，不滅慧心，行之恒久，自然得道。

性 命

三教各有不同解釋。其中道教的認識與氣功理論關聯最深。而在道教內丹派中，南宗和北宗的看法也有區別，一般認為，性即理性，命即生命；修性即修心，修命即養身。南宗白玉蟾說：「神即性也，氣即命也。」亦指煉心神為性，煉精氣為命，清劉一明《悟真篇注》：「古真云：性命必須雙修，工夫還要兩段，蓋金丹之道，為修性修命之道，修命有作，修性無為，有作之道者，以術延命也；無為之道者，以道全形也。故金丹之道，必先有為，於後天中返先天，還我本來命寶，命寶到手後，不為造化所移，於是抱元守一，行無為之道，以了真空本性，直超最上一乘之妙道矣。」這是南宗的觀點，即起手於有作，叫作命功；了手於無為，叫作性功。北宗則主張以修性為主。丘處機說：「吾宗惟貴見性，而水火配合其次也。」

兩宗比較，南宗所傳丹法較為明確切要。

河　車

內丹術語。指北方正氣，具有「元陽」、「真氣」之用。《鍾呂傳道集》說：「河車者，起於北方正水之中腎真氣，真氣之所生之正氣，乃曰河車。」元氣由尾閭上升，經夾脊、玉枕至泥丸宮，然後下降鵲橋、重樓、黃庭，納入丹田，此一循環，丹經中叫作河車路。修煉此種功法，即可養陽煉陰，交通氣血，接引元陽，練補元神。在修煉中因其階段不同，有大小河車之別。《鍾呂傳道集》說：「五行巡還，週而復始，默契顛倒之術，以龍虎相交而變黃芽者，小河車也。肘後飛金精，還精入泥丸，抽鉛添汞而大藥者，大河車也。」小河車即小周天，大河車即大周天。至於「以金玉之液煉形，煉形而後煉氣，煉氣而後煉神，煉神合道，乃臻於成者」，乃為最上乘者，而稱紫河車。道書又用以稱人體的胃脘，一稱天河。《道樞・百問》說：「水府真一之氣從天內來，通於口鼻，故曰河車者也。」

泥　丸

指人的腦，即上丹田，在頭頂中，針灸家名百會穴。為修持養生最重要的關鍵部位。泥丸一部，有四方四隅，並中央共天宮，皆腦神所居，而當中央泥丸處為百神總會。古代養生家認為，不必他求，只要存思泥丸之神，即可長壽。《黃庭內景經》說：「瓊室之中八素集，泥丸夫人當中立。」泥丸夫人即指腦室中央之神，名為「夫人」謂腦屬陰性，宜靜不宜動；靜則安，動則傷。《道樞・頤生篇》稱腦為一身之靈、百神之命窟、津液之山源，魂精之玉室。又云：「夫能腦中圓虛以灌真，萬穴直立，千孔生煙，德備天地，混同大方，故曰泥丸。泥丸者，形而上

神也」在小周天功法中，泥丸為「丹」上行至極之處，泥丸以後，「丹」便下降入於丹田。

房　中

古代方士、道士房中節慾、養生保氣之道。《漢書・藝文志》著錄房中著作八種，謂「樂而有節，則和平壽考；及迷者弗顧，以生疾而隕性命」。為古代養生一大流派。道教認為，男女交合，是陰陽合和之常，天地之順道，男女陰陽不交，「則坐致壅閼之病」，無益人壽，但縱情恣慾心，損人壽命，乃至速死，故房中之事，一要講求交合方法；二要注意適度節欲；三要懂得衛生常識，房中禁忌，如醉飽、勞累、喜怒憂懼過甚，以及大寒大暑大風大雨之時，皆不宜房事。認為實行此術，可以延年益壽，乃至長生不死。《抱朴子・釋滯》說：「房中之法十餘家，或以補救傷損，或以功治眾病，或以採陰益陽，或以增年延壽。」據史籍所載，我國古代許多人，如東漢封君達、甘始、冷壽光等人，都因為能夠適性、節慾、懂避邪之術而獲得長壽。但後來被某些妖妄之人利用，流為猥褻之術，遂遭世人之唾棄而消亡。然其中包含的符合科學的衛生知識，仍值得發掘與研究。

和合四象

是指在進行道家內丹修煉時，對眼、耳、鼻、舌所處的一種特定要求。初見於《金丹四百字序》中。四象是：含眼光、凝耳韻、調鼻息、緘舌氣。「含眼光」是指要垂簾內視，兩眼露一線之光；「凝耳韻」是指要忘聲返聽，不為外界聲響所吸引；「調鼻息」是指要調柔細勻，呼吸綿綿；「緘舌氣」是指要息舌寧心，舌抵上腭。這樣做有利於排除外界干擾，提高安靜程度，而更好地產生效應。《金丹大成集》中答和合四象說：「眼不視而魂在肝，耳

不聞而精在腎，舌不動而神在心，鼻不嗅而魄在肺，精神魂魄聚於意土也。」

命　門

人體上的部位名稱，因其有關人的生命，是人體生命的根本和維持生命的要素，所以稱為命門。實指有多說：一指臍，《黃庭外景經》中說：「後有幽闕前命門。務成子注為「臍為命門」。二指氣海或下丹田，《道樞》中說：「氣海者，命門也」，「臍之下一寸有三分，名曰玉環，為下丹田」；三指腎或右腎，《雲笈七籤》的《治脾腎舌術》中說：「閉塞命門如玉都」，注稱「腎宮主壽，故曰命門」；四指督脈上的一個穴位，在腰部，第二、三腰椎棘突之間，主治腰背疼痛，遺精，陽痿，月經不調、痛經等症。概括歷代中醫對命門作用的論述，一是命門為元氣的根本，是人體產生熱能的發源地；二是能敘明三焦的氣化；三是命門之火有暖胃和幫助消化的作用；四是同人體的性機能和生殖系統相關；五是有納氣作用，與呼吸系統的功能密切有關。《黃庭內景經》有多處說「命門」，如：「方圓一寸命門中」，「七玄英華開命門」，「閉塞命門保玉都」等。務成子注說：「命門者，下丹田精氣出入之處也。」在道教養生學中，通過意守命門，在呼吸的開闔升降作用中，可以使命門的作用加強，從而使臟腑更能充分發揮其作用。又因命門之相火適當亢足，可以鼓舞脾陽，加強脾的運化水穀的功能。脾氣壯盛以後，就能充實真氣，加強人的生命。

和陰陽

又叫陰陽和合，古代房中術術語。指男女兩性交媾。古人認為，男性具有陽氣，女性具有陰氣，所以稱兩性之

交為和陰陽，或合氣。參見合氣條。

金液還丹

道教養生術語。指在內丹修煉的煉氣化神階段大周天運轉煉藥的過程中產生的口津。運轉煉藥中的口津香似醍醐，味似甘露。內丹家們認為是腎中精氣旺盛，上升於口所致。元代道士蕭廷芝《金丹大成集》說：「金液者，金水也。金為水母，母隱子胎因有還丹之號也」。元代陳致虛有《金丹詩》稱「胎息綿綿漸漸完，氣沖夾脊觸泥丸，累累似彈膀中下，過了重樓香又甘」。意思是「運火之際，忽覺夾脊真氣，上沖泥丸，瀝瀝有聲，從頭似有物猛觸上腦中，須臾如雀卵顆顆自膀下重樓，如冰酥香甜，甘美之味無比，覺有此狀乃驗得金液還丹，徐徐咽歸丹田」。

奇　經

人體經脈的一類。它們同正經不同，和臟腑沒有直接聯繫，相互之間也沒有表裏配合的關係。所以人稱「奇經」。據中醫的說法，奇經的名稱和循行路線有：（一）督脈：起自會陰部，沿人體正中線，循背部脊柱向上，經過後頸部，越過頭頂，止於顏面部上齒齦的正中。（二）任脈：起於小腹內，沿著脊椎骨內部上行，又出於會陰部，上至前陰，沿人體正中線，循腹部上至臍部、胸部、頸部、至下唇中央，分為左右兩枝，止於左右眼部。（三）衝脈：起於小腹內，沿著脊椎骨內部上行，又由陰部兩側開始，夾脊兩旁向上，止於胸部。（四）帶脈：起於季肋部，橫行環繞腰部一周。（五）陽維脈：起於外踝下方，經下肢外側、側腹部、側胸部、肩部、後頰部，止於頭頂部。（六）陰維脈：起於內踝上方，經下肢內側、腹部、胸部、咽喉，止於後頸部。（七）陽蹻脈：起足跟

外側，沿外踝向上，經下肢外側，側腹部，側胸部，肩部、面頰，止於後頸部。（八）陰蹻脈：起於足跟內側，沿內踝向上，經下肢內側、前陰部、腹部、胸部、頸部、鼻的兩側，止於眼部。其中任脈在循行中同各陰經相連，是陰經經脈的綱，人稱「陰脈之海」。督脈與諸陽經相聯繫，是陽經經脈的總綱，人稱「陽脈之海」。明代李時珍認為「任督二脈，人身之子午也，」「人能通此二脈，則萬脈皆通」。道教養生學十分重視奇經八脈。宋代張紫陽有《八脈經》稱「凡人有此八脈，俱屬陰神，閉而不開，惟神仙以陽氣衝開，故能得道。八脈者，先天大道之根，一氣之祖，採之惟在陰蹻為先，此脈才動，諸脈皆通。次督、任、沖三脈，總為經脈造化之源」。內丹修煉，重要的築基功夫是煉氣，煉氣的關鍵是貫通任、督二脈，使氣沿任督循行，俗稱「通任督」、「通三關」。任督貫通，加上煉神補精才算內丹築基的準備工作初始完成。

服　氣

又稱吐納食氣、行氣。道教煉養功法。特點是在氣息調勻之後，以鼻微微引氣，並以意推動氣在身內蓄停並運行，並同時呼出濁氣，具體功法很多，依所服氣的性質言，可分為服內氣和服外氣兩類，凡所謂服六氣、服日月光芒、服霧一類的功法，所服的為天地間清新靈氣，相對人體是為外氣。凡服內氣，元氣一類功法，因在理論上，觀念上講，所服的是人身內固有的真元之氣，所以稱為服內之氣。後一類功法中最精微的一種胎息。餘參看行氣。

服　食

道教修煉方術。指服食藥餌以求長生。藥是指丹藥和草木藥，包括膏、丹、丸、散、湯劑等。餌是指服食營養

品而言，其材料大概分為血肉品、草木品、菜蔬品、靈芝品、香料品、金玉品六大類，其作法包括糕點、酥酪、膏露、清蒸、紅燴、粉蒸、烤炸、溜炒、醃燻、燜燉十大項目。這是一套具有豐富內容的、價值很高的營養學和烹飪學。從戰國時期開始，服食遂與行氣、房中同為當時三大流派，而為養生家所重視。秦漢時人除服食丹藥外，某些草木藥如芝、菌、朮等，仍作為仙藥服食。《論衡・道虛》云：「聞為道者，服金玉之精，食紫芝之英。」魏晉南北朝時期服食興起，不僅左慈、葛玄、鄭隱、葛洪、陶弘景等人倡服外丹，而且何晏、嵇康等士大夫亦喜服五石散。同時，服食藥餌更為普遍。《抱朴子・仙藥》篇專論服食，多為草木藥餌服食方。至唐代，外丹術大盛，服食丹藥者尤眾，唐以後服食之風漸衰，外丹術也趨衰落。但許多良方，卻為醫家所吸收、提煉，而豐富了我國古代的醫藥和營養學。內丹術中講的服食，指所謂「自飲刀圭」，即將自身精、氣、神煉成的內丹「吞」入腹內，以祈延命長生。為與通常服食外藥相區別，有的內丹著作又寫作「伏食」。

九　畫

胎　息

道教煉養內功。古人認為人在腹中以臍與母體相連，隨母呼吸而呼吸，但不以鼻口呼吸，如果能煉氣到較深程度，神入氣中，氣包神外，打成一片，結成一團，鼻息微微，若有若無，而八脈齊通，遍身舒適，和胎兒在母腹中沒有外呼吸，只有內氣潛行一樣，便可取得長生延年的效果，這種功法，稱為胎息。《後漢書・王真傳》李賢注：「《漢武內傳》曰：王真字叔經，上黨人，習閉氣而吞

之，名曰胎息；習嗽舌下泉而咽之，名曰胎食。真行之，斷穀二百餘日，肉色光美，力並數人。」《抱朴子・釋滯》：「得胎息者，能不以鼻口噓吸，如人在胞胎之中。」即可達到呼吸之息氤氳佈滿身中，一開一闔，遍身毛竅與之相應，而鼻中反不覺氣之出入，真到呼吸全止，開闔俱停的入定境界。

胎 津

道教養生術語。即口中津液。《後漢書・方術列傳》曾記載曹操時的上黨人王真擅長漱舌下泉而咽，稱為胎食法及胎息法，年百歲而似未五十。《黃庭內景經》中有「閉口屈舌食胎津」句，梁丘子注稱：「居舌導津液，食津而胎仙，故曰胎津。」

俞 穴

也叫「腧穴」或「輸穴」，經絡穴位的總稱。中醫認為「所注為俞」，意思是經絡流注就像水流一樣匯集輸注於「俞穴」之中，也就是氣血在體表聚集、輸注或通過的重點部位。對於俞穴的各種刺激（例如：按摩、重壓、針灸等）會對經絡及其所聯繫的體內臟腑的某些生理或病理變化發生一定的影響。十二正各有一個俞穴即：太洲（肺經），大陵（心包經），神門（心經），太白（脾經），太衝（肝經），太谿（腎經），三間（大腸經），中渚（三焦經），後谿（小腸經），陷谷（胃經），臨泣（膽經），束骨（膀胱經）等。道教內煉中，不論是意守和行氣，都十分注意正經和奇經中的穴位，例如：頭部的印堂，胸部的膻中，腹部的神闕、關元、氣海、命門，腿足部的足三里、大敦、湧泉等等，特別是臍的周圍，由於臍圍的穴位特別多，並與各脈相連，因此，意守和運氣於臍

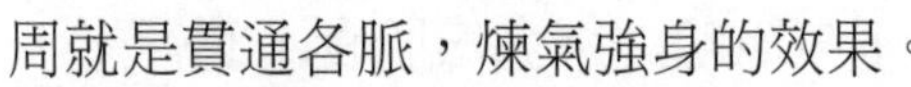

周就是貫通各脈，煉氣強身的效果。

封　爐

丹藥採取之後，當送歸丹田封固。《玄妙鏡》說：「藥已歸爐，必要封固，不令外馳也。」即用神光，刻刻環抱，須臾不離，又稱為封固。柳華陽說：「封固者，溫養之義，停息而非閉息，乃用文火，將神氣俱伏於氣穴耳，隨後火逼金行，待其有行動之機，則周天武火，自此起運也。」

十　畫

氣

道家養生名詞。含義同中醫說法不同。中醫認為，氣指的是人體呼吸之氣，也指臟腑組織的活動能力以及體內流動的富有營養的精微物質，如「臟腑之氣」和「水穀之氣」等等。《難經》說：「氣者，人之根本也，根絕則莖葉枯矣。」在道教養生學中，氣被區分為稟受於先天的元氣，以及得之於呼吸、飲食的後天之氣。《金丹四百字·序》中說：「煉氣者，煉元氣，非口鼻呼吸之氣，」元氣，在文獻中常寫作「炁」，以示與後天氣的區別。明代袁黃的《攝生三要》認為，元氣形成於受胎之先，先天絪縕蘊蘊，生於無形，即先天祖氣。這先天元氣，在人出生後，即「炁落丹田」，司理後天之氣，諸如呼吸之氣、水穀之氣，以及臟腑之氣、經絡之氣等等。元代混然子王道湘也稱：「神仙修煉止是採取先天一氣以為丹母。後天氣者，乃一呼一吸，一往一來內運之氣也。呼則接天根，吸則接地根。吸則龍吟而雲起，呼則呼嘯而風生。綿綿若存，歸於祖氣；內外混合，結成還丹。」對於結成還丹的狀態，崔公《入藥鏡》有一著名描述，即「先天炁，後天

氣，得之者，常似醉」。

採　藥

藥物即產，即應及時採取。《悟真篇》說：「要知產藥川源處，只在西南是本鄉，鉛遇癸生須急採，金逢望後不堪嘗。」就是說精、氣、神的丹田由西南即腹部產生，有藥即須採運歸爐，因生藥景象機動有時，不能錯過。至於採取之法，《聖道心傳》中說得明白：「後天活子時急需下手，名曰鉛遇癸生須急採，便以手拿住龍頭虎尾，緊縮穀道，挾起小腹，豎起脊背，雙目上視泥丸，其陽火自息而升乎泥丸。」這裏所述的採取之訣，就是丹經所說的「火逼金行」。火是指心，指神。即用意；金指腎中精氣。所以產藥就要加強意識作用，在《性命圭旨》中稱為「聚火之法」。除了可以暫時守泥丸宮外，一般還採用撮、抵、閉、吸四字訣。即「撮提穀道，舌抵上腭，目閉上視，鼻吸莫呼」，與此同時，要運用後天呼吸，並用武火，才能採入爐內。採藥時，還要注意老嫩適當。丹書認為，採之嫩，則氣微而不靈，不結丹也；採之老，則氣散而不靈，不結丹也。」所以，要掌握當採之時，莫誤時辰。

納　甲

易學術語。指將八卦與天干、五行、方位相配合。起自西漢京房和三國虞翻對《周易》的解釋。如：甲乙表示東方、木；丙丁表示南方、火；戊己表示中央、土；庚辛表示西方、金；壬癸表示北方、水。八卦與天干相配合，乾納甲壬，坤納乙癸，震納庚，巽納辛，艮納丙，兌納丁，坎納戊，離納己。在道教養生術中，內丹家常以納甲的術語來描述修煉的火候進退。震卦表示陰曆初三的新月月像，時在西方，所以稱納庚；兌卦表示初八的上弦月，

時在南方，故稱納丁；乾卦表示十五的滿月，時在東方，所以納甲；以上亦稱望前三候，象徵陽息陰消。巽卦表示十六的月亮由圓漸缺，時在西方，亦稱納辛；艮卦表示二十三日的下弦月，時在南方，稱納丙；坤卦表示三十的晦月，時在東方，故稱納乙。以上亦稱望後三候，象徵陰息陽消。乾坤兩卦既納甲乙，又納壬癸，表示陰陽終始、反覆消息的意思，所謂「壬癸配甲乙，乾坤括始終」。有人說將月象的圓缺與出現的方位相配合，是為了說明身中火候的方位。

神

道教養生術語。含義與中醫說法不同。中醫認為，神是神態、知覺、運動等生命活動現象的總稱，也是生命活動的主宰，內臟功能的反映。診斷時對眼睛、脈象等生理機能的反映，都稱做有「神」或無「神」。神需要有物質基礎，它由先天之精生成，並由後天飲食所化生的精氣所充養，才能維持和發揮神的功能。神在人體中居於首要地位。《素問》的《宣明五氣篇》稱：「心藏神，肺藏魄，肝藏魂，脾藏意，腎藏志。」其中的神、魄、魂、意、志等只是用以區別不同的中樞神經活動現象以及對內臟某些病理上的影響，實際上它們都是由心（大腦）所主宰的，所以稱「心藏神」。在道教養生學中，神可分為先天的神和後天的神兩類。先天之神稱元神，後天之神稱識神、欲神，指由思維活動後產生的種種意念。養生術重視元神，《金丹四百字・序》中稱「煉神者，煉元神，非心意思慮之神」元神是稟受於父母的神氣，並非思慮之神，意念活動。元神表現為如同嬰兒那樣不識不知卻又具備感覺、靈動的狀態。宋代張紫陽《玉清金笥青華秘文金寶內煉丹訣》中有《神為主論》稱：「夫神者，有元神焉，有欲神

焉。元神者，乃先天以來一點靈光也。欲神者，氣性性也。元神乃先天之性也，形而後，有氣質之性，善反之，則天地之性存焉。」張紫陽又將元神稱為元性，認為「元性微而質」，「將生之際而元性始入，父母以情而育我體，故氣質之性每寓物而生情焉」。修煉者，就是要逐漸恢復和助長先天的元神，「得先天，制後天，而為用」。

十一畫

產　藥

由凝神入氣穴的鍛鍊，精氣漸漸旺盛，於是產生了外藥。外藥產時，就是一般所說的活子時，一陽生。這是練功過程中出現的一種景象。丹經中多處描述產藥景象，如《金丹四百字·序》說：「泥丸風生，絳宮月明，丹田火熾，谷海波澄，夾脊如車輪，四肢如山石，毛竅如浴之方起，骨脈如睡之正酣，精神如夫妻之歡合，魂魄如子母之留戀，此乃真境界，非譬喻也。」《性命圭旨》說：「俄頃癢生，毫竅肢體如綿，心覺恍惚，而陽物勃然舉也。」《瑣言續》中更把活子時細分三候：「功到寂無所寂，忽覺內機有若得得焉，此是活子之初；繼覺勃然機現，乃是活子正象；油然內透，將達男根，已是活子內氣充盈。」產藥的景象，雖可如此細分，但從時間來說，僅是一會兒。並且對這種景象，要如雞抱卵那般耐心，等它自己產生。假如急躁，那非真機，毫無益處。

陰　陽

我國古代哲學名詞，對於世界上相互對立的某些事物和現象的概括。原是日照向背的意思，戰國時期引申為兩種對立的勢力或屬性，並已認識到陰陽的相互作用對萬物

的產生和發展具有重要意義。《易·繫辭上》稱「一陰一陽之謂道」，認為陰陽的對立和交替是宇宙間的根本規律。中醫吸收陰陽學說，結合醫學實踐，概括醫學領域中的一系列問題。《素問》說：「陰陽者，天地之道也，萬物之綱紀，變化之父母，生殺之本始，神明之府也。」在解剖學中，以陰陽歸納臟腑屬性，《靈樞·壽夭剛柔篇》稱「是故內有陰陽，外亦有陰陽；在內者，五臟為陰，六腑為陽；在外者，筋骨為陰，皮膚為陽」。在生理學中，以陰陽分析生理功能。《素問·生氣通天論》稱「陰者，藏精而起亟也；陽者，衛外而為固也」。在病理學中，以陰陽闡述病理變化，《素問·陰陽應象大論》稱「陰勝則陽病，陽勝則陰病。陽勝則熱，陰勝則寒」。在臨床診斷和治療方面，以陰陽歸納病症類型和確定治療原則，《素問·陰陽應象大論》稱「善診者，察色按脈，分別陰陽」，「陽病治陰，陰病治陽」。在中國醫學中，陰陽學說既是基礎理論的重要組成部分，又是總結臨床實踐經驗的方法。在道教養生術中，也承襲了陰陽的哲學概括，來解釋養生學的基本理論以及具體操作方法。《周易參同契》稱「物無陰陽，違天背元。牝雞自卵，其雛不全」，認為世界萬物，必須陰陽不離，才能生氣勃勃，衍生不息。「陰陽為度，魂魄所居，陽神日魂，陰神月魄，魂之與魄，互為室宅」，認為人的修煉必須陰陽互藏，相交相蕩，才能魂魄互全而有生命力。《聖濟總錄》稱「凡入氣為陰，出氣為陽」，在火候運用上，亦以武火為陽息，文火為陰消，進一步以陰陽學說闡述功法。內丹家們還強調以真陰、真陽為「藥物」來煉丹。《鍾呂傳道集》解釋說：「陽中藏陰，其陰不消，乃曰真陰」，「陰中藏陽，

其陽不滅，乃曰真陽」，只有互藏的真陰、真陽，才真正具有活力。元代李道純的《中和集》就要求修煉者不僅要取得陰陽平衡，而且要劃分出真陽和真陰，稱「大修之人，分陰未盡則不仙；一切常人，分陽未盡則不死」。

陰　蹻

中醫的奇經八脈之一，即陰蹻脈，起於足跟內側，沿內踝向上，經下肢內側，前陰部、腹部、胸部、頸部、鼻的兩側，止於雙眼的睛明穴。人稱「足少陰腎經」的別名。但是在道教養生學中，陰蹻是一個「穴」名。是任督二脈的總樞。宋代張紫陽的《八脈經》稱：「陰蹻一脈，其名頗多，曰天根，曰死戶，曰復命關，曰生死竅。上能泥丸，下透湧泉，倘能知此，使真氣聚散，皆從此關竅，則天門常開，地戶永閉，尻脈周流於一身，貫通上下，和氣自然上朝，陽長陰消，水中火發，雪裏花開，所謂天根月窟閑來往，三十六宮都是春。」意思是煉氣以陰蹻為先，陰蹻通動，就能調動全身「三十六宮」的青春活力。陰蹻穴的體位，內丹家一般都指會陰穴，張紫陽認為在「尾閭」之前，《性命圭旨》陰蹻在會陰穴，稱為虛危穴。清代劉敲蹺《道源精微歌》稱：「虛危穴，即地戶禁門是也，上通天谷，下達湧泉，真陽初生之時，必由此穴經過，故曰關係最大。昔日呂祖教劉海蟾曰：「水中起火，妙在虛危穴」。故海蟾長坐陰蹻，而轉老還童矣。

混氣之法

又寫作「混成」，或作合氣，古代道教房中修煉、採補術之一種，似是一種男女混交式的淫亂邪術。梁陶弘景輯編《真誥》卷2云：「黃赤之道（有專條，可參見）混氣之法，是張[道]陵授教施化種子之一術耳，非真人之事

也。」《雲笈七籤》卷10《老君太上虛無自然本起經》云：「道者，太初初也；太初者，道之初也。初時為精，其氣赤盛，……道之初，藏在太素之中，即為一也。太素者，人之素也。謂赤氣初變，為黃氣，名曰中和，中和變為老君，又為神君，故曰黃神；來入骨肉形中，成為人也，故曰人之素。藏在太素之中，此即為二也。太始者，氣之始也，謂黃氣變為白氣，名曰太陰，變為太和，君水出白氣，故曰氣之始也。此即三氣也，夫三始之相包也：氣包神，神包精，故曰白包黃，黃包赤，赤包三，三包一，三一混合，名曰混沌。……混沌若雞子，此之謂也。夫人形者，主包此三一，故曰三生，又曰三形。元氣包含神，神得氣乃生，能使其形安，止其氣。如此之事，當相生成。」似亦與此「混氣之法有關」。

十二畫

無 極

道家哲學名詞，指無形無象的宇宙原始狀態。《老子》第二十八章稱：知其白，守其黑，為天下式，常德不忒，「復歸於無極」。《莊子》、《列子》也都有「遊無極之野」，「物之終始，初無極矣」句。北宋道士陳摶作《無極圖》周敦頤據之而在《太極圖說》中提出「無極而太極」和「太極本無極」等說，後來宋代儒學家都將無極視作世界本原的太極的形容詞，作為其宇宙觀的內容。但是陳摶所著的《無極圖》闡述的是內丹修煉的理論與功法，把無極作內丹修煉的歸宿，即煉神還虛，復歸無極。因此，在道教養生學中，無極是內丹家修煉的最高境界。

陽光三現

即練功的煉精化氣階段中，眼前三次出閃光。據《仙佛合宗》記載：「兩眉間號明堂，陽光發現之處也。陽光發現之時，恍如掣電，虛室生白是也。」關於三次閃光的情況，《仙佛合宗》中說：「當煉精之時，即有陽光一現之景。期時也，火候未全，淫根未縮，一遇陽生，即當採煉，運一周天，以至多番，周而復周，靜而復靜，務期圓滿三百妙周天之限數而後已。限數既滿，惟宜入定，以培養其真陽，聽陽光之二現可也。」在靜定的過程中，忽又見陽光出現，「是時三百妙周天之限數，恰恰圓滿，龜宿不舉之外景，次第呈驗，……縱有動機，亦去其火，更宜人定，以培養其真陽，靜聽陽光之三現可也。」當陽光三現之時，「真陽團聚，大藥純乾，……止火之候，獨是陽光三現。」即是說陽光三現之時，正是煉精化氣小周天火候結束之機。

湧　泉

穴位名稱，又名地衝。在足掌心，第二蹠骨間隙的中點凹陷處，屬足少陰腎經。意守此穴，有增強腎氣運動的功效。臨床對於腎陽不足，陰虛火旺，夜寐不寧，小便不暢等都有效。

黃　芽

外丹術中鉛的隱名。因丹家相信鉛為「金公」（鉛字舊體又寫作鈆），可轉化黃金或金丹故名。內丹家借用，以為先天一氣萌生的象徵。清劉一明注《參同契》「陰陽之始，玄含黃芽」，說：「人心靈知虛靜，客氣不來，道心真知發現。生氣復還，如草木在地中萌芽，其色黃嫩，其質純水，故名黃芽。」《悟真篇》說：「因火力調和

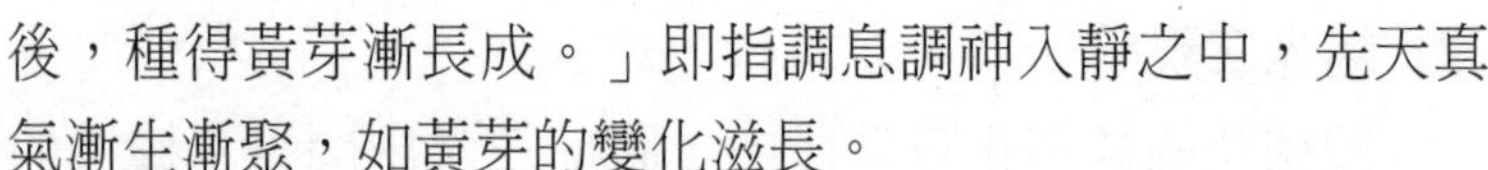

後，種得黃芽漸長成。」即指調息調神入靜之中，先天真氣漸生漸聚，如黃芽的變化滋長。

黃赤之道

又有「行黃赤氣」、「黃書赤界」之說。梁陶弘景輯編《真誥》卷2云：「黃赤之道，混氣之法，是張〔道〕陵受教施化為種子之一術耳，非真人之事也。吾數見行此而絕種，未見行此而得生矣。……思懷淫慾，存心色觀……色觀，謂之黃赤……」卷4云：「道有黃素神方四十四訣」，又云：「道有黃書赤〔界〕長生之要」。又云：「《黃書》，世多有者，然亦是秘道之事矣。」卷6云：「頃者來學，互相撓度，多用『混成』（即卷2所云『混合之法』）及『黃書赤界』之法，此誠有生和合，二象（陰陽）匹對之真要也。若以道交接，解脫羅網，推會六合，行諸節氣，卻災消患，結精寶胎，上使腦神不虧，下令三田（上、中、下三丹田）充溢，進退得度而禍除，經緯相應而常康……乃其有益，亦仙家之盛事也。嗚呼危哉，此雖（陰陽）相生之術，俱度之法，然有似騁冰車而涉於炎州，泛火舟以浪於溺津矣，自非真正，亦失者萬萬，……將身死於外而家誅於內，可不慎哉！」又卷9云：「道士耳重（聽力衰減）者，行黃赤氣失節度也（謂過度縱慾），不可不慎！」又唐代僧人在批評道家時，也多次提到「黃赤之道」，其一，釋道安云：「（張道陵）妄造《黃書》，咒癩無端，乃開命門，抱真人，嬰兒回，龍虎戲。備如《黃書》所說，三五七九，天羅地網，士女溷漫，不異禽獸，用消災禍，其可然乎？」（《二教論》）其二釋法琳云：「《黃書》云：開命門，托真人，嬰兒回，龍虎戴，三五七九，天羅地網。開朱門，進玉

柱，陽思陰母曰如玉，陰思陽父手摩足。」（《辨證論》）其三，甄鸞《黃書》云：（先為道士後歸佛門）「臣年二十之時好道術，就觀學，先教臣合氣，三五七九，男女交接之道，四目兩舌正對。行道在於丹田，有行者度厄延年；教夫易婦，唯色為初，父兄立前，不知羞恥，自稱中氣真術。今道士常行此法，以之求道，有所未評。」（《笑道論》）其中敘述，頗多撲朔迷離難解之語，然而其主要內容是明確的：一、「黃赤之道」或「黃赤之氣」、「黃書赤界」是道教徒早期的一種房中修煉之法；二、《黃書》是道教早期首領所編造的一部關於房術修煉並藉以號召與團聚徒眾的書，「黃書」之名，或來源於「黃帝素女」之說；三、「黃赤之道」又有所謂「混氣」、「混成」、「合氣」之說，它的所謂「修煉」，乃是實行一種宗教儀式性的男女混交的無恥亂倫的行為；四、這種淫穢的「修煉」行為不但為儒佛所指責，也為部分道教學者所批評，指出其適足以殺身，而不足言仙道之修煉，因而逐步為後期道教教義所放棄，而僅成為一種「秘戲」。

黃　婆

道教養生術語。一說指意念。元代道士蕭廷芝《金丹大成集》說「黃乃土之色，位屬坤，因取名焉」。也就是指脾土，脾藏意。《入藥鏡》中有「托黃婆，媒姹女」句，蕭廷芝的注稱：「姹女在離宮也，坎男不能與之交會，須托黃婆而媒合之，黃婆乃坤土也」，即意念運氣，使坎離相交。另一說指脾中真液，脾土居中，臟腑以脾為母，故稱黃婆。

握　固

道教養生修煉中，手的一種姿態。源出《道德經》中

「骨弱筋柔而握固」。葛洪《抱朴子》中，則把握固與練功結合起來，宣導「握固守一」功法。後人認為，握固即握拳牢固。握固的方法：屈大拇指於四小指下；或，以大指掐中指中節，四指齊收於手心。《雲笈七籤》卷三十二：「握固與魂魄安門戶也。此固精明目，留年還魄之法，若能終日握之，邪氣百毒不得入。」一般認為，煉功時握固有助思想安寧，動功中更可避免因握拳而使勁用力。

脾

人的五臟之一。中醫認為，「脾主運化」，就是有運化水穀的功能，把飲食的精華運輸到全身，因此，脾是「後天之本」。脾又有統攝周身血液，調節血液循環。脾氣主升，能把飲食中的精氣、津液輸送到肺，然後再輸布到其他臟腑化生氣血。通常所說的「脾氣」，就是人體機能的一種動力。這種動力的產生就是依靠脾的正常的運化能力。《黃庭內景經》稱脾能「主調百穀五味香，辟卻虛羸無病傷。外應尺宅氣色芳，光華所生以表明」。意思就是脾磨食消能致口中有味，面色壯實，光華無病。在道教養生學中，脾也是黃庭之宮。存思脾中的元老、玄老、黃老等三真人，使三丹田的氣機暢通，脾氣升降和順，運化水穀的機能健旺，營養氣血津液的源泉充沛，人體營養充足，就能「長生離仙遠死殃」。

十三畫

聖胎

內丹家以母體結胎比喻精、氣、神凝聚而成的內丹。又名嬰兒、金丹。《悟真篇》說：「三家相見結嬰兒，嬰兒是一含真氣，十月胎圓入聖基。」劉一明注：「和合四

象，攢簇五行，則精、氣、神凝結，曰三家相見，名曰嬰兒，又曰先天一氣，又曰聖胎，又曰金丹。」另據陳樸《九轉金丹秘訣》，在煉丹九轉的過程中，一轉之功，生氣通流，陰陽和合，「只覺心中一點光明，乃是丹降」；二轉之功，心腎交通，真精成丹，下藏丹田；三轉時，「玄珠胎色漸鮮紅，神明育火分形像」，聖胎漸成；四轉時，「聖胎靈運發朱顏，圓光滿室神無礙」；五轉時，「五轉陰陽造化成，嬰兒盈尺弄陽精」，嬰兒養就，神通自在；丹至六轉，內外陰陽皆足，聖胎神全，與人身合為一體；七轉後，形神俱妙，五臟損盡胎氣，變為仙腑；丹成八轉，「地帶」生於臍中，「若嬰兒臍中有臍帶，銜在口中，呼吸之回氣往來不絕，此乃自然胎息，故無損也」；九轉丹成功滿，形與道合，地帶自落，足下雲生，上登天闕。所謂脫去凡胎；換成聖胎。此說頗多浮誇之言，實際上僅為比喻，並沒有這些實質性的具體形象。正如明伍沖虛《天仙正理直論》中所說：「胎即神、氣耳，非真有嬰兒也，非有形有象也。蓋大丹之成，先以神入乎其氣，後氣來包乎其神，如胎兒在胞中無呼吸又不能無呼吸，生滅之相尚在，出入之跡猶存，若胎孕之將產時，故比喻之曰懷胎，移胎，出胎。」

經　絡

人體內經脈和絡脈的總稱。經脈是人體內氣血運行和聯繫體內臟腑、四肢部分的直行主要幹線。由經脈分出來網路皮毛、筋肉的支脈叫絡脈。人體各部分包括體表都有經絡錯綜聯繫。經絡是全身氣血運行、臟腑肢節聯繫，溝通上下內外，調節體內各部分的通路。由經絡聯繫，人體成為一個有機的整體。傳統認為人的經絡有十二經脈，奇

經八脈以及十五絡脈，別絡，孫絡等等。從現代醫學觀點看，經絡可能包括了神經、血管及內分泌等結構及其某些功能。道教養生學中，修煉者常在練功中有氣血沿著經絡路線運動的感覺。經絡中氣血運行暢通，密切體內的臟腑表裏的聯繫，不斷調整其平衡狀態，就能充實人的精氣，改善健康，獲得延年益壽的效果。

煉　氣

即服氣、食氣、吐納，道教功法。又《幻真先生服內元氣訣》中載有「煉氣訣」。謂四肢煩悶不暢，可煉氣以治之，「乃卻老延年之良術耳」，單指服內氣中的一種功法。

煉氣化神

是在煉精化氣的基礎上，將氣與神合煉，使氣歸入神中，即合二為一的煉修階段。煉精化氣為初關。煉氣化神為中關。中關以後，只存一神，則將進入上關了。中關依通常說法須煉十個月，故也叫十月關，又因其內氣運行，不僅限於任督，而且也走其他經脈，故又稱大周天。比喻十月懷胎，孕育靈藥。功法到此階段，已進入理想部分。丹經中認為，完成這部功法，就可以返老還童，延年益壽，並可進入還虛階段，大周天功法的具體操作運用，即運入定寂照之力使元神發育成長。煉精化氣講活子時，煉氣化神講正子時。煉氣化神，由有為過渡到無為，寂寂觀照，常定常覺，做到一切歸乎自然，使神氣凝結而成聖胎。隨後，即可進入煉神還虛階段。

煉神還虛

為丹法理想的最高境界。又稱為上關、九年關。它是在煉精化氣、煉氣化神的基礎上進一步修煉所得的境界。常定常寂，一切歸元。所謂「煉神還虛，復歸無極」。所

以丹經中常用○表示虛無，即一切入於虛空，一切成為圓明，歸本返源，明心見性。所謂「如來妙體遍河沙，萬象森羅無礙遮，會得圓通真法眼，始知三界是吾家。」即純入無為，圓通無礙，四大歸空，得大解脫。《悟真外篇》比喻說：「我有一輪明鏡，從來只為蒙昏，今朝磨瑩照乾坤，萬象昭然難隱。」這就是內丹家追求的無遮無礙，萬象通明，與天地合一，與宇宙同體的還虛的理想境界。

煉　藥

當封固之後，仍然採用火逼金行的方法，繼進武火，使內氣沿督脈上行泥丸，再自頭頂而下，接任脈用文火下歸丹田，即河車運轉，進火退符，由陽剛變為陰柔，礦盡金純，無質成氣，煉成丹母。這就是煉藥。所謂調、產、採、封、煉是一系列的有為方法，這是煉精化氣的關鍵。封固以後，再煉新藥，完成三百次，即成大藥。

煉精化氣

這一階段是內丹修煉中的關鍵點，因為它較築基功夫更高一層，並且在築基有成之後方能下手，即是在「三全」的基礎上，進一步煉精、氣、神。築基階段只是打通任督，並無藥物，只是煉氣而已。按照內丹理論，煉丹的藥是由精、氣、神三寶構成，三寶之中以精為基礎，元精本身雖屬先天，亦有雜質，不能由河車路經上升泥丸。所以必須與氣合煉，化為精氣相合之氣，輕清無質，始能隨河車運轉。此合三為二過程，稱為煉精化氣。煉後只餘神、氣兩個煉丹成分，構成大藥。其具體功法，可以分為四個步驟：採藥、封爐、煉藥、止火。丹經中稱為「採封煉止」四口訣。完成這步功法，才可接著煉「煉氣化神」的功夫。此一步驟，通常認為須煉一百天，所以稱「百日

關」；又因其得藥之後，氣在任督二脈運行，故稱小周天。

鉛　汞

鉛、汞是兩種化學元素。古代方士、丹家燒煉丹藥用的主要原料。在金丹術中，鉛汞並名甚多。後來被內丹家借用，以鉛表示元精、元氣，以汞表示元神。《悟真篇》說：「時人要識真鉛汞，不是凡砂及水銀。」認為鉛因太陰月華而生，汞因太陽日精而生，都是日月的靈氣，天地之至寶。心屬火，中藏正陽之精、先天元神，即為真汞；腎屬水，中藏元陽真氣、先天之精，即為真鉛。鉛汞合煉，即成大丹。

意

道教養生術語。指的是意念，就是心（大腦）有所動而並未表現在外的思想活動。內丹修煉術以人體為爐鼎，以精氣神為藥物，以意念對藥物配合作出控制，所以「意」發揮著媒解綜合作用。宋代張紫陽的《悟真篇》有詩稱：「華嶽山頭雄虎嘯，扶桑海底牝龍吟。黃婆自解相媒合，遣做夫妻共一心。」其中「雄虎」和「牝龍」當指精、神藥物，注稱「二物間隔，在東在西，媒者黃婆，使之交合，結為夫婦，以產元珠黃芽也」。「黃婆」就是「意」，以意來綜精、神合煉，就是「夫妻共一心」。張紫陽的《玉清金笥青華秘文金內煉丹訣》還有《意為媒說》，強調「意者，豈特為媒而已。金丹之道，自始至終，作用不可離也。意生於心，然心勿馳於意則可，心馳於意則未矣」。因此，「意」的作用貫徹於整個修煉過程之中。意念的鍛鍊稱為「煉意」，包括不斷排除雜念，將意念收斂在體內，集中在某一事物上，以及用意念引導內氣的運行等等。因此，在修煉中又有「意守」、「意導」

和「意隨氣轉」等過程。清代黃元吉《樂育堂語錄》稱：「人之煉丹，雖曰性命雙修，其實煉心為要。心地清淨，那太和一氣，自在於此，認得此真氣，採得此氣，實只須百日可以築基，十月可以結胎，三年可以超脫。」進一步指出「煉意」的關鍵是「煉心」，即排除雜念「心地清淨」。

辟　穀

亦稱「斷穀」或「絕穀」、「休糧」。道教修煉方法。即不食五穀。道教認為人體中有三蟲，「一者上蟲居腦宮，二者中蟲住明堂，三者下蟲居腹胃」，是慾望產生的根源，是毒害人體的邪魔。它們在人體中是靠穀氣而生，如果人不食五穀，斷其穀氣，那麼三蟲就無法生存。「三蟲既亡，永無思慮」，人就可以長生不死。辟谷時，只是說不食五穀和肉類，仍要吃藥服餌，並須兼做行氣、咽元、導引等功夫。《史記・留侯世家》：「留侯性多病，即導引不食穀。」裴駰集解：「服辟欲藥而靜居行氣」。

喉　息

道教養生術語。指淺短的呼吸，即在呼吸中僅感覺到喉頭的運動。《莊子・大宗師》中有真人之息以踵，眾人之息以喉」句，郭象注稱「真人之息以踵，乃在根本中求」。眾人當指普通人或剛開始修煉的人。

鼎　爐

鼎，古人的一種盛器；爐，為生火之器。古代的方士丹家以鼎護作為燒煉丹藥的工具。對於安爐立鼎煉丹，往往結合陰陽五行之說加以說明。後來被內丹家借用，以爐火烹煎之象，形容修煉內丹之法。丹經中說，以身為玉爐，心為金鼎，此屬下乘丹法，中乘者以乾為鼎，坤為爐，上乘者以天地為鼎爐；最上乘者以太極為爐，太虛為

鼎。此外，又有大小鼎爐之說。以泥丸宮為鼎，下丹田為爐，在河車運轉中，將外藥運升於泥丸，下降凝固於土釜，這段運煉在丹法中叫「大鼎爐」。《悟真篇》說：「先把乾坤為鼎器，次摶烏兔藥來烹，既驅二物歸黃道，爭得金丹不解生。」這就指出了鼎爐的位置，以及煉精化氣中鼎爐的作用。至於煉氣化神階段，則不用大鼎爐而小鼎爐。即上以黃庭為鼎，下以丹田為爐，元氣氤氳二穴之間，以神靜守，不用沿周天循環運轉。大鼎爐是初級階段，小鼎爐則為中級階段。

十四畫以上

精

道教養生術語。含義同中醫說法不同。中醫認為，精是構成人體和維持生命活動的基本物質。有「水穀」之精（後天之精），從不斷攝入的飲食化生的，維持生命活動和機體代謝所必需的物質。還有「生殖之精」（先天之精），由先天帶來的能繁衍後代的生殖的基本物質。在道教養生學中，精指的是元精、先天精、真精，以與後天精、交感精相區別。《金丹四百字·序》稱「煉精者，煉元精，非淫佚所感之精」。元精，稟受於父母的精，即來自先天。從現代醫學角度解釋，元精一種可能是無形的精氣，是產生後天形質之精的母氣；另一種可能是指生命的機能，相當於內分泌或者激素。丹經中有關精的隱名甚多，例如；坎、庚、四、九、金、月魄、兔脂、老郎、真鉛、白雪、金液、水虎、玉蕊、黑龜精、潭底日紅、素練郎君、北方河車、坎戊月精、生於壬癸、上弦金半斤等等。煉丹家認為，精的衰朽，即導致人的衰老；精的新

生，即導致人的延年。

導　引

我國古代相傳的一種治病健身的方法。由肢體的伸展運動，並配合呼吸鍛鍊以期，「導氣令和，引體令柔」。古人曾以戶樞不蠹，流水不腐的名言，指出人體應當勞動導引的重要性。認為導引可以調營衛，可以消穀水，可以去風邪，可以長血氣，可以卻未生之眾病，可以治已結之篤疾，道教素重養生之道，所以很重視導引，修道者大都經常作這種功夫，意圖延年益壽。道教導引秘經中列有上千條導引法。《抱朴子・別旨》：「或伸屈，或俯仰，或行臥，或倚立，或躑躅，或徐步，或吟或息，皆導引也。」1973年出土西漢帛畫《導引圖》，繪有四十四種導引姿態。隋巢方元《諸病源候論》載有導引療法二百六十多種。《雲笈七籤》卷32至卷34亦詳載其法，謂「導引之法，深能益人延年，與調氣相須，令血脈通，除百病」。

調　息

一般指道家養生修煉中的入手功夫。因為人心念頭依著事物，往往散亂游離，不能自主；雖能暫定，不久則復散亂。所以運用調息功夫，使心息相依，拴繫念頭，由散而定。在服氣、胎息、導引等功法中，都要求先將呼吸調勻，使之細柔綿長。內丹法中更常以調息為輔助入靜之功，後來丹家稱為內呼吸，即呼吸用鼻，氣要唯細唯長，綿綿不斷，謂之「真息調」。也有人以調息泛指服氣，道藏中專門收有一套調息法。

調　藥

即精、氣、神的調整。三者之中，是以神調精調氣，精

滿化氣，所滿生精，精滿氣足則神旺。調藥的方法就是凝神入氣穴。張三豐《玄機直講》說：「凝神者，收已清之心，而入其內也。」所以凝神是指在排除雜念的澄神的基礎上，練功的意念較為集中，人處在此較安靜的狀態；陸西星《玄膚論》說：「所謂凝者，非決然不動之謂也，乃以神入與氣穴之中，與之相守而不離也。」因此，凝神是以精神安寧為基礎，入氣穴是它的必然趨勢。凝的時候，意守下丹田，以求意到氣到，發生作用。但用意不能重，要若存若亡。

調　神

調為調和均勻之意。《青華秘文・直泄天機圖論》中論述調神，提出了內視、內聽、內嗅的調神功法。謂「兩目為役神之舍，顧瞻視矚，神常離之；兩耳為送神之地，耳聞百里之音而神隨之離之；兩鼻為勞神之位，神隨辨嗅而離之。」所以忘於目則神歸於鼎而燭於內，蓋綿綿若存之時目垂而下顧也；忘於耳則神歸於鼎而聞於內，蓋綿綿若存之時耳內聽於下也；忘於鼻則神歸於鼎而吸於內，蓋真息既定之時，氣歸元神之理。合而言之，俱忘而俱歸於鼎而合於內矣。」元神內斂，耳目內視內聽。心目同用，神氣合一，上視泥丸。下見丹田，則內氣循環，貫三關，注三田，此即調神的作用。

還　丹

本為外丹術語。外丹的九轉或九還，是指丹砂或其他物質在依方配合並煉製過程中多次化合、還原，或者生成合金等等。內丹所稱七返九還，則係用《河圖》的數字，以九表示金（精），七表示火（神），金火同宮，水火既濟，在內丹練功中即元神元精元氣互化，復返混元先天純陽之體，即稱還丹。《悟真篇》說：「四象會時玄體就，

五行合處紫金明，脫胎入口身通聖，無限龍神盡失驚。」詩中所謂「四象」，指金、水、木、火，加土即為五行。五行之中，木生火為一家，即為元神；金生水為一家，即為元氣；土為一家，即元神派生之真意。以意為媒，和合四象，使五行凝結，變為生命動力，重返童貞時生命元素的本來面目。清傅金銓注《呂祖（沁園春）丹詞》「七返還丹在人」一句時說：「去而復來，迴旋不斷曰返；先天失落，今又自返內曰還。」因童真生命機能逐漸消失，今用丹法補足，失而又得，去而復來，即為長壽的根基。

還精補腦

道教房中術術語。道教房中術者認為，人體精液是身體內部最具生命活力的極寶貴的物質，對人體自身具有滋補營養作用。在房室生活時，男方運用氣功意念的手段，在性高潮時，閉精不射，且沿著體內經脈，上行至腦，可以補養腦氣，使人更為健康，甚至長生不死。但現代醫學科學已判明，人體精液如不施泄，則進入膀胱，自然排泄，不可能上升至腦，所以還精補腦之說是沒有科學根據的。

龍　虎

內丹家以龍比喻元神，元神生於心液之中，心屬離卦，屬火，故云「龍從火裏出」，以虎比喻元精，元精生於腎氣之中，腎屬坎卦，屬水，故云「虎向水中生。」又謂性（人的本性）屬木，木位東方，於卦為震，於人體屬肝，故喻為青龍；情（人的情慾）屬金，金位西方，於卦為兌，於人體屬肺，故喻為白虎。金能剋木，因此情欲往往損傷本性。蕭廷芝《金丹大成集》說：「西山白虎放癲狂，東海青龍不可當。坤母若來相制伏，一齊捉入調中藏。」即用真意降龍伏虎，使之交合而一，則金木無間，性情自伏而成丹。

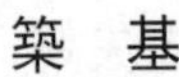

築　基

又稱煉己。內丹術第一階段。是修復身體、補充三寶的功法。比喻修煉內丹，如同造屋建閣，心先奠基，使基礎穩定，結構堅實，然後才能豎柱安樑，砌磚蓋瓦。丹法既以身體為基，則下手功夫必須此身補足，符合練功的初步要求，才能正式進入煉丹階段。在身體條件不符合要求之前，對身體機能用內功加以修復、補益，達到精、氣、神充足的境界，都是屬於築基階段。因為基礎不同，年齡不同，體質不同，築基起手功夫也不一樣。築基一詞，也稱煉己。「己」字有兩種解釋：一種解為「自己」，說煉己就是煉自身三寶，打好基礎；一說指心意、念頭，丹經中對神常以戊己土表示，但己為雌土，實指頭腦中雜念，煉己即排除雜念。煉已是內丹術最基本的要求，只有把煉己這段功夫搞好，才能深入煉好以後的功法，並避免因「煉己不純」而產生的種種副作用。所以它被認為是整個內丹術過程中最基礎的步驟，而受到重視。

藥　物

①服食的諸種藥品，及製備各種大丹的原料。範圍廣泛。大藥可分草木藥料（含靈芝等真菌類）金石藥二類，另外也有些動物如白蝙蝠等也被視作靈藥。到唐為止，金丹和單味金石藥是服食的主體，其時所指的大藥、藥物多指金丹及其原料。②內丹術借用外丹術語，指人體固有的精、氣、神。漢代丹經《周易參同契》中稱「精神氣三寶」。《玉皇心印經》：「上藥三品，精氣與神。」內丹術強調這三者都是人先天所固有，與後天淫慾之精，呼吸之氣。思慮之神不同，故稱為元精、元氣、元神。認為內丹就是由這三種大藥合成的，煉丹也就是鍛鍊這三寶的過程。有的丹書又依練功

由淺入深的次第將藥物分作外藥、內藥、大藥。

鵲　橋

道教內丹理論認為，人在出生後，任督二脈已經中斷，而兩脈之間原銜接的地方，稱之為鵲橋。鵲橋有處，即《入藥鏡》所說「上鵲橋，下鵲橋」。上鵲橋在印堂、鼻竅處，一虛一實。下鵲橋在尾閭、穀道處，亦一虛一實。另據蕭廷芝注，上鵲橋在舌、下鵲橋在陰蹻穴。兩橋係任督二脈接通的道路。黃自如說：「鵲橋有路透玄關，立鼎安爐自不艱。四象和合憑藉土，三花聚會返還山。」當精、氣通過這兩個銜接地方時，要防其走漏，即精、氣外泄。上鵲橋的走漏，即自鼻孔垂下兩條白色黏液般的鼻涕，稱為「玉柱雙垂」。防止的方法，是平時戒怒，尤其在練功前更要心情愉快。當練功中精氣到印堂處時，要舌緊貼上腭，引它下來，下鵲橋的走漏，即放屁。所以在精、氣通過穀道時，要凝一凝，提一提，引它過去。《伍真人丹道九篇》中還有借助外力的辦法，即「用木夾牢封鼻竅」，以防止上鵲橋的走漏，「用木座抵住穀道」，以防止下鵲橋的走漏。但借助外力，作用不大，還是以意念提引為好。

攪赤龍

又稱攪海咽津。赤龍指舌頭，即以舌頭在口中圍繞上下牙床周行攪動，促進唾液分泌，待唾液滿口時，漱而咽之。《醫心方》說：「口為華池，中有醴泉，嗽而咽之，溉潤臟身，流利百脈，化養萬神。」道教導引、服氣、存思諸功法中常常用之。事實證明，攪舌、嗽津能滋陰降火，潤澤肢體，卻病延年。

附圖

普照圖

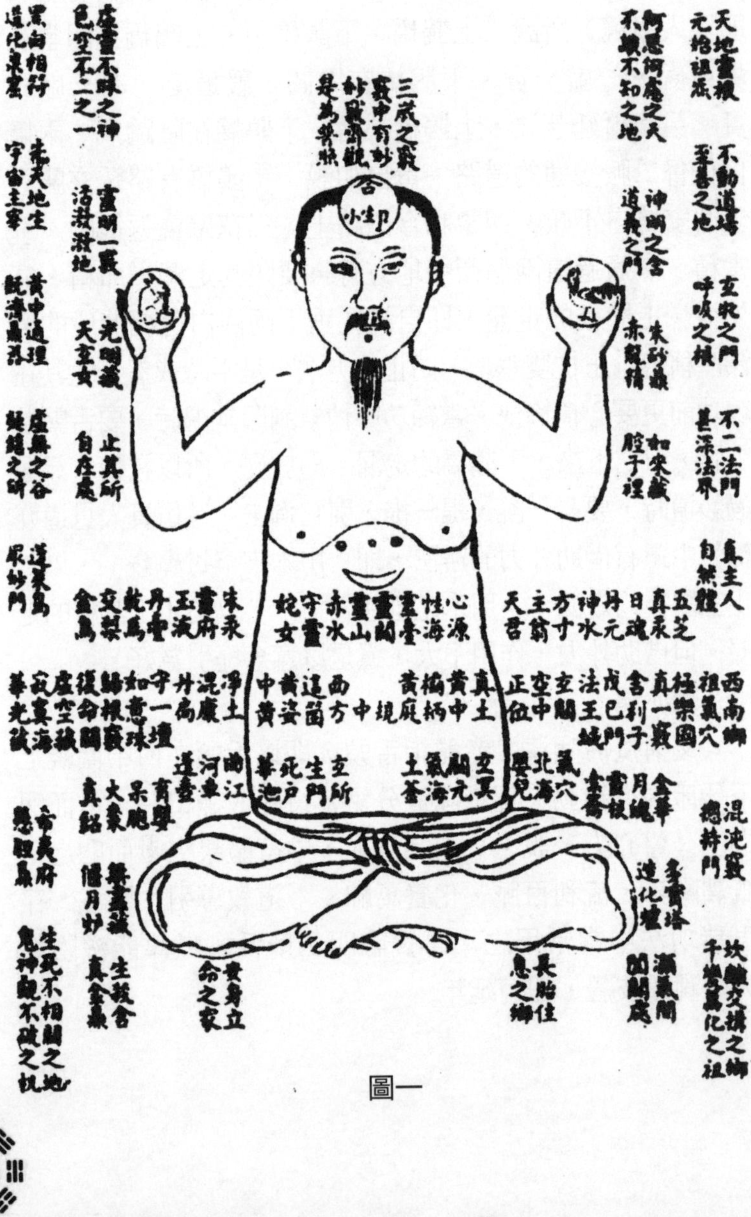

天地靈根 元始祖炁
何思何慮之天 不識不知之地
不動道場 至善之地
神明之舍 道義之門
玄牝之門 呼吸之根
朱砂鼎 赤鳳精
不二法門 甚深法界
如來藏 腔子裡
真主人 自然體

三家之竅 竅中有妙 妙竅齊觀 是爲普照

虛靈不昧之神 色空不二之一
眾妙相符 造化泉窟
靈明一竅 活潑潑地
先天地生 宇宙主宰
光明藏 天室女
黃中通理 既濟鼎器
止其所 自在處
虛無之谷 凝結之所
蓬萊島 眾妙門

五芝 真炁 日魂 丹元 神水 方寸 主翁 天君
心源 性海 靈臺 靈關 靈山 赤水 守靈 姹女
朱汞 靈府 玉液 丹臺 乾馬 交梨 金烏

西南鄉 祖氣穴 極樂國 真一竅 舍利子 戊己門 法王城 玄關 空中 正位
真土 黃中 樞柄 黃庭 規 中 西方 道竅 黃婆 中黃
淨土 混康 丹扃 守一壇 如意珠 歸根竅 復命關 虛空藏 寂滅海 華光藏

氣穴 北海 嬰兒 金華 月魄 靈根 玄壽
玄冥 關元 氣海 土釜 玄所 生門 死戶 華池
曲江 河車 蓬壺 育嬰 果胞 大象 真鉛

混沌竅 總持門
多寶塔 造化爐
帝衷府 懸胎鼎
無盡藏 偃月妙
坎離交媾之鄉 千變萬化之祖
漏氣關 闔闢處
長胎住 息之鄉
安身立 命之家
生殺舍 真金鼎
生死不相關之地 鬼神覷不破之機

圖一

法輪自轉圖

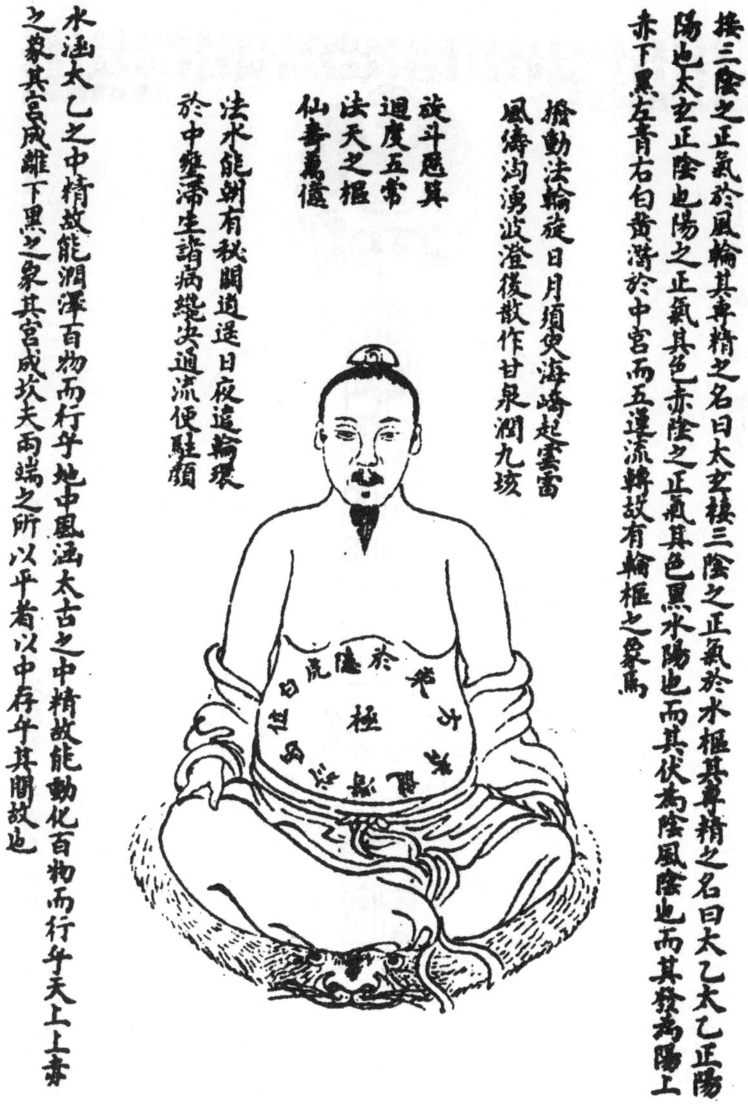

接三陰之正氣於風輪其專精之名曰太玄接三陰之正氣於水樞其專精之名曰太乙太乙正陽陽也太玄正陰也陽之正氣其色赤陰之正氣其色黑水陽也而其伏為陰風陰也而其發為陽上赤下黑左青右白黃潛於中宮而五運流轉故有輪樞之象焉

撥動法輪旋日月須臾海嶠起雲雷
風濤洶湧波澄後散作甘泉潤九垓

旋斗歷箕
過度五常
法天之樞
仙壽萬億

法水能朔有秋闕道遥日夜追輪環
於中凝滯生諸病纔安通流便駐顏

水涵太乙之中精故能潤澤百物而行乎地中風涵太古之中精故能動化百物而行乎天上上赤之象其宮成離下黑之象其宮成坎夫兩端之所以平者以中存乎其間故也

圖二

反照圖

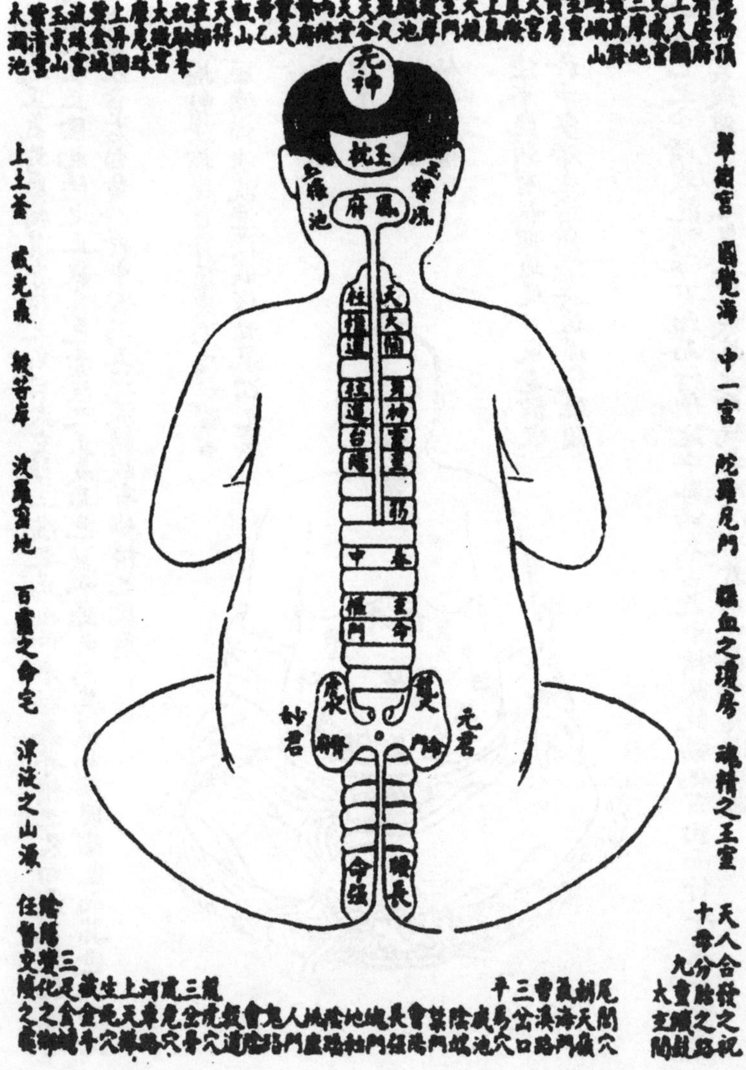

圖三

洗心退藏圖

艮其背不獲其身

紅紅白白水中蓮
出汚泥中色鮮鮮
豈直爲空還又實
修行妙理恰如然

道乃天地心
悉知不靜存
破勝要趣補
須用水磨針

一條直路少人尋
尋到山根始入門
生定更知行悉坐
真人之息自深深

行其庭不見其人

心

聖人以此洗心退藏於密

時時灑濯常教玉
樹氣回根
口口栽培不使金
花精脫帶

不是玄門消息深
高山流水少知音
若能尋着來時路
赤子依然混沌心

聖人以此齋戒神明其德

圖四

乾坤交媾圖

坎離相交
水火顛倒
鉛汞入鼎
通生根蒂

翠微宮　圓覺海　中一宮　陀羅尼門　臟血之瓊房　魂精之玉室

片餉工夫煉汞鉛
一爐猛火夜燒天
忽然神水落金井
打合靈砂月樣圓

上釜土　月光華　般若岸　波羅蜜地　百靈之命宅　津液之山源

圖五

火候崇正圖

玉爐寳富騰雲氣
金鼎淼漭長紫芝
神水時時勤溉灌
留連母使火龍飛

從來真火本天然
何事迷途妄指傳
若將方术投圍竇
魄妖爭教得少年

契論經歌講至真
不將火候著於文
要知口訣通玄處
須共神仙仔細論

真靈斎
真鼎爐
無中有
有中無

火候足
莫傷丹
天地靈
造化慳

太上老君

元始天尊

神仙不作參同契
火候工夫那得知
千載隨萌拈一語
可憐無及遇君時
玉爐煉就長生藥

金鼎燒成不死丹
有象有爻不是妄
無盈無昃亦成空
試且為君通一線
看看日出嶺東紅

圖六

嬰兒現形圖

夫蝸蛹之蟲
孕螟蛉之子
傳其情交其
精混其氣和
其神隨物大
小俱得其真

氣穴法名與盡藏
藏包於寂寂包空
我問空中誰是子
他云是你主人翁

潛龍今已化飛龍
變現神通不可窮
一朝跳出珠光外
湧身直到紫微宮

行住坐臥
抱雄守雌
綿綿若存
念茲在茲

神水溶液
溉灌根株
內外無塵
長養聖軀

圖七

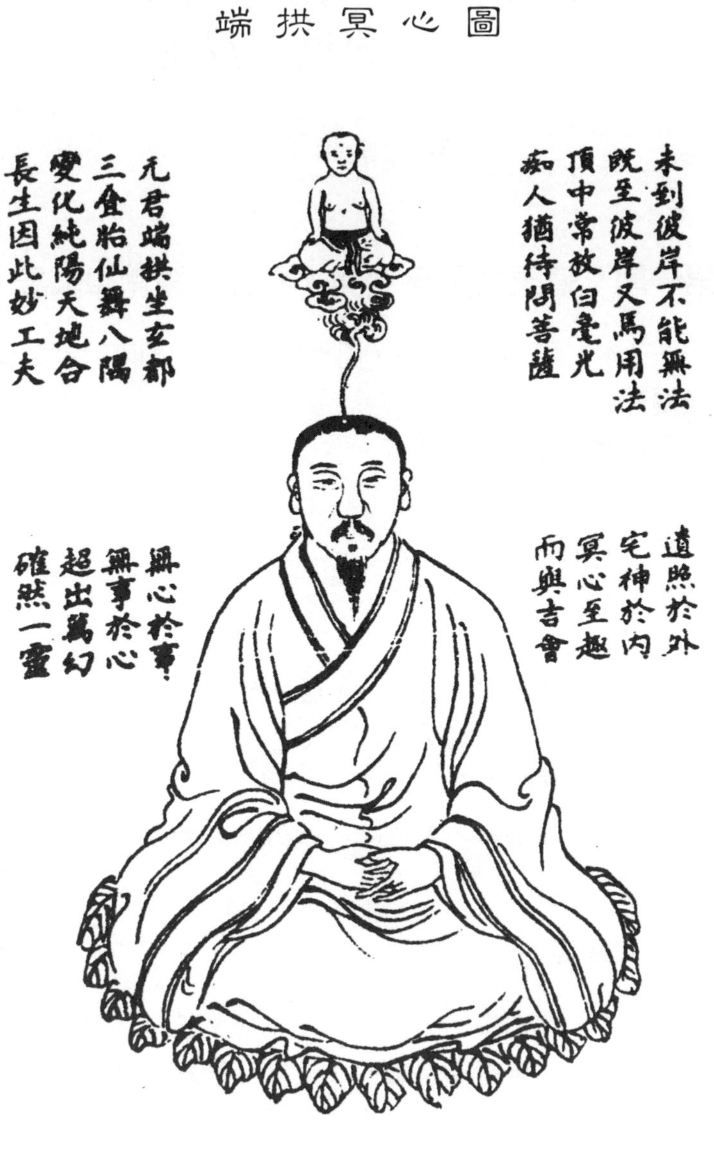

端拱冥心圖

未到彼岸不能無法
既至彼岸又焉用法
頂中常放白毫光
痴人猶待問菩薩

元君端拱坐玄都
三疊胎仙舞八隅
變化純陽天地合
長生因此妙工夫

遺照於外
宅神於內
冥心至趣
而與吉會

無心於事
無事於心
超出萬幻
確然一靈

圖八

第十二章　《周易參同契》與道家養生

國際會議論文選

第一節　道家內丹養生與《易經》預測學綱要

——本文載《第十三屆〈周易〉與現代化國際討論會論文彙編》：

中華民族神聖祖先黃帝、老子依人天科學創立飲譽古今中外

當代160歲道家內丹養生高師吳雲青、道功名家邊治中傳承：

易道真師吳雲青、邊治中入室弟子：

世界傳統養生文化學會創辦人之一：

蘇華仁（執筆）；

吳祥相、謝柳仙、劉沾峰、楊勇虎、王岩波、王育武（重新整理）

本文緣起

吾乃茫茫塵海中一介凡夫，三生有幸被當代160歲丹道高師吳雲青（吳老簡況載於《人民日報》1980年9月10日四版，中央電視臺2002年11月3日晚8時旅遊節目，等海內外諸多媒體報刊）；當代117歲丹道高師唐道成（唐

老事蹟載《河南日報》1980年10月8日三版），當代道功名家邊治中（邊老事蹟載《世界日報》1983年9月18日頭版），當代丹道明師、中國安陽三教寺李嵐峰，中國當代終南山百歲道醫李理祥等中國道家內丹養生學與《易經》養生預測學高師收為門內弟子，致學得令古今帝王都為之望洋興嘆的中國道家內丹養生學和《易經》養生預測學真訣。

我不敢肥私，深知中國道家內丹養生學與《易經》養生預測學真訣乃人類養生瑰寶，故我不顧德薄才淺，自二十世紀八十年代被世界性的學習東方傳統文化的熱潮推湧出山以來，已將中國道家內丹養生學與《易經》養生預測學一部分傳授給海內外數十個國家和地區的有緣學員。又將上述丹道高師密授我的丹道與《易經》養生預測秘訣寫出部分論文，先後宣讀於1991年11月在中國成都召開的「中華自然療法首屆國際討論會」，又被收入1992年4月在日本京都和1995年秋在加拿大首都溫哥華召開的《第三、四屆國際氣功會議學術論文集》。上述丹道高師養生與周易養生預測秘錄，目前已經寫出的分別發表在中國《科學晚報》、《中華兒女》、《香港經濟日報》、《國際氣功報》等報刊，由於反響強烈，中國《老年報》、《益壽文摘》等報刊相繼轉載。為進一步推廣中國道家內丹養生學與《易經》養生預測學。推廣同樣具有世界領先水準的傳統養生文化，造福大眾。2001年底，我特與諸同道在香港成立了「世界傳統文化學會」。

欣逢「第十三屆《周易》與現代化國際討論會」在周易發源地中國古都安陽隆重召開，故我特將當代160歲丹道高師吳雲青秘傳我之中國道家內丹養生學靜功真訣，華

山道功名家邊治中道長秘傳我之道家內丹養生學動功真訣，同時將上述數位高師秘授我《周易》養生預測學真訣綱要奉獻給大家，懇以四方同道師友結緣。

一、中國道家內丹養生學與《易經》養生預測學在中國歷史上的地位至高無上舉世矚目

展開博大精深、史實確鑿的中國《二十四史》和中國大量的歷史典籍一目了然：大凡在中國歷史上大有作為的各界泰斗人物，大多渴求大道之理和渴求學習道家內丹養生學與《易經》養生預測學。請看史實如下：

中國政治界泰斗，我們炎黃子孫的神聖祖先軒轅黃帝，《史記・五帝本紀》、《史記・封禪》、《莊子·在宥篇》載：黃帝約在五千年前不遠萬里，兩次登臨崆峒山、誠心拜上古易道高師廣成子為師習煉道家內丹養生學與《易經》養生預測學，壽至380歲仙逝。《道藏》載其「白日拔宅飛升」。黃帝給世人留下道家養生經典《黃帝陰符經》，《黃帝內經》《黃帝外經》，易經養生預測學寶典《黃帝歸藏易》等名著，而流傳萬世不衰。

中國教育界泰斗，中國儒家祖師孔子，《史記・孔子世家》載：約在二千五百多年前，孔子不畏長途跋涉之艱辛，親自到周都洛陽恭身拜中國思想界泰斗老子為師、叩問道家養生與《易經》養生預測學要旨。《史記・仲尼弟子列傳》記載：孔子對他的弟子們講：他平生拜師六位、老子為首位。《史記・老子韓非列傳》載老子：「壽高二百餘歲不知所終……」老子給世人留下東方聖經《道德經》與《老子內丹經》等道學與易學經典而傳世。作為老子的弟子孔子及其萬人則給我們留下了《易大傳》、《大

學》、《中庸》等經典傳世。

中國軍事界泰斗孫武子、他在他所著的《孫子兵法》中，明言為將帥的重要之事是「修道保法」「擇人任勢」，有關史籍載孫子功成身退後則隱居在故鄉「阿湮」一帶，潛心修習道家內丹養生學與《易經》養生預測學。

中國古代商貿界供奉之祖師范蠡、輔助越王勾踐建成春秋霸主之業後即急流勇退，更名陶朱公，一邊修煉道家內丹養生學與《易經》養生預測學，一邊經商。中國近代道學名家陳攖甯曾援引圓嶠詩《江上詠范少伯》，禮贊范蠡，詩中寫道：「陶朱計定傾吳日，黃老功成霸越年。」

中國大謀略家、身為帝王之師的張良，《史記·留候世家》載其輔佐漢高祖劉邦興漢滅秦後急流勇退、志隨丹道高師赤松子黃大仙雲遊和習煉道家內丹養生學與《易經》養生預測學。張良給世人留下《張良兵法》等道家兵學經典傳世。

中國道教創始人張道陵，《雲笈七籤》載其乃張良後裔，張道陵丹道和道術與易學均精，壽高123歲時仍四處傳道。並著出道家經典《正一威盟》等經典傳世。

世界上最早發明地震預報地動儀，還發明氣象預報測定風向的風侯儀的中國大科學家張衡，《後漢書・張衡傳》和《四川總志》載其乃是中國道教創始人張道陵之長子，他發明的地動儀和渾天儀、《黃帝飛鳥曆》是在黃帝和老子的道家思想指引下完成的。

中國晉代道學名家葛洪，《晉書·卷七十二》，《列傳第四十二》載。葛洪功成身退，隱於中國廣東羅浮山，一邊修學，一邊弘揚中國道家內丹養生學與《易經》養生預測學。同時著書立說，其名著《抱朴子》被譽為中國道

家百科全書而傳世。

中國書法界書聖王羲之，《晉書》載其「五世奉道」，他自幼慕道，年長則與當世著名道士許邁常優遊林下，共修內丹養生之道。

中國中醫藥界泰斗，藥王孫思邈，醫、易、道三學均精。《舊唐書》載其弱冠善談《老子》、《莊子》，兼好佛典，年長則隱居太白山修煉丹道，壽高142歲時羽化。他給世人留下道家內丹養生詩和道家醫學經典《千金要方》、《千金翼方》等著作流傳於世。

中國文學界詩壇泰斗李白，《中國文學史》載其平生好道，自號謫仙，其詩充滿仙味，他曾隨吳筠道長修煉內丹養生之道與易經養生預測之道，後來賴吳筠道長鼎力舉薦於唐玄宗，唐玄宗方詔李白入京師。

中國八仙：漢鍾離、呂洞賓、張果老、李鐵拐、曹國舅、韓湘子、何仙姑、藍采和，有關史書道典記載他們均為道家內丹養生學與養生預測學高師。

中國《易》學界泰斗華山陳摶老祖、《宋史・陳摶傳》載其潛心丹道，高臥華山，四辭朝命。承上古黃帝、老子之遺教，開後世丹道與易道養生預測學之師風，壽高118歲蛻化於華山張超谷。張摶平生著作甚多，《太極圖》，《無極圖》，《入山還丹詩》流傳萬世而不衰。

中國武術界武當派祖師和太極拳宗師張三豐，其師承陳摶弟子火龍真人，他武術、丹道與易道均精。他所著丹道名篇《丹經秘訣》、《無根樹》，易經寶典《相卜篇》、《堪輿篇》，寓意深廣，飲譽古今，萬世不衰。

中國佛教界之大德高僧、北魏著名法師曇鸞、佛教天臺宗三祖慧思、慧眼深識道家內丹養生之道乃養生長壽至

寶、故師事道家內丹養生學與《易經》養生預測學大師陶弘景學習道家內丹養生學與《易經》養生預測學並潛心修習於佛門之內。

時至今日，世界科技進入西方實驗科學加東方古代科學（有人稱之為東方神秘主義）；進行綜合研究以期望新發展之際，中國道家內丹養生學與《易經》養生預測學受到有識之士推崇，僅舉《中國科技史》作者、英國皇家學會會員，李約瑟博士在其巨著中高度讚揚中國道家內丹，他寫到：「中國的內丹成為世界早期生物化學史上的一個里程碑。」李約瑟博士同時對中國《周易參同契》評價甚高。

世界著名生物遺傳學家牛滿江教授，因科研日繁致身心俱衰，後來他在中國北京向中國道家內丹養生學華山派十九代傳人邊治中道長習煉道功後身心碩健，他連連稱道：「養生秘術，千真萬確，千真萬確。」並且深有感觸地說：「我習煉這種功法受益匪淺，真誠地希望此術能在世界開花，使全人類受益。」牛滿江博士至2007年11月18日辭世。，壽高95歲，此前一直健康地工作在生命科學領域。

現年96歲的中國當代大科學家錢學森在《論人體科學》一書中強調指出：「結合科學的觀點、練功、煉內丹。」錢學森稱中國《易經》為大成智慧學。

綜上所述，可見中國道家內丹養生學與《易經》養生預測學古今中外飲譽之高，故古來素有「朗朗乾坤、獨尊內丹」之謂，而稱中國《易經》為帝王成功術。

二、中國道家內丹養生學與《易經》養生預測學的眞實而神奇效果古今中外歷史公認

本文第一章節中所提及的在中國歷史大有作為的各界泰斗人物，大多渴求中國道家內丹養生學與《易經》養生預測學真訣，其奧妙何在？奧妙就在於他們站在高文化素養的基石之上，深刻地理解中國道家內丹養生學與《易經》養生預測學，依據宇宙天地人萬物變化規律科學創立、故其治病強身，健身開智，養生長壽，掌握生命密碼、超越生命之效真實而神奇。

反過來看：中國歷史上各界泰斗人物之所以大有作為，其奧妙就在於他們習煉了中國道家養生學與《易經》養生預測學。

這是歷史事實，這是歷史結論。同時歷史還啟迪我們：中華民族神聖祖先黃帝、老子秘傳中國道家內丹養生學與《易經》養生預測學是全人類康壽超凡，事業成功，掌握生命科學達到「天人合一」的最佳法寶。

三、中國道家內丹養學和《易經》養生預測學眞訣綱要

歷史發展到中國東漢時代、當世之道學和道家內丹養生學與《周易》養生預測學三方面研究名家魏伯陽，將偉大的中華民族神聖祖先黃帝、老子開創的偉大的中國道家哲學思想、中國道家內丹養生學，周文王將伏羲先天八卦、《黃帝歸藏易》中天八卦，演繹成後天六十四卦的《周易》養生預測學，三者參同為一，著出了《周易參同契》——開創了偉大的中國道家哲學思想和道家內丹養生

學與周易養生預測學三位一體同步發展造福人類的歷史新紀元。自此以後，中國道家內丹養生學與易經養生預測學臻於大備，故古今中外各界有識之士、公認魏伯陽著《周易參同契》為「萬古丹經王」。

中國道家內丹養生學與《易經》養生預測學功能主要蘊含於《伏羲先天八卦》，《黃帝陰符經》，《黃帝歸藏易·六十四卦》，周文王《周易·後天六十四卦》，《老子道德經》，《太上老君內丹經》，魏伯陽《周易參同契》等經典之中。從中華民族的神聖祖先軒轅黃帝登崆峒山拜廣成子為師、習煉道家內丹養生學與《易經》養生學始。五千年來，中國道家內丹養生學與《易經》養生學真訣一直是師徒間「言傳口授」，「不立文字」。為弘揚中國道家內丹養生學與《易經》養生預測學，造福大眾。我將當代160歲丹道高師吳雲青「言傳口授」我的道家內丹養生學與《易經》養生學真訣，以綱要形式寫出，所謂綱要，乃真訣大略者也，此真正之丹道高師一看便知，無須筆者多言，但綱要尚不能據此行持修煉，讀者之中有緣人如果有志修學內丹養生學與《易經》養生預測學者，可先與我通信聯繫，我可酌情因緣授之。（我之通訊詳址附本文結尾處）。

中國道家內丹養生學與周易養生預測學真訣，古來門派雖眾，然異流同源，養生之道真訣只有一種：「黃帝、老子秘傳九轉還丹金丹大道」。古之簡稱「黃、老丹道」。其古今得之至難！至難!!! 今寫出綱要以益有緣。

「黃帝、老子秘傳九轉還丹金丹大道」，古稱「九品」。

一品：煉已、性如灰、心掃雜念。煉已之功理要旨：本於《易》理無極生太極。煉已之功法要旨如下：

於子午卯酉時，獨處靜處，面東或面南，兩腿自然盤座，萬念不留於心室，手扣合同於丹田，舌舐上腭而搭橋以通任、督二脈，然後存無守有，勿忘勿助，自然而然會有真動靜。古丹經謂此為「百日築基」。

煉已功法行功之際，切記要功德雙修，切記要食素食，切記絕房事，切記要清靜無為；若能時頌《高上玉皇心印妙經》、《觀世音夢授丹道真經》則功效更真實而神妙。

一品行功秘傳口訣曰：

參透世事自定神，也無我相也無人；

緣人回光玄關竅，自有靈光貯此身。

二品：築基、止善地，固住本源。築基功理要旨，本於《易》理太極生兩儀。

築基功法要旨：在一品功法煉出實效。方可接著行二品築基功，具體煉法如下：

雙腿由自然盤座緩緩平伸、雙手由扣合同改為兩腿自然護膝，接著再扣手用道家內丹養生學與《易經》養生預測學之秘咒和之以真訣與古丹功諸祖師所留資訊接通。然後兩手自然護膝，用一品功法真動靜和以先天三昧真火，聚於真正之丹田之內，如此適時適度行功，配以明師秘傳術數行功，自然而然會得二步功之效果。

二品行功秘傳口訣曰：

靜則為陰動則符，功夫底是有沉謀；

倘若玄關無消息，動及風雷也算浮。

三品按爐：採大藥、文烹武煉。按爐功理要旨：本於《易》理陰陽相搏所生之沖氣。

按爐功法要旨：待二品築基功夫煉出實效後，雙腿收回自然盤座，手抱合同於丹田之前，然後長時間靜坐以待

先天藥物生（先天藥物即先天之元精），一旦先天元精來後，即用千古之口傳秘訣，用文、武火之法，恰到好處地精心烹煉。

三品按爐秘傳口訣曰：

古來金丹產鼎內，金丹全賴精氣神；

文烹武煉師造化，終日乾乾聞捷音。

四品、結丹：在柢樹、兩大中懸。結丹功理要旨：本於《易》理兩儀生四象。

結丹功法要旨：待三品文、武火依火候恰到好處地烹煉之後，方可結丹。結丹之處在兩大中懸（兩腎間丹田處）結丹的要訣是留清去濁，依明師秘傳真訣留下先天清氣，去掉後天濁氣，否則結丹不屬純陽也。

四品結丹秘傳口訣曰：

心無我相無人相，忘掉衆相總是長；

待到丹成九轉後，心隨物我一起忘。

五品還丹：過崑崙、降落會晏。還丹功理要旨：本於《易》理取坎填離。

還丹功法要旨：丹結成後，需適時還丹，否則為之假丹，還丹功在將所結之丹，調動先天三昧真火，採用千古還丹之大法，龜蛇盤結之功姿功法，沿任、督二脈小周天之路線取坎填離之，將丹返歸於丹田之內。

五品還丹秘傳行功口訣曰：

終日乾乾得金丹，金丹不還為假丹；

龜蛇盤結坎離交，過海跨山落會晏。

六品溫養、玉靈胚，也得三千。溫養功理要旨：本於《易》理六六爻之變。溫養功法要旨從還丹龜蛇盤結之功姿，至此改為自然盤坐，然後自然而然地將先天三寶，元

精、元氣、元神所結丹還之丹溫養之。

六品溫養秘傳行功口訣曰：

龜蛇盤結金丹還，溫養神功歸自然；

玄關引來三昧火，方可後天返先天。

七品：脫胎、鬚眉頂、嬰兒出現。脫胎功理要旨：本於《易》理七七爻之變。

脫胎功法要旨：脫胎功法要旨古來傳之甚密之，故大略言之如下：功姿從前者姿勢自然而然盤坐平伸、將溫養之丹和先天元精、元氣、元神、依脫胎之真訣、返經全身。結成聖胎，然後再將聖胎脫去。

七品脫胎行功秘傳口訣曰：

脫胎至境非等閒，不是仙佛難至前；

聖胎脫去遊八極、功德圓滿童顏現。

八品懸珠：並六道、妙哉難言。懸珠功理要旨：本於《易》理八八爻之變。

懸珠功法古來傳之甚慎之，故僅言之如下：自然盤坐，將七品脫胎之元精、元氣、元神適時恰當地凝於雙目。自然而然守之，自會產生妙不可言之效。

八品懸珠行功秘傳口訣曰：

六道並一懸珠功，自然而然人天通；

其妙難言世間人，唯有仙佛可印證。

九品：還虛、九載功、丹成九轉。還虛之功理要旨，本於《易》理九九爻之變。

還虛功法要旨，古來知之真訣者鮮矣。因妄傳非人，於世無益，於傳者也無益，故淺言如下：於此暫不談功法細則，僅言其功目的是將已之所煉之丹與宇宙天地人萬物化為一，還虛於茫茫大自然之中矣……

九品還虛功行功秘傳口訣曰：

還虛之功非凡功，不是賢達豈容聽；

其效神妙不可言，百獸聞之也通靈。

四、中國道家內丹養生學與易經養生預測學綱要

中國道家內丹養生學與《易經》養生學核心機制是內煉生命本源精氣神，返還精氣神。

中國道家內丹養生學與《易經》養生學古來必須動功與靜功合修缺一不可，道家內丹養生學動功從古至今十分難得，當代中國道家華山派十九代道長邊治中（道號邊智中），所披露於世的中國道家秘傳養生長壽術乃為上乘修煉大法之一。

該術問世以來，即受到各界行家高度重視。僅舉世界著名科學家牛滿江教授親自來中國北京拜邊治中先生為師，習煉道功後其身心健康，收益甚豐，評價甚高，科學鑒定道家內丹養生學與《易經》養生預測學為「人體生命科學，細胞長壽術，返老還童術。」他身有感觸地說：「我學煉這種功法已四年，受益匪非淺，真誠希望此術能在世界開花，使全人類受益。」另舉全國人大常委會副委員長周穀城親自為邊治中先生所著《中國道家秘傳養生長壽術》題寫書名可見一斑。

該術簡史，據邊治中先生接受北京電視臺和《世界日報》記者採訪時介紹說，該術源遠流長，它係中國夏、商之際著名道家養生家彭祖和春秋時期道家祖師老子秘傳之養生長壽功法，本功屬道家內丹養生學動功功法，與丹道靜功為一體，不可分離。後經道家華山派歷代道士上層高師繼承並秘密傳承數千年至今。

中國道家秘傳養生長壽術功法主要內容：

站功：童子拜佛功，回春功三式，上元功，龍遊功，龜縮萬壽功，天環功，地環功，人環功，八卦形功，三星高照功，還童功，鵬翔功，鳳凰展翅功，八仙慶壽功，童子歸佛功。

坐功：左右連環功，前後環功，坐平環功，地法天氣功，人法地靈功，道法自然功。

臥功：順六合功，陰陽魚功、順道齊昌功。

中國道家內丹養生學和《周易》養生預測學數千年的歷史證明，其確可讓人類天人合一掌握生命密碼，故古來惟傳真正之功德高深、有超凡脫俗之志者。

不言而喻：道家內丹養生學與《易經》養生預測學全法全訣掌握在習煉道家內丹養生和忠行《易經》養生預測學而致年逾百歲猶童顏者的高師及其門內弟子心中，此外無它 !!! 這是數千年的歷史經驗。

為防小人盜道，故古來道家內丹養生學與《易經》養生預測學真訣傳之甚秘之，素有「假傳萬卷書，真傳一句話」，明言道家內丹養生學與《易經》養生預測學真訣惟可「言傳口授，不立文字」。

中國道家內丹養生學與《易經》養生預測學真訣結尾偈曰：

內丹易道仙佛藏，古來帝王也望洋；

德厚緣人修易道，速拜明師知端詳。

作者通訊位址：中國廣東惠州博羅縣羅浮山沖虛觀東坡亭道易養生院

蘇華仁道長（收）手機：13138387676 郵編：516133

第二節　中國傳統風水與現代環境地理科學淺談

——本文載《第十三屆周易與現代化國際研討會論文集》

王正忠（執筆）蘇華仁（修定）黃堅峰（整理）

我們認為：人類歷史進入21世紀，世界東方和世界西方，都會對《周易》研究與應用日益加強與發展；因為《周易》是一部以周文王姬昌為首，同時匯集了中國先民集體智慧的偉大哲學經典，故歷代聖哲稱「易為眾經之首」。

歷史發展至現代，《周易》對現代科學發展貢獻巨大，它對現代哲學、養生長壽學、物理學、醫學、生物學、代數學和現代環境地理科學等諸多學科的發展貢獻舉世矚目。故現代不少大科學家諸如愛因斯坦、李約瑟、玻爾、萊布尼茲等對《周易》甚為推崇，其中現代物理學之父愛因斯坦對易經推崇備至，他曾預言：宇宙間存在著一種人類自己還未意識到的「場」（統一場），認為太極圖、河圖、洛書、寓含有時空相對論成分，對他很有啟發，易經「令人驚奇」。不言而喻：《周易》是古今中外人類科學和人類文明源泉的重要組成部分。絕非被某些文化淺薄者無端地斥為的「封建迷信產物」。

筆者近二十多年來在當代諸位年逾百歲猶童顏的易道高師「耳提面命」下初涉易學，每每學《易》均受益匪淺。今僅就《周易》內涵中國傳統風水學和現代環境地理科學學習心得敬呈上「第十三屆《周易》與現代化國際研討

會的諸位高師和專家、學者。真誠地期望諸師友指教之。

一、《周易》內涵中國傳統風水學與現代環境地理科學的理論基礎。

古今諸多中外大聖哲、大科學家之所以推崇易學，因為易經是中國古聖哲認識大自然、掌握大自然規律寶貴經驗精華總結，據《易・繫辭下》載：易學源於中國上古大聖哲伏羲：「仰觀象於天，俯則觀法於地，中通萬物之情，更觀鳥獸之文，近取諸身，遠取諸物，始作八卦。」故易學實是中國古代文化的基礎，是中國傳統哲學思想，自然科學、養生學、中醫學、預測學和中國傳統風水學的源泉，據古今中外大量史料記載：易學也是現代人類諸尖端科學乃至西方現代環境地理科學的源頭活水，因此，要瞭解中國傳統的風水學與現代環境地理科學，不瞭解《周易》實難以入門。

1. 認識天干地支是學習中國傳統風水學的入門基礎。

甲：眾所周知，十干分別是：甲、乙、丙、丁、戊、已、庚、辛、壬、癸。由於這十個字配在

地支上面的，故十干又稱為十天干，天干代表五行季節及方位如下：

甲乙屬木，主春天，在東方。丙丁屬火主夏天在南方。

戊已屬土，主四季月（三月、六月、九月、十二月）；在中央。

庚辛屬金，主秋天，在西方，壬癸屬水主冬天，在北方。

乙：十二地支分別是子、丑、寅、卯、辰、已、午、未、申、酉、戌、亥，由於這十二個字放在年、月、1日時的天干下面的那個字，稱為地支。十二地支代表五行、

季節、月份、生肖、方位，詳況如下：

寅屬木，主春天，代表正月，生肖屬虎，在東北方；

卯屬木，主春天，代表二月，生肖屬兔，在東方；

辰屬土，主春天，代表三月，生肖屬龍，在中央；

巳屬火，主夏天，代表四月，生肖屬蛇，在東南方；

午屬火，主夏天，代表五月，生肖屬馬，在南方：

未屬土，主夏天，代表六月，生肖屬羊，在中央：

申屬金，主秋天，代表七月，生肖屬猴，在西南方；

酉屬金，主秋天，代表八月，生肖屬雞，在西方；

戌屬土，主秋天，代表九月，生肖屬狗，在中央：

亥屬水，主冬天，代表十月，生肖屬豬，在西北方；

子屬水，主冬天，代表十一月，生肖屬鼠，在北方；

丑屬土，主冬天，代表十二月，生肖屬牛，在中央。

丙：天干合化：

甲乙合化土，乙庚合化金，丙辛合化水，丁壬合化木，戊癸合化火。

丁：天干相沖：

甲戊相沖，乙己相沖，丙庚相沖，丁辛相沖，戊壬相沖，己癸相沖，辛乙相沖，庚甲相沖，壬丙相沖，癸丁相沖。

戊：地支六合：

子丑合土（合中有剋）；寅亥合木（合中有生）；卯戌合火（合中有剋）；

辰酉合金（合中有生）；巳申合水（合中有剋）；午未合土（合中有生）。

巳：地支三合局：

申子辰合化水局、亥卯未合化木局、寅午戌合化火局：

巳酉丑合化金局、辰戌未合化土局、即為四庫。

庚：地支六沖：

子午相沖；卯酉相沖，寅申相沖，乙亥相沖，辰戌相沖，丑未相沖。

辛：宮位與二十四山的關係：

每個宮位，藏有三卦山，每卦山各占15度，二十四山表示方位，每個宮位藏山如下：

震宮（甲卯乙）；巽宮（辰巽巳）；離宮（丙午丁）；坤宮（未坤申）

兌宮（庚酉辛）；乾宮（戌乾亥）；坎宮（壬子癸）；艮宮（丑艮寅）

二、應用《周易》內涵的中國傳統風水學，同時要運用河圖、洛書原理。

1. 河圖的數位圖形，其數為一六在下，二七在上，三八在左，四九在右，五十在中間。

河圖、洛書詳圖如下：

「河圖」的五行方位口訣是：

一六為宗，為水居北，二七同道，為火居南，三八為朋，為木居東，四九作友，為金居西，五十居中，為土居中央。

「河圖」相對的數字為五行相剋：

一六北方水剋二七南方水，四九西方金剋三八東方木。

順時針方向，為五行相生：

中央土生西方四九金，四九金生北方一六水，一六水生東方三八木，三八木生南方二七火。

2. 洛書「圖中之數」載九履一，左三右七，二四為

肩，六八為足，白點為陽，黑點為陰。

「河圖」為先天，而「洛書」為後天，先天為本，後天為用。

三、《周易》和中國傳統風水學與現代環境地理科學綱要：

《易經》載：「易有太極，是生兩儀，兩儀生四象，四象生八卦，八卦定吉凶，吉凶定大業。宇宙之形成，由無極，開始形成太極，太極衍化成兩儀，兩儀即一陰一陽，是萬事萬物之兩極。四象猶如萬物發展四個過程，比如大自然中四季：春、夏、秋、冬。八卦：乾、坎艮、震、巽、離、坤、兌，主要指宇宙空間之八方，東、南、西、北與東北、東南、西南、西北。

伏羲畫先天八卦的卦序是：乾一、兌二、離三、震四、巽五、坎六、艮七、坤八，文王後天八卦的卦序是：坎一、坤二、震三、巽四、中央五、乾六、兌七、艮八、離九：

現列出八卦最常用的八個方位與家中各個人物的對應關係。

乾卦屬西北對應父親，坤卦屬西南對應母親，震卦屬東方對應長子，巽卦屬東南對應長女，坎卦屬北方對應二子，離卦屬南方對應二女，艮卦屬東北對應三子，兌卦屬西方對應三女。

四、中國傳統風水學與古今人類的生活息息相關

現代環境地理科學家經過多年研究認為：中國傳統風水學，是同地球物理學、磁場學、水文地質學、環境景

觀、氣象學、建築學、宇宙星體學和人體生命科學等學科融合一體的綜合性科學，故稱之為大自然科學。

為什麼同樣生活在同一個地球之上，而有的地方的人能健康長壽，而有的地方容易患病和早逝，這些都與當地人所處的特定的地理環境條件有密切關係。

宇宙中的各種光電資訊、磁力、熱能、宇宙能、天時等因素。萬物之靈的人類。會隨時感受到宇宙星體對地球產生的各種效應的影響。如太陽黑子對全人類健康產生眾所周知的影響。又如月亮的圓缺和運轉週期對海水的潮漲潮落產生明顯的作用等，無不印證了宇宙星體和地球人類的感應聯繫。

氣象的差異對人體的影響，對人體飲食起居及住宅的影響，也是顯而易見的，例如：

南方濕氣重，患風濕的人較多，而北方寒氣重，患呼吸道疾病的人較多。

磁場、磁向及其方位對人類及其住宅狀況會產生巨大的影響，如臥室方位與地球磁向不對應，則自然會影響身心健康。

人有五臟六腑，天地有陰陽五行，五臟者心、肝、脾、肺、腎。五行者金、木、水、火、土，二者應相諧對應。如果人的五臟與天地五行關係失調，就會產生疾病，出現健康問題。

人所處的地球是由多種元素組合而成的，這些元素會產生不同方位與強度的磁場、地熱、地電物，重力物及各種放射性物質，這些物質自然會對人類產生一種特殊的有益或有害的影響。

五、運用好中國傳統風水學與現代環境地理科學造福於人們身心健康及事業發展。

人類每時每刻都受到地球和宇宙大自然中多種因素和資訊，能量的正、反影響，故此，我們要認真研究掌握這些能量、資訊對人體生命影響的規律，從中找出趨吉避凶的方法。

（一）八卦而定的八宅

1. 坐東方的家宅是震宅，大門向西。
2. 坐西方的家宅是兌宅，大門向東。
3. 坐南方的家宅是離宅，大門向北。
4. 坐北方的家宅是坎宅，大門向南。
5. 坐東南的家宅是巽宅，大門向西北。
6. 坐西南的家宅是坤宅，大門向東北。
7. 坐西北的家宅是乾宅，大門向東南。
8. 坐東北的家宅是艮宅，大門向西南。

八宅中可分為東四宅和西四宅。東四宅分別是：震宅、巽宅、離宅、坎宅。西四宅分別是：乾宅、兌宅、坤宅、艮宅。這是八宅風水學的基礎知識，必須要記熟。

（二）命卦和宅卦要配合

一個人的命卦和自己的宅卦配合則吉，不配合則凶。上述洛書圖二。這九組數是可用來計算命卦。除中央的五數外，其他八組數都與卦象相配合。分別是一屬坎，二屬坤；三屬震；四屬巽；六屬乾；七屬兌；八屬艮；九屬離。

1. 一個人的命卦是根據出生年計算的，每年出生的人都有卦象，所謂一年，就是由一年的立春到翌年的立春前夕。

命卦的計算方法如下，僅供大家參考：

男命卦公式：

基數11一〔（年千位數＋年百位數＋年拾位數＋年個位數）除九之餘數〕＝男命卦

女命卦：男女比對公式表可得知（詳見圖五）。

男女命卦對比表（圖五）

禍害	六煞	五鬼	絕命	伏位	天醫	延年	生氣	星各
土	水	火	金	木	土	金	木	五行
第四凶星	第三凶星	第二凶星	第一凶星	第四吉星	第三吉星	第二吉星	第一吉星	吉凶

注：男命五命為坤命，女命五命為艮命。

例如：1953年出生的男性

11一〔（1＋9＋5＋3）÷9之餘數〕

11一〔18÷9之餘數〕

11－9＝2

男命為坤命

從男女命卦對比表查得，女命為4即是巽命。

又例：1940年出生的男性

11一[（1＋9＋4＋0）÷9之餘數〕

11一〔14÷9之餘數〕。

11一5＝6數命

（1）男命為乾命

從男女命卦對比表查得，女命為離9命。

已瞭解宅卦與人命卦後，現開始研究八卦宅派的宅命相配，以一家主人命卦為準，東四數命的人住東四宅，即是選擇震、巽、坎、離的四宅來居住，而西四命的人住西四掌即是選擇乾、兌坤、艮的西四宅來居住，這樣是命宅相配了，宅與命相合，主家興旺，人口平安。相反便是凶論。

假使不單能宅命相配的話，倘能夠門命相配，這也會有所幫助的，《八宅明鏡》云「陽宅要：門、房、灶」門好比一所陽宅的氣口，如大門開在人命的吉方、吸納吉氣，自然會對宅內人有吉利的影響。

（2）遊年星，與大遊年歌訣

八宅遊年星的五行吉凶表（圖六）

坤	巽	震	坤	坎	離	艮	兌	乾	
5	4	3	2	1	9	8	7	6	男
1	2	3	4	5	6	7	8	9	女
坎	坤	震	巽	艮	乾	兌	艮	離	

根據上表生氣、延年、天醫、伏位為四吉星，其正臨之方為四顆吉星，絕命、五鬼、六煞、禍害為四顆凶星，其所飛臨之方為四凶方。

大遊年歌訣：其適用於換排宅盤及命盤，宅盤根據宅之坐山來推算，而命盤則以命卦來推算。

大遊年歌訣

乾六天五禍絕延生巽天五六禍生絕延

坎五天生延絕禍六離六五絕延禍生天

艮六絕禍生延天五坤天延絕生禍五六

震衍生禍絕五天六兌生禍延絕六五天

上述歌訣的使用方法，皆是從本宮（即宅坐山）起伏位，其餘七星依順針排列。如乾宅起伏位，其餘七星分別是六（六煞）、天（天醫）、五（五鬼）、禍（禍害）、絕（絕命）、延（延年）、生（生氣）。

（3）門、房、灶的吉凶

大門：現代的陽宅大多數只有大門及房門，大門是全宅往外間的門，最為重要，最宜在本命的四吉方。東四命人四吉方在震巽離坎，西四命人四吉方在乾、兌、坤、艮，大門不單要在四個吉的卦位上，而且門向更要向四吉方才算全吉。

房：房是指睡房，睡房的吉凶對個人有極大的影響力，宅及大門之吉凶影響全宅的人，但睡房的吉凶則只影響在房間內休息的人。故房命相配，是指睡房宜在本命的四吉方。

爐灶：民以食為天，故爐灶為煮食之處，對家人的健康存在著重大的關係，可說是疾病禍福的重要根源。八卦宅派安放爐灶之方法便是「坐凶向吉」。至於灶向，則向本命之四吉方，向生氣方主生財發丁。向天醫方主無病除災，向延年方則主進財健康，向伏位方才主諸事順利。

（4）選擇最佳建築環境

要注意勘察自然，利用和在順乎自然的基礎上改造自然，選擇和改造出適合於我們居住的有利於我們身心健康，使之達到陰陽和合天人合和最佳的建築環境。

①宅基地地勢前低後高把「背山，面水，向陽」看作選擇宅基地的最好的宅院地勢。

②宅基地地勢前面有平整空地或園林，看作選擇宅基地的最好的明堂。

③宅基地土質內含礦物質中的微量元素對人生活至關重要，同時土質堅硬，密實好，鬆土含沙一般講欠佳。

④住宅建設中的「水口」的選擇，給水口的水能方便進水，排水口的水能及時排出。

⑤對「風口」的自然方位的選擇，門口不宜對著「風口」，若對風口要用牆堵之。

⑥方位選擇，要和命相配，居宅的空間高、矮、大、小，屋內採光明暗程度，要適度。

⑦實踐是檢驗真理的唯一標準，在選擇宅基地和定門口時向時，住家人的感受和命運規律的興衰結果，是檢驗風水技術的好壞的唯一可靠標準。

⑧學習《周易》內涵中國傳統風水學，因為古來易學真諦和秘訣主要靠歷代高師「言傳口授耳提面命」故學者一定要千方百計拜的真正易學與道學高師恭身長年學習，同時，一定要認真學習和吸收西方現代環境地理科學之長，以促進東、西方結合的現代環境地理科學迅速發展，造福於全人類。

⑨本文乃學習易經風水學淺談，故對中國傳統風水學中，高層次的「望氣」、「察勢」、「探脈」三絕，待日後再隨緣呈上心得，求教於海內外諸易道師友。

本文執筆王正忠地址：中國東莞東城區景湖花園紫荊路12C202室

電話0769-2895577郵編：511700

本作修定者蘇華仁地址：中國安陽市機場南路藍天社區中二排二號

電話：0372-2925131　　　郵編：455000

手機：13138387676

第三節 《河圖》《洛書》之數在居住環境中應用

王正忠（執筆）蘇華仁（修定）尹潤其、楊文學（整理）

河圖之形成是伏羲時代在黃河中出現了一頭龍馬，其背上有一點點的花紋成一數目之圖案，古人把這種數位的排列畫成了河圖的數位圖形。河圖之數，一六為水，稱為「一六共宗」，居北方。二七為火，稱為「二七同道」居南方。三八為木，稱「三八為朋」，居東方。四九為金，稱「四九為九」，居西方。五十為土，稱「五十同途」，居中央。

河圖兩數所合，相當於洛書的某數，三八合為木，相當於洛書的三（木）或（四木），具有木的五行性質，其生火而剋土，一六合為水，相當於洛書的一（水）具有水的五行性質，其生木而剋火。二七合為火，相當於洛書的九（火），具有火的五行性質，其生土而剋金，四九合為金，相當於洛書的六（金）或七（金）具有金的五行性質，其生水而剋木。五十合為土，相當於洛書的二（土）、八（土）和五（土），具有土的五行性質，其生金而剋水。

根據洛書九星挨排理論與自然地理形態相結合，去選擇最佳的居住環境、促進人的身體健康，保持精力旺盛，財運亨通，趨吉避凶，去為社會服務。我們在當代幾位真正掌握《周易》真諦老前輩的指導下，透過研讀《古今風水學》結合多年來的堪輿實踐，現主要談一談需掌握和遵循《河圖》、《洛書》之數，在選擇、安排、佈置居家住宅時趨吉避凶的要訣，不當之處，懇請諸堪輿師友指正。

一、知道住宅的「向」時，便可找出「城門訣」吉位。

大家都知道天干及地支中有結合，而河圖裏亦有相合。一為一白星主北方，六為六白星主西北方，一六共宗即是北方與西北方相合。二為二黑星主西南方，七為七赤星主西方，二七同道即是西南方與西方相合。三為三碧星主東方八為八白星主東北方，三八為朋即是東方與東北方結合。四為四綠星主東南方，九為九紫星主南方，四九作友即是東南方與南方相合。相合便是有情，屬於吉利。

根據城門訣，住宅風水的吉方是由向方尋找出來的。「與向相合的方位便是城門訣吉方」，例如你的住宅是坐西向東，東的方位是三（木），三八結合的東北方，東北方便是城門訣中所指的吉位。又例如你的住宅是坐北向南，南的方位數是九（火）四九結合，四數的方位是東南方，東南方便是城門訣中的方位。

在家居風水裏，利用城門訣擺放一些趨吉物品能使居室風水更加完美。

趨吉物品有如下幾種：

1. 搖擺的鐘：借助鐘在搖擺時的動力。

2. 風扇：借助磁場、氣流所產生的動力。

3. 金魚缸：借助金魚在游水的動力。

4. 音響：借助磁場、電流所產生的動力。

5. 電視機：借助光頻、磁場、電流的動力。

6. 神位供奉之方位和整體部署。

要根據運數（年限），那個方位是正神方，那個方位是零神方。正神方是不能能見水的，開門口是大吉，但如

沒設置金魚缸養上金魚反而是凶。

不設零神或正神，每二十年便會轉變方位。如下元七運即：一九八四年至二〇〇三年（甲子年至癸未年），零神方在東，宜見水，旺財。照神方在西南，宜見水，聚財。正神方在西，忌見水，逢之破大財。

二〇〇四年至二〇〇二三年（甲申年至癸卯年），零神方在西南宜見水，旺財。照神方在東宜見水，聚財，正神方在東北，忌見水，逢之大破財。

二、知道自身的生肖時，便可找出樓層配命的方法及要選擇最興旺樓層時期。

（一）選樓層助生配命的方法。

每一層樓都屬於不同的五行，金、木、水、火、土。但我們可知道，每層樓的五行是根據其本身樓層數而決定的，在地面的一層，屬於第一層，河圖口訣為「一、六共案，為水」。所以，第一層屬水，除此之外，第六層樓、第十一層樓、第十六層、第二十一層、第二十六層、……皆屬水。

而第二層、第七層、第十七層、第二十二層、第二十七層……皆屬火因為河圖之口訣是：「二七」同道，為火。

至於第三層樓、第八層、第十三層、第十八層、第二十三層樓……都屬木，因為河圖口訣是「三、八」為朋，為木。

至第四層樓、第九層、第十四層、第十九層、第二十四層樓……都屬金，河圖口訣是「四、九」作友，為金。

而最後一句口訣便是「五、十」居中，為土，故第五

層、第十層、第十五層、第二十層樓……都屬土。

我們知道每層樓的五行後，還要知道自己生肖五行所屬，這樣，要買樓時，便知道自己應該選擇那一層樓。

生肖屬鼠的，五行屬水。出生年是甲子、丙子、戊子、庚子、壬子年的，生肖都是屬鼠。這樣，在買樓時可選擇四樓、九樓、十四樓、十九樓……

因得樓層生你的命。同時亦可選擇一層樓、六層、十一層、二十六層……因得樓層助你的命。

生肖屬牛的，五行屬土。凡出生生年是乙丑、丁丑、己丑、辛丑、癸丑年的，生肖都是屬牛。於是在購樓時，可選擇二樓、七樓、十二樓、十七樓等等，因樓層五行屬火，生你的土命。還可選擇五層、十層、十五層、二十五……而樓層屬土助你的命。

生肖屬虎的，五行屬木。丙寅、庚寅、壬寅年出生的，可選擇一層、六層、十一層，十六層等，因得樓層生你的命，另可選擇三樓、八樓、十三樓、十八層等，這些樓層都助你的命。

生肖屬兔的，五行亦是屬木。出生年是丁卯、己卯、辛卯、癸卯、乙卯，買樓時可按上述生肖屬虎的方法去選擇樓層數。

生肖屬龍的、生肖屬狗的、生肖屬羊的、五行都屬於土，都可以按生肖屬牛的購樓方法挑選樓層。龍的出生年是戊辰、庚辰、壬辰、甲辰、丙辰。

狗的出生年是甲戌、丙戌，戊戌，庚戌、壬戌。羊的出生年是辛未、癸未、丁未、己未。

生肖屬蛇的，生肖屬馬的，五行都是屬火。買樓時可以選擇三樓：八樓、十三層，二十八層等等，是生你的

命，還可以選擇二樓、七樓、二十二樓……這些樓層盡助你的命。

生肖屬猴、屬雞的，五行都是屬金。購樓時，選擇生你的命的樓層有五樓、十樓，十五樓等，亦可以選擇助你的命的樓層有四樓，九樓、十四樓等等。

最後生肖屬豬，按鼠的購買樓層層數選擇

（二）買樓要選擇最興旺樓層的時期

運的五行生樓層五行、助樓層五行吉論；剋樓層五行、泄樓層五行，凶論。而樓層的五行剋運的五行，中等論。

五行的相生相剋：金生水（水泄金），金剋木，金助金，水生木（木泄水），水剋火，水助水。火生土（土泄火），火剋金，火助火，木生火（火泄木），土剋水，土助土。

在流年運數內有五子運：

第一個子運，名為甲子運，因為它排「第一」，所以在這12年的流年，便屬於「水運」，原因是在河圖裏，一數屬於水·甲子年、乙丑年、丙寅年、丁卯年、戊辰年、己己年、庚午年、辛未年、壬申年、癸酉年、甲戌年。乙亥年。

第二個子運，稱為丙子運，因為它排「第二」，所以在這12的流年，便是屬於「火運」，原因河圖裏，二數屬於火。丙子年、丁丑年、戊寅年、己卯年、庚辰年、辛巳年、壬午年、癸未年、甲申年、乙酉年、丙戌年、丁亥年。

第三個子運，稱為戊子運，因為它排「第三」，所以在這12年的流年，便是屬於「木運」，原因河圖裏，三數屬於木。戊子年，己丑年，庚寅年、辛卯年、壬辰年、癸

巳年、甲午年、乙未年、丙申年、丁酉年，戌戌年、己亥年。

第四個子運，稱為庚子運，因為它排「第四」，所以在這12年的流年，便是屬於「金運」，原因河圖裏，四數屬於金。庚子年，辛丑年，壬寅年、癸卯年、甲辰年、乙巳年、丙午年、丁未年、戊中年、己酉年，庚戌年、辛亥年。

第五個子運，稱為壬子運，因為它排「第五」，所以在這12年的流年，便是屬於「土運」，原因河圖裏，四數屬於土。壬子年、癸丑年。甲寅年、乙卯年、丙辰年、丁巳年、戊午年。己未年，庚申年、辛酉年，壬戌年，癸亥年。

2004年某星期天，我的一位好朋友要買樓來找我給他挑選樓層，這天早上，我們飲完茶坐車到了城區四環路XX花園選樓字，數幢七選樓層，我給他選了其中一幢七層樓。他問我為何要選擇七層樓，因此我就將2004年至2009年每層樓在這段時間是最興旺的告訴他。

在1996年至2007年屬於丙子運，即是火運，現將一樓至七樓要逐層比較。l樓、6樓屬水，在2007年前的火運，樓層五行的水可尅泄火運，吉論。

2樓、7樓屬火，在2007年前的火運，助樓層五行的水，合風水原則，吉論。但在2008年至2019年，戊子運（木運）可生樓層的火，他生肖屬羊，五行屬土，又得樓層生他的命，故此購買七樓。

3樓屬木，在2007年前的火運泄樓層五行木，不合風水原則，凶論。

4樓屬金，在2007年前的火運，尅泄樓層的金，不合

風水原則，凶論。

5樓屬土，在2007年前的火運生樓層五行土，合風水原則，吉論。

（三）知道陽宅的坐向，必須瞭解「來去水」的吉凶。

先天八卦從《易經））而來，《易經》曰：天地定位：山澤通氣；雷風相搏，火不相射；八卦相錯。

先天八卦在羅盤內，多屬「水法」所用，這是先後天卦的配合·先後天卦的位置是：

先天乾卦在丙午丁後天在「離」宮：

先天兌卦在辰巽已後天在「巽」宮；

先天離卦在甲卯乙後天在「震」宮；

先天震卦在丑艮寅後天在「艮」宮：

先天巽卦在未坤申後天在「坤」宮：

先天坎卦在庚酉辛後天在「兌」宮；

先天艮卦在戊乾亥後天在「乾」宮；

先天坤卦在壬子癸後天在「坎」宮：

我們不但瞭解先天卦所在的方位後，而且要瞭解什麼叫「消水」，什麼叫「亡水」。先天卦水來，而從後天卦位走，為先天破後天，稱之為消水，後天卦水來，而從先天卦位走·為後天破先天，謂之亡水，與消水合稱為「消亡水」。

消水即是：

乾水來流去艮方

坤水來流去巽方

離水來流去乾方

坎水來流去坤方

兌水來流去坎方
震水來流去離方
巽水來流去兌方
艮水來流去震方
亡水是即：
坤水來流去坎方
震水來流去艮方
離水來流去震方
兌水來流去巽方
乾水來流去離方
巽水來流去坤方
坎水來流去艮方
艮水來流去乾方

不論陽宅或陰宅犯「消亡水」即凶，避「消亡水」吉，《風水書》稱：若過虎穴有煞，再犯消亡水，主後嗣丁財兩敗。

以此陽宅為例，從「八宮放射線」測度出「來水口」在坎宮，坎宮後天卦為坎，去水口在兌宮，先天卦在坎宮，這是後天破先天犯亡水，主丁財兩敗，除非為衰卦，反作言論。

自古以來，人類的生活離不開居家住氣宅，所以我們在選擇、安排、佈置居家住宅時，瞭解並遵循現代風水學的科學知識和方法，便具有普遍而切實的意義。

中國道家養生廿字要訣

——中山大學舉辦「羅浮山道家養生與哲學專題講座」綱要之一

世界著名丹道壽星吳雲青弟子、中山大學兼職教授
中國廣東羅浮山軒轅庵、紫雲洞道長　蘇華仁

中國道家養生之道，其養生效果真實而神奇。其道理「道法自然」規律，博大精深，師法並揭示宇宙天地人萬事萬物變化規律。因而能夠讓全人類達到健康長壽、天人合一。確如中華聖祖《黃帝陰符經》中所言：「宇宙在乎手，萬化生乎身」。

一、 中國道家養生廿字要訣內容

中國道家養生之道，其具體方法卻極其簡單、至簡至易，便於操作。正如古今丹道祖師所言：「大道至簡。」要爾言之，不過「道家養生廿字要訣。」其內容如下：

永保童心，
早睡早起，
長年食素，
練好內丹，
積德行功。

以上「中國道家養生廿字要訣。」是我多年反覆學習道家養生經典：《黃帝陰符經》《黃帝內經》《黃帝外經》《老子道德經》《太上老君內丹經》和《周易參同契》《孫思邈千金要方・道林養性》《呂洞賓祖師全書》《張三豐全集》等道家經典，然後對其中道家養生之道成功經驗的高度濃縮與高度概括；同時是我多年來，學習當代多位年逾百歲猶童顏的道家內丹養生高師吳雲青、李理祥、趙百川、唐道成和道功名家邊治中、李嵐峰，道家內丹養生之道成功經驗的高度濃縮與高度概括。

二、 中國道家養生廿字要訣眞實效果

我近年來，應邀在海內外講學，講授中國道家養生之道時，我都主要講：「道家養生廿字要訣。」無數實踐證明：凡是聽課者能切切實實執行「道家養生廿字要訣」的，都能取得身心康壽、開智開慧、事業成功的真實而神奇的養生效果。故大家稱讚「道家養生廿字要訣」。

為「健康聖經」。為此，我特意寫出「道家養生廿字要訣」。禮贊：

永保童心返歸嬰，
早睡早起身常青，
長年食素免百病，
練好內丹天地同，
積德行功樂無窮。

三、黃帝《陰符經》老子《道德經》是中國道家養生廿字要訣本源

中國道家養生廿字要訣，其方法簡便易行，效果真實神奇。溯其根源，主要來源於中華民族神聖祖先、中國道家始祖黃帝《陰符經》、中國道家祖師老子《道德經》。

當我們靜觀細讀、反覆揣摩黃帝《陰符經》老子《道德經》，你自然而然會真切地感受到，黃帝與老子對人類身心健康長壽的關懷與大慈大悲的博大胸懷。

為了全人類健康長壽，黃帝、老子自願將他們取得養生長壽，成功經驗，毫無保留地貢獻給全人類，衷心地希望全人類，獲得健康長壽。《史記・五帝本紀》《史記・封禪》記載：黃帝平生用道家養生之道，獲得壽高一百一十一歲以上高壽，《史記・老莊韓非列傳》記載老子「壽高二百餘歲不只知所終」。

1.「永保童心」源自黃帝《陰符經》「至樂性餘」老子《道德經》「聖人皆孩子」。

「永保童心」，是古今中外壽星與養生名家取得養生長壽共同成功經驗之一，故黃帝《陰符經》老子《道德經》，反覆諄諄、循循善誘的教導全人類要從「爭名奪利」，「庸碌一生」中解脫出來，人類的生活方式，要全方位地回歸自然，要時時刻刻保持心性樂觀，做到「至樂性餘，至靜性廉」，（黃帝《陰符經》下篇）同時，時常永保童心，如嬰兒之未孩。並且特別指出，聖人的養生要訣是：「聖心皆孩子」（老子《道德經》第四十九章。）詳情請看：黃帝《陰符經》老子《道德經》全文。

2.「早睡早起」來源於黃帝《陰符經》、老子《道德

經》「道法自然」規律養生。

眾所周知：人是大自然的兒子，人是宇宙萬物之靈，故人與大自然本來就是天人合一天人一體的。這一點：我們中華民族的偉大祖先、中國道家始祖黃帝，早在約五千年前就發現這一科學真理。故黃帝《陰符經》上篇曰：「宇宙在乎手，萬化生乎身。」中國道家祖師老子早在二千五百多年，繼承發展黃帝關於「天人合一」思想，老子在其名著老子《道德經》中曰：「人法地，地法天，天法道，道法自然。」

不言而喻：「道法自然」規律是人類養好生的根本法則、根本準則、根本保證。

「日出而作，日落而息」是古今人類與大自然同步的具體體現。

「早睡早起身體好」是婦幼皆知的養好生的好習慣與成功經驗。

「萬物生長靠太陽」是婦幼皆知的生命生長的根本法則。

中國道家傳統養生要訣詩曰：

天有三寶日月星，地有三寶水火風；
人有三寶精氣神；善用三寶可長生。

道家傳統養生要訣又曰：「人生在卯」。指人生健康長壽要卯時起床，修練與工作。卯時，即早上5～7點，而早上5～7點，恰恰是日、月、星三寶聚會之時。

清晨初生的太陽光，古人稱之為「日精」，將日精吸入人體之內稱為「採日精」。無數採日精者經驗證明：對

著清晨的太陽練功，沐浴清晨的陽光，呼吸清晨的新鮮空氣，對人類健康長壽補益甚大。

月亮光，古人稱之為「月華」早上5～7點和晚上5點～7點，對著初升的月光修練，將月亮光呼吸入人體之內，古人稱之為「吸月華」，對身體也有很大的補益。

星星光，古人稱之為「星輝」，早上5～7時，和晚上5點～7時，包括夜晚對著星辰修練，將星光呼吸入人體之內，對身體也有很大的補益。而且可以激發人類大腦的活力與想像力、創造力。

而現代科學透過現代化儀器，試驗表明：太陽光、月亮光、星星光中，均含有大量的對宇宙生命生長、特別是人類生命有益的大量的微量元素。而每天早上5～7點，正是太陽光、月亮光、星星光三光相聚之時，三種光綜合為一產生的微量元素對人類健康長壽，更為有益。這是無數早上卯時修練者、取得健康長壽與開發智慧成功的經驗總結。

黃帝《陰符經》下篇曰：「聖人知自然之道不可違，因而制之。」老子《道德經》第二十五章曰：「人法地、地法天、天法道，道法自然。」這兩者之說，都是強調人類養生一定要「道法自然」規律，而早睡早起，則是《道法自然》規律、具體養生方法之一，早睡早起身體好，是無數取得養生長壽者的寶貴經驗，誰認真遵行誰身心健康受益。

3.「長年食素」源自老子《道德經》「見素抱樸」「深根固蒂」。

「長年食素」是中國道家傳統養生二十字要訣之一，也是中國道家取得養生長壽成功經驗。老子《道德經》第十九章、五十九章曰：「見素抱樸」是謂「深根固蒂」

「長生久視」之道。

「長年食素」對人類健康長壽有益。早已為現代科學實踐證明：故現代科學之父愛因斯坦，運用大智大慧，經過長期的嚴謹科學實驗後，深刻而精闢地指出：「我認為素食者的人生態度，乃是出自極單純的生理上的平衡狀態，因此，對於人類的影響應是有所裨益的。」

在中國古代老子與現代科學之父愛因斯坦等大聖哲、大科學家影響下，當今世界食素的人數的越來越多，各國素食學會如雨後春筍，日益增多。有資料表明：在台灣很早以前就率先建立了「素食醫院」。新加坡等國家和地區早已有了素食幼兒園、素食中學與素食大學。

更有資料表明：除上述老子與愛因斯坦外，長年食素者還有古今中外許許多多的大聖哲：如中國儒家聖人孔子、佛祖釋迦牟尼，耶穌基督……大科學家達爾文、愛迪生、牛頓……大政治家邱吉爾、甘地……大作家托爾斯泰、蕭伯納、馬克吐溫、伏爾泰……大畫家達芬奇和體壇名人劉易斯……

綜上所述：「長年食素」是中國道家傳統養生二十字要訣之一，是中國道家養生長壽成功經驗，也是古今中外諸多大智大慧者的明智選擇，更重要的是您只要認真的食素一個月，您的心身健康素質和智商就會改善。這是無數健康長壽者的經驗之談。

還有重要的一點是：現在環境污染與轉基因飼料飼養動物，給人類健康造成危害日益嚴重，故當今人類實行長年素食者日益增多。

4.「練好內丹」源於黃帝《陰符經》、老子《道德經》《老子內丹經》。

「練好內丹」是中國道家傳統養生二十字要訣之一，因為，中國道家養生之道精華是中國道家內丹養生之道。中國道家內丹養生之道，是古今中國各界泰斗和中國道家養生名家取得養生長壽，開發大智，事業成功、天人合一的真實而神奇法寶。古今中外無數修練者的實踐表明：中國道家內丹養生之道，也是全人類取得養生長壽，開發大智，事業成功、天人合一的真實而神奇法寶。

中國道家內丹養生要訣與秘訣，主要蘊含於黃帝《陰符經》、老子《道德經》、《老子內丹經》之內。黃帝《陰符經》中講的「宇宙在乎手，萬化生乎身。知之修練，謂之聖人」是指修練中國道家內丹養生之道。修練中國道家內丹養生之道的核心是人與宇宙天人合一。

老子《道德經》中第一章講的「常有欲觀其竅，常無欲觀其妙」，實是講修練中國道家內丹養生之道的第一要訣是「守玄觀竅」，所以其下文緊接著曰：「玄之又玄，眾妙之門」。

鑒於上述，故中國道家南宗祖師張伯端在《悟真篇》中，用詩歌禮讚黃帝《陰符經》與老子《道德經》曰：

陰符寶字逾三百，道德靈文止五千，
今古上仙無限數，盡從此處達眞詮。

老子《道德經》與《老子內丹經》一同珍藏於中國《道藏》之內。《老子內丹經》在《道藏》中原題名為《老上老君內丹經》，眾所周知：「太上老君」是中國道家與中國道教對老子的尊稱，緣於此《太上老君子內丹經》，實是《老子內丹經》。《老子內丹經》闡述中國道

家內丹養生之道要訣曰：「夫練大丹者，精勤功行。修生之法，保身之道，因氣安精，因精養神，神不離身，身乃長健。」

5.「積德行功」源於《黃帝陰符經》「天人合發」，老子《道德經》「重積德則無不克」。

「積德行功」是中國道家傳統養生二十字要訣之一。

「積德行功」源於《黃帝陰符經》「天人合發、萬變定基」，「知之修練、謂之聖人」，與老子《道德經》第五十九章：「重積德則無不克。」倘我們靜觀、細讀《黃帝陰符經》和老子《道德經》，您可以從字裏行間深深體會到：黃帝、老子對「積德行功」精華的論述。特別是老子《道德經》第五十一章、五十四章、五十九章論述尤顯詳細、尤顯重要，故今敬錄如下：

老子《道德經》第五十一章曰：「道生之，德蓄之，物形之，勢成之，是以萬物莫不尊道而貴德，道之尊，德之貴，夫莫之命而常自然。故道生之，德蓄之，長之育之，成之熟之，養之復之。生而不有，為而不恃，長而不有，是謂玄德。」

老子《道德經》第五十九章曰：「治人事天莫若牆。夫唯嗇，是謂早復，早復謂之重積德，重積德則無不克。無不克則莫知其極，莫知其極則可以有國，可以長久。是謂深根固蒂，長生久視之道。」

老子《道德經》第五十四章曰：「修之於身，其德乃真，修之於家、其德乃餘，修之於鄉、其德乃長，修之於國、其德乃豐，修之於天下，其德不普；故以身觀身，以家觀家，以鄉觀鄉，以國觀國，以天下觀天下。吾何以知天下之然哉？以此。」

中華丹道・傳在吳老

——己丑年（2009年）恭拜世界著名壽星吳雲青眞身獻辭（徵求意見稿）吳雲青入室弟子、廣東羅浮山軒轅庵蘇華仁（吳老賜道號：蘇德仙）

一

五月十五、歲在己丑，
恭立安陽、吳老身後，
靜觀人類、放眼宇宙，
面對現實、悲歡皆有，
諸多災難、時降五洲，
經濟風暴、令人哀愁，
信仰迷茫、競擬走獸，
A 型流感、侵襲全球，
人類繁榮、大家共求，
仰問蒼天、良方何有？

二

當今世界、中華獨秀，
雖歷滄桑、終居上游，
舉世仰慕、探其源由，
究其根源、全在道家，
道家文化、孕育偉大，
人類歷史、啓示人類，
道家文化、救世良方，
得道者昌、失道者亡。

三

道家文化、淵源流長，
中華聖祖、黃帝開創，
越五千年、如日月光，
聖祖黃帝、演易《歸藏》，
著《陰符經》《黃帝內經》；
偉哉老子、集其大成，
著《道德經》、傳《內丹經》。
道家文化、「道法自然」，
人類遵之、自然日興，
道家核心、「天人合一」
人類忠行、萬事可成。

四

道家秘傳、最重內丹，
養生法寶、修眞成仙；
因此中華、也稱神州，
縱觀古今、橫覽中外，
朗朗乾坤、獨尊內丹，
中華泰斗、多練內丹，
黃帝練成、龍馱升天，
龍的傳人、因此開端；
老子丹成、著《道德經》，
「東方聖經」、世世永傳；
孔子學道、拜師老子，
發猶龍嘆、《史記》明載：
孫子兵法、萬古流傳，
修道保法、乃其大概；
商祖范蠡、攜同西施，
外助勾踐、內練內丹，
隱居太湖、逍遙自在。

五

智聖鬼谷、練成內丹，
注《陰符經》、隱雲蒙山，
入世法傳、蘇秦張儀，
毛遂徐福、孫臏龐涓，
出世法傳、茅蒙茅山，
雨王赤松、稱黃大仙，
內丹練成、逍遙人天，
育出張良、一代國師，
功成身退、辟穀修仙；
張良玄孫、名張道陵，
為傳大道、創立道教，
從此中華、方有教傳，
外傳法術、內傳內丹，
光陰似箭、越二千年，
代代仙眞、口傳內丹，
名家輩出、功德永傳，
葛洪練丹、隱羅浮山，
著《抱朴子》、建立道觀，
偉哉藥王、名孫思邈，
著《千金方》、內丹詩傳。

六

呂祖洞賓、天仙狀元，
為學內丹、受盡苦難，
鍾離權師、口授眞傳，
為使大道、永傳人間，
偉哉呂祖、不避艱險，
東西南北、為度有緣，
中華大地、遺跡猶在，
《呂祖全書》、德澤人天：
北有七眞、祖述呂祖，
南有五祖、根在呂仙，

大江西派、呂祖開源，
呂祖師友、最尊陳摶，
高臥華山、傳道眞脈，
承前啓後、繼往開來，
育出弟子、火龍眞人，
育出徒孫、名張三豐，
創太極拳、秘傳內丹，
造福人類、口碑永傳。

七

方今世忙、人身少健，
為益身心、惟有內丹，
歷史經驗、史書明載，
練好內丹、心身康泰，
練好內丹、轉危為安，
練好內丹、人類日健。

八

當今之世、內丹何在？
中華大道、內丹誰傳？
吳老雲青、練成內丹，
上承黃帝、老子眞傳，
吳老雲青、眞人典範，
年逾百歲、鶴髮童顏，
積德行功、廣度有緣，
臨終坐化、歸空九天，
金身不壞、萬世稱讚，
我輩效之、練成內丹，
度已度人、造福人天，
笑傲滄桑、得大自在。

二〇〇九年六月七日吟於安陽
有修改意見請打手機：13138387676

道家養生長壽基地崛起
山東沂蒙山

——代《中國道家養生與現代生命科學系列叢書》再版後記

承蒙海內外各界有識有緣之士的理解與厚愛，《中國道家養生與現代生命科學系列叢書》出版上市後很快脫銷並即將再版，我有幸作為本叢書總主編，首先懷著十分感恩的心情，懇謝我們中華民族神聖祖先伏羲、黃帝、老子等古之大聖哲，是他們運用大智大慧，參透宇宙天地人生命變化規律，而後克服無數艱難險阻，給我們創立了古今中外有識之士公認為全人類最佳養生長壽之道的中國道家養生之道。

再者懇謝對在本叢書編寫、出版、傳播過程中給以支持的海內外各界有緣之士；同時懇謝海內外各界有緣又深深理解本叢書內含的中國道家養生之道神奇效果與科學文化價值的讀者們。

這其中特別值得一提的是：中國當代著名傳統養生文化研究專家、博士，海內外著名的中國傳統養生文化傳播者李志杰博士，結緣於我隱居修練中國道家養生之道的中國廣東羅浮山軒轅庵，我們倆一談相知，因為我們對中國傳統養生文化精華中國道家養生之道認識、理解、研究、

完全一致，在相見恨晚的談話中，李志杰博士告訴我一個令人十分鼓舞的喜訊：為了盡快弘揚中國道家養生文化，造福世人、身心康壽。他已和山東金匯蒙山旅遊資源開發有限公司董事長李興等有關同道，在位於中國山東沂蒙山腹地蒙陰縣「蒙山國家森林公園」與「蒙山國家地質公園」內，已經開始建設一個中國道家養生長壽基地，而且已初具規模。李志杰博士希望我能盡快實地考察，如有緣，他希望我以後能常到基地去講授、傳播中國道家養生之道。

因為我是學習與研究中國歷史和中國道家養生之道的，故我深知：中國山東沂蒙山和沂蒙山廣闊的周邊地區，是一片地靈人傑的風水寶地。根據諸多史書明確記載：古來這塊寶地孕育造就出為數不少的中國儒家聖人與中國道家仙真，同時孕育出數位大軍事家與中國文化名人，其中，最著名的有儒家聖人有孔子、孟子、曾子、荀子與中國書法聖人王羲之、顏真卿以及中國算術聖人劉洪、中國孝聖王祥、孔子的老師之一郯子也生活在蒙山一帶。最著名的中國道家仙真有鬼谷子、赤松子、安期生、黃大仙……最著名的軍事家有孫武子、孫臏、蒙恬、諸葛亮……，緣於此，山東沂蒙山也被史家稱為中華仙聖文化的搖籃。

緣於上述原因，我欣然應諾李志杰博士的邀請。於是，2009年6月7日，我先邀請李志杰博士、李興董事長、河南省工商銀行劉樹洲先生、河南電視台辦公室劉素女士、青島甘勇董事長、廣西張勇董事長、深圳中華養生樂園創辦人張莉、河南易學新秀李悟明等一行九人來到我的故鄉，舉世聞名的《周易》發源地中國河南安陽。在安

陽靈泉寺內參加了我與師弟山西大學劉鵬教授合辦的我的道家養生師父、世界著名壽星吳雲青不腐肉身拜謁儀式。而後，《中國道家養生與現代生命科學系列叢書》編委、河南省著名企業家、《周易》學者、安陽市貞元集團董事長駢運來的夫人梁婷梅與台灣易學名人、《周易》學會理事長丁美美設午宴盛情款待我們。下午二時，我們一行十人告別古都安陽，驅車千里，於當晚到達位於山東沂蒙山腹地的蒙陰縣蒙山國家森林公園內，此處是著名的國家4A級名勝風景區。

當日夜半，我們一行十人登上蒙山，舉目四望，但見在皎潔月光輝映下，群峰起伏，莽蒼蒼的蒙山像一條沉睡的巨龍安臥在齊魯大地上，滿山遍野的松樹林散發的陣陣松花香味沁人心脾，使人身心頓爽……

次日清晨，李志杰博士帶領我們一行數人到蒙山頂上考察。我們登上白雲繚繞的蒙山峰頂，環顧四方曠野，親身體驗了孔子當年「登蒙山而小齊魯」的神韻；同時，親身體驗了荀子身為「蘭陵令」即沂蒙山地區長官所生活多年的山水與人文風貌……

清日上午，李志杰博士又特意安排專人帶我考察了位於蒙山峰頂的兩座古道觀「雨王赤松子、黃大仙廟」（當地人簡稱為雨王廟）與「紫雲觀」。（紫雲觀之名源於老子「紫氣東來坐觀天下」）但見廟觀建築風格古樸而壯重，廟內供奉的神像有中國雨王赤松子、黃大仙、中華智聖鬼谷子、中國道家真人呂洞賓、道佛雙修的慈航道人觀音菩薩，於此足見蒙山中國道家文化底蘊深厚……

次日下午，李志杰博士、李興董事長特意與我就在蒙山籌建中國道家養生長壽基地，交換了各人觀點與打算，

令我們三人感到十分滿意的是，我們三人見識、觀點與打算竟然不謀而合。最後我們三人達成了共識：充分發揮蒙山得天獨厚的壯美大自然環境與底蘊深厚的人文環境。同時以蒙山現有的四星級標準的蒙山會館為基礎，儘快籌建起中國道家養生長壽基地。隨後，李博士、李董事長又與我詳細探討了中國道家養生長壽基地的近期與遠期規畫。

我們到蒙山的第三天，李志杰博士又特意安排兩個專人陪我們一行人從山上一直考察到山下，又從山下考察到山上，其間收穫甚豐；最大的收穫為參觀中國戰國時代軍事家孫臏與龐涓修道讀書山洞。孫臏洞給我們留下的印象尤為深刻；我們身臨孫臏洞，但見四周美如仙景，那古樸幽靜的山洞高低深淺適度，令我們假想當年大軍事家孫臏拜中國智聖鬼谷子為師，在地靈人傑的蒙山中學習與研究其祖父孫武子所著《孫子兵法》，而後成為大軍事家、著出流傳萬世而不衰的《孫臏兵法》的一幕幕……而今，山東臨沂銀雀山漢墓竹簡博物館陳列出土的《孫臏兵法》竹簡，是孫臏著兵法的印證。

下午，我們則重點考察了具有四星級標準的蒙山會館，但見蒙山會館主體大樓座西面東、背山面水、紫氣東來。蒙山會館大樓共有四層，設施與服務水平可以說是一流，蒙山會館可以容納一百多人的食宿與學習，其標準房間和會議室裝修風格使人有賓至如歸的感覺。

第三天晚上，我們一行人和李志杰博士、李興董事長舉行了晚餐會。其間，我們進一步確立了中國道家養生基地基本框架：以蒙山大自然的環境為大課堂，以蒙山會館作為生活與學習的小課堂，以《中國道家養生與現代生命科學系列叢書》為中國道家養生基地的主要教材。

光陰似箭，轉眼三天過去，當我即將離開蒙山之時，我看著李志杰博士與李興董事長大慈大悲，立志建設中國道家養生基地，大力弘揚中國道家養生長壽文化，造福人類健康長壽的雄偉藍圖，同時，我再一次飽覽了山東蒙山壯美的風光山色，深信曾經孕育造就出諸多聖人與仙真和中國大軍事家和文化名人的山東沂蒙山，緣於中國道家養生基地的建立，一定會在當代孕育出更多的中國道家養生人才而造福世人。

我深信中國山東蒙山道家養生基地會越辦越好。

我深信世界各地中國道家養生基地會越辦越好。

我深信來中國道家養生基地養生者會越來越好。

蘇華仁

2009年7月1日寫起於中國廣東羅浮山軒轅庵中

聯繫手機：13138387676

郵箱：su13138387676@163.com

國家圖書館出版品預行編目資料

《周易參同契》與道家養生／張高澄　蘇華仁　王正忠　周敏敏
柏　林　編著
——初版，——臺北市，大展，2013〔民102.07〕
面；21公分　——（道家養生與生命科學；5）
ISBN　978－957－468－957－6（平裝）
1. 太玄部　2. 養生
231.65　　102008859

《周易參同契》與道家養生

原　　著／周文王　魏伯陽　張伯端
編　　著／張高澄　蘇華仁　王正忠　周敏敏　柏　林
責任編輯／趙志春
發 行 人／蔡森明
出 版 者／大展出版社有限公司
社　　址／台北市北投區（石牌）致遠一路2段12巷1號
電　　話／（02）28236031・28236033・28233123
傳　　真／（02）28272069
郵政劃撥／01669551
網　　址／www.dah-jaan.com.tw
E－mail／service@dah-jaan.com.tw
登 記 證／局版臺業字第2171號
承 印 者／傳興印刷有限公司
裝　　訂／承安裝訂有限公司
排 版 者／弘益電腦排版有限公司
授 權 者／山西科學技術出版社
初版1刷／2013年（民102年）7月

定 價／400元